金陵全書

丁編·文獻類

資治通鑒綱目發明

（宋）尹起莘　撰

南京出版傳媒集團
南京出版社

圖書在版編目（CIP）數據

資治通鑒綱目發明 /（宋）尹起莘撰. -- 南京：南京出版社, 2023.6

（金陵全書）

ISBN 978-7-5533-4170-5

Ⅰ. ①資… Ⅱ. ①尹… Ⅲ. ①《資治通鑒》- 研究 Ⅳ. ①K204.3

中國國家版本館CIP數據核字（2023）第059539號

書　　名　【金陵全書】（丁編 · 文獻類）
　　　　　資治通鑒綱目發明
作　　者　（宋）尹起莘
出版發行　南京出版傳媒集團
　　　　　南 京 出 版 社
　　　　　社址：南京市太平門街53號　　郵編：210016
　　　　　網址：http://www.njcbs.cn　　電子信箱：njcbs1988@163.com
　　　　　聯系電話：025-83283893、83283864（營銷）　025-83112257（編務）

出 版 人　項曉寧
出 品 人　盧海鳴
責任編輯　嚴行健
裝幀設計　楊曉崗
責任印製　楊福彬

製　　版　南京新華豐製版有限公司
印　　刷　南京凱德印刷有限公司
開　　本　889毫米 × 1194毫米　1/16
印　　張　52.25
版　　次　2023年6月第1版
印　　次　2023年6月第1次印刷
書　　號　ISBN　978-7-5533-4170-5
定　　價　800.00元

用微信或京東APP掃碼購書

用淘寶APP掃碼購書

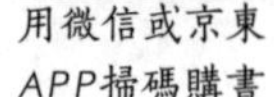

總序

南京，古稱金陵，中國著名的四大古都之一，是國務院首批公佈的國家歷史文化名城。

南京有着六十萬年的人類活動史，近二千五百年的建城史，約四百五十年的建都史，享有『六朝古都』『十朝都會』的美譽。南京歷史的興衰起伏在某種程度上可以説是中國歷史的一個縮影。在中華民族光輝燦爛的歷史長河中，古聖先賢在南京創造了舉世矚目、富有特色的六朝文化、南唐文化、明文化和民國文化，爲中華民族文化的傳承和發展做出了不朽貢獻。然而，由於時代的遞遷、戰争的破壞以及自然的損毁等原因，歷史上南京的輝煌成就以物質文化形態留存下來的相對較少，見諸文獻典籍的則相對較多。南京文獻内涵廣博，卷帙浩繁，版本複雜。截至一九四九年中華人民共和國成立，南京文獻留存下來的有近萬種，在全國歷史文化名城中名列前茅。以六朝《世説新語》《文心雕龍》《昭明文選》，唐朝《建康實録》，宋朝《景定建康志》《六朝事跡編類》，元朝《至正金陵新志》，明朝《洪武京城圖志》《金陵古今圖考》《客座贅語》，清朝《康熙江寧府志》《白下瑣言》，民國《首都計劃》《首都志》《金陵古蹟圖考》等爲代表的南京地方文獻，不僅是南京文化的集中體現，也是中華民族優秀傳統文化的重要組成部分。這些南京文獻，積澱貯存了歷代南京人民的經驗和智慧，翔實地反映了南京地區的社會變遷，是研究南京乃至全國政治、經濟、軍事、文化、外交和民風民俗的重要資料。

歷史上的南京文化輝煌燦爛，各類圖書典籍琳琅滿目。迄今爲止，南京文獻曾經有過三次不同程度的整理。

第一次是距今六百多年前的明朝永樂年間，明朝中央政府在南京組織整理出版了《永樂大典》。《永樂大典》正文二萬二千八百七十七卷，凡例和目録六十卷，分裝成一萬一千零九十五册，總字數約三億七千萬字。書中保存了中國上自先秦、下迄明初的各種典籍資料達七八千種，是中國古代最大的類書。

第二次是民國年間，南京通志館編印了一套《南京文獻》。《南京文獻》每月一期，從一九四七年元月至一九四九年二月共刊行了二十六期，收入南京地方文獻六十七種，包括元明清到民國各個時期的著作，其中收録的部分民國文獻今天已經成爲絶版。

第三次是二〇〇六年以來，南京出版社選取部分南京珍貴文獻，整理出版了一套《南京稀見文獻叢刊》點校本，到二〇二〇年，已經出版了六十九册一百零五種，時代上起六朝，下迄民國，在學術普及方面做出了一定的貢獻。

中華人民共和國成立以來，尤其是改革開放以來，南京的政治、經濟、文化建設飛速發展，但南京文獻的全面系統整理出版工作一直没有得到應有的重視，這與南京這座國家歷史文化名城的地位頗不相稱。據調查，目前有關南京的各類文獻主要保存在南京圖書館、南京市檔案館，以及全國各地的高等院校、科研院所、圖書館、檔案館、博物館，少數流散於民間和國外。一方面，廣大讀者要查閲這些收藏在全國各地的南京文獻殊爲不便；另一方面，許多珍貴的南京文獻隨着歲月的流逝而瀕臨損毁和失傳。南京文獻的存史、資治、教化、育人功能没有得到應有的發揮。

盛世修史（志）。在中華民族和平崛起和大力弘揚民族傳統文化、全力發展民族文化事業的大背景下，在建設『文化南京』的發展思路下，中共南京市委、南京市人民政府於二〇〇九年十二月做出決定，將南京有史以來的地方文獻進行全面系統的匯集、整理和影印出版，輯爲《金陵全書》（以下簡稱《全書》），以更好地搶救和保護鄉邦文獻，傳承民族文化，推動學術研究，促進南京文化建設；同時，也更爲有効地增加南京文獻存世途徑，提昇南京文獻地位，凸顯南京文獻價值。

爲編纂出能够代表當代最高學術水平和科技成就，又經得起時間檢驗的《全書》，我們將編纂工作分成三個階段進行。第一個階段爲調研階段，主要對南京現存文獻的種類、數量、保存現狀以及收藏地點等進行深入細緻的調研，召集專家學者多次進行學術論證和可操作性論證，撰寫出可行性調查報告，爲科學決策提供依據，此項工作主要由中共南京市委宣傳部和南京出版社組織完成。第二個階段爲啓動階段，以二〇〇九年十二月二十四日召開的『《金陵全書》編纂啓動工作會』爲標志，市委主要領導親自到會動員講話，市委宣傳部對《全書》的編纂出版工作作了明確部署。在廣泛徵求專家學者意見的基礎上，確定了《全書》的總體框架設計，確定了將《全書》列爲市委宣傳部每年要實施的重大文化工程，確定了主要參編責任單位和責任人，並分解了任務。第三個階段爲編纂出版階段，主要在全國範圍內進行資料的徵集、遴選和圖書的版式設計、複製、排版及印製工作。

爲了確保《全書》編纂出版工作的順利進行，中共南京市委、南京市人民政府成立了專門的編纂出版組織機構。其中編輯工作領導小組，由中共南京市委、市政府領導以及相關成員單位主要負責人組成；《全書》的編纂出版工作由市委宣傳部總牽頭；學術指導委員會，由蔣贊初、茅家琦、梁白泉等一批全國著名的專家學者組成，負責《全書》的學術審核和把關。

《全書》分爲方志、史料、檔案和文獻四大類。自二〇一〇年起，計劃每年出版四十册左右。鑒於《全書》的整理出版工作難度較大，周期較長，在具體操作中，我們採取了分工協作的方式。市委宣傳部和南京出版社負責《全書》的總體策劃，其中方志部分，主要由南京市地方志編纂委員會辦公室和南京出版傳媒集團·南京出版社共同承擔；史料和文獻部分，主要由南京圖書館承擔；檔案部分，主要由南京市檔案局（館）承擔。《全書》的編輯出版，得到了江蘇省文化廳、江蘇省新聞出版局、江蘇省檔案局（館）、南京大學、南京圖書館、南京市文廣新局、南京市社科聯（社科院）、南京市文聯、金陵圖書館以及各區委宣傳部和地方志辦公室等單位及社會各界的熱情鼓勵和大力支持，尤其是得到了中國國家圖書館和全國各地（包括港臺地區）高等院校、科研院所、圖書館、檔案館、博物館等藏書單位的鼎力相助，在此表示深深的謝意！

我們相信，在中共南京市委、南京市人民政府的長期不懈支持下，在各部門、各單位的積極配合和衆多專家學者的共同努力下，這項功在當代、利在千秋的傳世工程一定能够圓滿完成。

《金陵全書》編輯出版委員會

凡例

一、《金陵全書》（以下簡稱《全書》）收録的南京文獻，分爲方志、史料、檔案和文獻四大類。

二、《全書》按上述四大類分爲甲、乙、丙、丁四編，以不同的封面顔色加以區分；每編酌分細類，原則上以成書時代爲序分爲若幹册，依次編列序號。

三、《全書》收録南京文獻的地域範圍，包括了清代江寧府所轄上元、江寧、句容、溧水、高淳、江浦、六合。

四、《全書》收録的南京文獻，其成書年代的下限爲一九四九年。

五、《全書》收録方志、史料和文獻，盡量選用善本爲底本。《全書》收録的檔案以學術價值和實用價值較高爲原則，一般選用延續時間較長、相對比較完整的檔案全宗。

六、《全書》收録的南京文獻底本如有殘缺、漫漶不清等情況，必要時予以配補、抽換或修描，以保證全書完整清晰；稿本、鈔本、批校本的修改、批注文字等均保留原貌。

七、《全書》收録的南京文獻，每種均撰寫提要，置於該文獻前，以便讀者了解其作者生平、主要内容、學術文化價值、編纂過程、版本源流、底本採用等情况。

八、《全書》所收文獻篇幅較大時，分爲序號相連的若幹册；篇幅較小的文獻，則將數種合編爲一册。

九、《全書》統一版式設計，大部分文獻原大影印；對於少數原版面過大或過小的文獻，適當進行縮小或放大處理，並加以説明。

十、《全書》各册除保留文獻原有頁碼外，均新編頁碼，每册頁碼自爲起訖。

提　要

《資治通鑒綱目發明》五十九卷，宋尹起莘撰。

尹起莘，生卒年不詳，字耕道，號堯庵，浙江遂昌（今浙江遂昌）人，約生活在南宋中後期。尹起莘博覽群書，精研歷史，專事寫作，布衣終生，撰有《資治通鑒綱目發明》五十九卷行世。其人一生長期居住於南京，《資治通鑒綱目發明》就是寄居南京時所作，並因該書而名世。但由於隱居未仕，其事跡罕爲人知，《大明一統志·處州府志》對他亦只有寥寥幾句介紹。

《資治通鑒綱目發明》成書時間不詳，《四庫全書總目》雖未將其采入，但實視之爲史評類著作（見《四庫全書總目》史部四十四·史評類『御批通鑒綱目五十九卷』）。該書有一篇自序爲《資治通鑒綱目發明序》，尹起莘在序中指明了該書的寫作緣起和目的。朱熹修撰《資治通鑒綱目》並首創綱目體史學體裁，尹起莘在自序中明言，綱舉則鑒戒昭，目張則幾微著，故述其旨意條例列於篇端，後學者將慨然有感。並由是指出，是書乃爲有補於世教而作，並希冀後人發揮講明之，尤其是發明該書隱含的書法之義。所以，尹起莘自覺繼承朱熹之志，以《資治通鑒綱目》爲本，疏通其義旨，成《資治通鑒綱目發明》五十九卷，欲使《資治通鑒綱目》之義大明於天下。

尹起莘生活於程朱理學逐步發展並開始走向興盛的時代，理宗時期理學被奉爲官方哲學。朱熹是理學的集大成者，從《資治通鑒綱目發明》對朱熹言必稱先正、君子觀之，尹起莘對朱熹很是敬重，並且對《資治通鑒綱目》更是尊崇備至，《資治通鑒綱目》成書不久，《資治通鑒綱目發明》隨之殺青，其中屢有溢美之詞、激賞之情。體例上，《資治通鑒綱目發明》襲用了《資治通鑒綱目》的編纂體裁，綱爲提要，頂格大字，目以敘事，低格分注。内容上，《資治通鑒綱目發明》起訖一仍《資治通鑒綱目》，但只取後者綱領節目之大者爲之說，如貴華賤夷、正統論、正名定分、君德臣節、出處行藏、天人感應、義利之辨、理勢合一、天道好還等；書法亦踵步《資治通鑒綱目》所恪守之春秋筆法，一字之間，褒貶予奪，以綱常名教等儒家正統思想作爲深考是書之微詞奧義和議論歷史的根本原則。一言蔽之，《資治通鑒綱目發明》之旨歸在扶三綱，立人極，爲後世之戒。

目前所見，僅有南宋理學家魏了翁爲《資治通鑑綱目發明》作過序，他積極評價該書闡發《資治通鑑綱目》之功：『是書若行，《綱目》之忠臣也』（見魏了翁：《鶴山先生大全文集》卷五十六《通鑑綱目發明序》）。然而，四庫館臣對該書及其作者卻是一以貫之的批評和指責。他們明確指出，《資治通鑑綱目發明》作爲史論作品，尊崇朱子，『凡有疑義，率委曲回護』（見《四庫全書總目》史部三·編年類『綱目訂誤四卷』），這不僅是由於著者爲尊者諱，更是因爲他把儒家綱常等思想淩駕於歷史事實之上，以儒學義理爲基本價值尺度評判歷史事件和歷史人物，以爲教化之用。換言之，《資治通鑑綱目發明》更加重視書法義例，而不甚措意歷史事實，四庫館臣故而質疑：『論史主於示褒貶，然不得其事跡之本末，則褒貶何據而定？』（見《四庫全書總目》卷首三·凡例），並斷定是書所論爲『虛談』，著者則是『諧臣媚子』。

時至今日，《資治通鑑綱目發明》的宋代刻本已無跡可尋，但明、清兩代均有刊本。有明一代，《資治通鑑綱目發明》僅見三種刻本，一爲明洪武二十一年（一三八八）建安書市刻本，一爲明弘治十四年（一五〇一）福建日新堂刻本，一爲明內府司禮監本；封面不書書名，卷端署『布衣臣尹起莘上進』，書末有『資治通鑒綱目發明序』。清朝時期該書刻本數量未知，雍正八年（一七三〇）包廷璉重梓本是其一。

《金陵全書》收録的《資治通鑒綱目發明》以南京圖書館藏明内府司禮監本爲底本影印出版。原書横長一八四毫米，縱高二七九毫米，現縮爲横長一三五毫米，縱高二〇四毫米。

劉 榮

資治通鑑綱目發明卷第一

布衣臣尹起莘上進

戊寅

周威烈王午**二十三年。初命晉大夫魏斯、趙籍、韓虔爲諸侯。**

昔在先王封爵五等。建萬國而親諸侯。褒有功而表有德。凡有民有土者。非上世神明之胄。則勤勞宣力之臣。爾曷嘗僭及篡竊之人哉。自姬轍既東。王室衰微。禮樂不由於天子。征伐出自於諸侯。泯泯棼棼。聖人憂之。筆削一經。垂法萬世。凡列國君臣之事。無微不録。皆所以示褒貶之實。于時諸侯不王。而王朝之恩下及列國者。不一而足。春秋皆深爲惜之。是以錫命於魯。在威公則王不稱天。以見濫賞之失。在成公則天王稱子。以見卑屈之意。至於小白葵丘之會。重耳踐土之盟。雖嘗使宰孔賜胙。及尹氏策命。然皆不見於經。夫在内則書以示譏。在外則削而不録。聖人筆削之旨。其嚴若此。今爲晉之三家。弁髦其君。瓜分其國。正天誅所宜加。王法所不貫者。周不能討。則亦已矣。從而命之。果何意耶。考之遷史。於周紀。固曰命韓魏趙爲諸侯。而於魏世家。特曰魏趙韓列爲諸侯。於韓世家。特曰與趙魏俱得爲列侯。於趙世家。特曰魏趙韓皆相立爲諸侯耳。初未嘗有請命於周之語。夫請而見許。先儒猶謂天子之自壞禮。況實未嘗請而天子自命之乎。綱目於此。文無損益。然大書而首揭之者。所以繼魯史之絶筆。猶託始隱公之意云爾。大抵周於諸侯初不顧理之逆順。而惟顧勢之彊弱。曩時曲沃并晉。詩人徒知請命于周之美。而不計其傾覆宗國之罪。今三家分晉自立。爵以邦君。使他日復有篡奪之臣。周亦必移其命三晉者命之矣。周固持此爲取悦之具。而不知陪臣可以并諸侯。則諸侯亦可并天子。此固勢之所必至者。去之千百載。唐人以偏裨殺逐主帥。聽其代立。其不顧上下之分。如出一轍。故周亡於諸侯。唐亡於藩鎮。其禍亦若合符節。綱目書此。所以正綱常之本。示人道之端。爲萬代之深戒者也。有天下國家者。可不監諸。○右三晉之事。通鑑取爲篇首。且深以禮與名分爲言。故我昔神祖製序。謂玉制自此而盡。此亦古人造端立本之意。蓋深察司馬氏之用心。至胡寅著讀史管見。復以謹識立論。今分注取之。備載于下。其說亦幾無餘蘊矣。臣發明綱目推考三家自立未嘗請命之實。且深原朱文公熹大書托始之意。此皆取綱領節目之大者。以爲之說。庶幾先後更相發明。而著書之意益以暴白云爾。然嘗即是思之。自漢以前。王澤未泯。一宇宙也。自漢以後。王澤盡斬。又一宇宙也。所以然者。秦併天下。盡滅古制。故其流至此極耳。夫秦在諸侯爲後封之國。介在西戎。當春秋時。雖嘗與中國會盟。然始焉與晉婣聯。既更韓原之戰。亦未遽絕。迨重耳反國。秦繆奔走好會。無役不與。翊成晉霸。未幾晉文即世。肉未及寒。遽有于殽之役。自此晉秦交惡。迭相攻擊。蓋自彭衙至于河曲。略無寧歲。秦亦未始得志於晉。觀之厲公麻隧之戰。呂相絕秦之言。則可見矣。至春秋末年。悼公復霸。大合諸侯之衆。敗秦于棫林。由是秦不復振。終春秋世。擯斥不通。秦之所以莫能肆虎狼之暴者。皆晉之力能制其命也。夫晉爲姬姓之屬。藩屏王室。據形勢之要。表裏山河。屏蔽東諸侯之國。秦界處其西。俗混戎翟。雖有狡焉思啓封疆之意。制於晉而不得逞。固不能捨近而攻遠。是以范睢謂韓魏中國之處。而天下之樞。於此見晉之地勢。足以控秦。而秦之所患。莫晉若也。自三家分晉。重以魏瑩繆戾。遂失河西。秦始得以蠶食山東。卒併天下。世儒立論。往往咎六國不能堅守合從之約。遂爲秦有。然臣則謂秦之所以能併諸侯者。原於三家之分晉也。向使晉國不分。則以全力制秦。秦豈能越晉而併天下哉。由是言之。六國之滅。不係於合從不合從。而係乎晉之分不分。晉不分爲三。雖不合從。秦不可得而有。晉旣分爲三。

雖合從。秦不可得而拒。蓋晉未分則一形勢強。既分則形勢弱。況晉國既分之後。韓魏趙各以一國之力。尚能抗秦。秦若三國爲一。必無秦患。不待智者而後知。秦不能併吞諸侯。則先王遺制猶有存者。萬一他國得志。亦恐未必如秦秦之暴。故夫王澤之斬。自秦併天下始。秦併天下自三家分晉始。此固天地之大機也。嗚呼。三家之分國。其有關於天下之大勢。國統之離合者如此。然則世之君子當知是書首此。不徒以著周室之衰。亦所以著秦人併吞六國之因。不徒以著禮制之失。亦所以著古今世道更變之端

庚辰

安王元年。秦伐魏

凡兵聲罪致討曰伐。當王室盛時。征伐爲天子大權。諸侯無交伐之理。至春秋則此制已紊。況戰國乎。然秦在春秋。屢與晉交兵。臣前蓋已論之矣。自魯襄十四年書叔孫豹會十三國伐秦之後。終春秋世。秦晉無復兵爭。又自春秋後著之遷史。亦無大侵伐。至是垂二百年。始有伐魏之舉。

甲申

于時魏方分晉，不爲無罪。然秦實未嘗致討，特爲盜邊之計而已。綱目凡此類例以伐書之者，地醜德齊，莫能相尚，故用兵交伐，迭書于册，所以著黷兵之罪耳。惟夫入綱目之初，秦首書伐，則其首亂王制，首開兵禍，他時并吞天下，其兆已見於此。固君子尤當加察者，臣故表而出之。

五年，日食。 春秋日食三十六，或日或不日，然未有以年書者。綱目是年與二十年及烈王元年、七年，赧十四年之類，日食皆不書其月。考之前史亦然。然後知當時史官不職，失其紀録，爲可知矣。不然，綱目豈於天戒而故略之。書之，所以著其失也。

盜殺韓相俠累。 春秋昭二十年書盜殺衞侯之兄縶，左氏以爲齊豹，先儒以爲宗魯。若齊豹則有位于朝，若宗魯則身爲驂乘，聖人且以盜書之。况聶政刺客小人，眞穿窬之微者爾，書之爲盜，夫復何説。嘗怪馬遷作史，特取聶政著之列傳，累百千言而不厭，若有深嘉

樂予之意。向微君子直筆書之。則千載之下。必有聞風效之者矣。觀者不可不知

丙戌

七年

春秋二百四十二年。未有一年無事者。則以當時史官猶謹其紀録之職。故聖人得以因而修之爾。況於戰國日尋干戈。安得無事而每每間見若此。則以衰亂之世。史官失職故也。然綱目雖無事亦備歲年者此正編年之法爾。若夫春秋四時具。然後成歲。故雖一無事。必書首時。至綱目則止書歲者。自末周至五代。蓋千三百六十二年。歲月既久。文字繁夥。固不得純用春秋之法。此又隨時變通之義。君子所當加察者也

壬辰

十三年。齊田和會魏侯楚人衛人于濁澤求為諸侯

自陳常弑其君。孔子沐浴而朝。請魯致討。而魯君方制於三家。有不能也。當是時也。陳常之罪有天地之所不容。人神之所共憤。人皆得而誅之。則上無天子。下無方伯。暴亂肆行。莫之禁也。循至田和。遂併齊而

有之。今也前書遷其君於海上。繼書求爲諸侯。則其篡奪之實固不可誣。周既不能制三晉於前。其能制田氏於後哉。後三年遂命爲侯矣。然田氏猶能請命于周者。何耶。彼見周人既命三晉而不及已也。以爲已與三晉等爾。一予一否。尤而效之。周亦何辭於田氏。而遲之久者。亦不得已之意焉爾。比而觀之。則當時君不君臣不臣。其罪皆曉然具見於書法之間矣。吁

十五年。魏侯斯卒

按禮諸侯曰薨。大夫曰卒。五等邦君。何以書卒。夫子作春秋。凡外諸侯皆書卒。先儒謂周室東遷。諸侯放恣專享其國。上不請命。聖人黜之。特書曰卒。蓋不與其爲諸侯爾。綱目取法春秋。故凡諸侯所以書卒者。此也。然則何以名之。諸侯不生名。則死而名之。禮也。以小白重耳之盛。莫不書名。則綱目於戰國之君死而名之。是亦春秋之法耳。雖然。綱目於赧王既亡之後。諸侯又皆書薨。何哉。蓋赧王

未亡之前。天子在上。故以王法而正諸侯之卒。逮赧既亡。則上無天子。故諸侯聽其稱薨。此又隨時變通之意。綱目之所不得已者。嗚呼微矣

丙申

十七年。秦庶長改弑其君及其君母

按史秦靈公卒。子獻公不得立。立靈公季父悼子。是爲簡公。簡公十六年卒。子惠公立。惠公十二年卒。子出子生。十三年惠公卒。出子立。出子二年。庶長改迎靈公之子獻公于河西而立之。殺出子及其母。沈之淵旁。夫獻公。靈公之子。不得嗣位。則固當時用事大臣之罪爾。昔齊公子商人驟施於國。弑其君舍而自立。未幾。商人爲邴歜閻職所賊。春秋不書曰盗。反以弑君之罪歸諸齊人。誠以商人所以得爲君者。齊人君之也。今出子繼簡公惠公之後。而簡公惠公出於秦人之所共立。固無商人弑君自立之罪。至於出子已歷三世。秦人既已舉國君之。則出子固秦人之君。而

秦乃出子之國矣。戕而弒之。果何義哉。前史書殺出子及其母。視之甚輕。而馬遷年表又以誅出公書之。竊意出子在當時母子甚微。故史氏亦待之以不足錄耳。至綱目始書弒其君及其君母。特著其變之甚大。而秦人覆載不容之罪。亦始有不可得而掩者。然後知綱目書法之意。蓋亦考其實而正其名。不以勢之強弱而廢君臣之分。所以扶三綱。立人極。爲後世之戒耳。昔孟子有言孔子成春秋而亂臣賊子懼。臣謂綱目之修其治亂臣賊子尤爲嚴謹。凡前史未正之獄。未名之惡。皆大書而特書之。于以繼麟經之絕筆。示萬世之大閑。使賊亂之徒。其罪終不可得而泯沒。庶幾人類有立。不爲夷狄禽獸之歸。臣固亦曰綱目修而亂臣賊子懼者。此也。學者其毋以常事視之。常詞讀之。則得其旨矣

庚子

二十一年楚君類卒。楚人殺吳起

前書魏侯斯卒。于魏吳起奔楚。此

書楚君類卒。楚人殺吳起，則是用起者魏楚之君。而怨起者魏楚之人也。夫大臣佐君，澤加於民，則愛之若父母。安有在魏而魏不容，在楚而楚見殺哉。起以功利富強之術中其君，而虐用其民。一旦禍發，則足以殺其軀而已。然起既得罪于楚，綱目不書誅而書殺，何也。因射刺起并中王尸，則當時羣臣作亂之罪，亦不容泯。故不得而誅之。惟夫書以楚人，則足以見人皆欲殺之之意云爾。後之欲圖富強者，可不鑒諸。

六年。齊侯來朝

禮王制，諸侯五年一朝。書周官，六年五服一朝，則諸侯朝于天子者，禮也。一不朝則黜其爵，再不朝則削其地，三不朝則六師移之。則諸侯不朝于天子，其罪亦不可逭矣。自周之衰，諸侯不王。以春秋二百四十二年觀之，魯以宗國之重，公及大夫朝如者，僅八見于經。然皆因事而見，實非能朝天子，朝京師也。宗國且爾，況他國乎。春秋且爾，況戰國乎。今齊以強大之國，乃能特舉朝禮，入見于周，則是空

丁巳

谷足音晦冥日月絶無而僅有者也天下賢之宜矣然齊自一朝之後繼是無聞焉使其五年一朝能如王制六年一朝能如周官則亦諸侯事天子之常禮何足多哉惟夫天下不朝而齊獨朝之所以見稱於當時爾綱目書此蓋亦樂予人爲善之意於以見齊侯之賢於以見周室之削於以見天下之無王雖曰幸之其亦傷之觀者要當推而廣之可也

五年秦敗三晉之師于石門賜以黼黻之服

諸侯終喪入見則有錫禮所謂喪畢以士服見已見賜之黻冕是也歲時來朝則有錫詩所謂君子來朝又何予之元衮及黼是也秦西方之戎翟自春秋末年不與中國之會盟久矣入綱目以來首書伐魏至是前年書敗魏韓今年書敗三晉尚功首虜害虐烝民罪固不容於誅周天子不能治之則亦已矣反乃賜以黼黻之服是教

以殺人之事。而賞殺人之賊也。果何義耶。且夫三晉之民。中國之民也。斬首至於六萬。復何罪乎。自是而後。秦日益張。至於併吞之勢已成。乃始欲約從伐之。尚奚及哉。直書于此。則周人妄賞之失。固自不言可知。兵禍何時而弭歟。吁

己未

七年。秦伯卒

秦伯何以不名。史失其傳。名不登於簡冊也。春秋諸侯凡與會盟聘問者。卒則名之。如宋公和。陳侯鮑之類是也。其不與會盟聘問者。卒則不名。如滕侯卒。宿男卒之類是也。綱目不書名者。如此年之秦伯。三十六年韓侯之類。考之前史皆不載其名。雖或間見於後人附注之中。亦不得知其實。故皆從滕侯宿男之例。亦及史闕文之意也。若強以附注不可信之名而名之。則失春秋之旨矣

庚申

八年。彗星見西方〇衛公孫鞅入秦

天人相應之機。至不可誣

秦孝

也。自聖經災異之書，絕筆於獲麟之後。泯泯棼棼，至于戰國，亂離瘼矣。天變于上，民病于下，不可一端舉也。今也上書彗星見西方，下書衛鞅入秦，何哉？蓋秦自用鞅之後，奮其餘烈，日肆虎狼之毒，吞噬列國。凡上世神明之胄，掃殄無遺，原野厭人之肉，川谷流人之血。災變之形，孰有大於此者。不惟是也，廢井田，開阡陌，罷封建，置守宰，舉先王之典籍，盡畀之烈焰之中。自昔三代數聖人良法美意，掃地不存，其為彗也大矣。星變之烈，豈偶然哉。然則鞅乃西方之彗，出而掃滅宇內者爾。通鑑是年不載彗星之出，綱目取諸遷史年表，特筆于此，蓋有深意存乎其間。君子不可不察也。

十九年，秦徙都咸陽，始廢井田。

井田，上世之良法也。自黃帝畫埜分州，更唐虞夏商周而法始大備。前世論之詳矣，鞅獨何人，乃舉而廢之，又從而更賦稅之法，其變古之罪，不可

勝誅。然綱目皆以秦書而不以鞅書者。盖變法者鞅。而用鞅者。秦也。澄源正本。首惡必歸於秦。秦亦安得而辭哉。其旨嚴矣

乙亥

二十三年。衛貶號曰侯。服屬三晉

衛自康叔受封固侯爵也。至是乃始貶號曰侯。何哉。盖春秋列國。率皆僭號稱公。如鄭伯邾子杞男之類。甚至葉以楚之屬縣。亦稱曰公。今衛之自貶。特迫於勢之微弱。求爲取容之地爾。彼韓趙魏。乃晉之大夫。衛與晉爲兄弟之國。其視三家。則其外臣也。甘爲服屬。不亦傷乎。然三家尚能併晉而有之。又何有於衛哉。特其土地褊小。不足以動三晉之心。不然。豈貶號所能免耶。特筆書此。亦足見強大之凌弱小。而微者之不能自存。其亦可哀也已

戊寅

二十六年。致伯于秦。諸侯賀之。秦使公子少官

帥師會諸侯來朝。秦至是盖益強矣。致伯于秦。周之取容也。帥師會侯。秦之脅制也。比而書之。周秦之情見矣

辛巳

二十九年。秦衛鞅伐魏。誘執其將公子卬而敗之。魏獻河西地於秦。徙都大梁。秦封鞅為商君 秦尚功首虜之國也。疾驅力戰。類皆無名之師。至是伐魏誘執其將。則詐謀為益甚矣。鞅以是而受封。秦以是而賞功。書之詳。詞之複。所以著秦氏君臣之罪。而非夸其戰伐也。鞅之詐謀若此。而猶欲以徙木予金為示信之舉。何哉。雖然。徙木予金。亦詐謀也

癸未

三十一年。秦伯卒。秦人誅衛鞅。滅其家 吳起。亦鞅之流

也。起書殺而鞅書誅。是不惟楚羣臣有射中王尸之罪。而起鞅之輕重。亦可見矣。蓋起之少恩足以亡其軀。而鞅之詐力至於貽禍無窮。固非起之比也。然秦之於鞅。用其詐以滅六國。亦以自滅其國。鞅之相秦。用其詐以滅秦國。亦以自滅其家。明書于册。所以示天下萬世之戒。嚴矣。後之欲治商鞅之術者。可不鑒諸

戊子

三十六年。燕趙韓魏齊楚合從以擯秦。以蘇秦為從約長。并相六國

昔蘇軾有言。蘇秦之為從也。合天下之異以為同。聯六姓之踈以為親。以謂事之甚難者。當是時也。秦人併吞之勢已形。六國之君。皆不能如孟子所謂行仁政修忠信。以撻其堅甲利兵。則為目前救急之計者。捨合從之外。亦未有他策。蘇秦適逢其機。故不旋踵。遂合于一。惜乎秦之為謀。徒能捭闔其說。以利而啗六國爾。天下大勢。利害所在。彼固不能深言之也。綱目書此。則若六國之自合

戊戌

從。而不言蘇秦之說者。亦以示當時之勢。不容不合爾然。未幾繼書從約皆解于下。則以見秦特偷取一時之富貴。非眞能爲六國深謀遠慮者。學者比而觀之。則知詐謀游說。果不足恃。而合從連衡之事。果非君子之所當尚也

四十六年。秦相張儀免。出相魏

四十一年書張儀伐魏取蒲陽矣。四十五年又書張儀伐魏取陝矣。今焉免相于秦。乃出而相魏。以儀之反覆。固不足多責。爲魏國者。不亦愚之甚耶。且魏獨不思前年之伐我者。誰歟。往年之伐我者。又誰歟。彼親用兵以伐我。旣與我之父兄子弟。交鋒接刃。力爲仇敵。今乃出而相我。後之觀史者。猶且惡其譎詐。爲之忿然不平。魏乃擧國聽之。幾何而不亡哉。惟夫合綱目前後所書觀之。然後知儀之爲反覆小人。而魏之爲削弱不能自立也。卒斃于秦。不亦宜乎。

壬寅

愼靚王二年。魏君罃卒是時魏已稱王矣。胡爲止書魏君哉。夫王者。有天下之號。非諸侯所得稱也。春秋繫王於天。爲萬世法。其義甚明。當時徐楚吳越僭號稱王。聖人待以夷狄。皆書曰子。所以深加貶絶。示天下以民無二王之義也。戰國之初。三晉始得侯爵。至顯王之三十五年。綱目書齊魏會于徐州。以相王。四十四年書秦初稱王。四十六年書韓燕稱王。則是當時諸侯。皆稱王矣。然綱目於諸國未稱王之前。各書本爵。至稱王之後。通書曰君。蓋不予其自稱之僭也。夫有其實。則可以居其名。無其實。烏可居其名哉。自是而後。列國例皆稱君矣

乙巳

五年。燕君噲以國讓其相子之必有非常之人。然後能行非常之事。燕噲何人。乃欲以堯自居。而以子之爲舜乎。自魏晉而下。名爲禪代者。綱目皆直書其自立之實。未嘗以遜國

予之。今觀此書。則知噲自以國遜其臣。而非子之篡取其國也。然子之乘燕噲之愚。設謀游說。處非其據。卒之君臣俱不能免。均爲妄人也已。書之于冊。足貽千古之笑爾。

丁未

赧王元年。孟軻去齊

自顯王之三十二年。孟子適魏。既而去魏適齊。至是盖二十三年矣。齊魏之君。方且爲合從連衡之事。凡游說捭闔之人。無不賓禮。至命世之才。則棄而不用。此正所謂好書龍而不好眞龍者也。考之通鑑。雖載孟子與時君答問之略。而不紀其去魏去齊之時。至綱目始詳而書之者。所以著其與時不合之實。重致其歎惜之意云爾。嗚呼。孟子既去。則知王道之决不復行。天下之决未能平治。生民之决未能帖泰。此固綱目之深意也。學者不可不察。

己酉

三年。秦大敗楚師于丹陽。虜屈匄。遂取漢中。楚

復襲秦。又大敗于藍田。韓魏襲楚。楚割兩城以和于秦　楚槐貪商於之地。輕與齊絶。屈匄興無名之師輕與秦戰。卒之商於之地不可得。而屈匄亦不免俘虜。爲楚者亦可已矣。忿不思難。又復襲秦。果何義耶。内喪師徒之衆。外召韓魏之兵。利之不可徇也如此。觀綱目所書。詞繁而不殺。則其曲固有在矣。率土地而食人肉者。可不戒哉

四年。秦使張儀說楚韓齊趙燕連衡以事秦。秦君卒。諸侯復合從　蘇秦說六國合從。綱目書之。則若六國之自合。張儀說五國連衡。綱目書之。則以秦使爲文。均之游說也。而書法不同若此。何哉。蓋六國迫於秦。其勢不容不合。則合從者六國之志也。至連衡事秦。則豈其本心哉。假秦之威以肆其脅制之說。五國亦不獲已而強從之耳。未幾復畔衡合從。

則五國之情見矣。然則儀固不能使之連衡。而秦亦不能使之合從也。勢使然爾。後之論從衡之士者。盖以此觀之。毋謂儀秦辨諸

甲寅

八年秦君卒。弟稷立。母芈氏治國事。以舅魏冄爲將軍 婦人治內而以治國事書之。則幾於牝雞之晨矣。故他時見廢於其子。復以不治事書之也。若夫母曰芈氏。而舅曰魏冄。則冄實非秦君之舅。文自不言可見矣

壬戌

十六年。趙君廢其太子章。而傳國於少子何。自號主父 太子不可廢也。而廢之。少子不可傳國也。而傳之。直筆于此。其義自見。趙君亦何詞以掩其失哉。沙丘之及宜矣

秦伐楚取八城。遂誘楚君槐于武

關。執之以歸。楚人立太子橫

秦自商鞅誘執魏將。於是拱手而得河西之地。卒以此蠶食山東。得志天下。今復誘楚君于武關。執之以歸。其爲詐益加於前矣。世德下衰。暴亂肆行。已非一日。蓋自春秋昭十一年楚子虔誘殺蔡侯般于申。始有詐誘之事。聖人深貶而名之。然蔡般有弑父與君之罪。在所當誅。而春秋猶不之予者。惡其誘也。至昭之十六年楚平。復誘戎蠻子殺之。春秋亦直筆而書。則其惡楚尤爲可知。去之二百載。其孫槐乃誘執于秦。出乎爾者必反乎爾。是豈果無天道乎。夫國君有社稷人民之重。乃輕棄其國。以與讎敵親。可謂無謀之甚者。名以貶之。豈以其偶罹橫逆。而恕其失地之咎哉。彼秦人肆其虎狼之暴。既以重兵伐取其城。又從而脅誘其君。置之死地而後已。異時楚雖三戶。亡秦必楚。天理至是尤爲益明。綱目書誘書執。其惡秦之意。深得春秋惡楚之旨

癸亥

十七年。田文自秦逃歸

逃者匹夫之事。田文身爲齊臣。且又齊之族屬。是時秦方有併吞天下之志。文當告於齊君。力辭其請。縱使齊君迫於秦而不從。則當於入秦之後。辭諸秦君可也。安有鄰敵覊旅之臣。一旦入人之國。驟居相位。而無危辱之禍哉。綱目上書秦以齊田文爲丞相。曰田文而繫之齊者。明其不當爲秦相也。下書田文自秦逃歸。不曰秦丞相者。不予其相秦也。文招致賓客數千人。卒不免匹夫之辱。僅脫虎口。亦果何益於事哉

齊韓魏伐秦。敗其軍於函谷關。河渭絶一日。秦割河東三城以和。三國乃退

按史遷年表。赧王十七年於齊魏韓之下。具載伐秦及河渭絶一日之事。又考之秦紀齊世家。亦具載秦割地以和之實。至田文一傳。尤爲詳悉。且曰。是時楚懷王入秦。秦留之。故欲必出之。其事甚明。然通鑑乃不載此。參

之考異目録皆無之。豈亦别有異説耶。綱目書之。詞繁而不殺。然不書三國爲楚討秦。何哉。田文懷怨秦之私。借楚爲詞。而又行之不力。故特書割河東三城以和。則見其没於利而不反於義。非真能討伐者也。書法若此。所以見師出不可無名。爲義不可不竟

甲子

十八年。楚君槐自秦走趙。不納。秦追及之以歸

楚君自武關見執至卒于秦皆書其名者。諸侯不生名。失地則名故也。後此三十一年。齊君地之類皆同

乙丑

十九年。楚君槐卒于秦

楚槐奄有六千里之國。帶甲百萬。地非不廣。兵非不衆也。一貪商於之地。輕絶鄰好。破軍殺將。蹙地求和。秦齊韓魏惡其反覆。交伐其國。甚至以冢嗣出質。求救請平。楚之削弱。未有甚於此時者。秦乘其弊。劫以好會。執而留之。走趙不納。卒死于秦。商於之地不可得。而末流

之弊一至於此。綱目詳而書之。所以戒後世之人毋輕於棄信徇利而忘義也。若夫秦之無道。則亦不待貶絕而惡自見矣

丙寅

二十年。趙故太子章作亂。公子成李兑誅之。遂弑主父於沙丘 章已廢矣。而書故太子者。不予主父之廢也。既書故太子矣。而不免於二臣之誅者。作亂故也。二臣已討亂矣。而不免於弑逆之名者。君臣之分不可廢也。至於主父以强趙之君雄蓋一時。而亦終於見及者。廢嫡立少故也。推原禍始。特一吳娃爾。自古溺愛衽席若此類者甚多。前車覆。後車進。有天下國家者胡不觀之以爲永鑒哉

己巳

二十三年。楚君迎婦于秦 楚横迎婦之舉。司馬氏論之當矣。然考之綱目。

癸酉

自十六年書楚君槐誘執于秦。卽書楚人立太子横越兩年書走趙不納。又一年書槐卒于秦。首尾四年之間。曾未聞楚人有救君父之意。至是又四載矣。大讎未復。而冦敵益彊。此正痛心疾首誓不俱生之日。今楚人安於不競。略無憤恥自强之志。是以鄰國闚之。益加横逆。而楚甘心爲役。至此極耳。向使楚人能痛念君父之辱强於政治。勉厲奮發。義不圖存。西向死敵。則秦人方將屈服之不暇。而何敢加以非禮哉。然則逆婦于秦。其事讎之惡尚何咎之有哉

二十七年。秦君稱西帝。遣使立齊君爲東帝。已而皆去之

秦。故伯爵也。既僭稱公。又僭稱王。淫名奄於天子。亦已極矣。猶以爲未足而稱帝焉。且又遣使帝齊。何耶。民無二王。又安有二帝之理。秦人僭侈之心。固已不待呂政更號皇帝之餘而後見。書法

若此。是以知首惡之在秦矣。可勝誅哉

丙子

三十年。齊殺狐咺陳舉。燕使亞卿樂毅如趙

春秋魯宣九年書陳殺其大夫洩冶。左氏穀梁載其以諫見殺。先儒釋之以爲殺諫臣者。必有亡國弑君之禍。故書其名爲夏舒弑君楚子滅陳之端。以垂世戒。今齊殺狐咺陳舉。以分注考之。則咺正議者也。舉直言者也。綱目上書齊殺二臣。下書齊君出走見殺。其爲世戒。可謂深切著明也矣。後之欲殺諫臣者可不鑒諸

丁丑

三十一年。燕上將軍樂毅以秦魏韓趙之師伐齊入臨菑齊君地出走其相淖齒殺之。毅下齊七十餘城。燕封樂毅爲昌國君

自赧王元年。齊因燕亂伐取之。孟子

嘗勸齊君謀於燕衆置君後去。而齊不能用也。至是盡三十年矣。燕君日夜撫循其民。其謀齊之心無頃刻置。殆與勾踐謀吴同一軌轍。齊湣方且滅宋王偃而驕侵暴鄰境。謀并二周。由是燕得以合諸侯之兵。一舉而墟其國。其視齊宣之破燕爲益烈矣。天道好還。詎不信耶。綱目於毅書上將軍。著見其行兵有正大之意也。四國之師書以。潛著燕之得衆也。淖齒實弒而書毅者。正齊君自取滅亡之罪也。然則燕兵正乎。曰。非正也。是亦報復之舉爾。孟子謂春秋無義戰。况戰國乎。使燕誠有雪恥先君之志。則當伐齊之時。上告天子。下告方伯。聲齊人暴蔑之罪。發齊湣并周之謀。仗義致討。執其君而歸之京師。以聽天子之所自爲。則齊威晋文之功復立。而諸侯服矣。不此之思。而利其土地。取其器物。則是以暴易暴。庸愈乎哉。故繼書下齊七十餘城。以著其暴并之實。他日復爲齊有。尚誰責乎。

戊寅

三十二年。齊人討殺淖齒而立其君之子法章。保莒城前不書弑者。著齊湣驕暴之罪。此書討殺者。正淖齒弑逆之誅

庚辰

三十四年。楚謀入寇。王使東周公喻止之楚自屈匄敗亡之後。國兵連破。未幾其君執死于秦。其子繼立爲讎人役。方且自救覆亡之不暇。乃於此時而欲謀周。可謂不自量之甚矣。前史止述楚欲圖周之意。至綱目始正其謀入寇之名。則楚人之罪。可勝誅哉。雖然楚之闚周。非一日矣。蓋自熊通僭號稱王。其孫侶問鼎輕重。世有無周之心。至於衰世。猶爲此舉。羸豕蹢躅。其罪固不在嬴秦之下。蠢爾蠻荆。大邦爲讎。戎狄是膺。荆舒是懲。宜春秋以夷狄待之

壬午

三十六年。燕君平卒。樂毅奔趙。齊田單襲破燕

軍盡復其地。齊君入臨菑。封田單爲安平君。趙封樂毅爲望諸君

書燕君卒。樂毅奔趙。田單盡復齊地。文無貶詞。然不書騎劫代將者。所以見燕昭君臣伐齊未得其道。無以服齊人之心。故燕君甫卒。樂毅一奔。而齊地已復。固非止於騎劫代將之失也。夫以齊宣之強。乘燕噲之愚而取之。孟子猶謂以燕伐燕。況燕以弱小之國。借助諸侯。一旦兼幷強大之齊。固非諸侯所樂。正使燕昭不死。樂毅不奔。亦未保其果有堅疑之理。矧又繼以燕惠之庸乎。其敗宜矣

薛公田文卒

田文齊之臣也。而不繫之齊者。著其背國自立之罪。且非齊之所得臣也。彼其招致游士。食客滿門。而出相鄰敵。覆其宗國。乃無一忠信之人。諫止其惡。卒之倀倀中立。無所附麗。肉未及寒。宗族夷滅。然則賓客皆妄人也已。何足貴哉

癸未

三十七年。秦白起伐楚，拔郢，燒夷陵。楚徙都陳。秦置南郡，封起爲武安君。郢，楚之國都也。夷陵，楚之墳隴也。拔而焚之，其辱甚矣。楚至是且不能自保，乃知前日之謀周，其悖繆爲如何哉。比而書之，罪益著矣。

戊子

四十二年。趙魏伐韓，秦救之，大破其軍。魏割南陽以和。前年方書秦伐魏，韓救之。是年乃書趙魏伐韓，果何理耶。是時秦有虎狼之暴，列國正宜同惡相卹，救患分災，猶恐弗及，而魏乃背棄恩義，自伐與國，烏得而不亡哉。直書于冊，其惡見矣。

甲午

四十八年。秦太子質於魏而卒。太子，國之冢嗣，朝夕視君膳者也，質諸鄰國可乎。然有不獲已者，如楚太子橫、太子元之類，爲質於秦，猶曰迫於強敵，弗克自保云爾。今秦乃以太子質魏。何哉。且其連年伐魏。侵暴不已。乃欲以是結驩。將誰欺乎。戰國之世。締交合從。更相傾覆。大率若此。孟子曰。不仁者以其所不愛。及其所愛。臣於此亦云

四十九年。秦拔魏邢丘秦自赧王之四十年伐魏。圍大梁。割溫以和。未幾又拔四城。又割南陽以和矣。至是未十年間。拔懷拔邢丘。兵無虛日。魏地不盡。秦寇不止。所謂割地講和。與夫質子結歡之意。果安在哉。惟合前後所書觀之。則秦人譎詐反覆。固自不言可知。而魏人略不之悟。以亡其國。然則後世欲恃和爲固者。可以觀矣

秦君廢其母不治事。逐魏冉。芊戎。公子市。公子悝。以范雎爲丞相。封應侯上書秦君廢其母。逐冉戎。下書以范雎爲丞相封應侯。則廢母逐諸臣。乃雎之謀明矣。夫臣猶可逐也。母可廢乎。旣正其爲母之名。

丙申

則秦君之惡始著而雎亦與有其罪矣直書于冊其義自見

五十年秦君母芊氏以憂卒 前已書廢矣而此猶以母稱者母無可廢之理不予秦君之廢也國君之母苟非得罪祖宗其子安得而廢之況又因以憂卒乎直書于此所以著秦稷之罪也

秦伐趙取三城齊救却之遂以趙師伐燕取中陽伐韓取注人 春秋惡兵之書惟書救則未有不善之者今秦肆其強暴伐趙而取其城邑齊人救之可謂善之善矣胡為反用趙兵而取燕韓之地哉伐而書遂所以著其始以義而終以利也豈不深可惜哉

辛丑

五十五年秦王齕攻趙上黨拔之白起代將大破

趙軍。殺其將趙括。坑降卒四十萬上黨韓地而繫之趙者。明上黨之歸趙也。趙受上黨之地。召釁啓禍。自貽伊慼。固可深責。然白起挾詐而坑降卒四十萬衆。自書契以來。未之或有。前此秦人固嘗斬首多矣。往往見之分注之中。至此始揭而書之者。所以甚起殺降之罪。且以著秦氏之暴也

五十七年。秦伐趙。圍邯鄲。○趙公子勝如楚乞師。楚黃歇帥師救趙。○魏晉鄙帥師救趙。次于鄴。公子無忌襲殺鄙。奪其軍以進。春秋大義伐而書次。其次爲善。遂伐楚次于陘之類是也。救而書次。其次爲貶。救邢次于聶北之類是也。夫伐而書次。所以美其按兵不進。有

待彼自服之意。救而書次。所以譏其緩不及事。有急於救患之意。當是時也。趙有旦暮之急。為與國者。雖被髮纓冠救之。若不暇恤。而乃逡巡顧望。頓兵久次。果何義耶。上書秦伐趙圍邯鄲。邯鄲。趙之國都也。下書公子勝如楚乞師。楚黃歇帥師救趙。曰乞。曰救。其急若此。晉鄙親將大衆。蓋鼓行而前。猶恐弗及。方且畏秦不進何歟。書帥師以見其兵力之衆。書次鄴以見其趑趄之實。其貶之之意明矣。然則無忌奪軍。可乎。曰書襲殺晉鄙。所以著其專輒之罪。書奪其軍以進。所以著其救患之勇。二者固並行而不相悖也。然則予之乎。曰予之也。何以知之。以下書大破秦軍邯鄲下知之也。夫秦為無道。呑噬列國。上無天子。下無方伯。諸侯有能救之者。救之可也。邯鄲被圍。經歷三時。危困亟矣。無忌一舉解趙之圍。故序其績。所以恕其奪軍之罪。而非以是為法也。後之觀綱目者。要當以是權衡之

甲辰

五十八年。秦殺白起。白起殺降有罪，故盡削其官。然秦人罪之不以其理，故不書誅而書殺也。

乙巳

五十九年，秦伐韓趙。王命諸侯討之。秦遂入寇。

王入秦，盡獻其地。歸而卒。天尊地卑。乾坤定矣。卑高以陳，貴賤位矣。天無二日。民無二王。一統。天地之常經。古今之通誼也。自周東其轍。王政不綱。天下不知有王久矣。然周室雖微。君也。諸侯雖大，臣也。秦自非子以善養馬受地於孝王之朝，邑之秦。秦為附庸。至宣王命秦仲為大夫，而平王始封襄公為諸侯。繼之任好稱霸西戎。春秋初未嘗予之。去之十餘世。渠梁始用商鞅之策，蠶食六國。其間天子致伯致胙，蓋亦間見迭出。秦固周之世臣也。自惠文武昭襄始僭號稱王。日益彊大，至是併吞之勢已成。以蕞爾之周。固知不足以制秦。考之前史。皆以秦伐韓趙。周王恐而倍秦。與諸侯約從攻秦。秦怒攻之。今分注雖載其說於下。然綱目乃書秦伐韓趙。王命諸侯討之。秦遂入寇。何哉。夫強弱無定形。君臣有定分。周之不能敵秦者。勢也。秦之不可加周者。分也。赧無桀紂之惡。秦無湯武之德。以天子而臨諸侯。何恐之有。以王命而討有罪。何倍之有。特筆書之。所以扶三綱垂世教。正萬世君臣之分。爲天地立心。爲生民立極者也。凡此類。非綱目不能修。其視春秋特筆書天王狩于河陽。殆異世而同旨。茲蓋筆削之大節。不可以常事觀者。臣故備而論之

資治通鑑綱目發明卷第一

資治通鑑綱目發明卷第二

布衣臣尹起莘上進

丙午

秦昭襄五十二

秦丞相范雎免

范雎傾險之士。然能知止而退。亦有足取。故書免而不去其官

丁未

韓王入朝於秦

戰國諸侯自稱王以後。綱目例皆書君所以不予其僭也。今此又復書韓王何哉。是時周赧既亡。上無天子。故諸侯因其稱王而書之。亦所以著其僭爾。然韓既稱王。乃書入朝于秦。爲有身爲王者乃奔走朝事他國者哉。據事直書。義自見矣

戊申

秦王郊見上帝於雍

郊見天子之禮也。春秋魯郊。聖人因事屢書而譏之。或者以爲

周賜以天子禮樂。故魯得郊祀。然夫子乃曰。魯之郊禘非古也。周公其衰矣。孔子。魯之臣子。其不滿於魯若此。況西戎之秦乎。秦自襄始受封。已僭祀西畤。至文宣靈鄜密上下用事四帝。揚雄所謂僭莫僭於祭。祭莫重於天者是也。今上書韓王入朝。魏舉國聽令。下書郊見上帝於雍。蓋明著其既服諸侯益肆其僭侈之志云爾。異時呂政吞滅諸國。毒痛四海。方且行封禪祠諸神。然不二世遽滅。帝果私於秦哉。嗚呼。吾誰欺。欺天乎。曾謂上天不如林放乎。後之僭祀徼福者可以觀矣

庚戌

秋。秦王稷薨。太子柱立。韓王衰經入吊祠

天王崩。諸侯未有奔赴者。秦韓均爲諸侯。而行吊若此。則亦視勢之強弱。而不顧理之當否爾。韓之卑屈如此。將以求媚於秦。然不免首爲秦人所滅。故綱目於其入吊之事。大書于冊。所以戒有國之君。不可不自強於善。而毋徒媚

敵以乞憐也。或曰。韓以微弱之國。不得不爾。是不然。湯以七十里。文王以百里。萬一迫於強大不能自立。則有國君死社稷之義。効死勿去。死于宗廟。可也。謂之何哉

庚申

秦王政六年

楚趙魏韓衛合從以伐秦至函谷皆敗走

五國至是猶奄奄垂絕之人爾。而乃合兵伐秦。固已不待叩關。逆知其敗必矣。然則聽秦之暴可乎。毋已。則修政用賢於內。合從締交於外。相與保境自守。秦攻一國。則諸國救之可也。無名興師。仰關而伐。自速敗亡。咎將誰執。故綱目書此以自敗爲文。所以著諸國悖謬之罪也

癸亥

秋九月。秦嫪毒作亂。伏誅。夷三族。秦人遷其太后於雍

上書嫪毒作亂伏誅。繼書遷其太后於雍。則太后之遷爲有名。而非芊氏無罪之比矣。茅

焦進諫。復爲母子。綱目削去而不書者。所以著其得罪宗祧之意云爾。嗚呼嚴哉

壬申

秦王翦伐趙。下井陘。趙殺其大將軍李牧

書國以殺而不去其官者。明牧之無罪。不失其官守也。趙國危若累卵。僅有一將。若可少延晷刻之命。而乃無故殺之。果何爲哉。前書牧戰敗秦。及秦遇牧而還。所以著牧存趙之績。後書秦滅趙虜王遷。所以著趙見滅之因。趙之爲國用人如此欲無亡得乎

甲戌

燕太子丹使盜劫秦王不克。秦遂擊破燕代兵。進圍薊

秦滅六國皆無罪。獨燕有盜劫之舉。丹不惟不能制秦。而反以速禍。爲計亦左矣。然綱目不書秦討其罪者。秦爲無道。人皆可得殺之。故止書盜劫之事。而不正燕丹之罪爾。若夫荊軻自以爲賢而不

免以盜書者。盖與聶政同科。不然。是又司馬遷之史矣。何以爲綱目哉

秦始皇帝二十六年。王初并天下。更號皇帝。○

除謚法

孟子曰。三代之得天下也以仁。其失天下也以不仁。又曰。行一不義。殺一不辜。而得天下皆不爲也。秦王初并天下。自以爲德兼三皇。功過五帝。乃更號皇帝。除謚法。令後世以計數。欲以一而傳萬。其爲計可謂深且遠矣。抑不知秦之所以得天下者。仁歟。否歟。奪人土地。毁人宗廟。滅人家國。皆所不論。姑以斬首計之。自石門之戰。至于赧亡之歲。其見於史冊可得而攷者。盖百四十餘萬矣。又自赧亡之後。迄于兼并之日。垂四十年。史傳皆不載首虜之數。其間攻拔城邑。屠滅國都。兵禍殆無虛日。豈無一人死於鋒鏑之下。斬刈殺戮。疾驅力戰。秦之得天下者如此。乃欲偃然自以爲子孫帝王萬世之業。是豈果無天道耶。要之國祚偷短。

每視其得國之實。尚使秦氏并吞之後。改絃易轍。修仁行義。猶不能保其有國。況以殘暴趣之乎。不二世而遂滅。信有由矣。語曰。君以此始。亦以此終。參諸孟氏之言而益信

定爲水德。以十月爲歲首孔子曰。行夏之時。以商之建丑。周之建子。且不可用。況以亥月爲歲首乎。秦不師古。無足道者。然不得不書之以著其失

壬午

二十八年。帝東巡。上鄒嶧山。立石頌功業觀綱目所書。始皇遊覽立石頌功業之事。洋洋乎盛哉。大書特書不一書而止。非美之也。所以著其侈汰之實云爾

癸未

二十九年。帝東遊至陽武。韓人張良狙擊誤中副車。令天下大索十日不得。遂登之罘。刻石而還

張良以一布衣。其視聶政荆軻等耳。胡爲不以盜書。且是時天下已爲秦矣。又胡爲復書韓人哉。良五世相韓。志在報君之仇。綱目予之。故其書法如此。然呂政是時鞭笞四海。威振殊俗。良乃欲狙擊而斃之。旣而大索弗獲。詳書于冊。亦足見良之爲謀甚深。而秦人亦無有爲呂政同仇者。嗚呼。偶語者猶棄市。而狙擊者乃獲免。孰謂秦法果嚴哉

三十五年。阬諸生四百六十餘人。使長子扶蘇監蒙恬軍

詩書非可燒也。而燒之。諸生非可阬也。而阬之。天醜其爲滅亡著矣。故繼書使長子扶蘇監蒙恬軍。以見扶蘇因諫而逐。所以著其自取滅亡之實。使扶蘇尚在左右。則趙高邪謀胡亥襲位之事。何自而萌哉。下書隕石東郡。及載所刻之語。天誅之意尤明。而乃盡殺石旁居人。庸可免乎

辛卯

三十七年。秋七月。至沙丘崩。丞相李斯宦者趙高。矯遺詔立少子胡亥爲太子。殺扶蘇蒙恬。還至咸陽。胡亥襲位。九月葬驪山

矯立之謀發於趙高。而首書李斯者。斯爲大臣國柄在手。不當徇宦者之請。故首惡必歸於斯也。胡亥之立。必書少子既爲太子。不書即位。特曰胡亥襲位者。不予其矯詔自立也。夫秦固不足道也。詳而書之。不没其實。姑以示亂亡之禍。遺臭萬世而已

壬辰

二世皇帝元年。秋七月。楚人陳勝吳廣起兵於蘄。勝自立爲楚王。以廣爲假王。擊滎陽。楚遣諸將徇趙魏。以周文爲將軍。將兵伐秦

勝廣。崛起草莽。本不足以

癸巳

國。而書之曰楚。若大國然者。尊楚所以惡秦也。又書以周文爲將軍將兵伐秦。書伐。則秦之罪著矣

二年。趙將李良弑其君武臣〇秦益遣兵擊楚。

臘月。楚莊賈弑其君勝以降於秦。呂臣討賈殺之。復以陳爲楚 陳勝自立。至是才歲餘耳。書莊賈之弑。所以成其爲君。書呂臣之討。所以正賈之罪。上書李良弑其君亦然。惟惡秦之無道而欲誅之也。故書法之意如此

沛公得張良。以爲廏將 不曰張良歸沛公。而曰沛公得張良。則良之去就爲可觀。而沛公之興。以得良爲重矣

楚遣沛公伐秦 三代而下。惟漢唐爲盛。其得天下。亦略相似。然唐祖自即位以前。皆書其名。而沛公自起兵之後。即不以名書之。何哉。沛公舉兵誅無道秦。其名義甚正。秦既不得而臣之。則

甲午

羇以沛公宜矣。若夫唐公既尊隋煬爲太上皇。又立其子而事之。則君前臣名。固其理也。綱目循名責實。初非厚於漢而薄於唐。要在讀者深察而默識之。可也

三年。冬十一月。楚次將項籍矯殺宋義而代之。大破秦軍。虜其將王離

不直書曰楚將。而必曰次將者。正其以下犯上之罪也。不直書曰殺宋義。而必曰矯殺者。正其專輙無君之罪也。籍始見於綱目而罪已如此。他日雖欲自立於天下。尚可得乎

八月。沛公入武關。趙高弑帝于望夷宮。立子嬰爲王。九月。子嬰討殺高。夷三族

二世之死。與隋煬之死何異。趙高之逆。與宇文化及之逆何殊。然二世書帝。而隋煬書其君。廣何哉。二世固爲無道。不過爲趙高所愚以

至此極。若夫煬之不道，則有不可勝言者矣。故所書不同如此。綱目循名責實，雖均爲亂亡之事，亦權衡輕重於其間。觀者不可不察也

乙未

楚義帝心元年 冬十月。沛公至霸上。秦王子嬰奉璽符節以降。○沛公入咸陽。還軍霸上。除秦苛法

前年書楚遣沛公伐秦，則沛公奉詞伐義師爲有名矣。是年書秦王子嬰降沛公，則沛公仗罪入關，已能誅無道秦矣。至此還軍霸上。除秦苛法，揭而書之，則仁義之舉雖未足以追配湯武，然亦庶幾不嗜殺人之意者。夫秦以苛酷結怨于民，沛公入秦，首除其虐，如救焚拯溺，深得弔民之理。其寬大愛人雍容氣象，於茲可想。孟子有言，民之歸仁也，猶水就下。故雖三代之得天下，亦不過如是而已。惟合前後所書觀之，則漢業之興，非苟然者。孰

謂其起於叛亡亭長而能若是乎

項籍詐坑秦降卒二十餘萬於新安

白起殺降。雖後世兵家者流亦惡之。秦亡之亟。起與有力焉。籍方欲入關誅無道秦。乃挾詐而坑降卒至於二十餘萬衆。如水益深。如火益烈。其斬刈之慘。復一秦耳。果何以慰斯民之望哉。綱目於此不止書阬。而書曰詐阬。則籍之罪又浮于起矣

沛公遣兵守函谷關。項籍攻破之。遂屠咸陽。殺子嬰。掘始皇帝冢。大掠而東

沛公入關。其雍容寬大之氣象。見於綱目之所書者。藹然可想。今此書籍破關掘冢屠殺大掠。其飄忽震蕩之勢。如雷電鬼神之不可測。雖秦人之暴。亦未若是之烈。其視沛公真鴟梟之比祥鸞爾。後之欲觀劉項之得失者。當以是考之

夏五月。齊田榮擊走齊王都。遂弑膠東王

市自立爲齊王　榮與市。皆田族也。當逐鹿之世。民無定主。惟力是與。籍之徙市王膠東。固非本於公道。前史皆以榮怒擊而殺之爲詞。至綱目始正其弑逆之罪。何哉。秦二世二年。已書榮立市爲王而相之。至是雖爲羽所徙。則榮固市之臣也。正名定罪。復何疑耶。夫世故雖有亂離。綱常未始或紊。觀綱目所書如李良之於武臣。莊賈之於陳勝。臧荼之於燕廣。榮之於市。皆按其罪而誅之。于以見昏亂之中。天理未嘗或亡。扶三綱。立人極。其垂世教也大矣。故曰綱目修而亂臣賊子懼

西楚殺韓王成。張良復歸漢　前此良已書歸韓矣。至是韓王見殺於楚。良乃歸漢。則子房始終爲韓之心。益暴白於天下。綱目合而書之。盡有深意

西楚二年
漢二年　**冬十月。西楚霸王項籍弑義帝於江**

中嗚呼。君臣。天地之大義也。臣之事君。猶子之事父。亘古今而不可易。是以陳常之事。孔子已告老矣。且沐浴請討。豈非天地大變。人理之所不容。故不忍與之並立乎世。此蓋萬世之通誼也。籍世爲楚將。北面事之。義帝懷王之孫。項梁立以爲君。大義已定。籍何得而弒之乎。况籍起自偏裨。矯殺卿子冠軍。宰割天下。率徇己私。義帝不能誅籍。而籍反弒帝。其惡可勝道哉。揭而書之。稱國稱爵稱名。所以著籍強暴大逆之罪。至是始無所容於天地之間。然後義兵可舉。人皆得而誅之矣。密擊江中果可以欺天下乎

漢王至洛陽爲義帝發喪告諸侯討項籍

前已書籍大逆之罪。此又書漢王爲義帝發喪。告諸侯討項籍。則籍爲天下之罪人。不可自立於世。而漢之師爲有名矣。表而出之。既以聲羽之大惡。又以予漢之討賊也

漢王率五諸侯兵伐楚。入彭城。項籍還

破漢軍，以漢太公、呂后歸。漢王誠有爲君討賊之心，則宜痛心疾首，縞素爲資，期於罪人斯得而後已。今始入彭城，籍尚逋誅，遽乃飲酒高會，謂之何哉？故書伐，書入，而不書討，則漢之名義索然已盡。然後籍得以破漢軍，而太公、呂后皆爲所虜，豈不深可惜歟！

漢王還櫟陽。

立子盈爲太子。太子國儲副君，宗祧所主。是時漢方倥偬，乃能首建國本，亦可謂知所先務矣。特書于册，蓋予之也。

秋八月，漢王如滎陽，命蕭何守關中。

立宗廟社稷。易之萃、渙，皆言王假有廟，蓋謂王者萃聚天下之道，與天下渙散之時，其總攝人心，無過於建立宗廟，使之知所歸仰，此聖人特於萃、渙二卦發其義也。是時漢方立國，適當萃聚之初，而國兵新破，人無固志，又有渙散之疑，漢王於此乃能首立宗廟社稷，可謂深得萃渙之義矣。綱目書之，文無美詞。

而美在其中。孰謂不修文學之君。其所設施。乃能深合聖經之旨。是豈剽悍禍賊徒知以斬刈屠戮爲事者。可同日語哉

冬十月。晦日食○十一月。晦日食入綱目二百年。書日食者屢矣。皆不舉其月日者。史官失於紀錄可知也。至是書月書晦。自是而後。凡日食當晦朔者。即以晦朔書。其非晦朔者。即以月書。此固綱目之凡例也

漢遣酈食其立六國後。未行而罷漢欲立六國後。其得失先儒論之詳矣。綱目特書未行而罷者。蓋所以著漢王無我。速於從諫之美也

夏四月。楚圍漢王於滎陽。亞父范增死綱目於人臣例書卒。雖列國亦然。惟夷狄盜賊則書死。范增楚之謀主。既書亞父。乃以死書之。何哉。項籍負弑逆之罪。增始與之同

列。乃從。而北面事之。況義帝之立。出於增之本謀。籍弑其所立。增力能誅則誅之。不能誅則死之。又否則去之可也。既不能。然。乃甘心臣事弑君之賊。助桀爲虐。是亦弑逆之人爾。故綱目於其死而貶之。所以正天討。示王法。使爲人臣者當知去就之義。爲萬世戒也。嗚呼。其旨嚴矣

戊戌

楚四年 漢四年 冬十月。漢韓信襲破齊。○楚救齊。十一月。漢韓信擊破之。殺其將龍且。虜齊王廣。田橫自立爲齊王。戰敗走。信遂定齊地

秦爲無道。天下共起而亡之。至羽背約。王沛公於巴蜀。故漢王之東。綱目以還定三秦書之。用見三秦。固沛公所宜有也。其後籍負弑逆之誅。於是漢之舉兵。一則曰討籍。二則曰伐楚。又以見師出爲有名矣。若夫諸侯各受分地。與漢並立。初非有可指

之罪。漢志於一天下。以強食弱。是以韓信之出。於趙魏則書擊。於燕則書下。於齊則書襲。至楚遣龍且則書救。春秋凡救未有不善者。救者善則攻者非矣。力屢強戰信之所以立功者如此。他時。不得其死。良有以也。君子觀綱目所書之意。斷可識矣。漢與秦項。果何以大相遠乎

楚與漢約中分天下。

九月歸太公呂后於漢。解而東歸當是時漢強楚弱。故自不必約和。然太公在楚。未有取之之計也。上書中分天下。繼書、歸太公於漢。則漢之此舉。爲請太公明矣。然綱目書楚與漢約而不書漢與楚約。則見欲和者出於楚之本心。而漢王不急於救父。其惡蓋自不言可知。況漢旣得太公。乃始背惠食言。進兵攻楚。故此明書解而東歸。下書漢王追項籍至固陵。則漢王違信背約之失。又可知矣

資治通鑑綱目發明卷第二

資治通鑑綱目發明卷第三

布衣臣尹起莘上進

漢太祖高皇帝五年。冬十月。王追項籍至固陵。齊王信魏相國越及劉賈誘楚周殷迎英布皆會。十二月。圍籍垓下。籍走自殺。楚地悉定

固陵之追。籍已兵疲食盡。猶能大破漢軍。則劉非項敵明矣。然未幾三將會兵。卒能破羽。則漢之用人。與籍之自用。其相去何翅什百。詳書信越英布會兵之實。所以見漢之擒籍。卒賴三人之力。若夫籍負弒逆之罪。而不正其誅者。漢本志於爭天下。而非純於討賊。故綱目亦不得而純予之也

王還至定陶馳入齊

王信壁奪其軍。○春正月。更立齊王信爲楚王。

漢王方擒項籍。即奪韓信軍。故綱目書馳入齊王信壁。以見其急於制信如此。然信號爲善兵。而漢王兩奪其軍。如取嬰兒之物。則信亦未得爲節制之師。而漢王將將之能。尤不可及矣。若夫信軍既奪。又復改封。略無一毫不平之意。則他日疑而廢之。是固漢王之過也。比事詳觀。則得之矣。

二月。王即皇帝位。

自三代而下。惟漢得天下爲正。誅無道秦。一也。討項籍罪。二也。天下已定。始即尊位。三也。後世有僅得蕞爾之地。而妄自尊大者。視此可以少愧矣。

六年。冬十二月。帝會諸侯於陳。執楚王信以歸。至洛陽。赦爲淮陰侯。

韓信之國。人告其反。綱目不以反書。是信未嘗有反謀也。

書執信以歸。而不書其所執之由。是信無故見執也。然則赦之爲侯。不知所赦何罪哉。僞遊雲夢。會侯於陳。甘爲詐誘之事。前以詐和而滅籍。後以詐遊而執信。藉不滅。則漢不能以一統。信不執。則漢不可以安枕。論其謀則深矣。語其功則高矣。進之王者之事。則未也。此漢氏之所以雜霸

十一年。春正月。后殺淮陰侯韓信。夷三族

信至是實有反謀矣。然猶不以反書。又不書其有罪。乃書殺而不去其爵者。信有定天下之功。受封未幾。無故見執。其快快無聊之心。不言可知。非信素有反心也。綱目於此削而不書。亦所以原其本心云爾。漢氏之興。德信未孚於天下。既以詐而執大功之臣。又以詐而殺之。人誰不自疑哉。叛者迭起。夫何恠耶。綱目備書夷三族之實。非予其討有罪也。乃所以惡漢云爾。世豈有人之无罪夷其三族。而可以君天下者哉。下書梁王越夷三族亦然

十二年。冬十月。帝破布軍於蘄西。布亡走。長沙王臣誘而誅之

英布之死。前史皆以殺書。至綱目始筆其誅者。正名定罪也。上書布反。既正其名於前。此書布誅。遂定其罪於後。布亦何得而辭哉。信越無罪。則書以殺。布實有罪。則書其誅。故雖三人同功一體。至其罪之有無不可槩論。非綱目別異而書之。幾於涇渭不分矣

十一月。過魯以太牢祠孔子

自堯舜禹湯文武既沒。天生孔子為萬代仁義禮樂之宗主。生民之類。不至糜爛絕滅者。吾聖道扶持之功用也。自秦燔詩書。坑學士。天下大亂。其禍至於陳項極矣。漢高之興。以馬上得天下。不事詩書。嫚罵溺冠。其視儒道。不啻枘鑿之不相入。然過魯祠孔子。乃見於兵戈倥偬之日。故綱目特筆予之。亦以見天理之在人心。自有不可得而泯沒者。漢氏四百年基業。其精神命脈。蓋在於此。自是而後。儒道稍

稍振起。除挾書禁。置博士官。開獻書路。迭見於繼世之後。亦足以見當時崇尚之意。然漢治終於不古者。粗得其一二之緒餘。而精微體用。未之明也。雖然。吾道在天地間。如一元之氣。周流磅礴。未始一日不存。不以秦而泯。不以漢而興。時君世主。苟能知其功用之大。振而起之。則聖人綏來動和之效。帝王時雍迓衡之治。可復見於天下矣。惜乎。漢人不足以語此

下相國何廷尉獄數日赦出之

三公坐而論道。宰相代天理物。明明穆穆。聚精會神。與天子交相唯諾於一堂之上者也。皋夔稷契。有都俞而無吁咈。伊傅周召。有誥命而無戒飭。皋伊諸公。不可人得而世有。然居其位任其職。則亦不可不盡其體貌之禮。至其果有大罪。則退之可也。廢之可也。賜之死亦可也。械繫而戮辱之。可乎哉。自李斯馮去疾。在秦以下獄而死。漢亦習聞其故。至是以蕭相之信謹。一旦無故置之囹圄。雖曰未幾赦出之。然禮絕百僚。師長羣后。他日

亦何面目立於衆人之上哉。文帝習此而繫周勃。景帝習此而繫亞夫。追武帝則動輒逮繫。不可勝舉。至於下獄要斬如劉屈氂輩。甚之不啻若狗彘者。元帝以此而殺望之。哀帝以此而殺王嘉。終漢之世。家法若此。豈非貽謀不善之過哉。然何以忠信事高祖。疑之亦非一。如遣子弟從軍。貰民田以自汙之類。往往挾術相欺。君臣交孚之理。似不如此。既不免械繫之辱。猶且不能引身而退。何亦嗜利亡恥者。書曰。下相國何廷尉獄。使漢之君臣觀之。寧不少知愧歟

丁未

孝惠皇帝元年。冬十二月。太后殺趙王如意牝雞之晨。惟家之索。蓋自周赧八年。綱目書秦芈氏治國事。始有婦人與政之端。至漢祖以神武得天下。呂氏亦得與事。是以淮陰之死。特書后殺。以見履霜之漸。況夫惠帝懦弱不能親攬大權。固宜母后之僭也。如意之死蓋

惠帝即位之初爾。綱目特揭太后書之者。所以見呂氏傾覆之禍。已肇於此。固不俟他日臨朝而後見。然則有天下國家者。可不謹其微哉。

庚戌

四年。春三月。立原廟。春秋宮廟非志災失禮。則不書。如考仲子之宮。丹楹刻桷。咸僖宮災。立武宮之類是已。綱目書立原廟。立者。不宜立也。既有太廟。則原廟果何爲哉。直筆書之。其失自見。

壬子

六年。夏。留侯張良卒。神仙詭誕之說。先儒論之詳矣。有如張良欲從赤松子遊。司馬氏亦既及之矣。綱目前書張良謝病辟穀。疑若眞有導引長年之事。至是書留侯張良卒。則知子房托於神仙之意。昭然可見。而詭誕之說。不攻自破。凡此類比而觀之。則得其旨。

癸丑

七年。春正月。朔。日食。○夏五月。日食既。漢自除秦苛法之後。惠帝繼之。一以清淨爲治。方且與天下休息。相安於無事。宜有美祥。而災異數見。何哉。蓋自二年兩龍見井中。地震。夏旱。越一年宜陽雨血。冬雷。棗實。至是則日食正旦矣。天下大變。孰甚於此。未幾盛夏之月日食之既。既盡也。日者。人君之表。食之盡可乎。惠帝即世。呂氏擅權。上天告戒之意切矣。綱目書法之旨明矣

太后使呂台呂產將南北軍

漢置南北軍於京師。所係甚重。迺以二呂庸人將之。則軍國大權。已入呂氏掌握。劉氏烏得不危哉。綱目書太后使呂台。呂產將南北軍。謂之后使。則見其出於私意而非公選。又以病當時之將相大臣也

秋九月葬安陵。太子即位。

太后臨朝稱制

天下不可一日無主。今惠帝以八月書崩。而太子乃以九月始書即位。至於曠月無君。考之前史。蓋自戊寅至辛丑凡二十有四日始葬安陵。既葬之後。太子始即位。則是呂氏擅朝之

禍。可勝言哉。況太子實非劉氏。乃使之稱尊。其爲菑人滅節大矣。綱目書此文無貶詞。若真太子然者。非予之也。所以見將相大臣不能爲有無。拱手聽其所爲。是以交譏之爾。然則劉氏之不滅。豈非幸歟

高皇后呂氏元年 ○綱目凡正統之年歲下大書。非正統者兩行分注。此固書法之正例也。今呂氏臨朝天下蓋合于一。殆與東漢馬鄧無異。初非戰國南北五代之比。胡爲亦以分注書之。嘗觀程子頤傳易。於坤之六五有曰。臣居尊位。羿莽是也。猶可言也。婦居尊位。女媧氏。武氏是也。非常之變。不可言也。夫呂氏制朝。雖取他人子立之。實非劉氏。故綱目於此分注其年。以著其實非正統。且以示天下非常之變。故特變例書之。爲後世鑒爾。凡此類皆綱目之大節。書法之要旨。君子之所當深察者也

冬十一月。太后以王陵爲帝太傅。陳平爲右丞相。審食其爲左丞

相審食其何人。乃居左揆。陳平與之同列而不恥。並書于冊。不特見呂氏私意用人之罪。亦以見陳平甘與噲伍之失

丁巳

四年 四月。太后封女弟嬃爲臨光侯

分茅胙土。君國子民。其可以婦人爲之乎。呂嬃之封。綱目特揭女弟書之。所以著其不當封而封爲婦人亂政之鑑也

戊午

五年 秋八月。淮陽王彊卒。太后立武爲淮陽王

呂后擅權用私意而行封爵。然呂台方立。闕一載而書卒。至於彊不疑之受封。雖彊以孝惠子名之。亦且相繼告殞天意昭然若此。而呂氏曾不之悟。詳書于冊。不特見呂氏亂朝之迹。亦以見天道不遠之意云

辛酉

八年。七月。太后呂氏崩○齊王襄發兵討諸呂。

壬戌

相國產使大將軍灌嬰擊之。嬰留屯滎陽與齊連和。九月。太尉勃。丞相平。朱虛侯章誅產祿及諸呂。齊王灌嬰兵皆罷○諸大臣迎立代王恒。後九月。至即位。誅呂后所名孝惠子弘等

自惠帝早世。太子繼立。雖曰呂氏取他人子養而名之。然當時用事大臣略不能爲有無。甚至大封諸子。更立少帝。一切拱手聽其自爲。綱目書之。曾無貶詞。亦若眞孝惠子然者。所以著漢朝將相之罪爾。至是始書其實其曰。誅呂后所名孝惠子弘等。則非孝惠之子審矣。學者合而觀之。原始要終。足見綱目責漢朝之意

太宗孝文皇帝元年。以陳平爲左丞相。周勃爲

右丞相灌嬰爲太尉。論功益戶有差諸呂之誅綱目首書齊王

襄發兵致討。繼書平勃朱虛誅產祿及諸呂。今也論功行賞。止及平勃灌嬰。而不及二人。此意特以劉章嘗欲立齊王。故不錄其功。而當時大臣亦無有能明之者。夫以平勃阿意曲從。稔成呂氏之禍。功固未可以贖罪。其視二人有功無過者。大有逕庭。綱目於此文無予奪。若不甚白。然而即前所書觀之。則知二人之爲有功。即後所書觀之。則知二人之不及賞。其是其否。固自曉然於書法之間。此功賞之斷案也

十二月除收帑相坐律令○詔定振窮養老之令○令四方毋來獻

文帝繼統之初。正四方觀聽惟新之日。綱目前書除收帑相坐律令。則見其急於解撓之意。次書定振窮養老之令。則見其切於養民之意。至是繼書令四方毋來獻。則又見其清淨玄默之意。未及一

癸亥

年。帝之善政。蓋已班班可紀。漢治之興。固其宜也。比而觀之。美自見矣

遣太中大夫陸賈使南越。南越王佗稱臣奉貢。當呂氏專柄之五年。書南越王佗反。越二年。遣周竈將兵擊之。至是凡五年矣。帝不興兵誅討。而乃遣使告諭。然佗之臣服。有甚於誅討之威者。以德化人之效。於是可觀。今即賜佗之詔讀之。其卑遜謙抑之語。温然可挹。略無一毫矜夸之意。眞足使人心悅誠服。佗雖欲崛強得乎。稱臣奉貢。書以美之。夫豈過哉

二年。十一月。以周勃爲丞相。是月晦。日食。詔舉賢良方正能直言極諫者。人君之德。雖不一。然敬天聽言。乃其要者。自秦禁耦語。天下以言爲諱。故雖災異譴告。亦莫之省。是以論於滅亡而不寤。至漢氏之興。雖寬大如高祖。慈柔如

孝惠。然去秦未遠。遺風猶在。今孝文乃能因日食之變。詔舉賢良方正。一舉而敬天聽言求賢之意皆在其中。天下之人自是改視易聽。一洗舊染。後世踵爲故事。自我作古。不亦善乎。言曰直言諫曰極諫。書之於冊。足爲千古之美。

春正月。親耕籍田○五月。除誹謗妖言法

直言雖舉。而秦之虐禁猶有存者。書除誹謗妖言法。則帝之開廣言路。尤可嘉矣

秋九月。賜天下今年田租之半

上書親耕籍田。此書賜民半租。則帝之導民務本。爲如何哉。海内殷富。不亦宜乎

甲子

三年。淮南王長來朝。殺辟陽侯審食其

食其。邪僻之人。法當誅死。何以書殺而不去其爵。不與劉長之擅殺也。當是時。明天子在上。藩臣來朝。乃於輦轂之下。戕害列

侯。雖已不容於誅矣。赦而不問。未幾卒以反誅。此則帝仁柔之過也

丁卯

六年。匈奴單于冒頓死。子老上單于立。復請和親

周衰。吳楚僭號稱王。春秋以夷狄待之。於其卒。則不書其葬者。避其號也。綱目凡四夷君長皆從其國俗之號。至其死則書死者。貴華賤夷之義。不使得從中國公侯之例也。此義行。首上足下之分定矣。內夏外夷之法明矣。其旨嚴矣

己巳

八年。長星出東方

是時君德方明。政事無闕。書長星出東方。其殆吳楚七國之應歟

辛未

十年。將軍薄昭有罪自殺

薄昭之死。先儒論者多矣。今綱目不書殺將軍薄昭。而書將軍薄昭有罪自殺。則所斷爲甚明。夫昭雖帝舅。亦人臣爾。安有人臣殺天子之使者。而可逭其罪

哉。禮不敢齒君之路馬。況使者乎。誅之當矣

壬申

十一年。匈奴寇狄道。○募民徙塞下

乙亥

十四年。冬。匈奴入寇。遣兵擊之。出塞而還

十一年書匈奴寇狄道。募民徙塞下。是年又書入寇遣兵擊之。出塞而還。殆與薄伐玁狁至于太原者。如出一轍。夫侵邊犯境。乃犬羊之常耳。驅而出之。盡境即止。此盛德事也。窮兵黷武。犂庭埽穴。果何爲哉。特筆于此。蓋羨之也

丙子

十五年。夏五月。帝如雍。始郊見五帝

天下之事。莫重於其始。始之不謹。後將若何。是故有典則以貽子孫。所以爲禹。貽孫謀以燕翼子。所以爲武王。文帝謙恭之君。初無所謁。而乃始爲五帝之祀。夫帝一而已。安得有五。況異時紛紛祠祀。實昉于此。故綱目特以始郊五帝書之。以

丁丑

戊寅

見開端之失。至他日武帝五時之祠。則止書如雍。此固綱目謹始之意。學者惟能合前後所書而觀之。則得其旨矣

秋九月。親策賢良能直言極諫者。以鼂錯爲中大夫

錯以直言對策。而言乃不直。故所對之詞皆削而不錄。然則錯亦有媿於其名多矣。嗚呼。有君如文帝。又以直言策士。猶且不能正議直言。豈不深可惜歟

十六年。以新垣平爲上大夫○詔更以明年爲元年。治汾陰廟

人君即位。以元紀年。故雖累數至百。不改也。文帝至是已十六年。乃怵於邪臣之說。無故改元。果何義哉。直筆書之。其失自見

後元年。冬十月。新垣平伏誅

文帝盛德之主。清淨元默。無所偏好。固非

秦皇孝武求仙者之比。前此方除秘祝書之於冊。至十四年增珪幣。十五年始郊雍。然皆非有徼福之意。小人已闚其隙。思有中之。於是禱祠之事。紛紛交舉。今綱目上書作五帝廟。親祠之。以新垣平爲上大夫。則是祠乃垣平所云爲甚明。至是又書改元。祀汾陰。垣平伏誅。則小人之詐以甚而敗。幸帝速悟。不遠而復。即抵其罪。不然。豈不爲盛德之累耶。雖然。帝能誅垣平。而不能盡改垣平之所爲。使後人得以踵而行之。則亦猶爲未善也。觀綱目前後所書。皆有深意。然則人主好尚。盍亦謹其微哉

資治通鑑綱目發明卷第三

資治通鑑綱目發明卷第四

布衣臣尹起莘上進

丙戌

二年。冬。十二月。有星孛于西南。○彗星出東北

○秋。衡山雨雹。熒惑逆行守北辰。月出北辰間。

歲星逆行天廷中

丁亥

三年。長星出西方○洛陽東宮災

景帝即位。才三年爾。孛彗雨雹熒惑歲星之變紛紛見於史冊。至是又書長星出西方。洛陽東宮災。未幾果有七國之亂。漢幾不保。帝豈有外政逆令以干天地之和者乎。寬仁恭儉。家法未改。而天變若此。先儒有言。一念之善。祥風和氣。一念之惡。

妖星厲鬼。景帝失德未形。特以忌刻少恩。而變異應之。捷如影響。然則人君一念之間。所繫若此。觀之綱目之所書。則知微之顯誠之不可揜也如是。可不謹諸

吳王濞膠西王卬膠東王雄渠菑川王賢濟南王辟光楚王戊趙王遂反。以周亞夫爲太尉將兵討之殺御史大夫鼂錯。

二月。亞夫大破吳楚軍濞亡走越戊自殺

濞爲逆已久。特因鼂錯而發爾。然使錯徐爲之計。又不併削諸國。則濞亦無以爲興兵之端。故書錯死於七國反之下。以見禍變之興。由錯而發。然則書殺而不去其官何哉。錯之爲謀。雖曰失於輕舉。要之爲宗社大計。非爲一己計也。景帝聞變。倉皇無策。一聞小人之說。遽爾輕殺。後之臣子。孰敢盡心爲國謀慮者哉。世儒論錯。或以爲忠。或

以爲愚。其說不一。今觀綱目所書。則錯無罪見殺。較然甚明。後之論錯者。要當以是爲的

是月晦。日食○越人誅濞。齊王將閭及卬遂。皆自殺。雄渠賢辟光。皆伏誅。徙濟北王志爲菑川王

七國書及。齊初不與。又以不從吳楚之故。見圍甚久。今乃與卬遂槩書自殺。何哉。始焉吳遣使約齊。齊已許諾。則是始謀與之同矣。後雖背約城守。未幾圍急。又復陰與通謀。則是始終同逆。夫復何詞。不然。綱目當特筆以明其無罪。又可與卬遂同日語哉

七年。冬十一月。廢太子榮爲臨江王

四年夏。書立子榮爲皇太子。至是已閱四載。未聞其有失德。何爲遽廢之哉。景帝忌刻。於斯可見。書廢而不書有罪。則見廢之不以

其理爲可知。上書廢后薄氏。其義亦然

癸巳

二年。梁王武使人殺袁盎

袁盎。天子之議臣。梁王安得使人殺之。漢法爲不足道矣。雖然。鄭伯克叚。春秋譏之。然則養成其惡。驕而至此。獨非景帝之過歟。據事直書。其義自見

庚子

三年。冬十月。日月皆赤。十二月。雷。日如紫。五星逆行守太微。月貫天廷中

景帝自三年平七國後。至此凡十二年間書日食七。地震四。星孛蝗各二。雨雹。冬雷。大霖雨。大水。春雨雪。東關災。秋大旱皆一見。是年。所書日月皆赤等災。尤爲可畏。帝非有甚失德也。特以忌刻少恩故爾。鼂錯以忠謀殺。皇后太子以無罪廢。丞相亞夫以守正不阿死。此皆非小故也。上天變異。夫豈適然。惟合先後所書而考之。則帝之得失。粲然可知。人主其無曰天道遠云

世宗孝武皇帝建元元年。冬十月。舉賢良方正直言極諫之士。以董仲舒爲江都相。治申韓蘇張之言者皆罷之

三代之興。哲王世有。然始終全德表表在人者。亦未易多得。禹湯文武皆創業之君。至其子孫。不過啓。少康。盤庚。武丁。成。康。宣王。此數君而已。太甲初年。顛覆典刑。宣王未免詩人之刺。三代千八百年。賢君僅止若此。況後世耶。漢世開基。再傳而有文景。文帝固盛德之主。至景已有慚德。武帝繼之。傑然有立。觀其即位之始。他務未遑。首舉賢良方正。親策於廷。又得一代大儒爲之舉首。於是罷黜百家。俾世之學者知尊孔氏。此皆漢世之所未發明者。方是時也。如水未波。如鑑未塵。使帝每事若此。其盛德可少訾哉。夫何數年之後。遊宴奢慾。宫室。神仙。聚斂。征伐之事。紛紛交舉。漢之不爲秦者幸爾。觀綱目初年所書。

清淨簡寡。與後來擾擾多事。相去遠甚。然後知人主資稟之高者。未必不有進銳退速之患。而始終全德之君。在三代而下。益不易得也。詩曰。靡不有初。鮮克有終。人主觀此。可不謹終如始云

壬寅

二年。趙綰王臧下吏自殺。丞相嬰。太尉蚡免。申公免歸。以石建爲郎中令。石慶爲內史

武帝名爲好儒。所用特綰臧輩爾。仲舒醇儒。迺棄之侯國。殆與葉公好龍何異。然綰臧見用才半載。其死也不書有罪與嬰蚡之免皆然。蓋其惑於家廷黃老之說。胷中初無定見如此。好儒之實。果安在哉

癸卯

三年。帝始爲微行。遂起上林苑

武帝踐祚未久。輕舉妄動。已見於此。夫人君繼體承祧。所繫甚重。出警入蹕。清道後行。烏可肆其輕佻。身爲匹夫之舉。向使栢谷主人之計得行。其

丙午

危、豈不甚哉。書始爲微行。則輕宗廟褻神器。棄萬乘之尊。失人君之體。具見于此。況又因之起苑囿之役乎

六年秋八月。有星孛于東方長竟天○閩越擊南越。遣大行王恢等將兵擊之。帝自二年以後。見於綱目所書者。災異多矣。正宜恐懼脩省以荅天戒。而乃興師動衆。從事荒服。兵禍蓋自此始。故綱目前書發兵救東甌於星孛西北之下。此書遣兵擊閩越於星孛東方之下。皆以見武帝忽天戒亟用兵之咎。此固書法之深意也

戊申

元光二年冬十月。帝如雍祠五時○始親祠竈。遣方士求神仙春秋比事之書。韓愈稱其謹嚴。先儒謂愈深得春秋之旨。綱目取法春秋。故於書法之間。深所加謹。如祠雍之事。盛於武帝之時。然其原乃自文帝始。是以文十五年書如雍始郊見五

帝。至武帝是年則止書如雍祠五畤而已。若夫祠竈之事。前此固未有之。是以始之一字。特筆於此。此則謹嚴之意。見於書法之間者也。然文帝雖有作僞之失。原其本心。實出於事神敬天之意。而武帝特爲巳私而設。故綱目大書遣方士求神仙于下以譏之爾。況祠竈賤事。尤非郊帝之比。而武帝親之。則其失有甚於祠雍多矣。要在學者比而觀之可也

六月。遣間誘匈奴單于入塞。將軍王恢等伏兵邀之不獲。恢以罪下吏自殺

匈奴在漢誠可討伐。然自武帝繼統以來。未聞有犯邊之罪。況前年求和。方從所請。今乃無故設誘。果何義耶。夫中國所以異於夷狄者。以信義素著焉爾。若變詐反覆施於對敵。猶且不得爲正大之舉。矧無釁妄動者乎。自後世論者每以平城之圍。嫚書之辱。大武帝復讎之義。殊不知高祖失之於輕敵。呂后有瑕之可指。而夷狄譬諸禽獸。初不

足與較是非。在武帝本自無釁可復。特不過因其盜邊而治之。是亦足矣。何必生事邀功自爲詐誘之謀乎。綱目於此書曰遣閒誘匈奴。書曰伏兵邀之不獲。則漢人之失。固自不言可知。而又王恢首爲此謀死以罪書。則其曲直。愈更彰彰明矣。自是而後。兵連禍結。是果誰之咎歟

庚戌

四年。冬。十二月。晦。殺魏其侯竇嬰 竇嬰所坐。不過上書論赦灌夫而已。罪未至死。故書殺而不去其官若夫書月書日。漢史謂其著日月者。見春盡至。恐遇赦贖之。予以見漢以私意殺嬰。是故綱目亦因而筆之。以示不沒其實爾。至於灌夫乃削而不書者。蓋夫有暴橫潁川陵脅宰相之罪。自取誅戮。初無足恤。故也。不然。綱目豈故詳於嬰而略於夫哉

辛亥

五年。皇后陳氏廢 不曰廢皇后陳氏。而曰皇后陳氏廢者。后實有罪。故也。孝景薄后無

罪。故書曰廢皇后薄氏。今陳氏有罪。則以自廢爲文若曰后非有能廢之者。后自廢也。此與春秋書梁亡同意

壬子

六年。冬。初筭商車商車前未有筭也。筭利蓋始於此。書初筭商車。則帝之掊斂作俑曉然見矣

甲寅

二年。燕王定國。齊王次昌。皆有罪自殺。國除。誅齊相主父偃。夷其族齊王既書有罪。則治齊王者。公法也。偃亦書誅。何哉。利口覆邦家之人。亦亂政之賊爾。不誅何待

戊午

六年。春。二月。遣衛青率六將軍擊匈奴。○六月。詔民得買爵贖罪。置武功爵爵者。國之公器。非可買也。而買之罪者。國

己未　辛酉

之公法。非可贖也而贖之。於以見用兵煩費之患。爲如何哉。其曰置武功爵。則經費不足賞功之意。又自不言可見矣

元狩元年。冬十月。祠五畤。獲一角獸以燎。始以天瑞紀元

人君即位書元。元春秋諸儒論之詳矣。未有建號紀元之事也。自新垣平以候日再中欺文帝。於是始有後元之稱。景帝因之。七年而改中元又六年而改後元。至武帝遂有建元之號。甚失古人即位紀元之意。既而長星竟天。災異甚著。乃反以元光爲名。至是僅獲一獸。亦因之而改號。自後紛紛。不可勝舉。書曰始以天瑞紀元。非美之也。正所以譏其失爾。不然。一獸微物。豈天瑞乎

三年。山東大水。徙其貧民於關西朔方

此魏鑾移民移

粟之故智也。當是時歲擊匈奴，通西南夷，紛紛多事，民財竭矣。一有飢歉，束手略無振救之策，書之亦以見其窮爾。

壬戌

四年，冬，造皮幣白金，鑄三銖錢，置鹽鐵官，筭緡錢舟車。

元光六年書初筭商車，元朔六年書贖罪買爵，至是又書造皮幣白金等物，詞繁而不殺。興利之端日以益多。夫天生時，地生財，人君以正用之，一歲所入自足供一歲之用，豈必廣爲漁取以足其國乎。武帝苟非奢侈窮黷，其弊未必至是，設法若此，欲無虛耗難矣。

癸亥

五年，春三月，丞相蔡有罪自殺。

身爲宰相，師長百僚，乃自盜宗廟園地，其死宜矣。書曰有罪，固非其他無罪見殺者之比也。

甲子

六年。殺大司農令顏異顏異之死。特因對皮幣忤旨。而張湯論以腹誹。其視秦禁誹謗偶語。殆又甚之。死不以罪。故書殺而不去其官

丁卯

元鼎三年。令株送徒入財補郎自筭商車。造皮幣。告緡錢。置均輸。紛紛興利。不一而足。至是又有株送徒之名。使之入財補郎。蓋亦漁取無術。而爲色目以罔之爾。書之于冊。亦可愧哉

戊辰

四年。春。以方士欒大爲五利將軍。尚公主以方士而尚公主。則非其類矣。凡列侯尚主皆不書。而此特書之者。所以著其失也。事有不待貶黜。據事直書。而惡自見者。此類是也

己巳

五年。九月。嘗酎列侯百有六人皆奪爵。丞相周下獄自殺

列侯一旦奪爵者。百有六人。何其犯法之衆耶。是時多方取財。利其邑入。獵而奪之耳。不然。何以不書其有罪哉

欒大伏誅

欒大。姦僞小人。既拜爲將軍。又妻以公主。蓋亦可愧之甚矣。及其所言不售。乃始誅之。不亦晚乎。夫小人不足道也。其如公主何哉。書曰伏誅。所以著武帝之失。而非予其能誅有罪也。然帝於方士始雖爲其所罔。及所言不驗。則亦往往取而戮之。如文成少翁之類。皆在所不赦。是又帝之明斷也。嗚呼。茲其所以稱武帝也歟

資治通鑑綱目發明卷第四

資治通鑑綱目發明卷第五

布衣臣尹起莘上進

元封元年。賜桑弘羊爵左庶長

弘羊。一賈人子爾。以言利得幸。至於賜爵。豈非以其善理財歟。然弘羊非能取其家之貲以助國也。又非能神運鬼輸以生財也。不過假權勢以漁奪民財而已。善乎我 朝司馬公光對 神祖之言曰。天地所生財貨百物。止有此數。不在民則在官。譬如雨澤。夏澇則秋旱。不加賦而上用足。不過設法陰奪民利。其害甚於加賦。此乃桑羊欺武帝之言。太史書之。以見武帝之不明爾。至其末年。盜賊蠭起。幾至於亂。若武帝不悔禍。昭帝不變法。則漢幾亡。嗚呼。此言眞萬世之藥石也。然不加賦之說。通鑑猶載其彷彿。至綱目分注。則削而不錄矣。故臣因賜爵之事。備載司馬之言爲萬世法

壬申　丁丑

二年。夏。至長安。立越祠。○作蜚廉桂觀。通天莖臺。

武帝爲求仙而修宫室。如建栢梁臺。作承露盤。立太壇越祠之類。不一而足。至此。又作蜚廉桂觀。通天莖臺。未幾復有明堂建章明光諸宫之作。綱目皆書于册。所以著武帝之失。爲求神仙者之戒爾。夫豈好爲是繁文哉。嗚呼。使神仙果有。豈可求耶。使其可求。則武帝得之矣

甘泉房中產芝九莖。赦。

一獸一馬一芝。皆微也。大書特書何哉。獸以之紀元。馬以之作歌。芝以之肆赦。播告之脩。夸張而侈耀之。雖欲不書。可乎。非美之也。所以見其恠誕之失云爾

太初元年。五月。造太初曆。以正月爲歲首。

聖門四代禮樂。必以夏時爲先。此固百世不可易之法也。自秦人始用十月。漢興因而不改。甚失建正之義。至是治歷明

時始以正月爲歲首。然後百年之繆一旦始革。武帝紛紛制作。獨此最爲有得。綱目書而美之。此固瑕瑜不相掩之意也

秋遣將軍李廣利將兵伐宛

三年。大發兵從李廣利圍宛。宛殺其王毋寡以降。得善馬數十疋

上書大發兵圍宛。下書得善馬數十疋。則其輕重亦不類矣。天子之兵所以征討不服。前年書遣李廣利將兵伐宛。未聞宛有犯邊之罪也。至是乃知爲馬故爾。方其以數萬之衆鼓行而進。比至燉煌。所存僅止什一二。經歷三年之乆。益兵至於六萬。而負私從者不與焉。及到宛。則三萬而已。率禽獸而食人肉。其禍可勝歎哉。孟子曰。善戰者服上刑。若廣利者多殺士卒。不足爲善戰。其罪又浮於死。而猶受封侯之賞。故綱目特書封李廣利于下。以著武帝溺愛私慾之失。爲後戒也

壬午

二年。夏。遣李廣利將兵擊匈奴。別將李陵戰敗降虜

李廣利。奴材也。前伐大宛。士卒物故甚衆。免誅而侯。今又使之將兵。徒益多殺而已。李陵之敗。亦以耻於屬役。故請自當一隊。然不知謀人之軍。師敗則死之。降則不可也。馬遷言陵忠勇以致受刑。綱目削而不書。蓋陵既有降虜之罪。他美舉不足以贖之。則遷亦無足言者矣。此固筆削之深意也

遣繡衣直指使者發兵擊東方盜賊

武帝奢侈窮黷之弊。至是見矣。民窮而爲盜。乃遣使者擊之。蓋亦反其本乎。故書以譏之

癸未

三年。春。初榷酒酤。○三月。帝東巡。還祠常山

方書遣使擊盜賊。未聞有振卹之政。而榷酤。遊幸繼書于册。則帝之無意於民。蓋可知矣。比而觀之。其失自見

甲申　丁亥　庚寅

四年春正月遣李廣利等擊匈奴不利族誅李陵家陵家以無罪見族猶書曰誅何哉蓋陵有降虜之罪又用事於虜誅其家所以誅陵也其旨嚴矣

大始三年以江充爲水衡都尉江充以告陰事見用烏有君子而告人陰事者哉其爲小人必矣武帝寵而用之使督察貴近則其乘勢安作自無可疑者太子國之儲貳社稷宗祧所係非貴近比況其家臣有過乃執而奏之欲以搖動國本可乎特書用充以著禍根之所自始他日巫蠱之變尚誰咎哉

征和二年帝如甘泉秋七月皇太子據殺使者江充白皇后發兵反詔丞相屈氂討之據敗走

辛卯

湖。皇后衛氏及據皆自殺江充姦詐小人。交亂國家。又以巫蠱誣陷太子。一死不足以盡其罪。然且書殺而稱使者。何耶。充銜命治獄。則有指矣。乃武帝使之之過爾。太子烏得而殺之。既已殺充。不能詣上自明。遂白后稱兵。則不謂之反。不可得也。當是之時。使帝果能早悟。赦而弗誅。為太子者亦何顏自立於世。況又毋后由已而死。固無苟免偷生之理。綱目書發兵反。書詔丞相討之。所以正名定罪。為萬世臣子當知命義者之戒。蓋亦有不得已者耳。可勝歎哉

三年。夏六月。丞相屈氂棄市。李廣利妻子下吏。廣利降匈奴。詔族其家相臣棄市。待之不啻犬彘矣。其於國體何如哉。廣利族誅。無足道者。書之以見始焉輕用之失

四年。三月。帝耕于鉅定。還至泰山。罷方士候神人者。○以田千秋爲丞相。封富民侯。以趙過爲搜粟都尉

武帝繼統之初。意嚮甚美。未一二載。遽失初意。於是奢慾窮黷。聚斂神仙之事。無所不有。卒至海內虛耗。盜賊蜂起。帝猶未能自反。逮至巫蠱難作。骨肉誅夷。喋血京師。禍變已極。然後紆徐痛定。始大悔悟。如醉而醒。夢而覺。遂乃罷方士。棄輪臺。下哀痛之詔。陳旣往之失。與民休息。禁止苛暴。回視前日所爲。殆若二人。何哉。蓋帝天資素高。故勇於改過。無牽制委靡之失。是以一轉移之頃。而事已大異。使其以如是之資。而勇於願治。亦何不可之有。綱目於富民之侯搜粟之尉。大書于冊。雖曰幸之。蓋亦深惜之也

後元元年。殺鉤弋夫人趙氏

嗚呼。天下豈有無母之國哉。欲立其子先

殺其母。聖人防患之道。殆不若此。異時拓拔氏率用此法。然彼夷狄爾。中國而夷狄乎哉。書殺譏之也

甲午

二年。春二月。帝如五柞宮。立子弗陵爲皇太子。以霍光爲大司馬大將軍。金日磾爲車騎將軍。上官桀爲左將軍。受遺詔輔少主。帝崩

武帝平生繆戾甚多。獨晚年託孤一節甚明。觀之綱目所書。則可見矣。然光日磾桀三人。皆以將軍受遺。而相臣無預。又可以觀世變也

丙申

二年。三月。遣使振貸貧民種食。○秋。詔所貸勿收責。除今年租

自武帝多事巳甚。民困極矣。霍光輔佐孝昭。初年問民疾苦。是年振貸貧

民。今又除民田租。凡此皆當時善政。有補於民者也。綱目詳而書之。美蓋在其中矣

戊戌

四年。春三月。立倢伃上官氏爲皇后昭帝是年春秋十二。而上官氏亦始五歲。遽乃正位中宮。此則霍光不學之故爾。綱目書此。文無貶詞。而義則在其中矣

庚子

六年。蘇武還自匈奴。以爲典屬國武帝天漢元年。書遣蘇武使匈奴。至是凡十九年矣。書還自匈奴。則其全節可知。然無褒美之詞。何哉。蓋亦臣子當爲之事。故爾。此又綱目之深意也

辛丑

元鳳元年。八月。鄂邑長公主。燕王旦。上官桀等謀反。皆伏誅元年書燕王旦謀反。赦弗治。則昭帝於天倫之恩。已過厚矣。至是復出爲惡。夫

復何辭。然旦於衛太子敗亡之後。上書求入宿衛。已有覬覦之心。武帝怒而削其邑。由今觀之。天資好亂之人不至於覆亡不止。而武帝知子之明。亦爲不可及矣

癸卯

三年。少府徐仁自殺。腰斬廷尉王平

案分注所載仁平議獄之事甚明。而深文者詆之甚曲。然且不免極刑。此漢法之酷可知。綱目所以於二人之死。書其官而不書其罪也

甲辰

四年。遣使誘樓蘭王安歸殺之

誘殺之事春秋深貶。烏有堂堂大漢乃爲盜賊之謀。而可臣妾萬國哉。書遣使誘樓蘭王安歸殺之。其惡甚矣

丙午

六年。冬十一月。以楊敞爲丞相

去冬書丞相訢卒。至今冬始書以楊

丁未

敵為丞相。則是曠年虛撓度之位。其於國體從可知矣。爰自武帝增重加官。而丞相為具員。是以國之大事皆不與聞。如顧命廢立之類。觀之綱目所書。蓋可想見。君子安得不為之三嘆也

元平元年。夏四月。帝崩。大將軍光承皇后詔。迎昌邑王賀詣長安。六月。入即位。○昌邑王有罪。大將軍光率羣臣奏太后廢之

賀已正尊位。而猶書昌邑王者。不予其帝也。夫廢立非國家之得已。以光之忠赤。故武帝拳拳於托孤。觀其擁昭立宣。則光之大節可知。然惜其不先審昌邑之為人。率然立之。况其狂縱素著。漢朝豈無一人知其所為。必至於不可奉宗廟。乃始廢之哉。此則光不學無術。不能知人之過爾。綱目儻不書昌邑有罪。則光之心何以自白於天下後世乎

秋七

庚戌

月迎武帝曾孫病已入即位昌邑之立書光承太后詔其廢也書光率羣臣奏太后至宣帝之立則直書迎入即位而不書奏太后何哉蓋昌邑有不君之罪旣立之而又廢之儻不上承太后之命則光爲專輒不臣矣至宣帝則足以奉承宗廟故不嫌於直書迎立也夫光以不學武人而所立若此綱目書之名正言順不特見光有托孤之節而武帝知人之明亦爲不可及也

三年春正月大將軍光妻顯使醫進毒弑皇后許氏霍顯邪謀行於幽闇之中其端甚微其惡甚大然光初不聞其事今直書大將軍光妻若與聞之者何哉光始焉不知後乃知之儻能即時討賊發其事而正其罪然後屏躬待命猶或可以自免旣知而不發則是眞與聞矣求免大惡之累得乎直筆書之非過貶也

辛亥

四年春三月。立大將軍光女爲皇后○夏四月。地震。山崩二郡。壞祖宗廟。帝素服避殿。詔問經學及舉賢良方正之士

去春書霍顯弑后。今書立光女爲后。至夏四月則書地震山崩壞祖宗廟。蓋近在閱月之間。其爲霍氏明矣。夫地爲妻道。宜靜而震至於壞祖宗廟者。不可以主祀之證也。綱目據事直書。雖不明其譴。而證則在其中矣

甲寅

地節三年。五月。丞相賢致仕。六月。以魏相爲丞相。丙吉爲御史大夫

韋賢老而謝事。足見保全大臣之意。其視武帝世。非戮辱不去者。大有逕庭。至於丙魏輔政。並書于冊。則帝之用人。又可觀矣

乙卯

四年。九月。詔減天下鹽賈。令郡國歲出繫囚掠笞瘦死者。以課殿最。帝自親政以來。所用之人。已有可觀。至於設施之間。前此蓋嘗求直言。省屯兵。罷宫館。貸貧民矣。至是又詔減天下鹽賈。嚴瘦死之禁。留意政事若此。欲不中興得乎。詳而書之。其美著矣

丙辰

元康元年。莎車叛。衛候馮奉世矯發諸國兵擊破之。以奉世爲光禄大夫。莎車書叛。不爲無罪。奉世破之。不爲無功。然矯之一字。終不可得而免也。權其輕重。而公其書法。則功罪見矣

丁巳

二年。匈奴擾車師田者。詔鄭吉還屯渠犂。匈奴擾車

師田者。自常情觀之。興兵誅討可也。魏相深見遠識。諫而止之。書詔鄭吉還屯渠犂。則戢兵保民之美。可勝既哉。未幾匈奴衰弱。終於臣服。則車師之地。果何關於勝敗之數乎

戊午

三年。疏廣疏受請老賜金遣歸

前書丞相賢致仕。由漢以來。固未嘗有。然猶曰仕至上公。老病而去云爾。至疏廣疏受。方傳儲君。亦勇於請老。何哉。在禮大夫七十致仕。乃理之常。漢廷諸臣知進而不知退。戮死相望。儻皆能如二子見幾而作。何至不保其身哉。賜金遣歸。特書于冊。蓋予之也

資治通鑑綱目發明卷第五

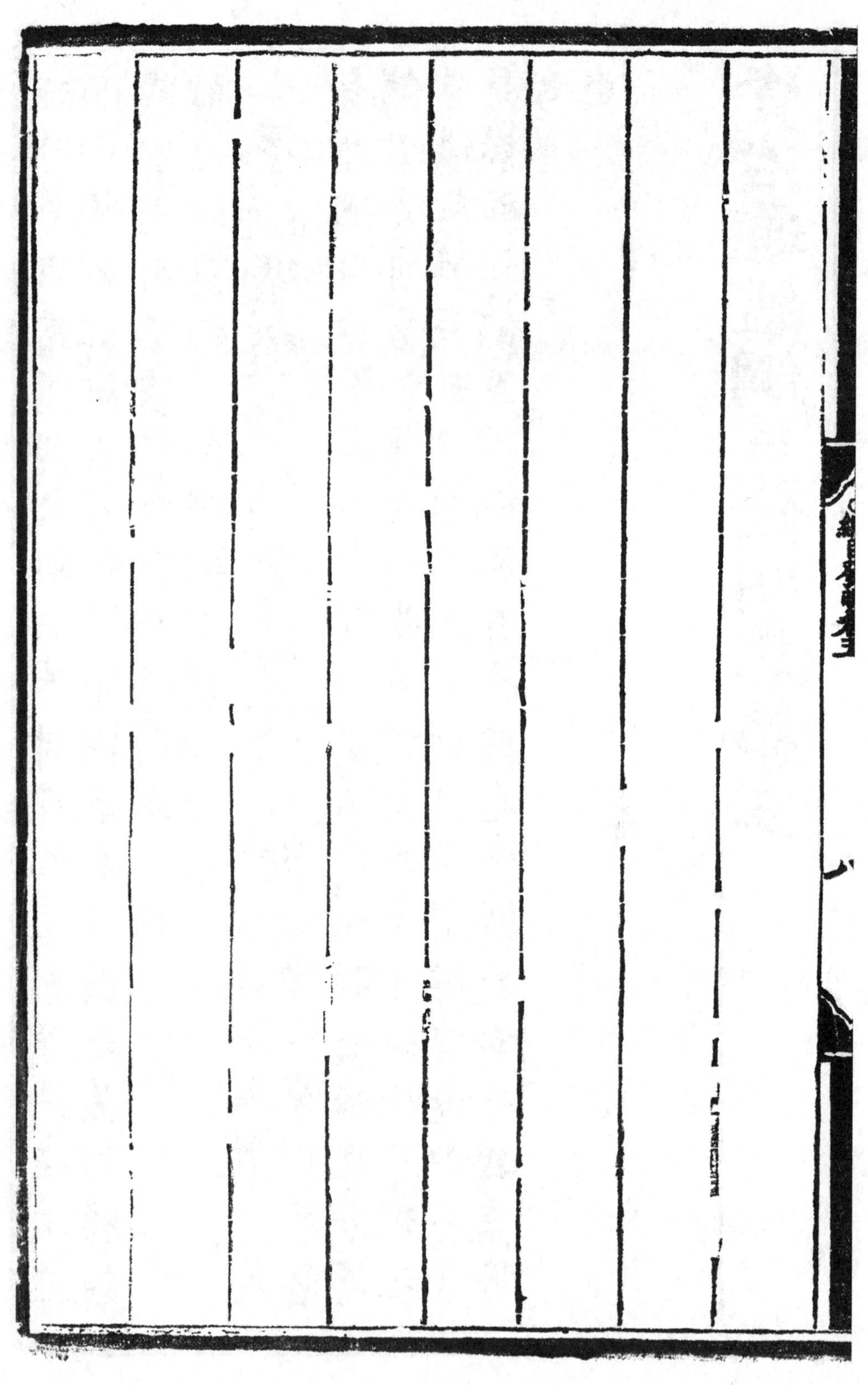

庚申

資治通鑑綱目發明卷第六

布衣臣尹起莘上進

神爵元年。春正月。帝如甘泉郊泰畤。三月。如河東祠后土。遣諫大夫王褒求金馬碧雞之神祠祀

神仙。武帝之過舉也。孝宣中興。胡爲踵而行之。然郊泰畤。祠后土。猶有可諉者。至遣諫大夫而求金馬碧雞之神。則求非所求。失尤甚矣。故顯書以譏之。

諫大夫王吉謝病歸

謝病固有之矣。然以諫大夫而去國。則人主諱言之意爲可知。前書遣諫大夫求碧雞之神。已失其職。此書諫大夫謝病歸。則其爲中興之累多矣。

辛酉

二年。春二月。鳳凰甘露降集京師。赦○夏五月。趙充國振旅而還。秋羌斬楊玉以降。置金城屬國以處之前書罷兵屯田。此書振旅而還。則見西羌之平。非窮追極討之功明矣。充國之為將如此。非老成厚重者能之乎

壬戌

三年。春三月。丞相高平侯魏相卒

丙寅

三年。春正月。丞相博陽侯丙吉卒魏丙之卒。皆書官書爵與景武以來宰相不同者。所以表其賢也

丁卯

四年。殺故平通侯楊惲趙蓋韓楊之死。人心不服。論者固已詳矣。今以綱目

觀之。廣漢延壽書殺。寬饒書自剄。皆不去其官。猶曰當任職之時云爾。至於楊惲已免爲庶人久矣。然且書曰故平通侯。則免不以罪。不予其免爲可知。免猶不予。而況於殺之乎。此宣帝之所以雜霸

庚午

甘露三年。鳳皇集新蔡

宣帝世鳳皇來集至是九五書矣。考之漢史則不止是。而又播之詔令。不一而足。然綱目皆削而不錄。至於地震。山崩。祖廟壞。宗廟火。日食。星孛。雨雹。殺人之異。則備書于冊。所以抑祥瑞。戒恐懼之意嚴矣。居人上者不可不知

癸酉

孝元皇帝初元元年。春。以公田及苑振業貧民賦貸種食○夏六月。大疫。詔損膳減樂府員省苑馬以振困乏○以貢禹爲諫大夫。罷宮館希

甲戌

幸者減穀食馬肉食獸元帝繼統之初。宜務未遑。首以公田振業貧民賦貸種食未幾又復振困乏。罷宮館。減獸馬。凡見於綱目所書者。班班可紀。雖文景初政。未有是也。然治道不進。反為基禍之主。何哉。優柔不斷。宦官用權。大本既已不立。縱有一二小善。無益於事。書之不没其實。所以示人君不可不知所本

二年。下蕭望之周堪及宗正劉更生獄。皆免為庶人元帝至是已不可與有為矣。望之堪皆以師傅舊人。受遺輔政。未及二載。乃與更生俱以無罪被繫。至於不省。召致廷尉為下獄。暨詰問得知。又復不能正其欺罔之罪。乃反黜免堪等。其昏庸若此。尚可與之有為哉。考之前史及參以分注。止謂堪更生繫獄而不及望之。今綱目所書則併以望之為下獄。何哉。觀恭顯召致廷尉之奏。望之固已俱在其中。至史高宣言。亦有先驗師傅下獄之語。既曰師傅則不但堪更生明矣。或者

又謂望之它日特以不肯就獄之故而死。是前此未嘗逮繫也。殊不知恭顯初奏既已併及。固無獨免之理。特始焉謂者召致。切意望之是時猶可隱忍。至後來太常急發執金吾車騎馳圍其第。故決意自裁爾。況恭顯併奏。元帝既可其請。正使果不下獄。是亦下獄之人也。綱目所書。夫豈過哉。故特詳而辯之。

賜蕭望之爵關內侯給事中朝朔望

望之前日以無罪見黜。固當引身而退。高蹈丘園。為明哲保身之計可也。賜爵而朝朔望。果何為哉。去就不明。以及其身。綱目雖無貶詞。而義則在其中。其有愧二疏多矣。又果見幾之君子乎。是以他日自殺。盡削其官也

以周堪劉更生為郎中。尋繫獄免。冬十二月。蕭望之自殺。以宦者石顯為中書令

望之自殺。不言其繇。元帝之繆固無可言者。若夫以宦者而令

中書。則其禍博矣。揭而書之。所以著漢業衰微之本

壬午

五年，冬，十二月，毀太上皇孝惠皇帝寢廟園

昔魯毀泉臺。春秋書之。傳者謂先君爲之已。毀之不如勿居而已矣。一臺至微。猶謹之若此。況祖宗廟園乎。如使立之非禮。則立之者失矣。毀之乃所以彰前人之失也。故去年書罷祖宗廟在郡國者。今年書毀太上皇惠帝寢廟園。明年書罷孝文太后寢祠園。毀者是則立者非矣。特書屢書。皆譏之也

甲申

二年，秋，殺魏郡太守京房

京房不知進退存亡之理。盡言以殺其身。若房者可謂學易而不知易者也。雖然此特爲房言爾。若元帝者既知其言之是矣。不惟不能用。從而殺之。是烏足以爲君哉。死不以罪。故書殺而不去其官

乙酉

三年。冬。西域副校尉陳湯矯制發兵與都護甘延壽襲擊匈奴郅支單于於康居斬之延壽爲都護。而

陳湯乃副校尉耳。今乃以湯主兵者。盖設謀在湯。而延壽則從之者也。故其書法如此。若夫郅支殺漢使者前已顯書于冊。湯能誅之。可謂偉績。然綱目不沒其矯制之實者。正其誼不謀其利。明其道不計其功。此固春秋之法也

丙戌

四年。藍田地震。山崩壅霸水。安陵岸崩壅涇水逆流

地宜静而震。山宜安而崩。水宜順而逆。是皆反常之變也。小人竊柄。君子在野。臣不臣之應著矣。下逆上之理明矣。上天之告戒切矣。綱目之書法嚴矣

丁亥

五年。秋七月。復諸寢廟園既毀之又復之。至明年又罷之。及成帝繼體文從而復之。其毀也。以禮不合。其復也以體不平。是否得失。果安在哉。書之者惡之也

戊子

竟寧元年。以元舅王鳳爲大司馬大將軍領尚書事元舅未有書而此書之者。所以著外氏得權之始。新莽篡竊之漸。爾履霜堅冰。可不戒哉

孝成皇帝建始元年。封舅王崇爲安成侯賜譚商立根逢時爵關內侯○夏四月。黃霧四塞上書

諸舅封爵下書黃霧四塞。天戒昭然可知。乃反博問公卿大夫。何哉。及夫楊興等指言其失。亦月如水投下。成帝初政繆戾若此。雖欲不亡得乎

丙申

河平四年。夏四月。詔收丞相樂昌侯王商印綬。

商以憂卒

凡物無兩大之理。權貴無並立之勢。當是之時。王鳳專權固寵。商雖素著忠直。然亦外戚跡屬鳳側目已久。況又忤其意乎。書詔收商印綬商以憂卒。則天子不得已之意。隱然見於書法之閒。而商死不以罪曉然可知。夫進退大臣。人主猶不得自專。則成帝至是亦具位焉耳。寧不媿哉

資治通鑑綱目發明卷第六

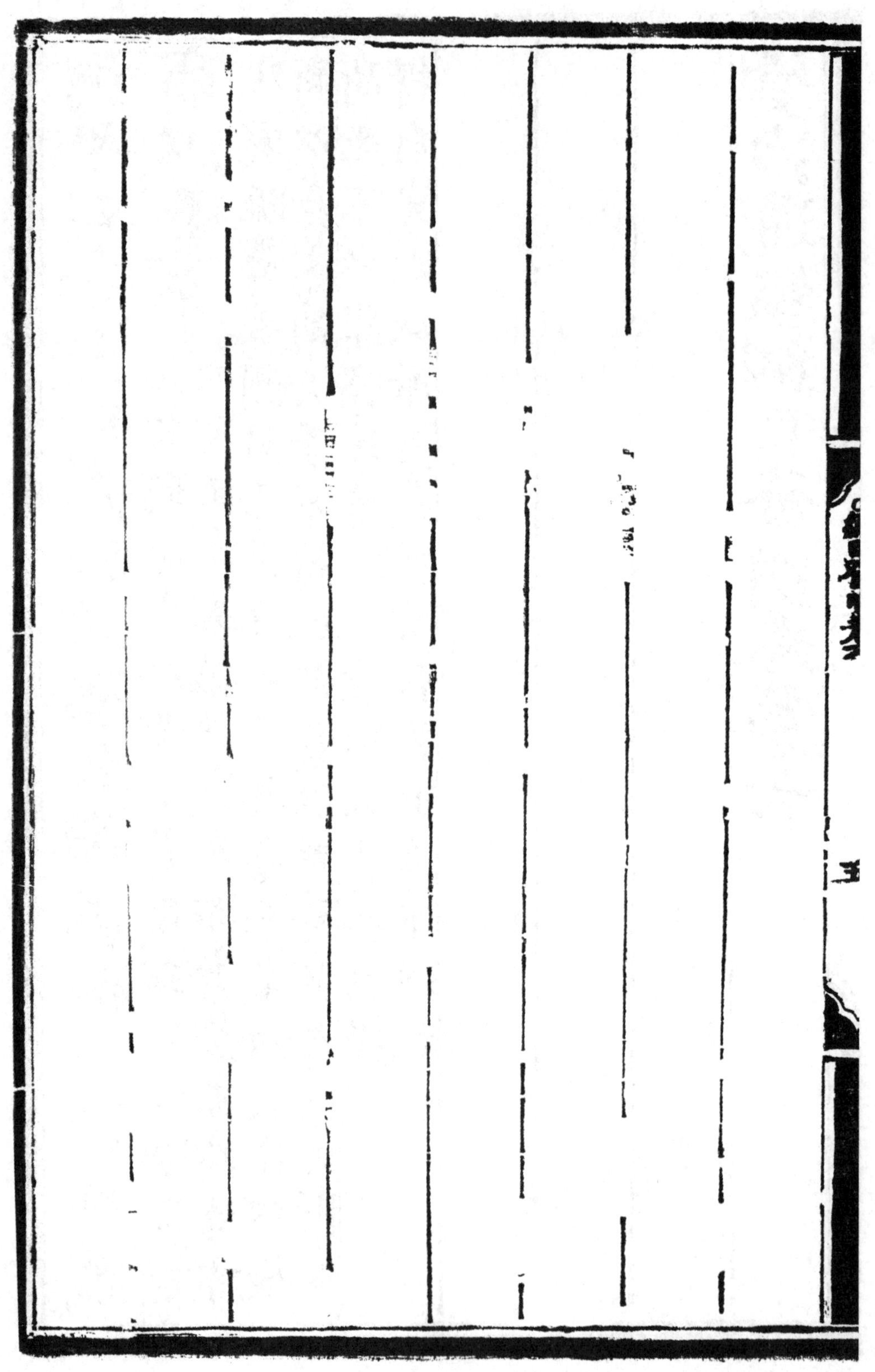

資治通鑑綱目發明卷第七

布衣臣尹起莘上進

鴻嘉三年。王氏五侯有罪詣闕謝赦不誅

成帝自繼政以來。嘗策免大司馬許嘉矣。爲欲專委元舅也。嘗詔收丞相商印綬矣。爲其違忤王鳳也。嘗殺京兆尹王章矣。爲論大將軍罪戾也。是三人者考之綱目。皆無罪可書。今五侯踰越制度。至穿城引水。借明光宮。象白虎殿。其僭逼乘輿如此。罪狀顯明。成帝又得於親目。乃悉從而赦之。果何意哉。夫無罪見戮。有罪不誅。雖堯舜不能化天下。況後世乎。嗚呼。觀將軍薄昭有罪自殺之文。則知文帝之所以興。觀五侯有罪赦不誅之文。則知成帝之所以衰。然則漢之亡也。非王氏能亡之。實成帝自亡之也

永始元年。夏四月。封趙臨爲成陽侯。下諫大夫劉輔獄。爲鬼薪論

宣帝時嘗書諫大夫王吉謝病歸。君子猶深爲惜之。況於下之獄而欲殺之乎。成帝亡國之證至是成矣。上書封趙臨。下書獄劉輔。則見輔以言得罪爲甚明。而成帝戮死諫臣之失。亦不可掩矣。成帝固不足道也。詳而書之。所以爲後世鑒爾

五月。封太后弟子莽爲新都侯

高帝之約。非有功不侯。此劉氏世守之家法也。然漢之外戚往往無功受封。今又及其疏屬。故特揭太后弟子書之。所以譏其非所當封而封。且又志篡竊之始也

三年。故南昌尉梅福上書不報

一尉上書。亦出於憤懣憂國之故爾。持書不報。所以見棄言之實也

元延元年。故槐里令朱雲言事得罪。旣而釋之

梅福以一尉而上書。朱雲以一令而言事。當時在位無非王氏之黨。必有立異。隨即擯斥。忠直之氣。欝伊于下。故小臣憤懣出位而言爾。綱目特書言事得罪。旣而釋之。所以著其欲加罪者。出於本心。釋之者。出於遲回不得已之意也。嗚呼。自是而後。臣下無復有言者矣

三年。春正月。岷山崩。壅江三日江水竭

成帝繼統至是二十三載。觀綱目所書。如星隕。雨雹。水旱。地震之類。災異紛紛。在漢世爲特甚。然未聞有所謂恐懼修省之意。今此上書山崩江竭。下書校獵長楊。則帝之應天若此。是以末年熒惑守心之變。綱目亦削而不書。以著其忽天之實。嗚呼。天且忽之。它何畏哉。其得沒身幸矣

綏和二年。三月。帝崩。○太后詔罷泰畤汾陰祠。復南北郊。○夏四月。太子欣即位三月書帝崩。四月書太子欣即位。則是曠月無君也。考之前史。自丙戌至丙午。蓋亦再閱旬矣。況去春已正儲極。中外晏安。又非倉卒無嗣之比。奚爲淹留若此。意者王氏擅朝。政柄有屬。是以詔罷泰畤。復南北郊。綱目特揭太后書之于中。以見權之所在爾。夫禮莫重於祭。祭莫重於郊。國嗣未立。而太后以一婦人舉行其典。不急於置君而急於祠祀。是尚得爲知本乎。漢室至是蓋已亡而未滅爾。又何待於新莽之篡而後見哉。噫

秋七月。罷大司馬莽就第。以師丹爲大司馬。○遣曲陽侯根就國。免成都侯王況爲庶人哀帝初政。奮然罷遂王氏。或就第。或就國

或黜免，然而無益於事者，所行不得其道，而所用之人無以愈於王氏故也。觀之綱目所書，則可見矣

二年，大赦，改元太初，更號陳聖劉太平皇帝。○

八月，詔罷改元易號事，待詔夏賀良等伏誅。甚矣

天道幽遠，未易言也。自秦人奏籙圖書，所逐匈奴，而不知亡秦之實在於胡亥。蓋天命所在，雖或間見一斑，而要之未易窺測。有如泰山立石，僵柳復起，自後人觀之，曉然知其為宣帝受命之符，而在當時則莫之識也。今焉漢曆中衰，當更受命，夏賀良等所言，未為無見，而欲改元易號以厭之，是天道可以人勝矣。賀良之死，與眭孟何異？然眭孟略而不書者，其言不見於施行故也。既書伏誅，則賀良等罪，夫復何詞？後之欲推測天命者，見此可以少鑒矣

戊午

四年。關東民訛言行籌 文景武宣之世。非無災異。然當時上下相安者。立政用人之際。足以愜服其心故也。自成帝委政外家。治道顛錯。故有訛言大水之恐。至哀帝承緒。政事愈益乖舛。至是又有訛言行籌之異。此皆人情皇惑。是以妖氣乘之。易於恐動爾。即綱目之所書。驗當時之得失。則人心世變。皆可觀矣

封傅商爲汝昌侯○二月。下尚書僕射鄭崇獄。殺之。免司隸孫寶爲庶人○賜董賢爵關內侯○八月。封董賢爲高安侯。孫寵爲方陽侯。息夫躬爲宜陵侯○左遷執金吾毋將隆爲沛郡都尉 傅商。外戚疏屬也。董賢。讒倖臣也。孫寵息夫躬。姦邪小人也。皆無功而侯。鄭崇以

己未

諫。僭賞殺。孫寶以救直臣免。毋將隆以矯奢僭逐。觀綱目所書如此。而欲改元易號以應天。天道果可欺乎

元壽元年。春正月朔。以傅晏爲大司馬衛將軍。丁明爲大司馬驃騎將軍。是日。日食。尋罷晏就第

方書以傅晏丁明爲大司馬。即書是日。日食。而又適當正旦。則其封拜不合天心。從可知矣。雖能罷晏就第。果何及哉。亦譏之也

下丞相新甫侯王嘉獄。殺之

王嘉爲相垂及三年。當時董賢之寵。如鄭崇孫寶諸人。皆以論諫獲罪。蓋帝擁護幸臣。不翅心腹。嘉之陳列。雖明白切當。然帝方遂而不復。亦何益哉。綱目書官書爵書殺。亦以深惜之也

庚申

二年。五月。正三公分職。董賢爲大司馬。孔光爲

壬戌

大司徒彭宣爲大司空三公分職是矣。然皆周六卿之名也。董賢爲大司馬。孔光彭宣不恥與之同列又且甘處其下。直筆書之。不待貶黜惡自見矣

太皇太后以王莽爲大司馬領尚書事不直曰以莽爲大司馬。而必揭太皇太后書之者。明莽之得權。由太皇太后授之也。他日投璽於地。果何及乎

太皇太后臨朝。大司馬莽秉政。百官總己以聽亂臣賊子。其簒竊必非一日。觀綱目所書百官總己以聽之詞。則知莽之移國。其所由來者漸矣。履霜堅冰至。豈不信哉

二年。大夫龔勝邴漢罷歸孔子曰。邦有道穀。邦無道穀。恥也。當是時也。莽賊。竊柄簒勢已成。凡仕於朝者。從之則有失節之羞。違之則有殺戮之禍。二子在漢雖位非三事。然亦食其祿

矣。扶顛持危。旣無所用其力。獨有從容引退。庶幾保全
臣節爾。綱目於此。不曰罷大夫龔勝邴漢。而曰大夫龔
勝邴漢罷歸者。所以見二子之去。非朝廷逐之。乃二子
自去也。然則二子可謂有見幾之智。潔身之美。異乎孔
光輩所
爲矣

資治通鑑綱目發明卷第七

資治通鑑綱目發明卷第八

布衣臣尹起莘上進

乙丑

五年。五月。加安漢公莽九錫。○冬十二月。安漢公莽進毒弑帝

平帝之終。前史雖明言置毒酒中。然皆以帝崩爲文。至綱目始正名定罪直書弑逆者。所以誅亂臣賊子爲萬世戒爾。凡莽紛紛制作。褒賞殺戮。不可勝紀。綱目雖不盡削。要之大逆大惡之人。其姦僞之迹。初無足深論者。故亦得略之

太皇太后詔徵宣帝玄孫。又詔安漢公莽居攝踐祚

丙寅

孺子嬰居攝元年。春正月。王莽祀南郊

莽之竊國。固無

丁卯

足言。然自居攝以前。綱目皆書其官者。明其猶爲漢之臣子也。至是始削去之而稱王莽。自此以後。止書莽矣

夏四月。安衆侯劉崇起兵討莽不克死之

劉崇起兵從者僅百餘人。可謂微之微者矣。然書爵書討。書死之者。所以正逆賊之罪。褒死節之誼。爲後世勸也

二年。秋九月。東郡太守翟義起兵討莽。立劉信爲天子。三輔豪傑。起兵應之。莽遣兵拒擊義戰不克死之。信亡走

王莽簒逆。舉朝和之。舉天下和之。是無一人知義者。前日劉崇起兵從者僅百餘人。今翟義之起遂至十餘萬衆。義兵亦少振矣。雖不克而死。然聲大義於天下。使賊莽之罪。益以暴著。其有功於漢爲如何哉。三輔應者書曰豪桀。所以褒從義之士。爲臣子之勸爾。綱目急於討賊如此。其爲

後世戒。豈不嚴哉

初始元年。秋九月。莽母功顯君死莽母不書卒而書死。惡其母所以惡莽也。莽前殺其子宇猶書之。至是殺嫂及其子光削而不書者。大惡之賊。不責其小罪也十一月。太皇太后詔莽號令奏事毋言攝。○十二月。哀章作銅匱以獻莽。莽自稱新皇帝。更號太皇太后爲新室文母太皇太后書以莽爲大司馬者。太母也。書詔莽居攝踐祚者。亦太母也。書詔莽稱假皇帝。書詔莽號令奏事毋言攝者。又皆太母也。莽之文姦飾詐。行脅制之術。元后固無如之何。然非賴其主之於內。亦何以肆其謀哉。至於改號即眞。乃始卷卷於一璽。蓋已晚矣。綱目書莽篡竊

之由。一則曰太皇太后。二則曰太皇太后。所以推原其本。爲後世外戚之戒爾。後之母后欲私其家者。盍亦以是爲鑒乎

辛未

三年匈奴諸部分道入塞。殺守尉略吏民。州郡兵起

匈奴。夷狄也。不曰入寇而曰入塞。州郡。部屬也。不曰盜起而曰兵起。誠以篡逆之賊。人皆得而誅之。故變文起義。書法若此。其汲汲討賊之意。爲如何哉。故曰綱目修而亂臣賊子懼

莽太師王舜死○莽迎龔勝爲太子師友祭酒。勝不食而卒

王舜雖殞於病悸。然不免書莽太師書死者。篡漢之謀。舜實預之。且又居其位也。龔勝雖爲莽所迎。然特筆書不食卒者。不仕篡逆。能全大節。歸潔其身也。一予一奪。而襃貶之情見矣。命義之戒嚴矣。士君

子出處之致昭矣

癸酉

五年春二月太皇太后王氏崩

莽已更號新室文母而此不書者不予其改也太后雖爲內主成莽之篡然實非本心特其始焉惑於莽之欺而已及夫事勢已成固已末如之何況太后之心未嘗一日忘漢此綱目所以止書太皇太后之號亦以遂其本心不絕之於漢云爾夫豈過予之哉

戊寅

五年莽大夫揚雄死

所貴乎士君子者以其審於出處之際明於去就之義者也武王行大義平殘賊舉天下莫或非之伯夷叔齊乃獨奮然恥其所爲不食周粟而死若二子者豈好死而惡生哉誠以君臣天地之大義亘古今而不可泯故寧死而不屈爾自世道堙微士君子不明於大節故有忍恥蒙垢仕非其地者其間亦或身處下僚自以爲託迹吏隱祿以代耕借是以文其說抑不知辭尊居卑辭富

居貧在昏庸之世。猶或可以自解。至於篡逆之人。烏可一日處其位哉。揚雄在哀平間。固嘗出仕於朝。與董賢王莽輩比肩並列。當其權勢熏灼。雄不苟於附離。安於恬退。誠足佳尚者。洎莽篡國之後。雄以前朝舊人。不於此時亟引而退。與龔勝、薛方、郭欽、蔣詡諸賢並驅爭先。乃復貪戀爵祿。隱忍不去。雖位非通顯。然亦旣立其朝而臣事之矣。莽以斗筲穿窬之才。身負弒逆。文姦飾僞盜竊漢祚。士君子稍有人心者。必羞見其面目。安有拜伏於前。爲之臣子。受其爵。食其祿。而不知愧恥者哉。雄以一身事二姓。大節已虧。況於稱莽功德。與夫劇秦美新等作。又君子之所病者。固宜直筆深貶之也。或者顧謂雄家素貧。苟不仕莽朝。何以自給。豈知士君子當安於命義。不當以苟活爲心。誠使遁迹丘園。飢餓而殍。旣能不辱其身。所獲多矣。昔程頤子有言。飢餓死最輕。失節事最大。觀綱目所書莽大夫揚雄死。則雄之失身於莽。盡東海之波。不足以湔其耻矣。士君子之立身至此。

豈不深可歎哉。豈不深可惜哉

二年

春正月。莽妻死。太子臨謀殺莽。事覺自殺

臨。乃莽之子。何以不書反。莽自弒逆之賊爾。然而不書謀誅者。臨不得而誅之也。若馬適求等。則可以書謀誅矣。權其輕重而書之。此綱目之所以爲綱目也歟

三年

夏四月。樊崇兵自號赤眉。莽遣其太師王匡將軍廉丹擊之○赤眉破廉丹。誅之

赤眉。賊也。廉丹。將也。觀丹盡心所事。力戰而死。自謂得死節之誼。而綱目乃以誅書之。何哉。誅丹。所以誅莽也。賊莽簒逆。凡事莽之徒。皆賊爾。雖盜賊亦得而誅之。綱目於事莽之人必正其罪。蓋誅其黨。所以孤元惡。窒賊亂之原也。其旨

嚴矣。昔荀況有曰。凡誅非誅百姓也。誅其亂百姓者也。百姓有捍其賊者。是亦賊也。此即廉丹之類也

漢宗室劉縯及其弟秀起兵舂陵。與復帝室。新市平林兵皆附之

前此臨淮緑林樊崇秦豐等皆書兵起。以見討賊之意。然猶不盡予之者。崇等依阻山林。聚衆爲盜。非能仗義誅討故也。至是伯升兄弟唱義。其名始正。是以綱目大書漢宗室起兵。與復帝室。然後人神之憤可伸。賊莽不足平矣

漢帝玄更始元年

二月。新市平林諸將共立更始將軍劉玄爲皇帝。大赦改元。○三月。劉秀徇昆陽定陵郾皆下之。○莽棘陽長岑彭以宛城降漢。玄入

都之前已書更始爲帝。至此猶名之者。更始奴才。初無興漢之志。羣盜擁而立之。向非伯升兄弟左提右挈。天下必非漢有。況伯升唱義反爲所殺。而更始又自隨即敗滅。豈足以君天下哉。斥而名之。蓋亦求其實爾。非過貶也

六月。劉秀大破莽兵於昆陽下。誅王尋。○玄殺大司徒縯。以劉秀爲破虜大將軍○秋。莽將軍王涉國師劉秀自殺

甚矣劉歆之罪。一死不足以盡之也。劉向指陳王氏。盡忠帝室。歆乃阿附賊莽。自覆宗國。方且與之文飾姦言矯誣當世。甚至易名應讖。僥倖非望。卒之夷滅。爲天下笑。自班固作漢史。列歆於向傳之末。絕其著述。及改名秀之後。乃載在莽傳。殆若二人。由是後之學者不復推考。槩以向歆並稱。豈知歆乃向之罪人。烏可同日而語。若其父子異論。是特小小者爾。綱目書莽國師。

則歆臣事賊莽爲之謀主。不言可知。觀者不可不察也

遣上公王匡攻洛陽。大將軍申屠建攻武關。析人鄧曄起兵開關迎建

九月。入長安。孝平皇后自焚崩

后。莽之女也。自莽篡漢。已易其號爲安定太后。既又更爲黃皇室主。前史隨其所稱。而此皆不書之者。后有存漢之節。莽不得而易之也。夫以莽之狂繆。其子非之。其女亦非之。則天下之人。從可知矣。乃有名爲士大夫者。受其爵食其祿。甘爲人臣僕而不知恥者。是其智又在一婦人女子下矣。豈不甚可愧哉。綱目持書孝平皇后自焚崩。則其不絕於漢。不失爲天下之母。不以莽故而沒其實。能全大節。不辱其身。皆瞭然在目矣。凡此類。非綱目不能修也

衆共誅莽傳首詣宛

甚矣亂臣賊子之欺世也。禮施於國。宋鮑之所以弒其君。厚施於民。田氏

之所以併其國。自古姦僞之徒。往往若此。方莽未篡之前。折節下士。輕財好施。虛譽隆洽。元后爲其所惑。爲之宗主。浸淫至於盜國。毒流四海。然後大兵四合。克殄元惡。雖漢祚復還。而其禍亦慘矣。按分注杜吳殺莽。軍人分莽身。今綱目書衆共誅莽者。明莽之極惡。人人皆得而討。衆所共誅之者也。自莽之敗。出於劉氏之復興。由是後世篡國之人。往往殄滅前代種族。至無遺育。是莽不獨貽禍當時。亦且貽禍萬世。其爲害也大矣。茲故因而及之

以劉秀行大司馬事。遣徇河北。○大司馬秀至河北。除莽苛政。復漢官名

帝王之興。其施爲氣象。必有大過人者。觀漢祖入關之始。除秦苛法。與世祖徇河北之日。除莽苛政。則區區逐鹿爭雄之徒。豈可同日而語。然則祀夏配天。不失舊物。亦豈偶然之故哉。書以美之宜也

世祖光武皇帝建武元年。六月。蕭王即皇帝位。改元大赦

漢王已平天下。猶未正尊位。必待諸侯力請而後從之。光武未能削平海內。遽正尊位。何哉。創業之與中興。固自不同。當是時更始既已敗亡。四方私竊名號者非一。中外皇皇。莫知所嚮。世祖苟不早正位號以繫人心。則天下之望孤矣。故書蕭王即皇帝位。改元大赦者。深幸之也。烏可以高祖爲比而擬議之哉

資治通鑑綱目發明卷第八

資治通鑑綱目發明卷第九

布衣臣尹起莘上進

戊子

四年。公孫述遣兵屯陳倉。隗囂遣兵助馮異擊破之。述遣使招囂。囂斬其使

君子樂於成人之美。故不以其終焉之惡。而併沒其始焉之善。觀綱目所書隗囂遣兵助馮異。與夫公孫述遣使招囂。囂斬其使等語。皆所以示予之之意也。使囂始終若此。亦何不可之有。惜哉

己丑

五年。冬十月。帝如魯。○初起太學。帝還視之

禮王制。王親視學。則學謂之視者。古也。自漢以來。則謂之幸矣。綱目於此特書曰視者。蓋亦推原古制也。然則崇師

重道之意。特嚴於一字之間。亦豈無所本歟

徵處士周黨嚴光王良至京師。黨光不屈。以良爲諫議大夫

嚴光之節。奮乎百世之上下。聞者莫不興起。而見之綱目所書者。乃與周黨王良並召。觀范升之毀黨。與友人之誚良。則二人非光之比明矣。宜光之愈不屈也。且光乃帝握手故人。帝不以手書招致。乃以詔書從事。何哉。嘗即光傳考之。見其譏切侯霸之語。則光固非祿祿隱者。况光少有高名。帝既與之同學。必知其才智果有大過人者。是以始焉帝思其賢。而終焉帝傷惜之。向使帝不屈光以官爵。而惟以故人待之。從容訪問。必有興治致化之方。補益中興。惜乎帝不及此爾。按中元二年丁巳歲。帝聖壽六十二。則是今年己丑。蓋三十有四矣。光以建武十七年再召不屈。至年八十終。帝猶詔郡縣賜錢穀。由是推之。當光同學之時。固已年尊於帝。至帝君臨大寶。召至闕下。光是時蓋亦

年踰耳順矣。以年尊德邵之人。帝不能待以賓師之禮。乃欲臣而用之。宜乎光之不應也。後之論者。但知光之不屈爲高。而不知光之所以不屈者。其意固自有在。特其識量素高。此意渾然。不露圭角。是以天下後世莫得而測識爾。臣故備而論之。以待後之君子折衷焉

辛卯

七年。春三月。晦。日食。詔百僚各上封事。不得言聖

人君莫不憚於聽言。而詔各上封事。人君莫不喜於好高。而詔不得言聖。書之于冊。光武於是乎不可及矣

壬辰

八年。夏閏四月。帝自將征囂。○潁川盜起。秋九月。帝還宮。六日。自將討平之

帝王經營大業。固不可以憚勞。然世祖方

征隴坻。自夏迄秋。經歷數月。至是還宮甫爾。一聞潁川盜起。即自將討之。于時猛將如雲。豈無可任之人。顧乃不遑安處如此。特書六日。則帝之不自暇逸爲如何哉。光濟中興宜矣

丙申

十二年。詔邊吏料敵戰守。不拘以逗留法

遇敵不進。則法有逗留之罪。然兵有利鈍。事有緩急。要在隨機應變可也。光武當四海平定之後。詔邊吏料敵戰守。不拘以逗留法。不獨知用兵之要。亦足見不貪功之意。宜乎綱目詳書以美之也

丁酉

十三年。詔太官勿受郡國異味

自古人君莫不勤苦於多事之時。而宴安於無事之日。于時隴蜀既平。四海寧一。以積年間關跋履之勞。至是亦可自安少事。玉食之奉。而乃甲詔太官勿受郡國異味。則帝之兢兢畏謹。略無自滿之意。爲如何哉。書之于冊。可以爲人君暫得少安即肆奢慾

者之戒矣

詔諸王皆降爲公侯王者有天下之號。非人臣所得稱也。天無二日。民無二王。烏有諸王並封之理。自戰國諸侯僭號交稱。而後秦人更以皇帝自尊。由漢以來。遂以王爵而封臣子。可謂失之甚矣。光武詔諸王皆降爲公侯。深合古典。惜乎不能終守此制爾。大書于冊。亦足爲後世封爵臣子者之法也

戊戌

十四年。太中大夫梁統請更定律不報事有詞同而義異者。書梅福上書不報。譏杜絕言路也。書梁統請更定律不報。美善守舊章也。春秋之法。美惡不嫌同詞

己亥

十五年。春正月。免大司徒歆歸田里。歆自殺韓歆之死。先儒既已論之矣。今觀綱目書免書官書自殺。而不書其罪。則歆不得其死爲可知。夫以上公之尊。無罪

見責而以直諫死，則仕於下僚、出於草茅者不可以有言矣。此君子所以深爲光武惜也。

癸卯　十九年。六月，廢皇太子彊爲東海王，立東海王陽爲皇太子，改名莊。

書廢后、廢太子，皆不書其故，是帝無故廢之也。然太子之廢，非帝本心，特以其懇請不已，故從之爾。綱目何不以太子彊請就藩國書之？要之，郭后既廢，而陰后有子，太子彊意不自安。其所以使之不自安者誰歟？使彊不自致其請，亦豈能久於其位哉？直書曰廢皇太子，則其輕動國本、廢嫡立庶、詒謀不善，其失皆自見矣。惜哉！

甲辰　二十年。夏四月，大司徒涉下獄死，大司空融坐免。

戴涉之死，不書其罪，豈濫殺耶？下書大司空融坐免，曰坐，則知涉實有罪，而融連坐之矣。此以一字見義也。

丙午　己酉　丙辰

二十二年。西域復請都護不許遂附於匈奴前書請都護不許。今書復請都護不許則帝不勤遠略。務內不務外之意。曉然見矣。漢業鼎安宜哉

二十五年。夏。新息侯馬援卒于軍。詔收其印綬君臣之交難矣哉。馬援當雲擾之初。擇君而事。一見世祖恢廣大度。知其帝王有真。即委質臣服。帝亦推誠用之。由是奮其智能。建立事功。為中興名臣。及其晚節。乃不能自保。況援此行。止於未能成功而已。非有敗軍殺將之罪。何為怒之若此。綱目書援卒于軍。則見其沒於王事之實。書詔收印綬。則見其無罪可書之實。由是觀之。明如光武。智如馬援。猶不保始終。況它人乎。吁

建武中元元年。二月。帝東巡。封泰山。禪梁陰唐貞

觀間羣臣有請封禪。太宗不許。綱目備書于冊。今此建武三十年羣臣亦請封禪。光武不許。綱目何爲削而不書。蓋太宗之所謂不許。其後終於不行。光武之所謂不許。曾未幾而行之。此書法之所以異也。然則封禪是耶。否耶。先儒辯論既已詳矣。秦皇漢武之後心。何足多述。然太宗之不封禪。亦非確然不惑者。惟綱目樂予人爲善。故幸其不許。大書以美之。若世祖既蹈其失。綱目雖欲予之。不可得也。故凡書不許封禪者。皆幸之予之也。其書封禪者。皆譏之貶之也。

起明堂靈臺辟雍。宣布圖讖於天下

賊莽詐稱符命。篡奪漢祚。公孫述自陳符命。竊據蜀土。皆不免敗滅。此帝之所親覩者也。帝既君臨大寶踰三十載。乃始宣布圖讖於天下。何哉。且帝之中興漢業。以間關百戰得之。非以圖讖在已拱手而得之也。彼符堅醜類。猶能禁絕讖緯。帝乃宣布崇尚之。曾謂聖武天挺之君。乃不如夷狄敗亡之酋乎。書以譏之。宜也

庚午

顯宗孝明皇帝永平元年，春正月，朝原陵。朝陵之失，胡氏既已論之矣。綱目書此，亦譏之爾。自是而後，凡書朝陵者皆倣此。

己未

二年，春正月，宗祀光武皇帝，始服冠冕玉佩，登靈臺望雲物。○三月，臨辟雍，行大射禮。○冬十月，行養老禮。光武中興，投戈講藝，息馬論道，其留意文治久矣。末年肇建三雍，未及臨饗。明帝繼之，舉宗祀，望雲物，行大射、養老之禮，東都文物於是彬彬可觀。書之于冊，是爲美稱。詩曰：貽厥孫謀，以燕翼子。光武以之。又曰：昭哉嗣服，繩其祖武。顯宗有焉。

辛酉

四年，春，帝如河內，不至而還。昔仲虺美成湯之德，以從諫弗咈，改過不吝爲首稱。盖過者。人所不免。惟能聽人之言。而勇於亟改。乃爲盛德之舉爾。顯宗繼體。至是四載。去夏北宫之役。鍾離意上疏。即敕大匠止作。今春校獵之行。東平王進諫。帝覽奏即還。此亦從諫弗咈。改過不吝之意也。故綱目前書大起北宫。既而罷之。此書帝如河内不至而還。皆所以著其改過之美。若顯宗者。於是乎有光前古矣

乙丑

八年。十月。晦日食既。詔羣臣極言。復以示百官

詔以極言。復示百官。盖特筆也。顯宗有聽言之美。故其書法如此

丙寅

九年。大有年

春秋之法。美惡不嫌同詞。綱目取法春秋。亦有詞同而旨異者。亦有自立義例。不以春秋之法爲拘者。要在學者審觀之爾。春秋十二公。獨威公三年書有年。宣公十六年書大有年。先儒謂舊史災祥並記。故有年大有年得見於經。若舊史不存。春秋亦不得而附益之。有如二百四十二年之間。固有

務農重穀閔雨喜雨之君。而皆不以有年書者。是聖人削之也。春秋記異不記祥。獨於二公書有年。何哉。自泰山孫明復著春秋發微。謂威十八年惟此書有年者。是未嘗有年。書之以著其不能勤民務農之實。宣十八年惟此書大有年者。是民食大足。書之以見其不道重斂于民。常不足爾。審此。則是春秋未嘗予二公也。至程頤子發明與旨。則指二公有年之書謂之紀異。蓋謂二公以不道得國。宜得凶灾。今乃反常。故春秋以爲異而特存之。況二公享國俱十八年。獨一年書有。則它年之歉可知。胡氏安國傳春秋。亦本此義。然則春秋之書有年乃紀異也。綱目書此。豈紀異乎。自周威烈王至今凡幾年矣。獨此始書大有。雖先漢文景盛時。亦闕然無之。及考班范二史。惟見東都是年載此。故通鑑因而紀之。綱目遂得揭而書之。蓋春秋記異不記祥。是春秋之特筆也。綱目灾祥並記。是綱目兼史法而紀實也。顯宗是時君德清明。政事修舉。天人交感。故獲有年之應。前史備而録之。綱目因而書之。正所以著當時治效之美。其與先儒發明麟筆之意。固自有並行而不相悖者。臣故詳而辯之。以告後之觀綱目者云

十四年。故楚王英自殺 英已廢矣而猶書爵。蓋前既書其有罪。所斷已明。故也

十五年。春二月。帝東巡耕于下邳。三月。至魯。詣孔子宅 天佑下民。作之君師。職治職教。相與並行。固不可舉一而廢一也。自後世尊君太甚。於是有以孔子為陪臣而天子不當拜之者。崇師重道之意。殆不如此。顯宗尊崇師傅。夐絶前古。觀其師事桓榮之禮。蓋可見矣。至魯之行。前史皆曰幸孔子宅。此固世俗習熟之語。學者亦習其句讀而不察者也。至綱目修之。始以詣孔子宅為文。嗚呼。吾聖人之道。豈區區較此一字哉。式閭表墓。古帝王於一賢士猶敬之如彼。孰謂萬世仁

癸酉　乙亥

義禮樂之宗主。扶三綱。垂世教。天地賴之以有立。人類賴之以不滅。其故居官室。乃可以臨卒之禮加之哉。不有君子表而出之。則聖人與衆人等耳。雖然。此可與識者語。未易與謏俗論也。嗟夫

十六年。春二月。遣太僕祭彤及竇固等。伐北匈奴。取伊吾盧地。彤不見虜而還。下獄免卒

彤之無功。爲左賢王信所誤爾。然彤爲主將。偵候不明。至以小山爲涿邪山。則何詞以逭其責哉。綱目明書不見虜而還。以見其所坐正在此也。若夫下獄既免。不書死而書卒。則亦以其罪不至此。特卒之爾。抑揚輕重之間。其不苟也如此

西域諸國遣子入侍

十八年。西域攻沒都護陳睦。北匈奴圍己校尉

關寵車師叛與匈奴共圍耿恭詔酒泉太守段彭將兵救之

王者不勤遠略非惡廣地也以其無益於事爾自孝武圖制匈奴通西域以耗中國世祖鑒之閉關謝質西邊自是無事蓋二十年有竇固者始遣使班超故前年書西域遣子入侍至是甫三載即有攻沒都護之舉紛紛遂復多事然則西域之於中國果何補耶即綱目之所書合前後而觀之則得失之分瞭然在目不待辯而明矣或者猶以班超為奇功豈不過哉

資治通鑑綱目發明卷第九

資治通鑑綱目發明卷第十

布衣臣尹起莘上進

丙子

肅宗孝章皇帝建初元年。春正月。詔稟贍饑民

○秋。詔以上林池籞賦與貧民 文王之囿。方七十里。與民同之。自後世開廣苑囿。而後貧民失職。今章帝初元。首以上林池籞賦與貧民。亦足見以有餘補不足之意矣。書以美之。宜也

戊寅

三年。馬防耿恭擊羌。大破之。詔徵防還。下恭獄免其官 光武明謹政體。總攬權綱。未嘗假借戚里。至顯宗承統。尤切加謹。是以建武永平之間。政事清明。爲中興首。肅宗繼之。雖寬大長者。有光前烈。而馬防外戚。浸失初意。前此大旱之時。嘗欲封爵諸舅。賴

太后不從而止。未幾遂以馬防偕耿恭將兵擊羌。雖曰幸而成功。然防甫召還。恭已罷免。至冬則防進位車騎矣。同功異賞。豈無其說。蓋恭以言事忤防。有司承望風旨。上亦不察而罷之爾。然則外家之勢。比先朝爲如何耶。綱目書防恭擊羌破之。詔召防還。下恭獄免官。則恭有功無罪。曉然甚明。固已不待參考而後知其爲防所陷矣。末年馬氏少衰。而竇氏遂熾。肅宗之政若此。孰謂其果優於先帝乎

有司奏遣諸王歸國。不許 既不許矣。而猶書之者。所以著上之友愛也。

庚辰

五年。夏五月。以直言士補外官 直言之士。固當出入禁闥。補過拾遺可也。以補外官。毋乃憂其末而失其本乎。直書于此。蓋譏之爾

壬午

七年。夏六月。廢太子慶爲清河王。立子肇爲皇

丙戌

太子太子慶以無罪見廢。原於竇后之誣陷也。自光武寵陰后而廢太子。故肅宗踵而行之。如出一轍。詔謀不足以詒後。嗣服不足以增光。書之于冊。皆可愧矣

三年。春正月。詔嬰兒無親屬及有子不能養者。廩給之肅宗之治。自初元以來。如以園藥與民。禁治獄慘酷。除妖惡禁錮。廩贍貧民。賜胎養穀之類。無非善政可紀之實。至是又詔廩給嬰兒。班班見於史冊。綱目書之。足以繼之文景。光增前烈。嗚呼。自是而後。漢治其衰矣

丁亥

章和元年。曹褒奏所撰制度去年方書詔曹褒定漢禮。今年已書奏所撰制度。何其易邪。夫以先漢禮儀定於叔孫。後漢儀禮定於曹褒。一代大典。乃出此二人之手。其得失固

戊子

自不言可知矣

二年。以鄧彪爲太傅録尚書事。百官總已以聽。

百官總已以聽。此古冢宰代其君諒闇之任也。鄧彪何人。乃敢當此。其實竇憲隆以虛名。使之爲已利爾。新莽假此以移漢祚。鄧彪假此以附權戚。爲惡不同。同歸于亂。綱目書之。皆不沒其實。亦所以垂世鑒也

冬十月。侍中竇憲殺都鄉侯暢。太后以憲爲車騎將軍。使擊北匈奴以贖罪

竇憲以凶險之資。行盜賊之計。戕殺列侯於屯衛之中。又從而歸罪它人。洎朝論不容。推舉得實。始正主名。盍即致于重辟以正王誅。既不能然。乃聽其以擊虜自詭。爲有假天討之威。驅無辜之民。置之鋒鏑之下。以爲罪人逃死之地哉。憲之桀逆。固自不可勝誅。然主之於內以

己丑

成其惡者。誰實尸之。故綱目特正其本。不曰憲請北伐。而曰太后以爲將軍使擊匈奴。曰以。曰使。而後責始有歸。此蓋推原禍端之論爲後世母后之戒也。憲

孝和皇帝永元元年。下尚書僕射郅壽吏。壽自殺。

郅壽下吏。不書有罪則其無辜爲甚明。前此肅宗朝書詔收太尉弘印綬。弘自繫獄出之而卒。事亦類此。皆以忤憲故也。夫以肅宗之明。使竇憲得肆其姦。則幼沖之主。將若之何。此固郅壽之所不能免。而君子則深爲肅宗追惜者也

夏六月。竇憲擊北匈奴。大破之。登燕然山。刻石勒功而還。

刻石燕然。世之馳志撫掌者率喜談而樂道之。綱目書此。亦予之乎。夫侵鎬及方。至于涇陽。六月之所以薄伐。然且盡境而還。此固詩人之所美也。北匈奴自肅宗以來。綱目未嘗

書其犯邉。今竇憲乃以盛夏興師攻無罪之虜。出塞至於三千餘里。揭地書之。不没其實。正以著其窮追遠討之罪。曰擊而不曰伐。亦以見師出無名之失。要在學者比而觀之。則得其旨矣。後三年書擊北匈奴於金微山。其義亦然

庚寅

二年。九月。北匈奴欵塞求朝。冬。竇憲遣使迎之。復遣兵襲擊破之。欵塞求朝。夷狄之向化也。既書遣使迎之。又書遣兵襲擊破之。則詐謀爲益甚矣。竇憲專兵所爲如此。漢朝尚可立國乎

辛卯

三年。二月。竇憲遣兵擊北匈奴於金微山。大破之。單于走死。○竇憲殺尚書僕射樂恢 憲自北伐之後。

擅權自恣。不復知有朝廷。故綱目書遣兵取伊吾地者。憲也。書遣使迎北匈奴者。亦憲也。書遣兵擊北匈奴者。又憲也。夫以征伐大權。初無朝命。而憲專輒行之。今又賊殺尚書官長。其罪當如何哉。前史雖述憲風迫而死。然猶未正其名。至綱目始書憲殺。而後其罪益著。況樂恢已乞骸去國。而綱目特舉其官者。正以著恢不失其職。重憲之罪爾。噫。凶于而家。害于而國。漢氏之不亡。豈非幸歟。憲風州郡迫脅恢飲藥死。

冬十月。帝如長安。竇憲來會

憲人臣也。天子遊幸則當朝于在所而書曰來會者。所以著其權勢之盛。若敵國云爾。履霜堅冰可不畏哉

四年。大將軍竇憲伏誅 ○以宦者鄭衆爲大長秋

竇憲之誅。鄭衆誠與其謀。固當班賞。然列爵用事。則非宦者之所宜矣。綱目揭而書之。所以著亡漢之禍。

自此始也。

壬寅　十四年。封鄭衆爲鄛鄉侯

鄭衆封侯。何不揭宦者書之。蓋已見之於前矣。夫以天刑絶嗣之人。而使之分茅胙土。將欲襲封傳侯。豈不適足爲笑而深足爲戒哉

乙巳　元興元年。雒陽令王渙卒

令未有書卒。而此書之者。蓋欲著其循良之績也

丙午　孝殤皇帝延平元年。八月。帝崩。太后迎清河王子祜入即位。太后猶臨朝

春秋傳曰。猶者。可已之辭也。是時安帝春秋十三。若輔以大臣。自可躬親庶政。故太后臨朝。綱目書猶以譏之爾。嗚呼。賢如鄧氏。君子猶不之予。況下於此者乎

詔檢敕鄧氏賓客

鄧氏以賢德自居。故檢敕其家爲甚嚴。書之于冊。亦足少見其

美。然未若釋然歸政之爲愈也

孝安皇帝永初元年。秋九月。以寇賊雨水。策免太尉防司空勤

東漢自中世以來。寇賊災異。輒策免三公。夫鎮撫中外。燮理陰陽。固三公職也。豈知是時戚宦用事乃悉歸罪三公。可乎。然爲三公者職思其憂。苟不得以行其志。盍亦不待譴逐。引身而去。可也。冒居其位。諉曰權非己出。誰實尸之。故東漢諸賢。病在去之不早。綱目直書以寇賊雨水策免。雖欲盡辭其責。可乎

冬十一月。司空周章自殺

章既有密謀。事覺而死。胡不正其罪名。蓋是時太后戀權。羣情怨鬱。平原親和帝之子捨而不立。故章欲追正其失。綱目所以無罪可書耳。然章効忠帝室。亦無褒詞。何也。清河王慶。故肅宗元子。無故見廢。今以其子紹統。殆亦天意。況太后制朝。羣從分

布。無有顯顯過失。章不度德量力。輕舉妄動。則足以殺其軀而已。書司空周章自殺。固非他人殺之也

戊申

二年。春正月。以公田賦與貧民。遣使廩貸冀兖流民。○夏旱。五月。太后親錄囚徒方書廩貸流民。又書親錄囚徒。其留意民事若此。然災異寇賊。紛紛迭出。何哉。自古未有母后能措天下於太平者。況鄧后又非安帝之母。參考觀之。義自見矣

己酉

三年。南匈奴反。○冬十一月。南匈奴圍中郎將耿种於美稷。遣中郎將龐雄。將兵討之匈奴未有反書。而此年書南匈奴反者。已臣於漢。受其廩給。則非其他夷狄比矣。既書其反於前。遂正其討於後。書法若此。圖

非苟於尊
中國也

丙辰

元初三年。冬。初聽大臣行三年喪

三年之喪。自天子達。烏有名爲大臣師表四海。乃不得行終喪之禮者哉。書初聽大臣行三年喪。聽者是則禁者非矣。雖曰幸之。盖亦惜之也

戊午

五年。鄧遵募羌殺狼莫。封遵爲武陽侯。徵任尚棄市

任尚自永初元年與鄧隲俱受征討之任。次年書尚與羌戰大敗。宜即僨軍之誅。然迄無所行者隲使之戰故也。至三年書尚有破羌之功。猶未足以補前失。未幾屯兵三輔。復與鄧遵擊破零昌。功頗著矣。前年書尚擊零昌。殺其妻子。去秋書尚募羌殺零昌。又書大破先零降種羌平隴右。其功始有可稱。至是諸羌瓦解無復寇警。而尚乃召還棄市。何耶。鄧遵專有其功。尚不知權勢所在。憎與之争。宜其自取顛覆也。方

庚申

是之時，鄧后臨朝，自以賢德過人，然刑賞國之大柄，當誅不誅，當賞不賞，謂之公道可乎？與衆棄之，不書其罪，權要亦可畏也哉！

永寧元年，地震。自鄧后臨朝，地震之異，史不絕筆。夫以地道主靜，宜靜而動，亦由婦人治事反地之道，故數數震動，以著其應爾。當是之時，大水、雨雹、旱蝗、日食，灾異之衆，間見層出，然獨地震尤多，天道豈不甚明？雖曰恐懼修飭，要之大本不正，終亦無補於事。綱目書之，或一歲再見，自永初初元至是十四年間，凡十有五，皆所以示證應之形，著陰道之失，爲後世鑒也。

免越騎校尉鄧康官，遣就國。安帝繼統，春秋十三，鄧后臨朝，至是歷十五載，合而言之，蓋亦年垂三十矣，謂之幼君不可也。鄧氏久戀大權，略無還政之意，舉朝噤嘿，莫敢出聲。鄧康以后族之親，慮貽顛覆，數數進諫，太后僞能翻然悔悟，猶可收之桑榆。而乃奮發威怒，斥逐就國，惜乎康未能高舉遠引，奉還爵邑，退歸田里，政使觸忿而死，所得多矣。建光之際，鄧氏一門，誅竄殆盡，康之得脫，僅若毫芒。蓋亦幸爾。書免官而不言其罪，書就國而不言其絶，亦予之而不盡予者。嗚呼微矣。

建光元年，尊嫡母耿姬為甘陵大貴人。

既曰嫡母矣，而乃尊之為甘陵大貴人，此何等稱謂也。直書于冊，其失自見。

徙封鄧騭為羅侯，遣就國，騭自殺。貶平原王翼為都鄉侯。

安帝少號聰明，長多不德，鄧后稍不可意，亦為天下慮爾。由今觀之，帝自親政之後，治道浸毀，大略亦可覩矣。帝既不能自反，乃追怒鄧氏，譴責竄戮，至於沒入貲産而怒猶未怠，必欲盡置死地而後已。故騭之自殺，書徙封，書遣就國，以見迫逐之意。帝亦可謂少恩者。然自隲而下。死者甚衆、綱目皆削而不書。何哉。太后制朝。衆情忿鬱。鄧氏苟有人焉。自當深明大義。力陳歸政。如其言不見聽。則翩然遠引。屏跡山林。猶或可以自免。既不能然。乃貪於爵位遲回不去。一旦太后棄朝。復何恃耶。不書于冊。蓋略之也、略之者。賤之也。其旨微矣

以耿寶監羽林車騎。封宋楊四子及宦者江京李閏皆爲列侯

事有必待貶黜而惡始見者。亦有不待貶黜而惡自見者。自鄧后即世。至是僅四閱月。而安帝初政所行乃爾。觀綱目所書封宋楊四子及宦者之事、則其不德之實。曉然可知。此正所謂不待貶黜而惡自見者。帝之所爲若此。而猶欲追怒鄧氏。不亦繆乎

帝幸衛尉馮石府。留飲十日

諸侯非問疾弔喪而入諸臣之家。是謂君臣爲謔。焉有身爲萬乘之主。而乃臨幸佞臣之居。留飲至

于十月者哉。大書于冊。甚其惡也。

復斷大臣行三年喪初元三年書初聽大臣行三年喪。至是纔五載爾。而又禁之。何哉。小人扭於弊俗。禮典廢壞。莫此爲甚。它時既復又斷。紛紛不已。迭書于冊。皆譏之也。

延光元年。遼東都尉龐奮承僞詔斬玄菟太守姚光。徵抵罪爲僞詔者。姦惡盜賊也。然郡太守非有大故。烏可遽行殺戮。綱目詳而書之。所以見龐奮不審之罪。雖然。清明盛世。則無是事。此又綱目言外之意。

遣宦者及乳母王聖女伯榮。詣甘陵按通鑑載帝數遣黃門常侍及中使伯榮。往來甘陵。而綱目大書宦者及乳母王聖女伯榮。其詞旨稍異。何哉。蓋謂之黃門常侍及中使。則其事隱而難明。謂之宦者及乳母

癸亥 甲子

王聖女。則其失曉然易見矣。以安帝親政。僅踰一載。而所爲幷繆往往若此。綱目所以特筆書之。詞繁而不殺者。正以著其惡而甚之。爲後世戒爾。噫。東漢之治。自是日益亂矣。於帝乎何譏

汝南黃憲卒

憲一布衣也。而得書于冊。至今使人有歎仰之心者。豈非潛德幽光不可得而泯沒。故耶。雖然。于時羣小在位而賢才沉於草萊。聘召不及。無所附見。必至於卒而書之。又所以愧當時也

二年。夏四月。封王聖爲野王君

此乳母也。何不揭而書之。蓋已見之於前矣。夫以乳媪而列爵受封。大書于冊。漢治雖欲不衰。其可得乎

三年。二月。帝東巡。三月。還。未入宮。策收太尉震印綬。遣歸故郡。震自殺

楊震事昏庸之主。不能見幾而作。其死宜矣。雖然。此

爲震言也。若夫自漢朝言之，則當時清白忠正。無出震右。乃以諫諍忤嬖倖而死。是時安帝保愛羣狙。如護心腹。震雖欲納忠効節。不可得已。綱目書帝還未入宮。策收印綬。所以見帝急於殺震如此。臨亂之君。知有小人而不知有君子。惟恐嘉穀之害狼莠也。哀哉

乙丑

四年迎北鄉侯懿入即位。北鄉侯薨。北鄉既書即位而不書崩者。不成乎君也。不成乎君。而書薨者。既臨大寶。異乎羣臣也。此輕重之權衡也

中黄門孫程等迎濟陰王保入即位。誅閻顯等。遷太后於離宮。封程等十九人爲列侯。濟陰正位儲貳。乃以無罪廢黜。人神共憤。閻后貪立孩孺。圖擅大權。賴天誘其衷。北鄉尋殞。大寶虛位。故孫程等得以定謀迎立順帝。由是大統始

得其正。可謂幸矣。然而漢治卒亦不振者。大策不出於廟堂。而扶立實由於閹宦故也。歐陽脩贊唐史謂唐自穆宗以來。八世而爲宦官所立者七君。其本始不正。欲以正天下。其可得乎。順帝之立。不幸類是。雖有聰明睿智之資。猶將制於近習。而不得有爲。况又昏庸孱弱者乎。書中黄門孫程等迎濟陰王入即位。則漢氏之衰。從可知矣。有天下國家者。可不監諸

資治通鑑綱目發明卷第十

資治通鑑綱目發明卷第十一

布衣臣尹起莘上進

陽嘉二年。封乳母宋娥爲山陽君 順帝在儲貳之時。橫罹廢黜。雖年方冲幼。亦必動心忍性。曾益其所未能。由是繼統之初。非無閹宦挾功擅朝。然政事無大顛錯者。亦其清明之天。未甚洪汨爾。夫何至是。春秋已十有八。乃始封爵乳母。襲尋覆轍。備見於綱目之所書。何哉。蓋帝天資不高。浸長浸昏。故爲聲色嗜慾之所惑。便嬖使倖之所移。雖流而忘返。不自知也。嗚呼。王所非居州。君側無子思。雖明智之君。且不能有立。況順帝乎

夏四月。京師地震。詔公卿直言舉敦樸之士 ○ 京師地坼。詔引敦樸士對策 順帝

初年。閹官滿朝。然無大變異者。時方幼沖。天意若有待也。至是年已浸長。所爲日益乖錯。故上天譴告以冀其知悟爾。綱目上書封爵乳母。下書京師地震。京師地坼。而分注載樸士對策。亦首及此。天變人言非不明白。帝猶恬然不寤。彼昏不知。尚可與之言乎

乙亥

四年。春二月。初聽中官得以養子襲爵 開府階。誠宜蔭

子。謁者監。何由有兒。此唐人李中敏書判之語也。而不知其源已始於漢。夫以天刑之人。非有嗣續可傳之實。而順帝乃始聽其以養子襲爵。帝之愛厚宦者。欲其流澤蕃衍。勤亦至矣。其如漢祚浸微浸滅何。直書于冊。失自見矣

甲申

建康元年。帝崩。九月。葬憲陵。○羣盜發憲陵 東漢

乙酉

之亡。人皆咎威靈之不君。而不知滅亡之兆。已著於安順之時。今觀綱目所書。如寵信宦者。任用羣小。崇奬外戚。所以稔亡漢之禍者。實在於此。故夫日食。地震。山崩。雨雹。寇盜。災異史不絕書。二君既不之悟。於是安帝終於南遊。而綱目書帝崩于葉矣。順帝甫成葬禮。而綱目書盜發憲陵矣。夫以二君不善之積。而未即滅亡者。祖宗德澤在人未泯。天意未遽絕之爾。然咎證之形。亦不可掩。故於其終事見之。綱目據事直書。而天理自明。所以戒後世人君。不可得罪於天人。其顯然之應若此。豈不深切著明也哉

孝沖皇帝永嘉元年。徵清河王蒜及勃海孝王子纘至京師。大將軍冀白太后迎纘入即位。罷蒜歸國

置君。大事也。必廣謀從衆。然後皇極神器。得所付託。今清河勃海同至京師。公卿既皆歸

丙戌

心於蒜。而冀乃貪立幼穉。違衆獨行。是九五大寶。乃私門之物爾。書大將軍冀白太后迎纘入即位。罷蒜歸國。則冀一時勢焰可畏若此。其狠愎自用。直情徑行之意。隱然見於書法之間。漢朝公卿。尚可與之比肩並列乎

孝質皇帝本初元年。閏六月。大將軍冀進毒弑帝。白太后策免太尉固。迎蠡吾侯志入即位。太后猶臨朝

無元后。則王莽不得以篡國。無章德。則竇憲不得以亂朝。梁冀之惡。固天地之所不容。然非太后主之於內。則亦未必能至此極。方是之時。質帝年雖幼穉。乃能促召大臣言其所食之物。是其心中了了。明知進毒之禍。而漢朝諸人。不能推求進膳之人。考核致疾之由。必期得賊而後已。方且聯書示戒。聽命于賊。果何爲者。春秋之法。君弑而賊不討。則以國爲無人。以冀之凶悖。固未易以討殺。然使力不能勝。則聲

其罪於天下。死之可也。去之可也。烏有大行晏駕。明知鴆毒致禍。而可付之不問者乎。李固、杜喬諸人忠有餘而識不足。不明春秋之義。死而無補。太后雖未必與聞乎故。然身爲罪人之主。何以自解。綱目於梁冀之事。一則曰白太后。二則曰白太后。至於蠡吾既立之後。又書太后猶臨朝。太后雖欲自免。其可得乎

孝桓皇帝建和元年春正月朔日食

春秋之法。嗣君爲弒君者所立。受之而不討賊。則謂之與聞乎弒。是時桓帝受國賊冀之手。不能致討。故天變見焉。日食正旦。於嗣服紀元之初。是人君即位。其始已不正矣。綱目書此。雖不言其理。而理固在其中。天命不僭。豈不深切著明也哉

下李固杜喬獄。殺之

李固杜喬之死。人皆寃之。二君誠忠於漢者。然冀負弒逆之誅。二君不能聲其罪於天下。隱忍而死。故綱目於此皆不書其故官者。哀其不達大臣之義。失其職也

辛卯

元嘉元年。春正月。朔。尚書張陵劾大將軍冀罪。詔以俸贖

冀身負大逆。而張陵以帶劒劾之。捨其丘山之惡。而論其毫芒之罪。惟漢朝諸人不能早致其辨。是以至此極耳。詔以俸贖。特書于冊。參譏之也

夏四月。帝微行至河南尹梁胤府舍。是日大風拔樹。晝昏

桓帝微行。無異於孝武孝成也。然天變何爲不見於彼而見於此。得非梁氏弒逆。帝不能討。而與之爲私。是以天怒若此。用見逆黨罔天誅所不赦也。大風晝昏。特書是日。其所以昭示天意。誅討亂賊。豈不明哉。噫

己亥

延熹二年。八月。大將軍梁冀伏誅。太尉胡廣。司徒韓縯。司空孫朗。皆以罪免爲庶人

梁冀之死。桓帝特以恣橫

怒而殺之爾。非能討有罪而正王誅也。然當冀擅權之時，誠有未易然者，迨其既斃，無復顧慮，漢朝諸人盡亦申告于朝，糾舉本初鴆毒之禍，顯明大義，討其不赦之罪，殘其身，汙瀦其宮，庶幾討賊之義暴白於天下，而當時則弗暇也。是以綱目書伏誅而不去其官，僅與竇憲同科，而不與莽卓比者，譏漢人之失賊也。下書胡廣等皆以罪免，則舉朝阿附逆賊之罪，尤曉然矣。嗚呼，誅逆臣必治其黨，急於討賊，則以失賊爲貶，書法若此，爲逆者豈有容足之地哉。故曰綱目修而亂臣賊子懼

徵處士徐穉、姜肱、袁閎。

韋著、李曇皆不至。梁冀雖誅，而姦倖充斥，此豈可爲之時，諸賢不至宜矣。列敘書之，皆予之也。

封皇后兄子鄧康、宦者侯覽等爲列侯，殺白馬令李雲、弘農掾杜衆。

其所封者如彼，其所殺者如此，則漢事從可知

矣。何待董卓曹操而後見哉。書之于冊。姑以著滅亡之漸爾

冬十月。以宦者單超爲車騎將軍

超書宦者。巳見於前。而不嫌於重複者。惡而甚之。且以著車騎之職。非其人也。

四年。秋七月。減百官奉。貸王侯半租。賣關內侯以下官

王者富有四海。四海之財。皆巳物也。而所爲若此。書之于冊。蓋亦見其愚爾

冬。諸羌復反。徵段熲下獄。遣中郎將皇甫規擊破降之

六年。秋。武陵蠻復反。郡兵討平之。馮緄坐免

段熲破羌。召還下獄。皇甫規降羌。論輸左校。馮緄平蠻。尋亦坐免。漢朝賞罰如此。諸賢雖欲相與戮力。其能救乎

丙午

九年。殺南陽太守成瑨。太原太守劉瓆。捕司隷校尉李膺。太僕杜密。部黨二百餘人下獄。遂策免太尉蕃

在易之否。君子在外。小人在內。則爲否之匪人。聖人象之曰。天地不交。否。君子以儉德避難。不可榮以祿。當是時也。羣陰用事。天下無邦。正當否塞之時。君子括囊遠遁。猶懼不免。乃欲以一簣之微。力障頹波橫流之衝。雖復明目張膽。延頸就戮。夫復何益。綱目於瑨瓆書殺。膺密書捕。皆不去其官。部黨書下獄。太尉書策免。皆不言其罪蓋亦哀之而已。夫豈樂予之哉

資治通鑑綱目發明卷第十一

戊申

資治通鑑綱目發明卷第十二

布衣臣尹起莘上進

孝靈皇帝建寧元年。解瀆亭侯宏至。入即位○尊母董氏爲慎園貴人○録定策功。封竇武爲聞喜侯 竇武在東都爲戚屬之賢。然終亦不免何耶。于時漢統屢絶。率以旁枝入繼。武適逢其機。迺以此受封。不亦僭哉。然使其聽植之言。推而弗居猶或庶幾。而武則不能用也。書録定策功。固非美之。正所以爲武惜耳

秋九月。太傅陳蕃。大將軍竇武。奏誅宦者曹節等。節等殺之。遂遷太后於南宮 以利害言之。蕃

己酉

武幾事不密。遂至禍延家國。誠可深惜。然綱目於二人則書其官。於宦者則書奏誅。其予之之意。初不計事之成敗。而惟顧理之是否。誠以蕃武之志在於爲國。而當時閹官不去。漢治終無可爲之理。不幸二人忠有餘而謀不足。一跌不收。漢亦以亡。此固天之所廢。有非人力所能爲者。書法若此。是亦正誼不謀利。明道不計功之意耳。雖然。書太傅。則見上公之尊。書大將軍。則見本兵之重。以將相大臣合謀叶力。而不能去刀鋸之賤。非徒無益。貽患愈深。人主觀此。盍亦謹其微哉

二年。春正月。尊慎園貴人董氏爲孝仁皇后

前此尊之爲貴人。今此尊之爲皇后。夫貴人乃官嬪之職。固不可以子而職其母也。皇后乃母天下之號。亦不可無其實而居其名也。是時羣小恣横。無以取悦其君。故爲非禮之禮以媚之耳。直書于册。其失自見

冬。十

辛亥　丙辰

月。復治鉤黨。殺前司隸校尉李膺等百餘人 膺已廢錮。而猶書前司隸者。廢不以罪故也。廢。錮不予。況殺之乎。彼小人欲空人之國。非誣以朋黨則不足以盡賢人之類。漢室至是。固已亡矣。然范滂張儉等不得列書于冊者。此又綱目有不滿諸賢之意耳。學者要當深考而默察之。則得其旨矣

四年。春正月。帝冠。赦 綱目自元帝永元元年以後。凡赦之無事義者。例皆不書。而此特書之者。著其獨不赦黨人。故也。嗚呼。黨人皆賢人君子。非有大惡於國。而惡之若此。漢氏雖欲不亡。得乎

熹平五年。殺永昌太守曹鸞。更考黨人。禁錮五屬 書更考黨人。禁錮五屬。文無貶詞。然當時忿嫉黨人之意。隱然自見於書法之間。觀當時所惡如此。則曹

丁巳 戊午

讎雖欲爲之申理其可得乎書殺而不去其官亦哀之也

六年鮮卑寇遼西太守趙苞破之趙苞急於王事遂至不能全其母故雖歐血而死綱目亦略而不書所以權輕重而示訓也嗚呼微矣

光和元年夏四月地震○侍中寺雌雞化爲雄○六月有黑氣墮温德殿庭中○秋七月青虹見玉堂殿庭中災異之變至是極矣列書于冊而不聞修省之實雖當時詔問羣臣繇皆削而不書者言而不用無益救亡故也嗚呼天戒若此尚不知警安其危而利其菑樂其所以亡者不仁而可與言哉

冬十月廢皇后宋氏幽殺之漢時廢后多矣苟非大惡皆能

保全始終。至威靈二君。乃始極其威虐。故前之鄧后與此宋后。皆以幽殺書之。而不言其罪。夫亂亡之世。貴爲國母。猶且不免。況它人乎。噫

二年。宦者王甫伏誅。○太尉段熲有罪自殺

段熲在漢。功亦不少。然不免書有罪者。失在阿附宦寺。輸貨得官耳。當是之時。守正而斃者。君子猶恨其去之不早。況熲輩乎。書以貶之。宜矣

封中常侍呂強爲都鄉侯。不受

日均之內臣也。前此單超等封侯。則揭宦者書之。今此呂強。乃書中常侍。何哉。強有清忠奉公之節。且抗詞自列。備言封爵宦寺之非。固非超等濁亂朝綱之比。綱目別而異之。特書不受。以著其美。其樂予人爲善之意。不間流品如此。乃知不問是否。欲一槩殺之者。過矣

冬十月。殺司徒劉郃。少府陳

球。尚書劉納。衛尉陽球 不曰殺司徒劉郃等。而列叙之者。哀其死不以罪。不失其職。且以甚當時之惡也

辛酉

四年。作列肆於後宮 為天子而作列肆於後宮。是甘為闤闠猥賤之人矣。尚可據皇極而臨大寶乎。據事直書不待貶絕。惡自見矣

壬戌

五年。春正月。詔公卿舉刺史二千石為民害者 是時刺史二千石。貪如豺虎。所在縱橫。方且詔公卿舉為民害者。何哉。書之於冊。足以發千古之一笑耳

甲子

中平元年。春二月。黃巾賊張角等起。〇殺中常侍呂強。侍中向栩。郎中張鈞 侯覽之死。則書有罪。王甫之死。則書伏誅。

又皆揭宦者書之。至呂強則書殺書中常侍。豈綱目獨私於強哉。涇渭並流。而清濁自分。此春秋褒善貶惡之意也。若槩以宦者而不分善否。則失春秋之意矣

乙丑

二年。六月。封宦者張讓等十三人爲列侯

盧植討破張角。檻車召還。王允討破黄巾。下獄減死。張讓不出國門。其賓客又與賊交通。乃反以討張角受封。然綱目於此。止以封宦者書之者。所以不沒其實。且無功之可書也。夫有功者獲罪。而無功者錫爵。漢之刑賞如此。雖欲不亡。得乎。

殺諫議大夫劉陶前司徒陳耽

漢室滅亡之證。至是無可言者矣。然劉陶之死。且揭諫議大夫書之者。所以甚漢靈不君之惡。而爲後世殺諫臣者之鑒也

戊辰

五年。冀州刺史王芬自殺

芬以下謀上。宜得春秋無將之誅。胡不書其謀

反。又胡不書其有罪伏誅。是時靈帝罪浮于桀。乃獨夫耳。況芬本謀特欲誅宦者爲廢昏立明之舉。是以綱目末減其罪。蓋恕芬所以。惡靈也。其旨微矣

己巳

六年。以袁隗爲太傅與大將軍進參錄尚書事。

進收宦者蹇碩誅之 何進以私忿殺蹇碩。故曰進收。然碩亦不免書誅。何哉。此曹劉褻帝室。罪盈惡積。正天誅所宜加。王法所不赦者。豈得以其死於私忿之故。而遂末減其罪乎。書法若此。初非過也

五月。遷孝仁皇后於河間。驃騎將軍董重自殺。六月。后暴崩 孝仁本非國母。然自何后言之。猶爲其姑云爾。而遷之怖之。使之至於殞滅可乎。故夫后以崩書者。是予其爲母后也。予其爲母后而遷之至於暴亡者。其罪始有不可言者矣。宜

乎他日賊臣得以藉口也秋七月。大將軍進召董卓將兵詣京師進之此舉。乃飲鳥喙而攻疾耳。疾未去而藥殺人。曾不如不飲之爲愈也。綱目書進召董卓則進雖欲辭其責。尚可得乎太后詔罷諸宦官。八月。宦官張讓等入宮殺進。劫太后。帝出至河上春秋書天王出居于鄭。傳者曰。天子無出。出失天下也。夫王者無外家。撫四海而特書曰出者。著傾覆之禍。示播遷之辱也。漢自安順以來。寵信宦者。如護心腹。至威靈則日益甚矣。濁亂朝綱。荼毒四海。賢人君子。進則不容於朝。退則不容於野。而彼方根據蟠結。疽食浸淫。如癭之附於頸。不至於大壞極亂而不止。綱目書之。一則曰宦官。二則曰宦官。詳著于冊。所以示亂亡之本。爲萬世之戒也。後之寵愛近習者。盍亦以是爲鑒乎。司隸校尉袁紹捕宦者悉誅之。帝還宮。以爲司空○九月。袁紹出奔冀州。卓廢帝爲弘農王。奉陳留王協卽位。遂弑太后何氏蹴迫永樂。逆婦姑禮。此豈非董賊藉口之詞乎。然綱目於此。且正其弑逆之名。而何氏不失爲太后者。亂臣賊子假問罪之說以行其私。借使何后無可指之失。亦必不能免。此固綱目誅討之意。不以有詞可執。而末減其罪。爲後世窒賊亂之門。杜簒弑之漸。拔本塞原之論也卓自爲太尉。領前將軍事○遣使弔祭陳蕃竇武及諸黨人。復其爵位衰亂之世。信用羣小。殺戮忠良。人情忿怒。故姦雄借以爲詞。稱兵問罪。旣得所欲。則必申理寃枉。擢用名流。以快海內之心。如董卓還褒弔祭陳竇及聘召處士申屠蟠之類是也。人主觀之

庚午

綱目所書。則必兢兢業業。用賢去佞。毋使姦雄得以爲藉手之地。可乎

十一月。卓自爲相國贊拜不名。入朝不趨。劍履上殿

莽卓在漢。均爲逆賊。然綱目於莽。自得政以至即真。皆以太皇太后冠於其上。而不曰莽自爲者。所以著母后之禍。爲萬世戒也。至董卓則書卓自爲太尉。自爲相國。自爲太師者。所以窒篡竊之源。使後世亂臣賊子。欲假朝廷之命。以自進其爵位者。無得爲欺天下之具也。嗚呼自是而後。竊命之臣。皆用此例矣

十二月。徵處士申屠蟠不至

申屠蟠見幾而作。獨免黨錮之禍。至是又不爲董卓所屈。異乎荀爽諸人。若蟠者真無媿於處士之名矣。特書不至。蓋予之也

孝獻皇帝初平元年。春正月。關東州郡起兵討

卓推袁紹爲盟主○卓弑弘農王弘農既廢。已不成乎君。前史皆以殺爲文。至綱目始正名書弑者。不以其微而廢君臣之義。則逆賊之罪益著矣卓徵蓋勳爲議郎。皇甫嵩爲城門校尉皇甫嵩功名素著。身爲上將。手握强兵。坐視帝室傾覆。逆賊鴟張。不能唱大義於天下。乃束手就召。甘心事賊。何哉。善乎范曄之論。謂其舍格天之大業。就匹夫之小諒。狼狽虎口。爲智士笑者也。況是時蓋勳進謀。梁衍獻策。嵩皆棄之不顧。至他日乃以虛詞强辯與逆賊抗。不亦晚乎。綱目書卓召嵩爲城門校尉。則嵩屈身就賊之耻。不可掩矣。是以通鑑明年五月書以嵩爲車騎將軍。八月書以嵩爲太尉。十二月書太尉嵩免。綱目皆棄而不録。蓋鄙之也。鄙之則不足言矣。然則志士仁人。其於去就之際。盍亦知所處哉

三月。卓遷都長安。燒洛陽宮

廟。發諸帝陵。車駕西還。

孟子曰。民爲貴。社稷次之。君爲輕。今董卓虜掠人民。驅徙數百萬口。死者不可勝計。然綱目止書宮廟諸陵。及車駕。而不及民。何哉。春秋之法。君將不言帥師。君獲不言師敗績。以君重於師也。禮稱有焚其先人之室。則三日哭。故廟災則必哭之。以神主之所安也。蓋孟子之言。爲時君一牛羊用人而莫之恤。故以民爲貴。君社稷次之。將以救一時糜爛之禍。若夫春秋之書。禮經之典。正名定分。爲萬世法。故必以君宗廟爲重。而民次之。此則經世之大常。亘古今而不可易者也。綱目於此深得春秋禮經之旨。故其書法如此。惟此義不行。然後有託以爲民之故。輕棄君親社稷而不顧。以自文其背畔之實。如降虜降賊以全城爲名者。不有君子。誰能正之。噫。

二年。春正月。關東諸將奉大司馬劉虞爲帝。虞不受既不受矣。而猶書之者。所以著虞知義守節之美也。孫堅進兵擊卓。卓敗西走。堅入洛陽。修塞諸陵而還自諸軍唱義。未聞有破賊之功。惟堅此舉差強人意。宜乎綱目書以予之也。

袁紹逐冀州牧韓馥。自領州事袁紹。四世五公。負海內重望。首與何進唱誅宦官之謀。挑發禍機。遂至逆賊暴亂。傾覆漢祚。流毒生民。四海分崩。禍亦烈矣。紹既身為盟主。固當奮不顧死。戮力王室。庶可少贖前日之失。況袁隗之死。舉家屠戮。尤當痛心疾首。務殄讎賊。夫何自舉義以來。未聞遣一兵馳一騎。進攻賊黨。顧乃更相吞噬。務自封殖。果何為者。綱目書紹逐冀州牧自領州事。文無貶詞。而其緩於勤王。急於僭竊之意。隱然自見於書法之間。他時奔敗之餘。嘔血而死。蓋天誅之也。何足道哉

袁術使孫堅擊劉表。表軍射殺

之孫堅簡有破賊之功。綱目方書而予之。今乃爲袁術所使。則非義矣。不死於勤王而死於助桀。直書于冊。可勝惜哉。

河南尹朱儁移書州郡徵兵討卓

按春秋魯莊公九年書及齊師戰于乾時。我師敗績。傳者謂內不言其敗。此其言敗者。爲與讎戰。雖敗亦榮也。夫莊公非能復父之讎。特因他事舉兵。春秋猶書而予之。況真能復讎者乎。朱儁討卓。未幾反爲所敗。略無尺寸之功。然綱目書移書州郡。召兵討卓。若有深嘉樂予之意者。急於討賊。故成敗利鈍有不暇顧耳。使其果能因此殄賊。書法又可知矣

劉焉殺漢中太守。斷斜谷閣

劉焉始因益州分野有天子氣。遂求爲牧。今又所爲若此。則其貪圖非望。爲何如哉。是時逆賊暴亂。焉爲宗姓。不能唱義誅討。反肆桀逆。書殺漢中太守。斷斜谷閣。其罪殆與卓等矣

壬申

三年夏四月王允使中郎將呂布誅董卓詔允録尚書事以布爲奮威將軍共秉朝政卓身負大逆蕩覆帝室罪不容誅然當時諸人環視四顧無有能討之者惟王允潛布腹心克殄元惡故綱目書允使呂布誅董卓其歸功於允章章明矣豈以其不終之故而遂泯其實乎

李傕郭汜等舉兵犯闕殺司徒王允呂布走出關以當時言之傕汜之變激於允之不能容使允能從或者之議以皇甫嵩就領其衆不然因其求赦而赦之亦足少安反側之心未必召禍如是之烈然綱目於此略無咎允之意何哉允身爲大臣密謀討賊不動聲色使弑逆之虜一旦勦滅其有功於漢多矣天若祚漢必無反覆之理不幸漢德告終逆黨復出故允身罹不測之禍而漢亦隨之此則天之所廢非特人謀

癸酉

不善之失也。綱目書傕汜舉兵犯闕。則見逆賊反叛之罪。書殺司徒王允。則見允無罪見殺死於其位之節。然則懲惡勸善之義。知有逆順而不知有成敗也。豈不嚴哉

徵朱儁爲太僕

儁前唱義討賊。功雖不就。志亦可嘉。今傕汜暴亂。劫制朝廷。於是諸守相共推儁爲主。使儁能因此糾率同盟。力扶王室。豈不甚美。顧乃俛首以就李傕之召。何耶。且儁尚能移檄討卓。又何畏於傕汜哉。綱目書召儁爲太僕。文無貶詞。然是時朝命出於傕汜。則儁之就召。其屈身從可知矣。忠智俱失。貽譏千古。是果誰之咎歟

四年。大司馬劉虞討公孫瓚。不克見殺

書大司馬。則見不失其官。書討公孫瓚。則見有詞可執。書不克見殺。則見死不失節。蓋瓚本受虞節度。而乃暴橫抗拒。虞興兵討之。名義甚正。故其書法如此

資治通鑑綱目發明卷第十二

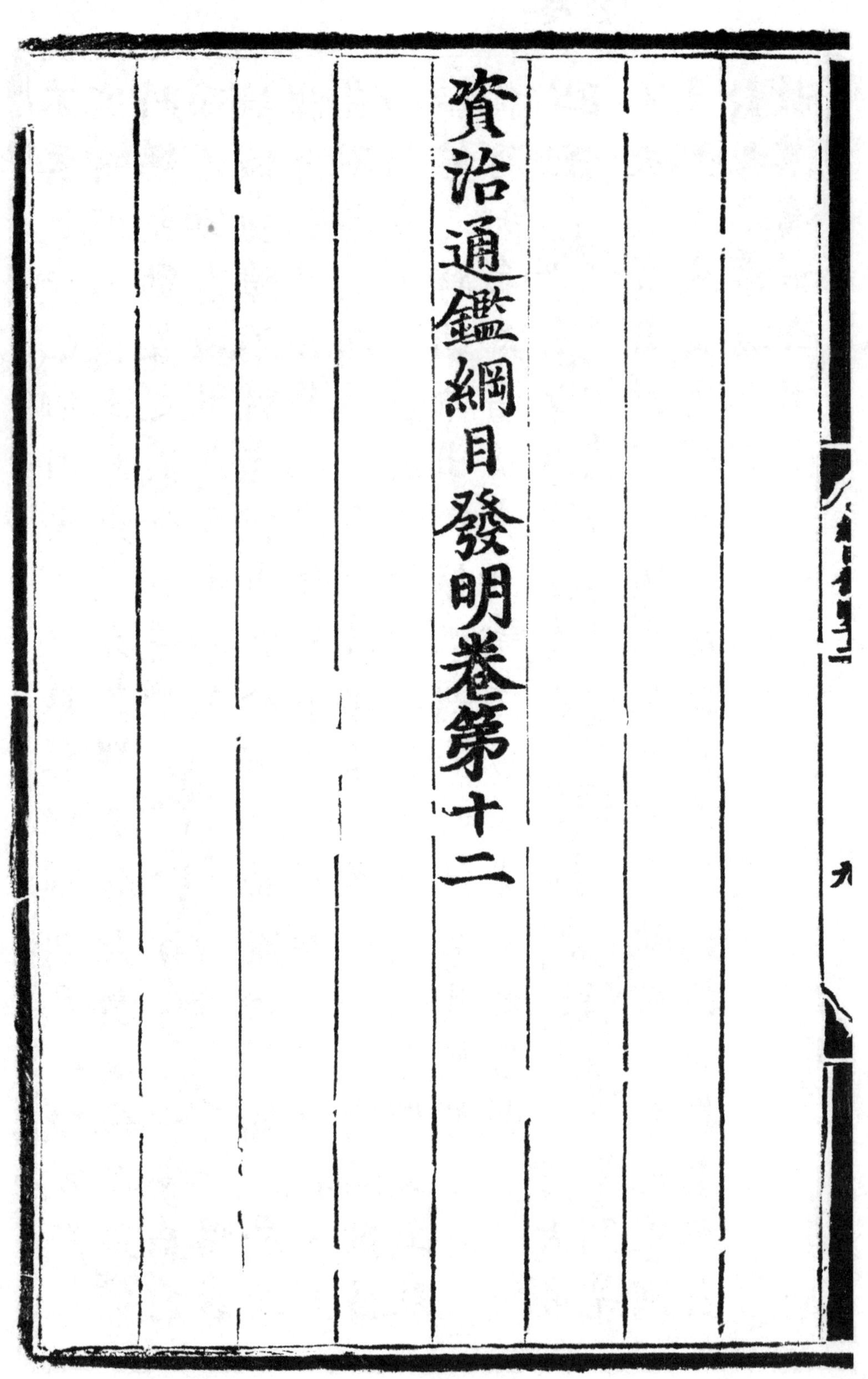

甲戌 乙亥

資治通鑑綱目發明卷第十三

布衣臣尹起莘上進

興平元年。劉焉卒。以其子璋爲益州牧○馬日磾卒於壽春劉焉貪圖非望。奢僭不臣。日磾奉使無狀。失節屈身。故皆書卒。而削去其官

二年。即拜袁紹爲右將軍○二月。李傕攻郭汜。劫帝入其營○郭汜攻李傕。傕遷帝於北塢○十二月。帝至弘農。張濟與傕汜合。追帝至陜。帝度河。入李樂營○雍丘潰。張超自殺。袁紹圍東

郡執太守臧洪殺之考之綱目。是年正月書即拜袁紹爲右將軍。二月書李傕劫帝入其營。四月書傕遷帝北塢。十二月書傕追帝至陝。帝度河入李樂營。方是時也。乘輿播越。奔走荆棘中。袁紹累葉台輔。新受上將之命。手握強兵。不能奉迎大駕。而乃却沮授之正議。怵郭圖之邪說。坐視朝廷傾覆。略弗之顧。方且攻圍東郡。求逞己私。曾無奔問官守之意。臧洪與紹。本無怨隙。徒以盡節郡將。守志不屈而已。觀其嗔目數紹之語。深中其罪。而紹不知自反。何哉。書圍東郡執大守臧洪殺之。所以見其怙衆憑力。執殺守臣。而臧洪橫罹禁逆。不失官守。力屈見害之意。皆森然著見於書法之間。然則袁紹之罪。可勝誅哉

劉虞故吏鮮于輔迎虞子和攻公孫瓚破之故吏之書。以見虞之恩德在人未泯。一則見輔等不忘故主之義。皆所以爲忠臣義士之勸也

建安元年。春二月。修洛陽宮○秋七月。帝還洛陽○曹操入朝。自爲司隸校尉録尚書事

綱目凡專國之臣。於其進爵則必以自爲書之。是時操方入朝。未有無君之心。而書法遽已如此。何哉。夫慶賞刑威曰君作福作威。惟辟操之。此行誅有罪賞有功。矜死節封董承等十三人爲列侯。是皆出於天子之命耶。抑皆出於操之所自爲耶。況操擁兵向闕。脅制朝廷。天子在其掌握。則以自爲司隸校尉書之。夫豈過哉。觀之荀彧之所謀。槩以春秋誅心之法。參諸綱目之所書而益信

曹操遷帝于許。自爲大將軍

春秋閔二年書齊人遷陽。遷之者。強遷之也。僖元年書邢遷于夷儀。遷者。自遷也。建安初元之事。前史皆以遷都許爲文。果如所言。則天子自遷都許。夫復何說。而綱目於此。乃大不然何哉。蓋自董卓肇亂。傕汜

交攻。天子奔走。荆棘間。未聞曹操有勤王之舉。今年車駕還洛陽。操始入朝。其謀固欲挾天子令諸侯而已。初非真有翊扶帝室之心也。夫洛邑。宗廟所在。不幸殘毀。正當修復經理。使斯民復見漢官威儀之盛。庶可少塞臣子救君父之責。今乃棄其故居宫室。移駕至許。何哉。故綱目書曹操遷帝于許。則其詞急而有專意。況謂之遷帝。則所遷者止於帝之一身。而宗廟社稷。皆棄不顧。則漢帝至是亦寄生之君耳。昔高祖開基。綱目書帝西都洛陽。繼書帝西都關中。至光武中興。則書朱鮪以洛陽降。帝入都之。其與遷帝于許。而不以自遷爲文者相去何止霄壤。嗚呼。使曹操不出於強遷。而漢帝尚能爲有無。則當書操奉帝遷都于許矣。吁

以袁紹爲太尉。曹操自爲司空。

袁曹一體之人。然紹爲太尉。則書曰以。操爲司空。則書曰自者。國政出於曹而不出於袁故也。

募民屯田許下。州郡並置田

官兵以食爲本。民以食爲天。是時諸軍並起。率乏糧穀。惟操用棗祗之策。成足食之功。故綱目書此以予之也

呂布復攻劉備。備走歸許。詔以爲豫州牧。遣東屯沛

分注載呂布救備之事。而綱目止書布攻備者。布反覆小人。不予其救也。分注述備歸曹操。而綱目乃書歸許者。言歸許。則見其歸天子也。分注述操以備爲豫州牧。而綱目乃書詔以爲豫州牧者。言詔。則見出於朝廷。而非操所得用也。惟昭烈有存漢之心。綱目有予昭烈之意。故其書法如此。後此四年。書詔備將兵邀袁術。其義亦然

劉表立學校。作雅樂。

立學校。作雅樂。美事也。書劉表作此。亦予之乎。曰非也。是時權臣擅命。宗國阽危。表兵強地廣。不能乘時奮發。掃除亂略。而所爲乃爾。書非美之。正以譏其緩於勤王。不知時務云耳

丁丑

二年。袁術稱帝。殺故兗州刺史金尚袁術僭逆。金尚能不爲所汙。故書殺書官於術稱帝之下。所以予其死節也

以金尚子瑋爲郎中曰若以金瑋爲郎中。豈不言簡而意足、然必曰金尚子瑋者所以褒死節之誼。故特表而出之。爲世勸也

劉備誘楊奉殺之楊奉宜書誅而不書者。誘而殺之。不得爲天討也

戊寅

三年。袁紹攻公孫瓚圍之劉虞擊瓚則書討。袁紹擊瓚則書攻者。紹私自封殖務相併吞。其實亦一瓚耳。豈得與受其節度仗義攻討者比而同之哉

己卯

四年。劉表遣從事中郎韓嵩詣許是時袁曹方相持未決。而鑾駕在許。袁兵強地廣。非惟不能擇所宜從。且昧於朝宗之義。故綱目於此不書遣嵩入朝。則見其有無君之心。而

書遣嵩詣許。則見其有顧望觀釁之意。然則表之罪著勝誅哉。若夫韓嵩特書其官者。蓋美嵩能盡使人之職。知君臣之義。不失官守而非以是予表也。嗚呼微矣

劉備起兵徐州討曹操。操遣兵擊之

自曹操劫遷天子以來。天下已非漢有董承以元舅之尊。親承密詔與昭烈謀誅操而不克。故昭烈在徐。因遂起兵。然前史未有書其討操者。獨范史載董承等受密詔誅操。其立義頗精。然不言昭烈討操之舉。至陳壽志魏。反謂董承等謀反伏誅。其謬妄無理。莫甚於此。及其志蜀。始於昭烈稱漢中王之下。錄其與董承等同謀誅操之語。此則實事難泯。不可得而曲說者也。綱目於此。特筆起義。其曰起兵徐州討曹操者。正所以扶三綱。立人極。誅亂臣賊子於千百載之下。使古今大義。無時而不明。要使逆亂之徒。終無以自立於天下。其垂世教也大矣。故曰綱目修而亂臣賊子懼

庚辰

五年。袁紹攻曹操於官渡。冬十月。操襲破其輜重。紹軍大潰

袁紹移檄州郡。數操罪惡。綱目何不以討操書之。蓋紹素無勤王之心。其實不過亦欲為操所為耳。豈能翊戴帝室為漢氏之純臣耶。使操無成。固不能以篡漢紹而有成是亦一操而已。君子豈得過予之哉

壬午

七年。正月曹操復進軍官渡。五月。袁紹卒。幼子尚襲行州事。長子譚出屯黎陽。操攻敗之

紹既敗亡。初不足道。然必書幼子襲州長子出屯者所以為後世廢長立幼之戒。且以見譚尚交攻之由耳

曹操責孫權任子。權不受命

所惡於上。無以使下。所惡於下。無以事上。有諸己而

後可以求諸人。無諸己而後可以非諸人。曹操刼遷天子。斲喪王室。簒勢已成。乃欲越江漢而責人難矣。綱目書操責孫權任子。權不受命。其與春秋書宣公平莒及郯莒人不肯。異事而同意。是皆以強大不能行之於弱小者也。書法若此。所以戒後人當先自治其本。故行有不得者。反求諸己而已。若操何足以知此

九年。丹陽郡吏殺其太守孫翊。翊妻徐氏討殺之

女子能守節不辱者。已足深嘉。未有能臨變設謀如徐氏者。故特書討殺以著其績

十二年。劉備見諸葛亮於隆中

自三代衰。王政廢。士之隨世就功名者多矣。當漢之末。羣雄雲擾。凡一智一能之士。莫不乘時奮發。蘄以自見。孰謂一世人龍如孔明者。方且高卧隆中。抱膝長吟。略無意於當世。而又以管樂自許者哉。向使昭烈不垂三顧之勤。則將槁死巖穴。與草木俱腐

耳。及其一起。則功名事業。彪炳顯著。不可得而泯沒。亮豈大言無當者。彼其擇理甚精。而處己甚明。謂枉己不可以直人也。故不苟合以求售。謂托身不可以非所也。故不肯苟仕於僭竊。時乎未遇。則高蹈丘園。道苟可行。則奮志事業。君臣既合。魚水相懽。則聲大義於天下。使興衰繼絕。翊扶正統之志。昭如日星。然後篡竊之徒。其罪始暴白而不可掩。是豈區區一智一能之士。隨世就功名者可同日語哉。書劉備見諸葛亮於隆中。其與聘莘野訪渭濱者。越千載如出一轍。嗚呼。三代而下。孰謂出處之正。有如孔明者哉。不有君子素而出之。則孔明亦後世人物耳。噫

戊子

十三年。夏六月。罷三公官。曹操自爲丞相

書罷三公官。曹操自爲丞相。讀之若無異義。然操自欲尊異。不肯復使它人得與己同列之意。自隱然在其中矣。學者不

可不知

八月。操殺太中大夫孔融。夷其族自古篡奪之賊。必先去其所憚之人。孔融志大才高。名重海內。此固操之所憚者。范史謂操慮鯁大業。其言是矣。故綱目特書操殺而不去其官

曹操東下。孫權遣周瑜魯肅等與劉備迎擊於赤壁。大破之。操引還赤壁之勝。吳人專有其功。是以它日荊州之爭。關羽方詰魯肅。以謂烏林之役。左將軍親在行間。戮力破賊。而魯肅則謂始與豫州覲於長坂。志勢摧弱。主上矜愍。以濟其患。如此。則其功固有所歸矣。今綱目於此。乃書瑜肅等與備迎擊破之。何哉。蓋當曹操東下之時。吳人震懼。謀欲迎操。雖有周瑜魯肅定謀於內。然非昭烈孔明左右感發於外。則亦未必成功若是之捷。觀之柴桑之說。則可見矣。書法如此。蓋亦推求其實而權其輕重耳。夫豈過哉

資治通鑑綱目發明卷第十三

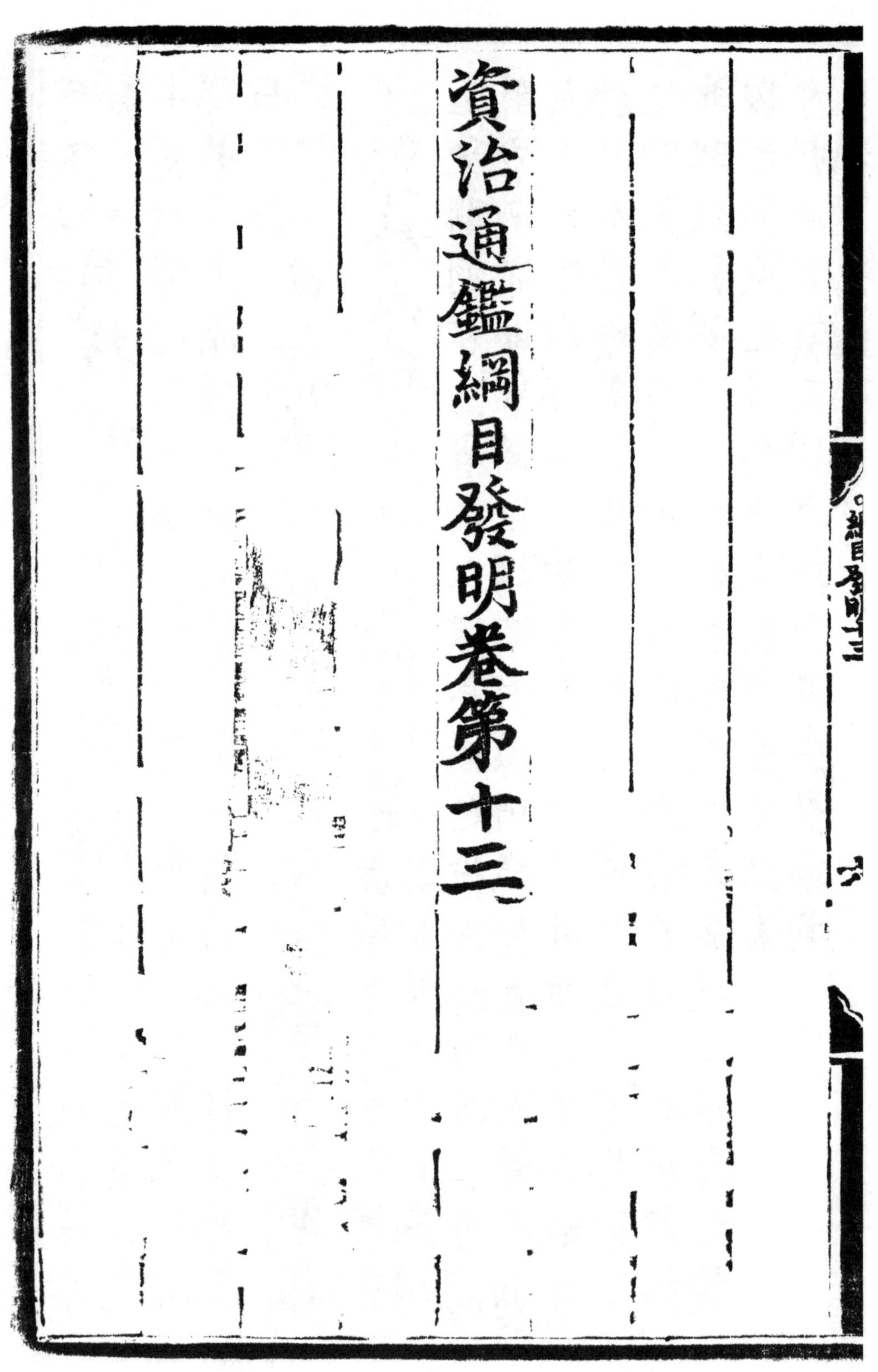

壬辰

資治通鑑綱目發明卷第十四

布衣臣尹起莘上進

十七年。冬十月。曹操擊孫權。至濡須。侍中光祿大夫參軍事荀彧自殺

荀彧之死。亦予之乎。曰。非也。然則何以書爵。曰。是時國命出於操手。所謂侍中光祿大夫參軍事者。操加之耳。綱目書之。正以著彧受操爵位。事非其人之失。豈予之哉。夫曹操姦詐忌克。凡才智之士。鮮有爲其所容。彧既委身事之。制勝設奇。筭無遺策。此固操之所忌者。況其篡勢已成。彧乃欲以正論尼之。何哉。且彧與操周旋踰二十年。平時心腹相與。豈不知操之爲人。而欲以秉忠正守退遜責之乎。彧之殺身。初無可取。既不足以存漢。又不足以成仁。推原其失。特在於從操之初。擇之不

精。至其晚節末路。則亦未如之何矣。使彧果能爲漢而死。則綱目當以曹操議加九錫。荀彧自殺爲文。今既削而不書。又併司馬公光褒稱之語棄之不録。則其不滿於彧。昭然可知。然後知不仕吴不仕魏者。其於出處大節。尤不可及。而失身於操者。生死皆辱也。後之以才能自見者。其亦審所擇哉

十九年。三月。魏公操進位諸侯王上。○十一月。魏公操弒皇后伏氏。及皇子二人

凡篡竊之人。固不容誅。然於其篡竊之中。又有不可槩論者。何則三家之於晉。雖有分國之罪。而無弒逆之誅。田氏之於齊。既有竊國之罪又有弒逆之誅。此正所謂篡竊雖同。而所以篡竊則不同者也。曹操在漢。世食下禄。雖上攻伐之功。然皆假天子之命。以脅制海內而已。如使天命有歸。徐而取之。殆亦未晚。奈何殘忍桀逆。遂至於弒天下之母而不顧。其凶

威虐熾。不在莽卓之下。乃欲以文王自處。將誰欺哉。綱目正名定罪。然後操之大惡。暴白顯著。愈無所容於天地之間。而後天下之義兵可舉。人人得而誅之矣

丁酉

二十二年。夏四月。魏王操用天子車服。出入警蹕。

操十八年之夏。書自立爲魏公。加九錫。其秋書始建社稷宗廟。其冬。書初置尚書等官。次年春書進位諸侯王上。至二十一年。書進爵爲王。今年遂書用天子車服。出入警蹕。已全用天子之制矣。使操不死。則廢帝爲山陽公。豈待出於五官將之手。然是時漢雖未滅。特擁虛器而已。未有代德而有二王。烏有至尊在上。人臣可用天子車服出警入蹕者乎。操於斯時。亦既自帝甚明。略無存漢之意。或者顧謂操畏名義。沒身不敢廢漢自立。是特未深察耳。即綱目之所書。合前後而觀之。則操躬自篡漢之實。昭昭若此。其姦詐之心。果可以欺天下

戊戌

後世乎。吁

二十三年。春正月。少府耿紀司直韋晃起兵討魏王操。不克死之

按通鑑載操使長史王必典兵。時京兆金禕與耿紀韋晃吉邈等謀殺必。挾天子。攻魏。邈等衆潰。必討斬之。及參以魏志。則直謂紀晃等反。王必討斬之。且附注金禕於其下。如此。則是晃等為賊。非討賊也。獨范史載紀晃起兵誅操。不克夷三族。立義頗精。今觀綱目書起兵。書討操死之。是以全節予紀晃。與通鑑魏史。略不相似。何哉。陳壽志魏。大抵謬妄無理。要之不足深論。通鑑主魏。紀事故大略未免與魏志相出入。蓋欲待後人折衷之耳。綱目正名定分。取法春秋。故其書法如此。夫操以姦賊之資。躬行弒逆。篡奪漢祚。人皆得而誅之。豈得以強大之故。末減其罪。而使討賊之義。屈而不伸。況晃等雖微。要是漢之

己亥

臣子發憤致討。縱使不克而死。猶足以愧當時僭賞事賊之人。綱目正色書之。所以扶綱常。存天理。示天下後世名義之正。以見雖微必録。雖死猶榮也

嗚呼。討賊若此。爲賊者豈有容足之地哉

二十四年。冬。十月。孫權使呂蒙襲取江陵。魏王操帥師救樊。關羽走還。權邀斬之。十二月。蒙卒

呂蒙爲襲取江陵之計。何以書曰權使。關羽死於潘璋之手。何以書曰權邀斬之。是時劉孫同仇討操。而權乃自相攻擊。遂使鬼蜮得志。勝勢益張。其失盖在此舉。書法若此。所以歸罪孫權。著其無翊漢之心。有助桀之惡耳。呂蒙未及受封而卒。即書于下。又以見天道不遠之意云

以孫權爲驃騎將軍。領荊州牧

曹操欺孤弱寡。羯奴所耻。乃欲自比周文。孫權據有江東。不能爲漢家除殘去穢。乃

庚子

反稱臣於操。是皆漢之罪人也。進爵領州。豈予之乎。蓋亦交譏之耳

二十五年 魏文帝曹丕黃初元年。○是歲僭國一 春正月。丞相冀州牧魏王曹操還至洛陽卒。太子丕立。自爲丞相冀州牧○冬十月。魏王曹丕稱皇帝。廢帝爲山陽公

天生烝民。立之司牧。天下不可以無君也。天無二日。民無二王。天下不可以二君也。自唐虞禪繼。舜禹承之。循其名。可以責其實。古人豈固假此以欺天下哉。成湯放桀。惟有慚德。武王伐紂。義士非之。湯武不失爲聖人。商周不失爲正統。亦惟求其實耳。後世欺孤弱寡。篡竊相尋。考其實。皆羿浞莽卓之徒。而求其名。乃欲高出商周之上。前史信其僞辭。衰世襲其遺蹟。一則曰禪位。二則曰受禪。胡爲自漢而下。一何堯舜之多耶。今

焉綱目於此。直以稱帝廢主。大書于冊。至於傳禪之說。絕不復舉。斯言一出。諸史皆廢。豈綱目好爲立異哉。亦不過求其實而已。嗚呼。亂臣賊子。竊人家國。常患於取之無名。則必曲爲委折以文之。三家分晉。田氏併齊。借周人之命以自好。莽賊篡漢。欲求其說而不可得。乃以周公居攝稱之。至操丕始以傳禪爲文。自後篡竊相繼。皆踵而行之。其原始於曹氏之作俑也。綱目既破其說。然後姦僞之徒。始無以爲欺天下後世之具。其有補於名教。豈不大哉。故曰。綱目修而亂臣賊子懼

昭烈皇帝章武元年。夏四月。漢中王即皇帝位

三代而下。惟漢得天下爲正。誅無道秦。討逆賊羽。傳祚踰四百年。尺地一民。莫非漢有。至威靈不君。董卓煽禍。英雄羣起而攻之。卓既誅戮。則天下固漢之天下也。曹操乘時擅命。脅制天子。戕殺國母。義士爲之歎憤。苟有

一夫唱義於天下。皆君子之所予。況於堂堂帝室之胄英名蓋世者乎。丕既篡立。漢祀無主。昭烈正位蜀漢。親承大統。名正言順。本無可疑。自陳壽志三國。全以天子之制予魏。而以列國待漢。故通鑑因之以魏紀年。至綱目始以昭烈承獻帝之後。紹漢遺統。固非曲立異說。好爲矛盾。特通鑑自謂姑取其年。以紀諸國之事。非尊此卑彼。有正閏之辨。此蓋因史筆以紀述。初不別立義例。故其說不得不出於彼。若夫綱目則取春秋之義、以示天下萬世之正論。所以因操丕之篡竊、大義莫得而伸。幸有昭烈足以存漢氏之統。故其說不得不出。於此二者。固並行而不相悖、要亦有待於互相發明之意也、按陳壽志。昭烈涿縣人。中山靖王勝之後。勝子正元狩六年封涿縣陸城亭侯。坐酎金失侯因家焉。祖雄父弘生昭烈。其世次本末甚明。又按歐陽修五代史。載南唐世家。李昪。徐州人。世本微賤。父榮遇唐末之亂、不知所終、昪少孤。楊行密養以爲子。又乞與徐温。因冒姓徐。至篡吳之後。始復姓李。自言唐憲宗子建王恪之後。及考以通鑑。則曰唐主欲祖吳王恪。或曰恪誅死。不若祖鄭王元懿。唐主命有司考二王苗裔以吳王孫禕有功。禕子峴爲宰相。遂祖吳王。自峴五世至父榮。其名率皆有司所撰。此與昭烈大相遼絶。況諸葛一見昭烈。首稱將軍帝室之胄。及後後求救孫權。亦以豫州王室之胄。對權稱之。亮固非妄言者也。是以張松之說劉璋。且謂豫州使君之宗室。而異時符堅吞符融諫伐晉之語。亦曰劉禪可非漢之遺祚。然亦爲中國所并。然則昭烈之爲漢裔顯顯無疑。以之紹統。夫復何說。是年曹丕既立。昭烈即正位號。不使漢統墜地。深合事宜。其與光武即位于鄗。晉元即位江左。先後一轍。固非其它僭竊急於自帝者之比。斯事在綱目中最其大者。臣故歷考顛末詳而辨之。以告後之君子。亦使朱氏秉筆之志。暴白於天下云

立宗廟。祫祭高皇帝以下 在易之萃渙。皆言王假有廟。臣於漢王二年八

月。書立宗廟社稷之下。巳言其義矣。今焉四海分裂。可謂渙散之時。而昭烈始得蜀漢正位繼統。又適當萃聚人心之始。綱目書此。蓋與光武即位二年。書立宗廟社稷于洛陽同意。是皆總攝羣情深得萃渙之義者也。不然。通鑑既不載此。綱目何以特取諸前史而筆之哉

秋七月帝自將伐孫權

○八月孫權遣使降魏魏封權爲吳王 孫氏立國江左。

大義不明。始焉曹操東下之時。巳有迎降之謀。所賴孔明激發於外。瑜肅獻謀於內。遂得一捷。既而守義不篤。圖取關羽。捨順就逆。是以建安二十二年。書權降操。二十四年書領荆州牧。至是又書遣使降魏。此則孫權屈服於魏之實。他時雖能自帝其國。要亦竊據之雄而巳。非有存漢之心。討賊之義者也。特書屢書不一書而止。亦足以知孫氏之屈於不義。初無所守者矣。乍從乍違。何足道哉

壬寅　丁未

二年。八月。將軍黃權叛降魏權之降魏。初非得已。然不免書叛者。人臣之義。有死無二。固不可以險夷而易節也九月。魏立法自今后家不得輔政前車覆。後車戒。漢室敗於宦戚。故曹氏始爲立法宦者不得過諸令。前已書之矣。今立法后家不得輔政。繼書于此。若魏亦可謂明於殷鑒。善防患者矣。然操丕以篡奪得國。而不能爲篡奪之防。未幾遂爲司馬氏所有。知其一而不知其一。又何不思之甚乎

五年。二月。魏大營宮室曹氏自得國以來。丕始書如洛陽營宮室。叡繼書大營宮室。父子初政如此。亦足以知詒謀之謬矣。雖欲久有其國。可乎哉三月。丞相亮率諸軍出屯漢中。以圖中原亮自三顧而出之後。間關跋履。左右昭烈。未幾

受遺輔政。雖曰平定南夷。然漢業未復。國賊未清。固當乘時進取。今焉身率大軍北駐漢中。將以規恢關洛。克復舊物。其志豈肯苟安一隅而已。綱目書丞相亮率諸軍出屯漢中。以圖中原。其正大氣象。讀之凜凜猶有生意。義聲充滿於天地之間矣

資治通鑑綱目發明卷第十四

戊申　庚戌

資治通鑑綱目發明卷第十五

布衣臣尹起莘上進

六年。春正月。魏陷新城。孟達死之。

孟達前叛降魏。既而又復來歸。是迷而能反者也。城陷而殞。遂以死節予之。惟漢有討賊之義。魏爲簒弑之國。是以從違之間。書法如此。

丞相亮伐魏。戰于街亭。敗績。詔貶亮右將軍。行丞相事。

街亭之敗。違命者馬謖耳。而以丞相亮書之者。權歸主將也。貶官三等。自請者。孔明耳。而以詔貶亮書之者。命出于上也。惟孔明身任討伐之責。事幼主而無貳。是以所書如此。綱目亦豈私於孔明者哉。

八年。秋七月。魏寇漢中。丞相亮出次成固。九月。

辛亥

魏師還　綱目凡諸侯之於王室夷狄之於中國僭僞之於正統或加兵犯境則書曰寇非此類則不書諸葛孔明左右昭烈爲漢討賊聲大義於天下功雖不就名則正矣自陳壽志三國以魏爲主通鑑因之紀年故於孔明伐魏之舉反以入寇書之則是以討賊之人名之爲賊耳綱目旣以昭烈紹漢之統故於魏兵犯境書之爲寇然後名正言順而正僞之辨始明固非好爲立異也正前人之未正卒歸之是亦所以更相發明云耳九原可作切謂司馬公光必有取於斯言

九年夏五月丞相亮敗司馬懿于鹵城殺其將張郃　司馬懿用兵如神筭無遺策未易敵也然每與丞相亮交鋒動輒敗北是以其徒有畏蜀如虎之譏而陳壽乃以將略非亮所長貶之今觀綱目書此不曰亮敗魏軍而曰亮敗司馬懿者見其所對者勍敵而非

癸丑

脆敵亮能勝之。則其將略果有大過人者。然則壽之妄肆譏評。其說不攻自破矣。世以成敗論人。若壽輩者。非一。可勝歎哉

秋八月。魏令其宗室王侯朝明年正月

魏禁錮宗室甚嚴。今乃書其令朝明年正月。豈予之乎。許朝明年。則前乎此未嘗得朝明矣。正所以譏之也

冬十月。吳人誘敗魏兵於阜陵

兵雖詭道。特可用之一陣間。至於伐國大事。必以正大行之。則兵勝而人服。今吳人既以僭竊自立。名義已索。故其用兵攻魏。率用盜賊小人之計。是以前此書誘敗曹休。今此書誘敗魏兵。皆以著其詭詐之罪。且以見吳人師出無名之失耳。何足尚哉

十一年。春正月。青龍見魏摩陂井中。二月。魏主叡往觀之

龍在天之物。而見於井中。其殆芳髦失位之兆乎。叡往觀之。不知警省。故書以示譏

甲寅

十二年。春二月。丞相亮伐魏○丞相亮進軍渭南。魏大將軍司馬懿引兵拒守。亮始分兵屯田○丞相武鄉侯諸葛亮卒于軍。長史楊儀引軍還。

嗚呼。亮自經略中原。至是首尾僅八載。綱目五書伐魏。一戰街亭。一次成固。一圍陳倉祁山。一拔武都陰平。一斬王雙敗司馬懿。殺張郃。至於是舉。書進軍渭南。分兵屯田。懿雖引兵拒守。甘受巾幗婦人之服。勢已窮蹙。而亮乃告終。天不祚漢。使之功業不就。謂之何哉。然亮受遺託孤之際。蓋嘗以竭股肱之力。効忠正之節。繼之以死爲告。至其出軍上表。又以鞠躬盡力死而後已爲言。由今觀之。可謂不食其言矣。書卒于軍。以見歿於王事之實。其討賊之義。死而不屈。至今凜凜猶有生氣。其視曹馬輩。欺孤弱寡。狐媚以取人家國者。曾犬彘之

不若。世豈可以成敗論人物哉。不有綱目特書屢書表而出之。則孔明亦若而人耳。噫

丙辰

十四年。夏四月。帝如湔觀汶水。旬日而還觀魚于崇。

春秋特筆以譏之。丞相亮卒。至是未及再朞。而後主所爲已若此。書觀汶水旬日而還。則其慢棄國政遠事逸遊。忽社稷之重。縱耳目之欲。而當時大臣亦無能諫止其惡。其失皆具見於直筆之間矣。雖無緣崖之寇。尚能久有其國乎

丁巳

十五年。魏鑄銅人。起土山於芳林園魏叡承業以來。土木之工

不已。今又鑄銅人起土山。綱目皆詳書于冊。所以爲後世侈靡者之戒也

乙丑

八年。冬十一月。大司馬蔣琬卒。○十二月。尚書

己巳

令董允卒。以宦者黄皓爲中常侍東漢亡於宦者。殷鑒不遠。後主昏庸親尋覆轍。亂亡之形著矣。綱目上書蔣琬董允卒。下書以宦者爲中常侍。則見二臣公正。猶足以尼小人之惡。一旦正人告殂。憸倖遂形。然後知法家拂士其所係也如此。此又綱目言外之意

十二年。春正月。魏司馬懿殺曹爽。及何晏等夷其族曹爽受遺輔政。身爲大將軍。又加侍中都督中外諸軍録尚書事。而司馬懿殺之。如斃孤豚。綱目亦削其官而不書何哉。驕奢無度。僭擬乘輿。多置親黨。專擅朝權。縱酒宣淫。信用浮薄。此豈輔政大臣所當爲耶。及事變已形。又不能用桓範之謀。挾其主以自免。乃欲不失作富家翁。蠢繆若此。是特孤豚之不若耳。何足貴哉。然爽既有罪。胡不正其伏誅之名。而以懿殺爲文。蓋懿欺孤弱寡。已有無君之心。特因事而發。非必忠於佐

魏。故其書法如此。先儒謂春秋之於王道。猶輕重之權衡。臣謂綱目之於予奪。亦輕重之權衡也。夫豈厚於懿而薄於奕哉

庚午

十三年。秋。吳廢其太子和。殺魯王霸及將軍朱據。冬十月。立子亮爲太子

和書廢。霸書殺。據書及。且不去其爵。是皆無罪之人也。夫衽席之私。非惟昏王惑之。雖明君亦未必能免。忠直之言。非惟昏主違之。雖明君亦未必能聽。觀吳主權之廢嫡立庶。朱據等忠言苦諫。不惟不能聽。又從而殺之。權雖偏霸。然亦自以爲一世人豪。晚節末路昏繆乃爾。溺其所可愛。忘其所可戒。詳書于冊。其爲後世鑒。豈不深切著明也哉。

辛未

十四年。夏四月。魏司馬懿殺王凌及楚王曹彪。

遂置諸王公於鄴

王凌以其君制於強臣之手。欲舉大事。其名似正。然綱目不書其官。又不予其討懿者。外其君而欲立彪。且又面縛出降故也。懿自殺爽之後。魏國已在其掌握。今又殺彪而盡置諸曹於鄴。其脅制之威又甚於操之所為矣。自丕篡漢。至是纔三十載。天道好還如此。豈不昭昭也哉

資治通鑑綱目發明卷第十五

資治通鑑綱目發明卷第十六

布衣臣尹起莘上進

癸酉

十六年。魏始平五年。吴建興二年。春正月。盜殺大將軍費禕。

此郭循也。既爲左將軍。秩亦尊矣。何以書盜。彼固盜賊之靡耳。循苟欲忠於所事。何不死於見獲之時。既受漢爵。乃復挾匕首以爲姦。此正豫子所謂既已委質爲臣而又求殺之。是二心者也。循之所爲如此。不過徼利於魏。是特穿窬之下者耳。以盜書之。夫豈過哉。

甲戌

十七年。春二月。魏司馬師殺中書令李豐及太常夏侯玄光祿大夫張緝。遂廢其后張氏。

豐等書殺

乙亥

而皆不去其官。所以正司馬師之罪。然不予其謀誅師者。何耶。虛名無實之人。非能仗義有爲。特足以殺其軀而已。何足貴哉。此固書法之意也。

十八年。春正月。魏揚州都督毋丘儉刺史文欽。起兵討司馬師。師擊敗之。欽奔吳。儉走死。

司馬師既廢其主。罪名暴白。儉欽討之。雖敗而死。然名義則甚正也。故書其官。書起兵討師。皆所以予之耳。陳壽志魏。乃以反書儉欽。且壽前此以魏爲主。故於討操之人。以反書之。今司馬氏反魏者也。壽既主魏。乃復於爲魏討賊之人。名以反逆。何哉。若壽者。知有強弱而不知有逆順。可謂逆賊之忠臣矣。不有君子正色書之。則儉欽輩。真反者耳

丁丑

二十年。魏揚州都督諸葛誕。起兵討司馬昭。六月。昭奉其主髦攻之。吴人救之。不克而還。

考之分注。誕非純於起義者。特迫於内不自安耳。然綱目書起兵書討昭。略無貶詞。昭既奉主而行。分注曰討而綱目止書曰攻。豈自相矛盾哉。分注備前史之言。而綱目出於特筆。故所書如此。當是之時。司馬昭脅制其君。前書自爲大都督。奏事不名。假黃鉞。則是簒勢已成於廢放之後矣。天下之人。有能奮臂倡義。皆君子之所予。遑恤其他。故夫急於討賊。則凡心跡之純駁。人品之高下。事業之成敗。皆置不論。直欲誅簒逆之人而後已。昭雖挾主爲重。然皆命在其手。豈得謂之奉辭伐叛。此義茍行。則如昭等。此將無所容於天地之間。而天下後世。亦不可以名欺矣。故曰。綱目修。而亂臣賊子懼

戊寅

景耀元年。夏五月。魏司馬昭自爲相國。封晉公。加九錫。復辭不受。世變日下。姦僞日勝。自操丕篡漢。務爲虛詞以惑世。至司馬氏又益甚之。今昭既自爲相國。封晉公。加九錫矣。又復辭而不受。果何意哉。亂臣賊子。將以文欺天下。綱目盡發其隱姦。正色書之。然後手足失墜。如見其肺肝矣

己卯

二年。春二月。黃龍二見魏寧陵井中。龍見井中。權以之改元。而髦以之自諷。亦足以覘二人之識趣矣。權雖克終于位。而髦則不免成濟之禍。後世以龍見爲祥者。可以觀矣。

庚辰

三年。夏五月。魏司馬昭弑其主髦於南闕下。尚書王經死之。曹髦之殞。本以輕舉無謀而見及。况冒逆者賈充。而抽刀者成濟。今但歸獄於

昭。略不他及。何哉。趙穿親舉桃園之難。而春秋正色書盾。況昭久操國命。特借成濟之手而已。雖葬以王禮。夷濟三族。天下豈可以文欺哉。若移以誅昭。則君弒賊討。始可以成禮葬矣。王經始諫其主。終罹其禍。死得其所。宜乎綱目以全節予之也

壬午

五年。冬十月。姜維伐魏洮陽。不克。姜維屢舉伐魏。進寸退尺。而用兵不已。當時智識之士。如譙周廖化輩皆為之隱憂。然綱目書之。初無貶詞。何也。用兵以討僭賊。固非貪忿私慾之舉。若置國賊而不問。雖可苟安。猶為深恥。明乎此。則知春秋乾時之戰。雖敗猶榮。而討賊之義。無一日而可忘矣

癸未

炎興元年。冬十月。吴人來援。書人。微者也。書來援。緩詞也。是時漢有倒

亟之急。吳人苟有救患分災之意。則當遣將帥師。鼓行而進。如救焚拯溺。猶恐弗及。今乃僅命丁奉輩。向壽春向沔中而已。是果何益於事哉。此所以不書救而書援。而又書人以微之也。雖然。吳人爲義不力。行亦自及。號亡虜畢。可勝惜哉。吁。

鄧艾至成都。帝出降。皇子北地王諶死之。漢亡。

姜維身都將相。喪師蹙境。黃皓寵冠一時。殄民誤國。漢祚顛覆。偷生苟免。至於死節之臣。乃在傳僉諸葛瞻父子。及北地王諶而已。是時鄧艾孤軍深入。使漢之君臣。能竭力死守。未必遽爾滅亡。後主庸才。既不知國君死社稷之義。譙周諸人。又輕以其國予賊。其視諶同死社稷之言。與夫哭於昭烈之廟而死之節。曾犬彘之不若。嗚呼。諶雖已死。其言至今凜凜猶有生氣。後主有子如此。而不能聽用其言。可謂上愧乃父。下愧乃子矣。傳甞書爵。諶書皇子。及其子尚。皆書死之。所以深褒亟予。爲萬世臣子死節者之勸也。若夫鄧

甲申

艾方書至成都。即書帝出降。所以責後主不能死守之罪。書漢亡。所以見漢之自亡。而非艾輩所能滅之也。此皆書法之深旨也。嗚呼微矣

魏咸熙元年○吳主孫皓元興元年

春正月。魏以檻車徵鄧艾。鍾會謀反。伏誅。監軍衛瓘襲艾殺之

春秋滅國雖不一。然皆未嘗予之。齊師滅譚。譚子奔莒。書滅譚。以惡齊人強暴不義之罪。書奔莒。以責譚子不死于位之失。至於齊人滅遂。楚人滅黃滅江之類。皆止書滅國者之罪。而不書見滅者之由。先儒謂滅者。亡國之善詞。上下之同力者也。夫恃強凌弱。奪人土地。使不得有其臣民。毀人宗廟。使不得奉其祭祀。非至不仁者。莫之忍爲。劉禪庸愚。不能死國。貪生苟免。固可深責。鍾鄧臣事弒逆之人。吞滅蜀漢。以成晉篡。有功於昭大矣。其如漢祀何哉。思昔昭烈君臣。間關

雖蜀仗義討賊。不幸天不祚漢。逆賊遂誅。其子承襲。一方少延赤帝子之祀。鍾鄧設謀。動衆戕民。鋒鏑之下。自謂不世之功。未及受賞。皆赤其族。綱目據事直書。而理自見。會以反誅。固無可言。艾本無罪。而亦不免。然後知天道昭昭。特假手誅夷。以償滅漢之罪爾。語曰。興滅國。繼絶世。天下之民歸心焉。後之謀欲滅人家國者。可以觀矣

三月。魏晉公昭進爵爲王。

此何不書昭自進爵爲王。昭躬行弑逆。凡在官者。殺無赦。人得而誅之。魏朝諸臣。如王祥何曾輩拱手事賊。又從而加以王爵。恬不知耻。故書法如此。以見昭弑逆之後。雍容爵位。雖篡勢已成。亦如平居無事褒進大臣。然者所以著魏朝臣子黨賊之罪爾。不然。綱目豈予之哉

魏使荀顗定禮儀。賈充正法律。裴秀定官制。

充自弑逆之賊。而使之正法律。三千之罪。果有大於此者乎

辛卯

吳主大舉兵遊華里。不至而還。兵者。國之重事。其可輕動乎。綱目上書大舉兵。下書遊華里。則吳主以兵爲戲。蓋可知矣。不亡得乎

壬辰

二月。晉太子衷納妃賈氏。太子納妃罕書。而此書之者。所以志亡晉之本。且又逆賊之女也

夏。晉益州殺其刺史。廣漢太守王濬討平之。以濬爲益州刺史。益州殺其刺史。何以不書反。胡夷自相殘賊。而欲盛夏出軍討之。召釁啓禍。故以州書之。若一州之民。相與殺其刺史然耳。王濬不請于朝。何以不書矯。戕賊主將人得誅之。何請之有。故書討。以正州兵之罪。此所謂輕重之權衡也

晉免其國子祭酒庾純官。尋復用之。無諸己而後可以非諸人。充自弒逆之賊。乃以違養責庾純。宜其取

高貴鄉公之問也。然晉方護養姦凶。遂免純官。既而內愧於心。尋復用之。綱目所以特筆起義。欲使後人推考而得之也。

吳殺其丞相萬彧。將軍留平。大司農樓玄。

孫皓前殺王蕃。已書于冊。猶曰庶僚云耳。今又以無罪殺其將相大臣。列書于此。所以著其亂亡之迹也。然則吳之亡也。豈俟王濬進軍而後及乎

甲午

晉取良家女入宮。

太王好色。必使內無怨女。外無曠夫。此猶是孟子爲齊君言之耳。晉武沈溺內慾。去年方書選公卿女備六宮。今此又書取良家女入宮。則其遊宴後庭之失。固不俟平吳而後見也。喪軀亡國。咎將誰歸。書之以爲鑒耳

丙申

晉咸寧二年吳天璽元年秋八月。吳臨平湖開。石印封發。孫皓滛刑

丁酉

亂發。罪浮于桀。而湖開印發。誇詡爲瑞。書之。亦以著其狂悖。不知滅亡之兆云爾

吴司直中郎將張俶伏誅。

姦回之人。得志亂世。然亦未必能免。孫皓淫虐而張俶以讒譖用。未幾亦以誅死。綱目書之。其亦警戒小人也歟

己亥

晋咸寧五年 吴天紀三年

晉以匈奴劉淵爲左部帥。

先王別異封域。置夷狄於要荒之外。其有慕義來王者。亦以國門外處之。所以謹華戎之辨。嚴內外之防也。自曹操分匈奴爲五部。處之內地。種類漸繁。晉氏繼之。盍知所革。既不能然。在朝之臣。方且交譽劉淵之才。乃欲畀之重任。是所謂資寇兵。借盜糧。縱圈檻之虎豹。而使之噬嚙於通衢者也。考之分注。如王濟李憙之薦。甚非處夷狄之道。至於齊王攸之言。可謂先見甚明。然亦未爲有得。正使一淵雖死。一淵復生。毋亦還其部伍。遣之出塞。嚴爲限隔之防。

可也。書晉以匈奴劉淵爲左部帥，所以見五胡之亂，自此兆矣。噫！

資治通鑑綱目發明卷第十六

資治通鑑綱目發明卷第十七

布衣臣尹起莘上進

晉世祖武皇帝太康元年。春。諸軍並進。吳丞相張悌迎戰。死之。

孫皓罪浮于桀。張悌知其敗亡而爲之相。不足以言智。然觀其告諸葛靚之言。亦可謂審於處死者。故綱目於此。書諸軍並進。則見敵勢之甚強。書迎戰死之。則見拒戰而死敵。此所以予其全節者也。不然。以全吳之衆。無復一人死難。如悌所云。不亦辱乎。此固書法之意也

三月。龍驤將軍王濬以舟師入石頭。吳主皓出降。

平吳之舉渾濬爭功。今觀此書濬以舟師入石頭。吳主皓出降。則其功固有歸矣。此論功行賞之斷案也

詔罷

辛丑　壬寅

諸郡兵。天下雖安。忘戰必危。晋武甫平吴。會已有撤備之意。故書詔罷州郡兵。以著其失。

二年。春三月。選吴伎妾五千人入宫。成湯放桀之後。自謂慄慄危懼。若將殞于深淵。晋武平吴甫爾。遽事宴遊。甚至選其伎妾五千入宫。此皆亡吴之物。既不能擧妲己故事誅之。以吊吴民。反乃尋其覆轍。又益甚之。遂至沈湎成疾。以殞其軀。肉未及寒。社稷爲墟。生民塗炭。然後知帝王兢兢業業。固非惡佚樂而好憂勤也。所居天位。所治天職。刑曰天討。賞曰天命。夙寤晨興。與天同運。正所以爲社稷生靈計耳。嗚呼。晋武苟知此意。則將蚤夜孜孜。寢不遑安。烏有游宴後庭之失哉。大書于册。爲後鑒也

三年。夏四月。魯公賈充卒。賈充。晋之趙穿耳。觀庾純高貴鄉公之問。與孫

丙午

皓弑君不忠之誚。則充之罪惡。非惟舉國知之。雖鄰敵亦知之矣。今綱目書爵。書卒。略無貶詞。何哉。天理人心之固有。充雖兇惡。然老病垂死。方且自憂謚傳。則是小人之心。未始安於爲惡也。昏亂紀度請謚荒公。博士秦秀。猶是爲晉掩護。不欲斥言之耳。書法如此。豈予之哉。正以著晉氏崇獎姦賊。保全始終之意。顯其志也

七年。秋八月。星殞如雨。

春秋書日食多矣。未有連三年日食正旦一者。非惟春秋。雖歷代亦無之。此天下之大異也。晉武是時極意聲色。故災變若此。甚至太廟殿陷。星殞如雨。迭書于冊。使其躍然知寤。屏去物慾。改紀其政。擢用忠良。一意恐懼修省。若禍至之無日。猶或天意可回。今乃昏於沈湎。恬弗之警。然後天亦不復示戒。而帝遂即世矣。自是而後旣難繼興。必至于大壞極弊而後已。人主觀此。可不知所警懼也哉

孝惠皇帝。永熙元年夏四月。以楊駿爲太尉輔政。

託孤。大事也。觀之顧命一書則可見矣。自漢以來。率以名德重望居之。亦未有獨任其責者。晉惠庸愚。使賢者輔之。猶懼不免。況一蠢繆之徒乎。然是時晉武迷亂。制由中闕。故書以楊駿爲太尉。則見舉朝無人。失所付託之意。書輔政而不書受遺。則見命出非正。未嘗親受顧託之意。然則晉氏之亂。蓋已兆於此時矣。豈待入王造禍而後見哉。人主觀此。其亦擇賢用能預爲燕翼之謀可乎

帝崩。太子衷即位。

尊皇后曰皇太后。立皇后賈氏。

立后。國之吉禮。必有威儀。若滅裂爲之。則非尊祖承祧之意。若必備六禮。則國有大喪。豈宜行此。況嗣君方當痛割之初。乃於是日。即舉其典。何耶。且賈氏既爲元妃。位號已定。婦人初無外事。與人君繼位不同。若徐待從吉。亦未爲晚。不然。則少須易月之後。

猶云可也。今乃汲汲正位。遂與太后並尊。略無婦姑之別。賈氏逆亂之禍。自此萌矣。綱目上書帝崩。次書尊皇太后。次書立后賈氏。比而觀之。其義曉然在中。然則賈氏之惡。豈待它時弑姑殺子亂政敗國而後見哉。吁

五月。葬峻陽陵。詔群臣增位賜爵有差。上書葬峻陽陵。下書詔群臣增位賜爵。則是以國喪爲幸而樂之也。楊駿小人。欲以是取媚於衆。而卒無益於事。至於群臣當哀號弓劒之時。亦恬然受之。無一人辭者。直書于冊。交譏之爾

以楊駿爲太傅大都督。假黃鉞。錄朝政。百官總己以聽。在易鼎之九四。曰鼎折足。覆公餗。其形渥。凶。夫九四爲大臣之位。任天下之事。宜廣求賢智。協力共理。猶懼弗勝。而四乃下應初爻。初陰柔小人不可用者。而四用之。宜其不勝任而敗事。至於折鼎之足。傾覆其實。赧然汗而其形渥凶也。聖人既著其

義於衆。而於繫辭復申之以德薄位尊。智小謀大。力少任重。鮮不及矣之語。然後知居大臣之位者。所任若是其重。固不可用非其人。而敗乃公事也。楊駿以斗筲下愚之才。當柱石難勝之任。居之不疑。是時賈后窺伺於內。諸王窺伺於外。君德昏庸。羣小蟠結。雖以上智居之。猶慮不免。觀王彰辭辟之語。所謂昵比小人。疎遠君子。正犯覆餗之戒。駿之所爲若此。求欲不亡難矣。綱目書以楊駿爲太傅大都督。假黃鉞。錄朝政。百官總己以聽。詞繁而不殺。則足以見駿非其人。不勝重任之意。隱然於書法之間。所以爲後世執非其據者之戒也。聖人象彖繫易之言。豈欺我哉

辛亥

元康元年。春三月。皇后賈氏殺太傅楊駿。廢皇太后爲庶人。

楊駿力小任重。自取顛擠。楊后私其所親。傾覆大事。皆不足恤。然綱目書殺太

傳。廢太后。皆歸罪賈氏者。上下之分不可亂也。賈氏之惡如彼。而晉朝公卿曾無立異。莫不相與文飾姦言。證成其事。獨一張華稍存正議。終亦遷就其說。三綱既絕。欲無夷狄之禍。得乎

夏六月。皇后殺太宰亮太保瓘及楚王瑋。

亮瓘惡楚王之剛愎。欲去其兵權。孽后秉隙使楚殺亮瓘而楚亦不免。綱目不復分別。皆以后殺書之。蓋楚爲后殺二人。而尋以專殺受戮。雖曰假手於楚。其實皆賈氏殺之耳。書法原情定罪。歸惡於賈。宜矣。況又亂世之事。不足深辨者乎

以賈模張華裴頠爲侍中。並管機要。

張華博物洽聞。爲晉名人。賈氏以其雅有籌略。爲衆所依。使之輔政。爲賈氏之計得矣。華於此時。不能深明去就之義。委身賊后。雖曰數年之間。朝野安靜。然大本不立。豈能自免。綱目書華與模頠並管機要。則其昧於危邦不入。亂邦不居之意多矣。惜哉

壬子

二年。春二月。皇后賈氏弑故皇太后於金墉城。

子不可以廢母。婦不可以廢姑。前已書廢太后爲庶人。而此猶書故皇太后者。不予其廢也。奪其侍御絶膳而卒。直書曰弑者。正其罪也。賊后恣行若此。晉國猶爲有人乎。君子猶可立其朝乎

庚申

永康元年。三月。尉氏雨血。妖星見南方。太白晝見。中台星拆。

觀綱目所書天變如此。讀者猶爲寒心。孰謂張華號爲博洽。乃欲靜以待之。不知弑太后。殺太子。靜耶。否耶。當時朝廷昏亂。在位者初無足責。獨一張華。似若可取。乃不能聽其子韙之言。遜位而去。未幾。遂赤其族。可哀也已

皇后殺故太子遹。

前日太子幽廢不書皇后者。責晉朝公卿不能堅守正議。竭力死爭也。今此太子之死。書皇后殺者。正名定罪。首惡必有所歸也。太子旣

辛酉

廢。不書曰庶人者。不予賈后之廢也。隨其事變而權衡之。此固綱目書法之意也

趙王倫。廢皇后賈氏爲庶人。殺之。遂殺司空張華。僕射裴頠。自爲相國。追復故太子位號。

賈氏有覆載不容之罪。宜正其誅。而止書曰殺者。不予司馬倫之討也。倫爲臣子。戕害國母。而不書弑者。賈氏惡逆。不得爲主母也。上書廢后殺大臣。下書復太子位號者。明趙倫之亂。因廢殺太子而發也。隨其輕重而裁酌之。茲綱目之所以爲綱目也歟

永寧元年。春正月。趙王倫自稱皇帝。遷帝于金墉城。殺太孫臧。

觀趙王倫自稱皇帝之書。與魏王曹丕稱皇帝何異。觀倫遷帝于金墉城之書。與曹操遷帝于許何殊。自前史以成敗論人。故見於紀述者。大相遼絕。至綱目等而書之。則凡篡竊之人。其實

一耳。又豈有此是彼非之間哉。噫

自正月。至于是月。五星互經天。縱橫無常。春秋書星變多矣。未有如是之甚者。夫上天仁愛之心。雖甚衰亂之世。未嘗無所告戒。亦未嘗不應于下。前日中台星拆。張華等不知變計。皆赤其族。今禍亂已極。於是天變若此。既而諸王互相魚肉。胡虜乘之。亦互相吞食。中原塗炭。懷愍蒙塵。兵禍不已。自春秋以來。亦未有如是之慘者。此皆五星縱橫之應也。綱目揭而書之。抑亦警告來世也歟

壬戌

太安元年。十二月。河間王顒使長沙王乂。殺齊王冏。齊王驕奢擅權。自取亡滅。顒不守藩國。稱兵樂禍。乂爲人所使殺戮輔臣。直書于冊。舉皆罪也

癸亥

二年。河間王顒。成都王穎舉兵反。九月。帝自將

討顒將張方入城大掠

典午之亂。諸王更相屠戮。未有明其孰是孰非者。顒穎舉兵。自晉紀觀之。則曰河間王顒。成都王穎。舉兵討長沙王乂。自通鑑觀之。則曰顒起兵討長沙王乂。大將軍穎上表請討張昌。皆未有明言二人之反者。今綱目大書顒穎之反。略不少恕。何哉。顒初用李含計。欲俟冏殺乂而討之。遂廢帝立穎。是顒有無君之心。而穎亦預聞者也。今又舉兵向闕。至犯乘輿。殺忠義之士。是非反而何。直筆書之。蓋亦核其實耳。然大亂之世。眞贋不分。玉石無別。故前史承訛襲舛。不能指名其罪。後人觀之。亦不能辨。不有君子推原是否。則悠悠千載。孰能明之。嗚呼。此綱目之爲綱目。所以有功於斯世也歟

甲子

永興元年。東海王越使張方殺長沙王乂。穎入京師自爲丞相。尋還鎮鄴

張方助顒爲逆。大掠京城。覩輿棄輿拒戰。綱目

前已書乂奉帝討方。則其逆順甚明。今雖顒兵進逼京師。在臣子猶當相與堅守。以待外援。況力尚未屈。越乃邀自改圖。然則非特顒反。越亦反也。書越使張方殺乂。曰使。則越之罪益明矣。況顒因以入京自爲丞相者乎。入者。不順之詞。自爲者。無君之事

雍州刺史劉沈及顒戰敗死之

前書詔沈討顒。則是奉命討罪。名義甚正。然已書其官矣。而此再舉之者。美其有死節之誼。故無嫌於重複也

二月顒廢皇后羊氏及太子覃

皇后。天下之母也。太子。天下之本也。顒以人臣廢之。可乎。據事直書。罪惡甚矣

顒表穎爲皇太弟自爲太宰雍州牧

使穎當爲太弟耶。必出於朝廷之命可也。今書顒表爲之。則其不當明矣。下書自爲太宰雍州牧。則顒之反叛無君。是亦一趙王倫耳。然則穎獨無罪乎。受其所立而安於其位。又豈待貶絶而後

見哉。雖然。潁不難於廢皇后太子。何獨難於自爲太弟。而必待於顒表耶。亂臣賊子。相爲表裏。自謂足以欺世。而不知衡鑑之下。眞僞曉然。故前史稱顒請稱詔。皆而此皆削之者。所以核其實而定其名也。嗚呼嚴矣

秋七月。東海王越奉帝征潁。復皇后太子。潁遣兵拒戰蕩陰。侍中嵇紹死之。帝遂入鄴。越走歸國

越前設又助潁。今乃奉帝征之。果何所及。而綱目書之略無貶詞者。仗順討逆。不責其前日之罪也。至於蕩陰敗績。嵇紹召詣在所。猶能正色死節。越謀人之軍師敗不能死。乃奉身鼠竄。果何義耶。上書越奉帝征潁。則見越於此舉。實任其事。下書越走歸國。則見越委棄乘輿。逃難苟免。昧於主辱臣死之義。其罪皆不言自見矣

幽州都督王浚。幷州刺史東嬴公騰。起兵討潁

王浚身擁強兵。當朝廷傾覆之時。坐視不救。其罪大矣。今穎稱詔。召之。始不得已而舉兵。然綱目乃予其討穎者。何哉。穎反逆唱亂。傾陷帝室。天子不能正。諸侯不能討。浚雖有罪。然能仗義興師。則君子固不得不予之。蓋予浚。所以誅穎也。其旨嚴矣

八月。穎殺東安王繇。琅邪王睿走歸國

書睿走歸國。與越走歸國何異。然則睿亦委棄乘輿耶。曰上書穎殺東安王繇。下書睿走歸國。則見睿迫於逃死。非越之比。此屬辭比事之意也。繇前有正議。穎不惟不能從。又追怨而殺之。死不以罪。故不去其官

劉淵自稱大單于

劉淵何以不書反。晉氏不審華戎之辨。置之內地。令骨肉相殘。帝室傾覆。醜類乘時竊發。固非彼敢於猾夏也。晉自使之然耳。是以書法如此

幽并兵至鄴。穎奉帝還洛陽。浚大掠鄴中而還

浚前末減其罪者。爲

急於討穎故也。今乃縱暴如此。則不可赦矣。故特書大掠以罪之

十二月。太宰顒廢太弟穎。更立豫章王熾爲皇太弟顒穎反叛。更相表裏。晉室之亂。所以不可解者。二人之罪尤多。且太弟前此未有而顒表立之。穎亦不顧義理而爲之。今穎勢窮。顒又從而廢之。在顒穎本不足道也。特書。屢書。姑以著典午氏之亂而已。可勝嘆哉

資治通鑑綱目發明卷第十七

資治通鑑綱目發明卷第十八

布衣臣尹起莘上進

乙丑

二年。十一月。將軍周權矯詔立羊后。事覺。伏誅。

羊后廢不以罪。則復之者。正也。然周權事覺。乃以伏誅書之。何哉。皇后。天下之母也。權以偏校乃欲矯詔立之。非其義矣。不誅何待。

丙寅

光熙元年。太宰顒殺張方。成都王穎奔長安。

張方一死。不足以盡其罪。盡正王誅。然在顒則不得而誅之也。彼其以桀黠之資所以敢行稱亂。殘害屠戮。廢儲后。劫天子者。誰實使之然哉。及事窮勢極。乃誘其帳下使殺之。是豈得爲天討耶。夫亂臣賊子。法所當誅。若已使之。已殺之。則亦君子之所不予。況顒實非能殺張方以正其罪。止欲借方首以求成於越耳。故特書顒殺以表之。所以見方固當誅。而非顒之所得誅也。若槩以書殺論之。則失其旨矣

十一月帝中毒崩

嗚呼。人莫知其子之惡。莫知其苗之碩。故必有堯舜之聰明。乃能知朱均之不肖。舉天下而授之舜禹。此二帝所以爲萬世之聖人也。晉惠庸愚。人皆知之。晉武溺於所愛。不能於子弟中擇賢而立。遂使禍亂交作。四海分崩。綱目於惠帝之事。初無貶詞。然今年書弒太后。明年書殺太子。又明年書遷帝于金墉。書廢皇后太子。至於乂奉帝討張方也。越奉帝征穎也。張方遷帝長安也。祁弘奉帝東還也。莫不悉書于冊。於此見晉惠之爲君。動輒制於它人之手。如嬰兒玩弄於股掌之上。欲東而東。欲西而西。莫適爲主。特一木偶人而已。是以始焉不保母后。次焉不保妻子。終焉不保其身。是皆庸愚之故也。夫以漢質帝之幼沖。食餅中毒。尚能急召大臣了

了言之。故綱目得以正梁冀之誅。今晉惠歷年許久。乃莫能一言。故雖或者以爲越之所鴆。然綱目不明其故。直以中毒書之。蓋欲使後人知其庸繆。雖其身之大禍。且莫能知。所以戒有國者。置嗣不可不謹。賢愚不可不察。此聖人公天下之道也

南陽王模誅河間王顒顒穎煽禍。天下傾覆。故雖假手於人。皆正其誅

三年。春正月。朔。熒惑犯紫微去年日食正旦。今茲熒惑又犯紫微。是時國柄在越。而天變如此。書之。以見天心仁愛。雖亂世亦未嘗無告戒之意耳。越等尚可樂禍而不知懼乎

太傅越入京師。殺中書令繆播帝舅王延等十餘人是時海內大亂。胡羯滔天。上下相與叶力扶持。猶懼弗濟。而越之所爲乃爾。何哉。故書入。則見越之無君。

書殺。則見播等之無罪。書中書令。書帝舅。則見大臣貴戚之不克自保。然則越之罪爲如何耶。剖棺焚尸猶爲幸矣

辛未

五年。三月。太傅越卒于項

晉室之亂。原於惠帝之庸愚。釁於孽后之唱禍。成於諸王之交攻。蓋至於太傅越之時。亦已極矣。前書漢寇洛陽。則是賊虜已逼京師。繼書召天下兵入援。則是國勢已甚危急。又況竟無一人至者。越於是時。曾無守衛根本之心。乃率兵而出。則是棄主與賊耳。故書次于項。則見其頓兵于外之意。不書卒于軍。而書卒于項。則見其不没於王事之意。然則綱目之所以罪越者爲如何哉。社稷爲墟。中原塗炭。是固生靈之不幸耳。於越乎何誅

夏四月。漢石勒追敗越軍於苦縣。執王衍等殺之

王衍風流相尚。清名蓋世。且首爲三窟之

壬申

計。今乃爲羯奴所殺。如彘犬豕。方且俯首乞憐之不暇。一代人物。果安在哉。然襄陽王範毅然正色何以不得書死節。司馬越敗亂天下。範等從而和之。躐褻帝室。委棄乘輿。大節若此。他何足數。按此行自衍範而下諸王及貴臣死者甚衆。綱目皆棄而不錄。僅書執衍等殺之。且削去其官。則其賤之之意爲可知矣。略而不書。初非過也

六年。春正月。漢主聰納劉殷二女爲貴妃娶妻不取同姓者。爲遠嫌也。豈論同源與否哉。聰納殷女。均之姓劉則幾於吳孟子矣。然彼本夷狄。尚不難於妻群母。又何有於同姓哉。書之。姑以著犬羊之雜揉耳

王敦殺其兄荊州都督澄人有常言。皆曰父兄。蓋嚴於事兄。乃所以嚴於事父。正所以謹其漸也。王處仲不難於殺其兄。則亦不知有其

父矣。況澄身為方伯。正使有罪。合請于朝。而處仲專輒行戮。則其無君之心。又已見於此時矣。故澄既書其死。又特以荊州都督書之。而處仲則去其官

癸酉

孝愍皇帝建興元年。春二月。漢主劉聰弒帝於平陽。庾珉王儁死之

劉淵舉兵自立。不書其反者。晉氏不謹華戎之辨。且又骨肉相殘有以致寇也。劉聰平陽之禍則書弒者。聰固晉之臣子。且不使外夷得以加中國也。嗚呼。夷狄之禍至此極矣。天地為之晦冥。日月為之薄蝕。斯固古今之大變。而非可以常事論者。庾珉王儁書其死節。正以嚴夷夏之分。存君臣之義。扶三綱。立人極。為萬世之戒也。人君觀此。其亦防微杜漸。不見是圖。謹於禮以處國。勤於政以御宇。務明其德而天下歸。無息無荒而四夷王。必使大明既升而爝火自熄。中國既治而外患自弭。則亦庶乎

甲戌

其可也。有天下著尚監茲哉

陶侃破走杜弢。王敦表侃爲荆州刺史

王處仲表陶侃刺荆州。書之初無貶詞。然亦足見其專輒之漸。可爲履霜之戒

十二月，石勒遣使奉表於王浚

二年。有流星隕于平陽北化爲肉

是時劉聰竊據中土。淫虐不已。故星隕於其所都之地以警之。然聰則不知戒也。書之于冊。亦姑以見上天示變之意云爾

漢石勒復遣使奉表於王浚

奉表。乃人臣事上之禮也。浚爲臣子受之可乎。綱目前已書勒奉表於浚。今又復書于此。何哉。一以見勒之詐。一以見浚之愚也。然勒羯賊耳。詐乃其所素有。浚身爲晉臣。乃坐視朝廷傾覆而不救。方且甘受其詐。僥倖非望。其罪有加於勒多矣。故它日見殺於勒。盡削其官也

乙亥

三年。夏六月。盜發漢霸杜二陵

綱目書盜發二陵。分注載得金帛甚多。此亦可爲厚葬者之戒

丙子

四年。春二月。漢殺其少府陳休等七人

陳休等皆以忠直事人。自以爲盡節而死。然失身𠌫虜。則非其地矣。故綱目止書殺休等七人。而不列敘其名者。略之也。略之者。賤之也。是以君子謹於擇主

張寔遣兵入援

春秋之法。凡書救。未有不善者。然於救之中。又有不得而槩論焉。救在王室。則罪諸侯。子突救衛是也。救在遠國。則罪四隣。晉陽處父救江是也。救在夷狄。則罪中國。狄救齊。吳救陳是也。是時虜寇滔天。晉室危如累卵。四方征鎮。擁兵自固。未聞有勤王之舉。張寔遠在河西。乃能遣兵入援。綱目據事書之。近地諸鎮。得無愧乎。義在遠者。則責在近者。此固書法之深意也。吁

漢主聰立婢樊氏爲后

聰。夷狄也。本無足責。然據有中土。僭號稱尊。故其所爲。亦不容盡略。是以前書立三后。此書立婢樊氏。皆以著其雜亂之醜也。夫並后且爲亂階。況三后乎。妾媵且不可爲主。況賤婢乎。據事直書。惡自見矣。

冬。十一月。漢劉曜陷長安。帝出降。御史中丞吉朗死之。漢封帝爲懷安侯。

懷帝書遷。愍帝書出降。各書其實也。春秋凡國滅君死則止書滅。或執。或遷。或殺。則皆滅國者之罪。或以歸。或出奔。或降于師。則皆不能死於其位者之罪。此固書法不同之意。而亦綱目之所本也。晉氏失馭。虜寇滔天。四方無勤王之衆。京邑無守禦之資。愍帝勢窮力屈。身爲降虜。雖有忍恥以活士民之語。然辱亦甚矣。綱目據事直書。雖欲曲爲隱諱。不可得也。然則強暴橫逆者。獨無罪乎。夫滅人家國。奪人土地。毀人宗廟。其罪固無待於貶黜

丁丑

而後見。況夷狄亂華，又匪其他滅國者之比。書之于冊。則亦以著非常之變，哀中國之不幸而已。吉中丞自殺。則書死節。麹允亦自殺。何以不書。允任事大臣。危不能持。顛不能扶。死自其分。僅足以償誤朝之罪故耳。劉曜直書陷長安。如入無人之境。又以見晉之虛弱如此。可勝歎哉。吁。

丞相睿出師露次，移檄北征

當長安危蹙之際。琅邪初無救援之意。及聞其不守。始出師露次。移檄北征。大書于冊。若足示勤王之舉。然亦卒不聞有征討之實。是特張大虛聲而已。綱目於此。雖曰幸之。盖亦惜之也。比事觀之。其義自見。

中宗元皇帝建武元年春正月。張寔遣司馬韓璞將兵伐漢

自胡羯交亂。懷愍蒙塵。未聞遠近有勤王之師。獨張寔前日遣兵入援。至於長

戊寅

安不守。諸軍逃散。惟涼州義衆守死不移。今又遣將伐賊。雖卒不能進。然綱目書之。若眞能伐漢然者。蓋予其忠義之節。所以遂其本志云爾。書法若此。其爲斯世勸也多矣。劉琨慕容廆皆遣使勸進

琨。中國也。廆。夷狄也。合而書之者。嘉廆能尊主知義。所謂夷而進於中國。則中國之也

十二月。漢主劉聰弑帝於平陽。辛賓死之

凡僞國書某主甚。今懷愍之禍。劉聰兩書姓書名者。聰裔夷之醜。臣服於晉。乃乘時竊發。躬行大惡。故揭姓名。以誅其弑逆之罪耳。豈得以僞國之例而比之哉。一字之間。蓋有深意

大興元年三月。王即皇帝位

繼統與創業不同。臣前已論之矣。今周嵩所言。與費詩同旨。固不爲無見。然特未知紹續之意耳。五代劉崇僭立。謂其臣曰。朕以高祖之業。一朝墜地。今

日位號。不得已而正之。崇雖僭竊。其言蓋亦有理。此綱目於光武昭烈元帝未混一之時。所以皆書即皇帝位而無嫌者。正以幸其繫人心。續正統。副四海依歸之望。慰祖宗在天之靈。固不得與其他妄自尊大者比也

五月。段匹磾殺太尉廣武侯劉琨匹磾鮮卑之種。乃心帝室。亦甚可嘉。然不思戮力共功之義。遂至戕害督將。則其餘不足觀矣。書殺太尉廣武侯劉琨。予琨所以誅匹磾也。其旨明矣

漢主聰卒。太子粲立。八月。靳準弒而代之五胡之禍。始於淵。成於聰。生民屠戮。不可勝紀。然身死子弒。如出一轍。國亦尋滅。綱目據事直書。雖不明言其應而應固已在中矣

瑯邪王煥卒于時梓宮未返。國步多艱。乃以成禮葬襁抱之物。何哉。特書其卒。蓋譏之也

資治通鑑綱目發明卷第十八

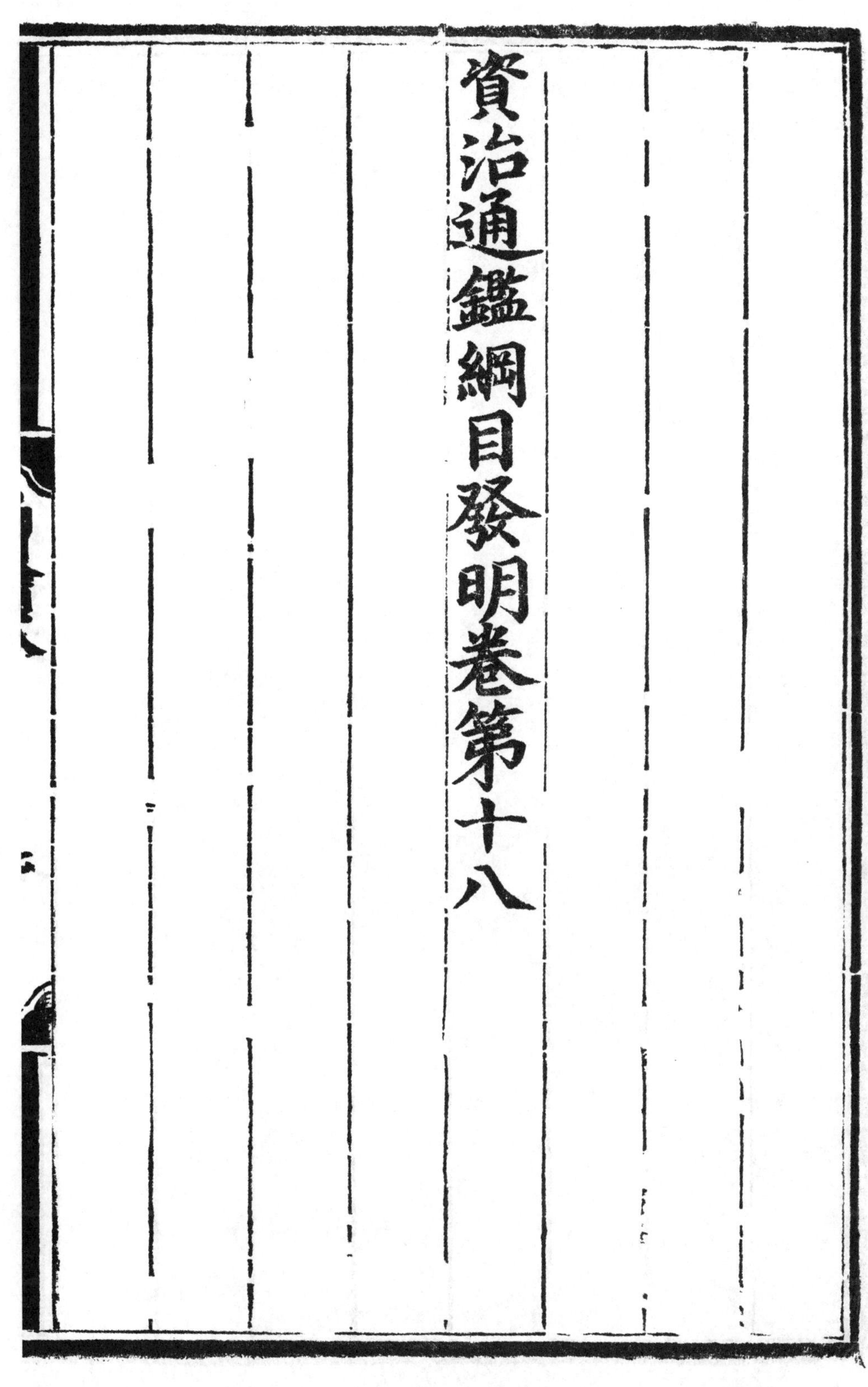

資治通鑑綱目發明卷第十九

布衣臣尹起莘上進

四年。三月。後趙陷幽冀并州。撫軍將軍幽州刺史段匹磾死之

匹磾戕害劉琨。遂至人心不附。迄爲羯賊所虜。若無足取。然磾本夷人。竭誠晉室。死不易守。此亦君子之所嘉者。故予以全節而具其官

八月。常山崩

晉自南渡。立國江左。常山乃東南之鎮嶽。而無故崩毁。其變大矣。是春日有黑子。是夏終南山崩。今又有此變異。未幾果有逆亂之萌。晉幾不保。綱目備而書之。所以戒人君兢兢業業。不可不知警懼也歟

永昌元年。春正月。王敦舉兵反。譙王丞甘卓移

檄討之敦分兵寇長沙

在易坤六二之象曰臣弑其君子弑其父非一朝一夕之故其所由來者漸矣由辨之不早辨也夫亂臣賊子何世無之人君尊居九五固當防微杜漸銷患未萌豈待逆勢已成而後誅剪之哉王處仲父握大權專制方面其無君之心已非一日綱目前已屢書于冊皆以著其不臣之跡而晉帝則未有處也一旦舉兵向闕直書其反則見其初無所因為反已久故易於舉兵耳下書據石頭還武昌惟意所欲雖有協隗等出戰而敗皆削不書其舉動之易如此將何以制之哉人主至是固已末如之何矣然則有天下國家者盍亦謹其微乎

五月敦殺甘卓

丞卓始書移檄討賊同功一體今又皆為賊所殺初無少異胡為丞書死之卓書殺書法不同如此蓋丞始終守義卓猶豫不決故也向使卓能奮身徇國戮力討逆則雖兵敗而死亦不失為全節之士矣徘徊顧望且前且却果何為者故前

丙戌

書卓還襄陽。以著其失。此書庾亮殺卓而不書其官。皆以戒徇義不終者也。惜哉

顯宗成皇帝咸和元年。冬十月。殺南頓王宗。降封西陽王羕爲弋陽縣王

庾亮輔政之初。主少國疑。正宜鎮之以靜。輒乃殺戮近親。與黜舊傅。其何以慰遠近之心。是時成帝方六歲。乃能詰問垂泣。亮能無愧於心乎。觀二人無罪可書之實。則亮之失刑明矣。而當時大臣。亦無有一言及之者。又以見亮之專國自用如此。寧無誤斮之失乎

二年。冬。徵蘇峻爲大司農。峻與約舉兵反

晉氏南渡。國勢岌岌。王蘇相繼内叛。幾不能保。然處仲久蓄無君之心。一旦舉兵。故直書其反。至峻雖云狂悖。要非處仲之比。使當時處之以理。或能分布諸鎮。犬牙相制。峻亦未敢遽反。反亦有以裁之。夫何庾亮輕淺無謀。横挑狂

戊子

賊。自速其變。故上書召峻爲大司農。下書峻反。明當時不召峻未必反耳。夫峻介胄武夫。乃以農扈處之。則用非其職。朝廷意嚮可知。峻亦豈肯束手自請。綱目推原禍始。是以書法若此。然則祖約初無召命。何以亦反。曰。約之反。由峻邀之也。若峻不反。約亦無以爲唱亂之端。不然。綱目何以書峻爲首而約爲從哉

三年。春正月。温嶠以兵赴難至尋陽。二月。尚書令成陽公卞壼督諸軍討峻。戰敗死之。庾亮奔尋陽。峻兵犯闕

前書召峻。峻反。雖釁由庾亮。特未見其罪也。次書詔亮督諸軍討之。則討賊之責。亮當之矣。今此書卞壼督軍討峻。戰敗死之。則拒戰之事。在壼而不在亮也。又書亮奔尋陽。峻兵犯闕。則亮臨難棄君。奔竄苟免。其罪始不可逃矣。夫峻狼子野心。亮旣不能思所處之。而乃遽頒召命。自速其反。有

其下詔之初。舉朝以爲不可。亮乃愎諫自用。其失一也。溫嶠欲帥衆入衛。三吳欲起兵赴難。亮皆拒之。其失二也。孔坦請斷阜陵守當利諸口。而亮不從。其失三也。陶回請伏兵小丹陽南道。亮又不許。其失四也。由是而觀。召釁稔禍。誰實尸之。至於國破君危。宗社不守。亮不能於此灰身以謝天下。方且奉頭鼠竄。草間求活。向非溫嶠諸賢戮力討賊。則晉氏必不血食。亮雖萬死。猶爲無補。惟合前後所書而觀。則亮之罪。蓋有不容言者。誤國若此。尚可不加誅責乎

三月。皇太后庾氏以憂崩

太后庾氏。何以憂崩。爲庾亮召禍故也。揭而書之。其所以罪亮之意益明矣

五月。溫嶠以陶侃入討峻

凡兵能左右之曰以。春秋書以者有之。僖公以楚師伐齊取穀之類是也。綱目書以者亦有之。樂毅以秦魏趙韓之師伐齊之類是也。夫借兵它國。則書曰以。未有我國之臣子乃書以者也。蘇峻反逆。宮闕爲墟。乘輿

播越。宗廟不守。陶侃身爲督將。手握強兵。固當灑泣誓衆。飈馳電赴。畢力討賊。猶恐不及。夫何。自冬迄春。坐視朝廷傾覆。略無救援之意。必待溫嶠再三邀說。僅乃肯前。未幾又欲還鎮。向非諸人力挽。侃必翩然西上矣。書之曰以。所以見侃本無赴難之心。賴嶠能左右之耳。侃在晉朝不爲無功。獨於君臣大節。有所未盡。故君子深爲惜之。綱目權其輕重。見於書法之間。雖欲爲賢者諱。不可得也。嗚呼微矣

峻遷帝于石頭。郗鑒王舒來赴難。峻分兵陷宣城。內史桓彝死之

蘇峻之亂。卞壼桓彝皆以死節書。夫以壼之父子俱死。一門忠孝。固已表表在人耳目。若彝。則前史止書其城陷見殺而已。未有能明其死節者也。至綱目書之。則與卞壼無異。何哉。彝始聞峻反。即時起義。不少遲緩。雖郡兵寡弱。亦不暇顧。是以綱目前書起兵赴難。獨在衆人之先。而其詞急。未

己丑

幾受圍危。亟。或勸其通和以紓難。彝則毅然正色。誓以必死。此其志在徇國。有隕無貳。固非它人之比。宜乎綱目書其全節。與下侯等也

九月。陶侃溫嶠討峻於石頭。斬之。峻弟逸代領其衆

侃前入援書以者。原其情也。今此斬峻。先書侃者。序其績也。此輕重之權衡也

四年。二月。諸軍討逸。斬之。及西陽王羕

羕非反者。何以於斬逸之下而書及哉。程頤子序春秋謂經爲斷。傳爲按。今綱目所書羕事如此。以分注考之。當峻入臺城之時。羕詣峻稱述功德。峻復以羕爲太宰西陽王。則是羕俯首媚賊。受其僞命。其罪已不可勝誅矣。故其書法如此。此以綱目爲斷。分注爲按也

三月。以陶侃爲太尉。郗鑒爲司空。

温嶠爲驃騎將軍開府儀同三司。庾亮爲豫州刺史

庾亮傾覆社稷。死不足贖。蘇峻旣誅。復居大位。亮雖泥首謝罪。蓋亦自知朝廷必不加誅。姑爲是以欺衆耳。是以分注於其上疏自陳之語皆削不錄。正所以誅其心。而刪其僞辭也。然則書亮爲豫州刺史於封拜功臣之下。則晋之權綱不舉。亮之貪榮無耻。而在廷公卿議臣亦無有能言其罪者。其失皆不言自見矣

庚寅

五年。趙誅祖約夷其族

石勒羯賊而書誅祖約者。逆亂之臣。雖夷狄盜賊皆得誅之。所以嚴天討。正王法。而使之無容足於天地之間也。其旨嚴矣

辛卯

六年。夏。趙舉賢良方正。起明堂辟雍靈臺

趙。夷狄也。

癸巳　甲午

綱目書此。亦予之乎。曰。盜賊而爲盜賊之事。固盜賊之常也。盜賊而爲君子之事。君子亦豈得不予之哉。此固書法之意也。雖然。中國不競而使夷狄得以竊中國之文物。夷狄固可進也。其如中國何哉。噫

八年。春。趙遣使來脩好。詔焚其幣

晉氏立國江左。奄奄略無振起之氣。獨至石勒遣使。乃能詔焚其幣。是舉差強人意。大書揭之。蓋幸之也

九年。十一月。趙石虎弒其主弘。自立爲居攝天王

羯賊塗炭中原。人神憤怒。其種類自相屠滅。本無足錄。然而石虎弒太后。及其主弘。與夫石生等舉兵討之。不克而死。皆詳書于册。所以見君臣大義。雖夷狄雜揉之中。亦昭然天冠地屨之不可紊也。前史止載虎廢殺劉氏。及幽殺石弘。至綱目始正名定罪。其餘僭僞之國。亦多有此類。皆所以扶三綱。立人極。不以夷狄僭竊

之故而廢斯義。其垂訓也大矣。臣故因而論之

資治通鑑綱目發明卷第十九

資治通鑑綱目發明卷第二十

布衣臣尹起莘上進

康皇帝建元元年。秋七月。詔議經略中原。庾翼表遣梁州刺史桓宣伐趙典午南渡。奄踰三紀。國步多艱。未遑遠略。今石虎阻兵。安忍塗炭遺民。方且移戈南向。志吞江表。晉能不畏其彊。思所自立。朝議稍稍振起。至是詔議經略中原。雖未能一舉盪定。然亦足覘其意向之所在矣。揭而書之。所以尊中國。存正統。示人以不忘克復之意。其垂訓也大矣。

庾翼移鎮襄陽。詔以翼都督征討軍事庾翼欲移鎮襄陽。帝遣使止之。翼遂違詔北行。卒從其請。然則翼乃方命跋扈之人。綱目書之。何以略無貶詞。是時晉遷江表。中原淪於左衽。在朝諸人宴安自肆。曾不以雠虜爲念。獨翼志在克復。能以滅胡取蜀爲已任。是以前書詔議經略中原。繼書翼表遣桓宣伐趙。今此上書翼移鎮襄陽。下書詔翼都督征討。是皆示其予之之意。故略其違詔之失也。明乎此。則知爲臣者。當以徇國爲心。爲國者。當以紹復爲念。而好攻戰務邀功者。與此異矣

甲辰

二年。熒惑守房心。趙殺其中書監王波

上書熒惑守房心。下書殺中書監王波。趙之應天者如此。在羯虜固不足道也。然仕於其國者。亦豈得爲守道之君子耶。趙攬本受石宣風旨。譖陷王明。而乃誤及王波。一言之失。無辜屠戮。亂世之事。可哀也哉

乙巳

孝宗穆皇帝永和元年。春正月。燕罷苑囿以給

丙午

新民虎方大發民以治宮室。而斃乃羅苑囿以給新民。均之夷狄也。而所爲不同若此。綱目比而書之。亦足見二虜之優劣矣

二年。冬。漢李弈舉兵攻成都。不克而死分注載李弈舉兵反。而綱目止書攻成都。何哉。自李特反晉。李雄繼之。竊據土宇。僭號一方。至勢驕淫不道。蜀衆離心。李弈乘時動衆。綱目所以不書其反者。抑僭僞。戒淫昏。恕弈所以惡勢也。書法若此。其旨深矣

十一月。桓温帥師伐漢按春秋隱四年。書翬帥師會伐鄭。左氏謂宋公乞師。公弗許。羽父固請而行。君子謂翬已有無君之心。故春秋削去公子以示貶。至隱十年。又書翬帥師會伐宋。先儒謂羽父先期而往。不待君命。故春秋不氏以貶之。以戒兵柄下移之失。未幾果有鍾巫之變。此聖人垂訓於經。所以戒後世制治未亂。

己酉

辨之於早者也。今馬晉之桓温。舉兵伐蜀。以一時利害計之。未爲失策。然拜表輒行。不待朝命之及。已非征伐自天子出之意。其與羣之固請不待君命。殆又甚之。況其一舉成功。則專兵跋扈。蓋自此始。綱目不書遣温伐漢。而直書桓温帥師伐漢。則其專輒無君。已見於此。何待他時擁兵制朝廢立不臣而後見耶。雖然。晉之方鎮大率皆然。何獨於温而貶之。曰。此晉之權綱不舉。所以終於不能克復者。正坐此爾。夫征伐天子之大權。而使人臣執之。得以專行于外。其進其退。率徇己私。而朝議若無與焉者。是以成則爲桓温劉裕。敗則爲褚裒殷浩。綱目皆正色書之。初未嘗有予之之意。然則軍國大柄。固不可一日不謹。有天下國家者。尚監之哉

五年。夏四月。趙王虎卒。太子世立。其兄遵弑之。

及其太后劉氏而自立 石虎縱暴阻兵安忍。方其登臺觀二子耀兵之時。笑

謂我家父子如此。自非天崩地陷，當復何愁。然未幾一家骨肉自相屠割，窮極慘毒，國亦尋滅，無復遺育。天地固未嘗崩陷也。而羯賊父子，果安在哉。綱目前書太子宣殺弟韜伏誅，此書虎卒世立兄遵弑之，所以見積惡之報，曉然如此。世之欲以彊暴自固者可以觀矣

秋七月，征討都督褚裒率師伐趙，不克而還

恢復與兼幷異。兼幷謂之貪兵。恢復謂之義兵。晉失中原，子孫有能為恢復之計者，皆當予之。故前書桓宣及趙戰于丹水敗績。此書褚裒帥師伐趙不克而還，皆無貶詞。一以存中國之體，二以伸義士之氣，三以示不忘讎恥之心。其與春秋書乾時之戰，雖敗亦榮者，同意。固非予其窮兵黷武也。君子詳觀綱目所書之旨，思過半矣

冬十一月，趙石鑑弑其主遵而自立

考之分注，石遵之死，乃石閔殺之。今綱目乃歸獄於鑑，何哉。按春秋昭十三年，

書楚公子比自晉歸于楚弒其君虔于乾谿。考之左氏。乃公子棄疾召比脅而立之。楚子虔遂縊于乾谿。然春秋不書棄疾弒君而書公子比者。比受其所立。怵於利而忘其義。故被以大惡而不可辭。其事正與石鑒如出一轍。綱目取法春秋。故不書閔而書鑒者此也。夫以夷狄醜類。自相魚肉而綱目推原首惡。正名定罪。略不少忽。則其於中國。從可知矣。噫。此綱目所以非君子莫能修也歟

趙石閔幽其主鑒殺胡羯二十萬人

天道好生而惡殺。出乎爾者。必反乎爾。羯賊縱暴。戕刈晉民。不啻草菅。今焉元惡既斃。假手冉閔。殘戮其種。雖未足以償晉人受禍之慘。然亦足見天道好還之意矣。書殺胡羯二十萬人。雖快之也。亦哀之也。

庚戌

六年。春閏正月。趙石閔殺鑒而自立。改國號魏

楚公子棄疾脅弑其君虔于乾谿。而春秋歸獄公子比。臣前已論之矣。至比已立為君而死。春秋則以棄疾殺公子比書之。先儒謂比之去就死生。行止遲速。皆國人所為。而比未嘗可否。安得為棄疾之君。故春秋但以殺公子比書之。今綱目於石閔之事。雖前已書幽其主鑒。而此則以殺鑒書之者。其事正與楚公子比相類故也。又況石氏窮凶極惡。而閔乃晉之故民。本姓冉氏。初非羯賊之種。故天假手誅之。綱目書殺而不書弑。既本春秋之旨。又以見貴華賤夷之意。恕閔。所以惡羯也。其旨嚴矣

魏主閔徵故散騎常侍辛謐為太常。謐不食而卒。

胡羯迭據中原。智能之士。亦往往有立其朝者。未必不以隨世就功名自詭。使皆能如辛謐之知義。亦何不可之有。劉石辟召。既皆不就。至冉閔召之。遂不食而卒。綱目特書故散騎常侍。蓋明其不失臣節。故存其王爵以貴之耳。君子觀此。可不安於義命也歟

十二月。免蔡謨爲庶人

孔子君命召不俟駕。而齊王欲見孟子。則辭以疾。後世不敢以孟子爲非。而亦不敢不以孔子爲是。二者孰從而折衷之。蓋孔子之不俟駕。正孟子所謂當仕有官職。而在孔子。則事君盡禮者也。若夫孟子。則齊王託疾以邀其朝而孟子又居賓師之位。非食其祿而臣之者。故惡其詐而辭之爾。非曰要君傲上以爲高也。蔡謨在晉。誠爲表表。然方之孔孟。則有間矣。安有天子臨軒。百官布列。若待神明。謨乃傲然偃蹇。自旦至申。使者十餘返而不至哉。且使者往返之時。必明言所以。而謨亦必明知臨軒久竢之意。其心何以自安。既而朝論不容。請致廷尉。方乃稽顙待罪。何前倨而後恭耶。況謨甫陳疾篤。隨即詣闕。又何愈之速耶。由前言之則不忠。由後言之則不智。此皆謨忽視幼君。下視同列之故爾。使其果遇英果之君。朝綱振肅。必不敢爾。至殷浩欲處以大辟則又過矣。綱目書免蔡謨爲庶人。於未免而已削其官。

則其免之宜也。觀者試思之

辛亥

七年。冬。十二月。桓溫移軍武昌。尋復還鎮。

桓溫跋扈不臣。綱目前書帥師伐漢。已論之矣。今此書移軍武昌。尋復還鎮。則其專輒自如。惟意所欲。其罪尤不可掩。然晉朝雖知其非。卒亦無如之何。僅能致書諭之而已。直筆書之。交譏之也

壬子

八年。趙汝陰王琨來奔。斬之。

石氏窮凶極惡。今其醜類來奔。戮之宜矣。故特書之

三月。罷遣太學生徒。

文德者。帝王之利器。威武者。文德之輔助。嘗聞投戈以講藝矣。未聞廢學以從戎者也。殷浩虛名誤國。處非其任。今乃以軍興之故。至於罷遣太學生徒。然朝論亦無有非之者。直筆書之。可愧甚矣

癸丑

九年。殷浩遣兵襲姚襄，不克，遂率諸軍北伐。襄邀敗之。浩走譙城

去春方書姚襄率衆來歸。詔屯譙城。未聞有反側之意。殷浩乃無故遣兵襲之。既不能克。又復使之前驅。是驅之使叛也。浩之所為乖繆若此。乃欲經略中原。其敗宜矣。綱目據事直書。所以著浩之失。不然。襄既歸朝。而又邀敗王師。則必以反書之矣

甲寅

十年。殷浩以罪免為庶人，徙信安

殷浩之廢。不出於朝廷。而出於桓溫。何不以桓溫奏免殷浩書之。浩率意自用。連年喪師。溫因朝野之怨。疏請廢之。奏雖在溫。而罪則在浩。故但書浩以罪免。而不及溫。若曰。浩非有能免之者。浩自以罪免也。既曰罪矣。則溫雖不請。庸可已乎

桓溫及秦兵戰不利。六月，師還

桓溫不臣。綱目既著其專輒之迹矣。至其

有功而亦不泯其實者。何也。晉遷江表。氣息奄奄。溫有經濟之才。儻得英主驅而用之。弔伐遺黎。克復舊壤。有不難者。惟晉無駕馭之君。故溫有跋扈之志。至其經略之功。則不可掩。故上書大敗秦兵。進軍灞上者。存其績也。此書戰秦不利。六月師還者。諱其敗也。凡此類皆以尊中國之體。存正統之義。此固綱目貴華賤夷之旨。豈以溫故而輕重其筆哉。要在觀者味而思之也

十一年。凉州弒其君祚。立張玄靚為凉王

廢靈耀而立祚者。長史趙長諸人也。及祚為淫虐。國人怨憤不安。其黨又從而殺之。祚之失衆如此。乃以弒書何哉。凉州不道。靈耀初無罪惡。輕於廢立。故祚死反以弒君之罪加之一國之人。若曰。祚不足以為君。而君之者。凉州之人也。夫既君之。而又殺之。是舉一州之人。皆弒君之賊爾。凡此類皆以誅賊亂之黨。辨篡弒之漸。拔本塞源之

論。爲萬世戒也。此與春秋書齊弑其君商人同意

丙辰

十二年。以桓温爲征討大都督督諸軍討姚襄

姚襄前此歸晉。未幾爲殷浩所襲。故綱目專罪殷浩。然爲襄者。盍申告于朝。或能束身自請。則晉朝亦必有以處之。既不能然。乃叛降于燕。則是下喬入谷。忘其先人遺訓者也。又況招納叛民。震動京邑。則襄非前日之襄矣。是以綱目前書其叛。此書討之。皆正名以定其罪。襄雖欲曲辭其惡。不可得也。況桓温屢駕戎車。惟此書以爲都督。則見其出於朝命。而襄之罪尤著矣。狼子野心。果可以純臣待之乎

秋八月。桓温敗姚襄于伊水。遂入洛陽。脩謁諸陵。置戍而還

自中原淪陷。諸陵廢祀。雖有忠臣義士。徒能北望慨想而已。今温進軍討伐。遂能入洛脩謁。亦足少伸臣子之

情矣。綱目詳而書之。蓋予之也

升平元年。六月。秦苻堅弒其君生。自立爲天王

以生之狂悖不道。猶以弒書何哉。商辛暴虐。微子比干皆其庶兄。非無賢德。然而寧忍於絶祀。而不敢取而代之者。守君臣之定分。安義命之常理也。苻堅夷狄。固不足以責此。然綱常所在。未始以夷狄而遂泯。綱目正名定罪。歸獄於堅。所以杜弒殺之禍。嚴萬世之防也。其慮深矣

秦王堅殺其兄東海公灋

當堅行弒之時。固嘗以位遜灋。灋辭而不取。今乃恐其不利於己而殺之。何哉。且灋既能辭其可取於位號未定之初。豈復垂涎位號於已辭既定之後。此則理之曉然者。然灋之死。本出於太后苟氏之意。今但歸惡於堅。何耶。堅爲一國之主。大權在手。苟知灋不當死。豈不能保而全之。乃使之無辜受戮。則是堅知而殺

之也。尚誰咎哉。堅在五胡。誠爲白眉。然弒君殺兄。首
書于冊。其本已不正矣。它時雖欲克終。尚可得乎

資治通鑑綱目發明卷第二十

資治通鑑綱目發明卷第二十一

布衣臣尹起莘上進

帝奕太和元年

此海西公也。何以書帝奕。不予桓溫之廢也。夫帝者。有天下之稱。太和承統前朝。在位初無失德。溫何得而廢之。故書帝奕。則見不失為帝之尊。而不書海西公。則見溫不得而封之也。然則何以名之。夫諸侯不生名。失地則名。帝雖無罪見廢。然尊居九五。擅一國之名寵。湯以七十里。文王以百里。尚能為政於天下。帝在位六年。固無顯過。而德亦蔑聞。遂使强臣廢之。易於反掌。故綱目比之失地之君。又以戒人君不可不自强於善爾。書法若此。豈不嚴哉

四年。秋九月。溫及燕人戰于枋頭。不利而還。袁

眞以壽春叛降于燕温之此舉大敗奔還所喪士卒甚多初非灞上之比而亦止書不利者示王師之體存中國之義終不以此而屈於彼且爲後人經略之勸也其旨深矣

冬十一月秦遣王猛等伐燕十二月取洛陽方書慕容垂奔秦即書秦遣王猛等伐燕蓋秦久有謀燕之心所忌者垂爾今既去其所忌則何憚而不發然則一士止百萬之師一賢制千里之難非虛語也燕有才不能用棄以資敵雖欲不亡得乎

庚午

五年十一月秦王堅入鄴執燕主暐以王猛爲冀州牧都督關東六州諸軍事劉石符姚均之夷狄也然堅能用猛師行有紀故伐燕之舉不見其斬艾屠戮之慘異乎他虜所爲是以上書入晉陽此書入鄴詞皆不貴而燕已

畢矣。滅一大國，易若反手。如猛所謂使六州士庶不覺易主者，蓋真實語也。而堅又能就用猛統六州以安其衆。異於他滅國之後，多有反側不安者。此堅之所以獨盛於五胡也

太宗簡文皇帝咸安元年。十一月。大司馬温入朝，廢帝爲東海王，迎會稽王昱入即位

累朝廢立，自非如霍光之忠，亦皆先著其跋扈之迹。至温則不然，才書入朝，即書廢帝，立會稽王，易若折枝。亦不見羣臣有抗拒立異、死斥之人。何哉？温久專大權，晉朝在其掌握，天子特擁虛器，故立談之頃，視置君如弈棊，略無少齟齬其間者。使温是時因而攺物，則亦何難之有。書法著此，所以戒有國者，不可不謹其微，而嚴履霜之漸爾。於温乎何誅

壬申

二年。八月。秦加王猛都督中外諸軍事 堅之任猛如此

方盡其才。而桓溫乃以軍謀祭酒處之。欲與俱南。宜乎猛之不就也。且溫既知江東無猛之比。當戰攻分裂之世。乃不能羅而致之。棄以資敵。何哉。然猛才略出溫之右。亦自知必不爲溫所容。秦能用猛。而晉不能用溫。故猛功業傑出。而溫終爲跋扈之臣。此又係乎君臣遇合與否爾。猛是時輔相符秦。兵彊國富。境內大治。溫與之對局。不能自反。方且廢立亂朝。甘處不韙之域。其不及猛多矣。綱目止書猛受任之重。而佐秦之烈。固已隱然在中。宜乎後人謂爲符堅之管仲也

癸酉

烈宗孝武皇帝寧康元年。春二月。大司馬溫來朝 書大司馬溫來朝初無異詞。而其兇威詟燄。固自隱然於中則當時氣象爲何如耶。吁可畏也哉 秋

五丁

七月。大司馬温卒。桓温之卒，既書其官，乃不書其爵，又削其姓，何哉。温在晉誠爲跋扈，然使其爲操爲懿，一以無道行之，則亦何難之有。惟温尚能稍知顧忌，故雖乘延晉鼎，終莫染指，是以綱目權其輕重，寓諸書法之間，予之而不盡予。故止書其官，貶之而不盡貶。故僅去其爵，至於名而不氏。又以著其强大之實，若莽卓然，不問可知其爲温也。意此綱目之所以爲綱目也歟。

冬。彗星見。星變如此。秦太史言燕秦興滅之由。他時皆驗，然欲使之誅殺以應之，則非矣。且堅之亡，非在於不殺鮮卑，而在於窮黷不已，此則非秦太史之所能知也。是時宇縣瓜分，綱目書彗見而不書分野，正欲夫人知敬畏修省之實，無徒泥於天象之所屬，而異其心也。

太元二年。臨海太守郗超卒。超本不足錄而特卒之者，著其黨於桓氏。

之罪也。然則何以書官。超慮其父。哀恍成疾。故暴其身後之惡以止之。志亦可哀。故特憫而存之也

戊寅

三年。秦豫州刺史苻重謀反。赦就第人臣無將。將則必誅。苻重既書其反而又書赦之就第。是縱使爲逆爾。亂階何自而弭。宜乎他日復反也

庚辰

五年。春。秦復以苻重爲鎮北大將軍。守薊苻重既有反逆之罪。赦而不誅。已爲過矣。況又委之重任乎。故特書復以譏之

秦作教武堂按分注堅作教武堂。朱彤諫之而止。今綱目書之。則若未嘗止者。堅兵强地廣。務勝不休。方且作堂教武。求逞其欲。雖有朱彤之諫。然其志嚮。已不可移。特筆書之。亦所以見其本志也。夫豈過哉

辛巳

六年。春正月。立佛精舍於內殿佛。西域之神也。不論有無。姑就其本

壬午

法言之。清虛寂滅者也。今內殿何地。乃立精舍於中。况又雜引沙門華居之哉。直筆書之。其失自見

七年。秦大熟 前書東夷西域六十二國。朝貢于秦。此書秦大熟。非美之也。正以著天稔其惡而驕之。使陷於覆亡之禍而不自知爾

癸未

八年。秋八月。秦王堅大舉入寇。詔征討都督謝石冠軍將軍謝玄等帥師拒之 不曰秦大舉入寇。而必曰秦王堅者此行秦人舉國皆不欲。獨堅違衆決意南向。是以綱目特書之。以著堅之罪也

冬十一月。謝石謝玄等大破秦兵於淝水。殺其大將苻融。秦王堅走還長安 晉淝水之捷。亦有天幸。然綱目歸功謝石等者。是時謝安爲相。政事和平。石等

才能稱職。上下輯睦。固自有勝秦之理。彼符堅恃其强大。屢勝而驕。不知晋雖微弱。無釁可乘。輕舉妄動。傾國南下。固自有敗亡之理。故雖草木人形。風鶴王師。而綱目則書石等大破秦兵。不書秦兵自敗者。將使後世以人事爲重。而不以天幸爲心。此書法之深意也

以謝石爲尚書令。進謝玄號前將軍。固讓不受

前書石等大破秦兵。厥功茂矣。今而進職。固其宜也。然石等推而弗居。出於由衷。故特書固辭不受以美之。後世未有能制敵而冒賞邀功者。視此得無愧乎

甲申

九年。燕慕容泓起兵華陰。慕容沖起兵平陽。秦遣符叡擊泓。敗死。夏四月。叡司馬姚萇起兵北地。自稱秦王

符堅敗北。羣寇乘之。如蝟毛而起。然垂萇一體之人。垂既書叛。萇乃書起兵。何

耶。垂受堅知遇之厚。非萇之比。堅使垂討翟斌。而垂反與斌合。故書叛以正其罪。若萇則佐叡。叡不能用其諫。輕敵敗死。萇方恐懼。遣使謝罪。堅乃怒而殺之。是驅之使亂也。故書起兵以原其本無叛意爾。然堅驕淫失道。自取敗滅。故翟斌泓沖華皆以起兵書之。又以爲強大不務德黷武事遠略者之鑒也

遣都督謝玄率師伐秦取河南

人臣專兵之事。前已論之詳矣。今此謝玄伐秦則書遣。與前此謝石等拒秦則書詔者。是時謝安爲相。命出朝廷。是以書法如此。使晉之征伐皆能若是。又安有跋扈制朝之事哉。噫

燕王垂復圍鄴玄遣劉牢之救之且饋之粟

春秋書救。未有不善之者。況賙人用急。則其善尤不可加。是故。救鄭救許。經所以予伯主安夏之功。而歸粟于蔡。傳所以美諸侯周亟之義。今晉人救鄴饋之以粟。綱目特筆書之。亦予之乎。曰。經有詞同而義異者。亦

有因褒以見貶者。又有言在此而意在彼者。要在觀其時察其事。考其旨意之所在。則得之矣。晉遷江表。僅足以延不泯之祀。夫何秦人屢寇疆埸。陷梁益。陷襄陽。陷魏興。特書屢書不一書而止。顧方大舉入寇。必欲蕩平吳越而後已。幸而天誘其衷。淮肥奏捷。是晉君無國而有國。晉臣無家而有家也。今符丕乃堅之子。困於寇敵以計投我。特恨不能奮戈相待。況從而援之乎。夫救災卹鄰。自古有之。然救災可也。比人讎則不可也。卹鄰可也。卹寇則不可也。晉人不知大義。輕助讎賊。綱目書此。若曰。既遣將救廩。又且饋之粟。且之一詞。所以示其不足於晉人之意也。不然既以救為善。而又以饋粟為賙窮之義。則失綱目之旨矣

資治通鑑綱目發明卷第二十一

資治通鑑綱目發明卷第二十二

布衣臣尹起莘上進

乙酉

十年。後秦王萇弑秦王堅萇前日叛秦書起兵者。迫於自救。故原情而恕其罪也。今日殺堅則書弑者。已實臣之。故正名而定其罪也

十二年。燕慕容麟攻秦博陵。守將王兖死之秦雖夷狄。非劉石比。故其臣有能守節者。得書于册。此則進於中國者也。後書徐嵩及毛后。其義亦同

丙戌

十一年。二月。西燕弑其主忠。立慕容永為河東王西燕既弑冲而立段隨。又殺隨而立忠。未幾弑忠又見弑而永立矣。半年之間。四易其主。醜類相殘如此。綱

目皆正其罪者。不以夷狄昏亂之故。而廢上下之分也。叚隨書殺。非慕容氏之族。故不成乎君

海西公奕薨於吳

此何以書海西公。避今帝也。名之。失國之君也。書薨。異乎臣也

十六年。夏五月。秦主登及後秦主萇戰。秦師敗績

春秋書戰。以及者爲主。然春秋惡兵之書。凡戰專罪及者。故傳者謂及猶汲汲也。烏有爲子民之君。而可汲汲與人戰者哉。至於復讎討賊。則汲汲爲美。是以莊公九年。書及齊師戰于乾時。我師敗績。蓋謂莊公能與讎戰。故書以與之。今姚萇有弒堅之罪。符登能與之戰。意蓋在於復讎討賊。故綱目書此。與乾時同義。是亦與之之意爾。不然。則是以好攻戰樂殺人爲事也。豈春秋之法哉

秋九月。黜博士范弘之爲餘杭令

弘之之黜。不書其罪。以分注考之。乃王珣黨於桓氏。爲桓溫隱諱不臣之迹。私

壬辰　乙未　丙申

意誣而出之爾。故其書法如此

十七年。李遼表請修孔子廟。不報

晉氏立國無遠猷。前因軍興罷遣生徒。由是學校遂廢。今李遼請修孔子廟。使其從之不過一敎下兗州爾。疏入不報。果何爲者。是時人君崇尚浮屠。而朝廷薦紳。方好老莊。故其所爲如此。特筆貶之。可愧甚矣

二十年。長星見

古人遇星變則恐懼。後世遇星變則戲豫。若秦主生謂太白爲渴入井。晉孝武勸長星杯酒是已。綱目書之。初無異詞。然當時不聞有修省之實。曾未閱歲而見及。則知天變之形。其應甚速。尚可以玩忽待之乎。書此。亦所以爲後世鑒也

二十一年。貴人張氏弑帝於清暑殿。太子德宗

即位。會稽王道子進位太傅。是時君臣沈湎。內外流連。由是變起宮掖。不復推問。故綱目直書貴人張氏。則見其秩品卑微。非有正位中宮之尊。凶暴可畏之勢。而當時自不克討也。下書道子進位太傅。則見大臣失職。徒能受爵位之尊。而不能推究大行晏駕之由。失於討賊也。夫晉君以一言之戲。身嬰大禍。張氏亦以一言之故。躬行大逆。女德無厭。婦亂無極。聖人所以正心修身齊家者。非但曰將以治國平天下而已。亦所以保衛其身。而蘄免於逑亂之禍爾。人主觀此。則視衽席如寇讎。視女德如蟊賊。其亦庶乎可也。

冬十月。葬隆平陵。天子七月而葬。禮也。今晉孝武以九月庚申崩。即以十月甲申葬。則是未及一月爾。據事直書。其失自見。

安皇帝隆安元年。王恭舉兵反。詔誅僕射王國

寶。將軍王緒。恭罷兵。還鎮。按春秋定十三年。書晉趙鞅入于晉陽以叛。晉荀寅士吉射入于朝歌以叛。晉趙鞅歸于晉。公羊傳之。以謂趙鞅取晉陽之甲。以逐荀寅士吉射。荀寅士吉射者。君側之惡人也。至我朝胡公安國傳春秋。參之左氏所載韓魏為趙氏請於晉侯之事。乃知三子之叛。其罪則一。鞅以有援故得復。寅吉射以無助故終叛。春秋書鞅歸于晉者。非予之也。叛逆人臣之大惡。晉侯不能奉行天討。乃徇韓魏之請。故春秋書以罪之。若謂取晉陽之甲。以逐君側之惡人。則是人主可得而脅。人臣擅興無罪。以兵諫者眞愛其君。使後世賊臣稱兵向闕。以誅君側為名而實欲脅君取國者。皆此說啓之。由是而觀則春秋初未嘗有逐惡人之說。曉然甚明。今王恭以王國寶王緒濁亂國政罪狀討之。而桓元亦以晉陽之事為言。況綱目書詔誅王國寶王緒。恭罷兵還鎮。則二人實有可誅之罪。而恭之還鎮。亦以二人既誅之故。其為

戊

君側之惡明矣。然王恭則未免書舉兵反者。何哉。嗚呼。使國寶與緒。果有罪耶。則人主自誅之。可也。人臣烏得而與聞之。彼王恭者。素懷異志。跋扈不臣。一旦無故稱兵。脅制朝廷。雖假二人之罪以為口實。而以逆犯順。以臣脅君。其事悖矣。以反書之。夫復何說。然則後世有假晉陽之事以為脅制之舉者。皆春秋之所誅。而綱目之所謂反者也。此義行。則賊亂之徒。無以藉口為舉兵之端。而反叛之禍。庶乎其可熄矣。吁

二年。九月。加會稽王道子黃鉞。討王恭。司馬劉牢之執恭以降。斬之。以牢之都督青兗七州軍事。桓玄為江州刺史。楊佺期為雍州刺史。殷仲堪使回軍

恭仲堪元同反。然獨討恭。何也。恭再舉兵向闕。且身為盟主。故朝廷獨致其討。

而牢之是其部將。執之以降。亦不復為嫌也。是時典午衰微。諸鎮鬭亂。王恭雖死而羣凶尚爾逋誅甚至敕使回軍。猶復旅拒不從。晉之無政抑可知矣。綱目備而書之蓋傷之也

資治通鑑綱目發明卷第二十二

綱目發明三

己亥

資治通鑑綱目發明卷第二十三

布衣臣尹起莘上進

三年三月。魏分尚書諸曹置五經博士魏於是乎漸進矣。晉爲衣冠文物之主而罷遣生徒。不修孔廟。迭書于册。拓跋何人乃能置五經博士。綱目書以予之宜矣。春秋之法。義在夷狄。則責在中國。

桓玄舉兵攻江陵。殺殷仲堪楊佺期桓玄何以不書反。所攻者。江陵也。仲堪佺期何以不書誅。玄不得而誅之也。然則予之乎。曰。玄書舉兵。則見其反叛之實。安有天子在上而人臣擅自舉兵者哉。仲堪佺期不書官。則見其有罪之實。安有方鎭大臣。無故爲人所殺者哉。要亦各致其責而已。此輕重之權衡也

庚子

四年。魏置仙人博士 魏前日置五經博士是也。今乃置仙人博士。此何義哉。且所謂仙者。徒有其名而已。而乃置官以領之。則其繆妄。不言可知。書以譏之。宜矣

壬寅

元興元年。玄兵至姑孰。三月。劉牢之叛附於玄 前日王恭書反。故牢之無嫌於執之以降。今日桓玄書反。是亦前日之王恭也。牢之不惟不能討玄而誅之。乃爲其所怵。反附於玄。故綱目書叛以正其誅。夫小人反覆。本不足道也。特書法之間。不可以不嚴爾

元顯軍潰。玄入建康。自以太尉總百揆。殺元顯等。以牢之爲會稽內史。牢之自殺 是年正月。以尚書令元顯爲征討大都督。加黃鉞。討桓玄。桓玄隆安二年已與王恭同反。陷江州。時玄尚未有所統。朝廷既不能討。乃就用爲刺史。未幾

癸卯

又加都督四郡。反欲仗玄以制殷楊。二人既戮。玄遂都督荆江八州。非復前日之玄矣。孫恩連年入寇。玄幸晉朝顛覆以爲已利。又表桓偉鎭夏口。刁暢鎭襄陽。兇威既熾。朝廷方謀討之。玄遂舉兵肆逆。誘牢之。破官軍。殺元顯。自總百揆。於是篡勢竟成。不可復止。然玄本非篡之才。初非其父溫之比。遭值晉室衰微。得逞其欲。追繼乃父凶德。以成厥志。綱目削去其官。書反。書討。書入。不以亂故。不正其名。然而是時元顯任征討之責。不戰而潰。遂無一人抗拒。其與王蘇之亂。死節赴難者。史不絶書。大不侔矣。君子觀此。又可以知晉氏之盛衰云。

燕王熙殺其太后丁氏

此何以不書弑。丁既失身於熙。故不得爲其君母。然猶書太后者。所以著熙墻茨之醜也

二年九月。冬。十一月。楚王玄稱皇帝。廢帝爲平

甲辰

王遷于尋陽桓玄矯稱符命。文飾姦詐。大類王莽。然綱目書其自為相國。加九錫。稱帝。廢遷之類。與歷代無異。何哉。玄固無成之魏晉。而魏晉乃有成之玄爾。成敗雖有不同。篡竊則出一轍。此書法所以不得不據其實也

三年春二月。劉敬宣司馬休之自南燕來歸敬宣休之出奔。避桓玄也。今而來歸則知義矣。故書

乙巳

義熙元年。秦以鳩摩羅什為國師自王道衰。異端熾。佛氏流入中國。姚興以夷狄竊據土宇。故羅什為所尊禮。是以佛書皆出於其翻譯。傳布甚廣。夫六經火於嬴秦。後世卒莫得其全。佛書譯於姚秦。後世終莫得而泯。人心好尚如此。世變亦可知矣。書以羅什為國師。謂之國師。則

是舉國師之也。吁。可勝歎哉

益州參軍譙縱殺其刺史毛璩。自稱成都王

蜀人逼縱爲主。營戶殺璩而滅其家。然綱目書縱殺其刺史毛璩。自稱成都王。何耶。縱爲屬掾。坐視主將屠戮。自當死於其難。而乃委身從賊。此固王法所必誅者。前史載縱走投于水。及投地固辭之語。分注皆棄而不錄。夫既知其不義。直當奮身而死。安有爲賊所擁。尚可自免者哉。書法如此。原其實也。後世有從賊于亂而以過於不得已爲解者。可以觀矣

三年。閏二月。劉裕殺東陽太守殷仲文及桓沖孫胤夷其族

義熙之初。大赦改元。惟桓氏不赦。獨宥沖之孫嗣。以其忠於帝室。所以勸事君者也。今又誣而殺之。則非義矣。故不直曰桓嗣而必書曰桓沖孫嗣以起義也。然劉裕自舉事以來。去年遣毛

脩之討譙縱。今年殺殷仲文及桓胤。不論是否。綱目皆目裕書之。則裕之專輒自行其無晉之心又自不言可知矣。一賊仆。一賊起。可勝歎哉

丙申

四年。春正月。劉裕自爲揚州刺史錄尚書事

按裕此行。特以朝議未定。自請入朝。而朝廷因遂召裕。裕發以是任而已。今綱目書其自爲揚州刺史錄尚書事。殆與操丕昭師無異。何歟。裕於是時。雖未能專國。然其志已有所在。故特設詭謀。使晉朝不能捨己而援餘人。是名非自爲。實則自爲也。況篡晉之禍。實始於此。特筆書之。深得春秋誅心之法

秦遣兵襲南涼討夏皆敗績

秦無故興兵攻傉檀。故直書曰襲。勃勃以敗亡降虜事秦復叛。故書之曰討。一字之間。罔不苟也

南燕汝水竭

五年。夏四月。魏雷震天安殿災異讖應之說。若出於附會。然其應亦未嘗爽也。前書南燕汝水竭。未幾而燕滅亡。此書魏雷震天安殿。未幾而魏主不得其終。綱目據事書之。不言其應而應固在中矣

劉裕伐南燕。六月。及燕師戰于臨朐。大破之。遂圍廣固晉氏無政。藩鎮往往專征。前固已論之矣。今劉裕平定南燕。誠為雋功。然抗表即行。與桓溫伐蜀無異。故溫之不臣。不待廢立而後見。而裕之代晉。亦不待篡弒而後知。語曰天下有道。則禮樂征伐自天子出。天下無道。則禮樂征伐自諸侯出。觀之綱目所書劉裕伐南燕之事而益信

魏清河王紹弒其君珪。齊王嗣討紹殺之而自立嗚呼有父之親。有君之尊。而乃敢於弒逆。此天理之大變。人情所深駭者也。拓跋雖夷狄。若頭曼冒頓。然而進

於中國。已不純乎狄矣。昔先儒於春秋商臣之事。謂考於傳之所載。可以見其所由致之漸。蓋以傳爲案。經爲斷爾。今綱目之比春秋。則猶經也。而分注則猶傳也。考之分注。珪始因賀氏之美。殺其夫而納之。既而生紹。則大本已不正矣。紹之肆逆。得非餘惡之所鍾乎。夫殺人而納其妻。爲之妻者。茍有人心焉。宜於此焉變矣。況又以其子之故。將欲殺之。則是速之使亂也。故夫以天道言。則善惡之報。捷若影響。不可誣也。以人事言。則處置之繆。禍變之來。不可忽也。綱目書此。其亦使後人推考而謹於善惡之積也夫。其亦使後人警戒而審於處置之際也夫。吁

庚戌

六年。劉裕拔廣固。執南燕主超。送建康。斬之

禍莫大於滅人之國。然而亦有不可以一槩論者。若昔帝王之世。列國公侯。或先代神明之胄。或勤勞功德之臣。其

後子孫世守其國。乃從而滅之。誠可謂不仁之甚者。至於夷狄亂華。盜竊土宇。有能規恢掃除。又豈可例以滅國待之哉。自金行失馭。寓縣分裂。劉石符姚。皆裔夷醜類。塗炭中原。遂使忠臣義士。北望慨想。徒歎神州之陸沈。諸陵之覆沒。未有能蕩平河洛。克復舊物者。劉裕起自單微。興復晉室。今爲出師北伐。一舉而平南燕。亦可少伸志士憤鬱之氣。彼慕容超者。雖凶暴不若劉石。然亦鮮卑之餘耳。取而戮之。良不爲過。然猶恨劉裕未能廣弔伐之意。使義聲昭布於天下。舉四海而平壹之。尚可以滅國之事責之哉。此綱目於南燕之克。書之初無貶詞也。況超既不降。則斬之建康宜矣。若夫它日姚泓既受其降而又戮之。此則裕之過歟

三月。

江荊都督何無忌討徐道覆戰敗死之

起義諸人往往見戕於劉裕之手。無忌雖敗於道覆。然能握節而死不失爲忠義之士書之于冊。猶爲榮也

六月。

劉裕自爲太尉。中書監。加黄鉞。復辭官而受黄鉞。

嗚呼。乘時而邀利者。市井小人之志也。是時寇賊滔天。國祚危若綴旒。裕亦何忍目進其爵位。而又作僞以辭之哉。況左仗黄鉞。乃武王伐紂之事。自司馬昭謀篡魏。始假此爲威制中外之具。裕又率而行之。如出一轍。然前史書此。則若出於朝廷之命者。豈知黄鉞之加。非清朝令典。裕苟無風旨。晉朝詎敢行此。綱目書之。如見其肺肝然。天下果可以文欺也哉

資治通鑑綱目發明卷第二十三

資治通鑑綱目發明卷第二十四

布衣臣尹起莘上進

癸丑

九年。春。太尉裕還建康。殺豫州刺史諸葛長民

劉毅變易守宰。長民驕侈貪縱。然綱目皆不書有罪。何哉。劉裕謀移晉鼎。驅除異己。遂襲而殺之爾。知其同謀起義。雖罪猶將宥之。况無罪乎。故皆書裕殺。而不去其官

丁巳

十三年。九月。太尉裕至長安。送姚泓詣建康斬之

自中原版蕩。莫克致討。劉裕獨能乘時奮發。所向成功。既定南燕。遂平關洛。中國之勢。亦少振矣。然卒無補於晉者。征伐不由於天子。權柄已失於下移故也。綱目前書裕自加都督。戒嚴伐秦。繼書裕入洛陽。至潼關。

戊午

至長安。未幾又書裕東還。留子都督秦雍。皆出於裕之所自爲。非有詔命及之也。書法如此。識者可以觀矣

十二月。太尉裕東還。留子義真都督雍梁秦州軍事

方裕在長安。已書夏人進據安定。裕非懵於事機者。學弈方勤。鴻鵠已至。於是舉崤函而棄之。蹕未及旋。故都已失。書太尉裕東還。留子都督秦雍。裕之經略可知已。流涕北望。果何益哉

十四年。春正月。王鎮惡沈田子帥師拒夏兵。田子矯殺鎮惡。安西長史王脩討田子。斬之

劉裕克秦。諸將之力爲多。今乃自相屠戮。其敗宜矣。然首惡在於田子。故上書矯殺以定其罪。下書討斬以正其誅也。

六月。太尉裕始受相國宋公九錫之命

使其當受。則前

乙未

日受之不爲非。使其不當受。則今日受之不爲是。且既自加爵命矣。又復辭之。既辭之。又受之。書之於册。亦徒爲是紛紛爾。天下後世果可以文欺也哉

十二月。宋公裕弒帝于東堂。

奉琅邪王德文即位

觀之綱目所書劉裕之逆。何其易耶。是時晉帝在裕掌握故其所爲如此。而又舉國之人安於爲逆。亦無有違異之者。世變日下。可哀也哉

恭皇帝元熙元年。夏主勃勃殺隱士韋祖思

嗚呼。天下有道則見。無道則隱。士君子不幸生於衰亂之世。戎虜之邦。則必遯迹丘園。括囊自晦。毋使姓名有聞于時可也。韋祖思之居京兆。嘗見禮於姚興。已非避世之士矣。今焉勃勃召之。而乃恭懼過甚。遂爲所殺。以勃勃之凶暴。固不可責以人理。而祖思之所以處避者。毋乃猶有所未盡乎。書勃勃殺隱士韋祖思。隱士且猶殺之。

况仕於其朝者乎。噫

宗室司馬楚之據長社

宗室未嘗書也。而前此國璠之奔秦。與今此楚之據長社。皆書之。何歟。劉裕削弱晉室。翦除枝葉。故特書宗室以見其不容於時爾。於裕乎何誅

庚申

二年。宋高祖武帝劉裕永初元年 魏太宗明元帝拓跋嗣泰常五年

六月。宋王裕還建康稱皇帝。廢帝為零陵王。以兵守之

自操丕篡漢。司馬懿父子踵而行之。至劉裕又益甚焉。故山陽陳留雖已廢放。猶得以優游卒歲。而零陵則操之為已蹙矣。以兵守之。特書于冊世道愈降。吁。可畏也哉

辛酉

秋九月。宋主劉裕弒零陵王於秣陵

劉裕已稱帝矣。而此

復書其姓名者。君前臣名。正其弑逆之罪也。裕以布衣而移晉祚。既已得鼎。猶復介介然於亡國之一夫。必欲置之死地而後已。自謂一人心。絕後患。子孫可以長保無虞。然而身沒未幾。二子不得其死。傳之八葉六主不以壽終。固非司馬氏害之也。且已既弑之。又復帥百官臨之。果何義耶。將以欺天。則天固不可欺。將以欺人。則人尤未易欺。徒見其自爲紛紛而已。作僞心勞日拙。其劉裕之謂乎。噫

癸亥

宋主義符景平元年
魏泰常八年

魏立天師道場。晉孝武立精舍。拓跋燾立道場。

孝武不免張貴人之禍。而燾亦殞於宗愛之手。報應之說。何其爽歟。直筆書之。義自見矣

甲子

夏五月。宋徐羨之傅亮謝晦廢其主義符爲營陽王。遷于吳。六月。弑之。迎宜都王義隆于江陵。

殺前廬陵王義真以謝晦行都督荊湘等州軍事

前日義真之廢。以國書者。舉國大臣合謀廢之。且又微其事也。今此宋主之廢。列敘徐羨之等者。出其主名以示罪有所歸。且又見廢君大事也。下書六月弒之者。承上文也。義真之死。既已廢為庶人。而猶稱前廬陵王者。不予宋人之廢也。夫羨之等身受顧命。正使嗣君失德。猶當相與扶持誘掖。彌縫其闕。効忠正之節。繼之以死。以蘄無負於託孤之意可也。今乃輕於廢立。初不聞有正救之舉。真所謂視置君如弈棋者爾。詳書于冊。曰廢。曰遷。曰弒。各正其名。羨之輩雖欲逃罪。其可得哉

丙寅

宋元嘉三年 魏始光三年

閏月。宋子劭生

劭生何以特書。記元凶之始也。宋主育子於諒闇。卒有商臣之禍。微之顯。其不可掩也如此。故劭實非生於此時。而書此時生。所以著其僞也

宋主自

丁卯

將討謝晦。二月。殺之

羨之亮晦既皆書討。乃不書誅何也。宋主下詔暴其殺二王之罪。而不正其大逆之謀。是謂君臣同辭。誠使羨之等罪止於殺二王。則討而殺之足矣。豈知營陽君也。君親無將。將則必誅。是數人者。實弒其君。必也殘其身。汚瀦其宮室。以正其殺無赦之罪。斯可矣。而乃以殺二王討之。則非其義矣。宋主之意。不過欲掩護已之爲君而不知營陽既弒。廬陵又殺。已有次立之勢。國人扳已而立之。則立之宜也。何嫌於正討賊之名哉。皆書殺之。譏失賊也

晉處士陶潛卒

甚哉出處之際。君子所當致謹也。揚雄草太玄以擬易。作法言以擬論語。其自視荀孟以下。若不足道。然失身於莽賊。故綱目於其沒也。書曰莽大夫揚雄死。雄雖欲自解。不可得也。陶潛在晉。乃太尉侃之孫。自其初年。出處大致。已有可觀。至劉宋移國。恥復屈身。遂不出仕。卒能保全名節。故綱

目特以晉處士書之。明其不失身於宋氏。獨得為晉全人也。然通鑑是年不載其事。綱目取諸前史以激千載之清風爾。臣嘗因是考之晉隱逸傳。不見其不屈之意。至南史始著其説。且載檀道濟嘗饋粱肉。麾而去之之事。則潛之此意。顯然明白。今分注亦本此為説。其有關於世教多矣。茲故詳而論之。以詔後之君子云

資治通鑑綱目發明卷第二十四

資治通鑑綱目發明卷第二十五

布衣臣尹起莘上進

宋元嘉六年 魏神䴥二年 秋七月。魏河南諸軍退屯河北。宋到彥之等取河南

上書魏河南諸軍退屯河北。下書宋到彥之等取河南。則是彥之等因魏軍之自退而取之。非以戰勝而得之也。書法若此。紀其實爾

宋遣將軍檀道濟伐魏。到彥之棄軍走

彥之身為督將。實任北伐之責。雖取河南。特因魏軍自退。非有克捷之功也。今北兵既集。正宜力戰以却之。乃望風逃遁。果何謂耶。故綱目於此特書棄軍走以罪之。至他日下獄免官。則削而不書。又以譏宋人不能正僨軍之誅也

癸酉

宋謝靈運有罪誅 靈運謝玄之孫。觀其詩有韓亡子房奮之句。似不爲無意。然靈運既仕宋朝。而食其祿。已與子房異矣。與兵逃逸。其志将何爲哉。書曰宋謝靈運。則靈運固宋之臣也。曰有罪。曰誅。靈運雖欲自文其悖。尚可得乎

丙子

春三月。宋殺其司空檀道濟 猛獸在山。藜藿爲之不采。爪牙之士。國之所恃以爲重。鄰敵所望而憚者也。道濟在宋。雖未可謂之方虎。然亦一時之傑。誠使御得其道。豈不足任干城之寄。乃無故疑而殺之。何歟。死非其罪。故書國書殺。而不去其官

丁丑

夏五月。魏詔吏民告守令罪 守令師帥之官。而使吏民告其罪可乎。若曰患其貪冒。則擇清介循良者用之足矣。何至使下人持其上哉。據事直書。失自見矣

己卯

二月宋太子劭冠劭生劭立劭冠皆書于冊。異於他國也。蓋謹之也。况東宮置兵與羽林等。亦階亂之本。豈得不志之乎

庚辰

冬十月宋領軍劉湛有罪誅以彭城王義康爲江州刺史

論者。謂義康但知兄弟之親。未識君臣之義。以臣觀之。義康亦未能盡兄弟之理者也。何則。子路問聞斯行諸。子曰。有父兄在。如之何其聞斯行之。義康於義爲臣。於親爲弟。豈有生殺大事。或以錄命斷之。至於四方獻饋。皆以上品自奉。而以次者供御。其爲不恭厭兄。不亦甚乎。彼小人但知推崇勢要。以爲己利。不知權位已疑。終將何之。宜乎不免顛沛之禍也。然則綱目於義康何以無貶。曰。上書劉湛有罪誅。湛推奉義康者也。湛既有罪。則累及義康矣。何得謂之無貶。曰。若是則義康將若之何。形迹未露。則忠勤匪懈。恭

恪小心。形迹既露。則闔門遁迹。祈保天年。斯亦庶乎其可也。刺江州。督交廣。尊享王爵。尚可為乎。噫

春正月魏主詣道壇受符籙

綱目書漢肅宗至魯詣孔子宅者。變文起義。不徇流俗。以示尊師重道也。書魏主詣道壇受符籙者。因情定義。隨俗所稱。以見崇尚異端也。且夫符籙之事。前所未聞。而始見於此。魏主虔恭受之。自宜神物後先。而乃其身不保。然則果何益哉。後之欲尊奉道籙者可以觀矣

十二月宋太子詹事范曄謀反伏誅

曄本無異謀。特為熈先輩所狀。然綱目止書曄而不及餘人何也。熈先小人。仕不得志。故為非望僥倖之圖。初無足道。曄身居要職。受知世主。乃惑於邪說。躬圖反逆。故綱目正其首惡之誅。而略其餘爾。其書爵者。非貴之也。所以著其職位清顯。不

知自愛而徇小人爲狂悖之謀。重其罪也

丙戌

春正月。魏主討蓋吳。宋發兵援之 前書魏蓋吳反。此書魏討蓋吳。曰反。曰討。其義明矣。宋乃發兵援之。果何理也。天下之惡一也。烏有遣兵助反虜而可威服敵人者哉。書法若此。其罪宋人之意。爲如何耶。吁

三月。魏誅沙門毀佛書佛像 自佛入中國。人皆敬奉其法。以求福利。未有敢訾之者。至魏主燾乃毅然去之。亦可謂剛正不惑者矣。然世之議者或以魏主不得其終。爲毀佛之報。抑不知梁主衍奉佛尤篤。得禍尤慘。豈佛獨靈於魏。而不靈於梁耶。要之人之禍福。自係乎善惡之積。而奉佛與否初無預也。夫綱目有罪則書誅。無罪則書殺。今沙門者。崇信其法以脩行其所謂善。初非有可名之罪。而綱目乃以誅書之。何哉。居中國而從夷狄。捨王道而尚異端。棄君臣。絶父子。滅人

倫。毀形體。游手游食。以耗蠹平民。至於藏姦蓄穢。淫汙雜揉。又有不可勝言者。是果有罪耶。無罪耶。書之曰誅。所謂原其情而定其實爾。夫豈過哉。後之欲敬禮沙門者。要當以是爲鈞。

魏人侵宋

自南北分統。彼是交侵。師出未嘗有名。今宋人近有蓋吳之援。若可問罪而魏則未能也。潛師入境。果何爲哉。書人書侵。蓋陋之也。

六月。魏殺其司徒崔浩夷其族

周官司寇八議。有議故議賢議功議貴之典。崔浩自其父宏仕魏。實爲世臣。浩歷事三朝。身爲上公。才略獨優。運籌制勝。屢有成績。自八議言之。浩居其四。而乃一觸忌諱。遽赤其族。凶暴之國。尚可立其朝哉。拓跋本夷狄。進於中國而未能純乎中國。故其所爲如此。書殺司徒崔浩夷其族。蓋甚之也

秋宋人大舉侵魏取碻磝。圍滑臺。冬十月。魏主自將救之。宋將軍王玄

謨退走宋有撥蓋吳之事。魏人不能問罪。至是年四月分注於魏師還之下。備載魏主遺宋主書首責及此。則是其曲蓋在宋也。然魏兵既退。宋人盍知自反。今乃不然。反大起軍旅以伐之。果何義哉。是時魏復與宋書。且有彼此和好日久。彼志無厭。誘我邊民之語。而在宋則初無詞可執也。夫師出無名。事故不成。宋之此舉。名義既已索然。烏在其能成功。然則中原淪於夷虜。置之不問。可乎。曰。此在晉則可言克復爾。今宋非其故土。固當養威俟時。胡可輕舉妄動以自詒伊慼哉。是以綱目既書大舉而復書侵以陋之。至魏則書救以見其為應兵。此蓋輕重之權衡也。烏有堂堂大舉而僅能侵人之國者哉。噫。

十二月。魏主進至魯郡。以太牢祠孔子拓跋夷虜。在戎馬之中。猶知尊聖人。典午氏中原正統。請修孔子廟。乃寢而不報。綱目皆明書于冊。所謂夷狄之有君。不如諸夏之亡也

宋雍州

參軍柳元景大破魏師于陝。斬其將張是連提。進據潼關而還

王玄謨首建北伐之謀。親將大衆。望風退走。柳元景偏裨別將。破敵成功。宋主不能顯加賞戮。以囿佛貍之所望而侮者。尚可與之校勝負哉

十二月。魏主引兵南下攻盱眙不克。進次瓜步。宋人戒嚴守江

宋主北伐之舉。初意云何。今乃恐懼至此。魏相有言。爭恨小故者。謂之忿兵。兵忿者敗。利人土地者。謂之貪兵。兵貪者破。其宋主之謂乎。書宋人戒嚴守江。可愧甚矣

資治通鑑綱目發明卷第二十五

資治通鑑綱目發明卷第二十六

布衣臣尹起莘上進

辛卯

春正月，宋主殺其弟義康。義康前日之廢，書國書彭城王者，實有其罪，故以國法待之也。義康今日之死，書宋主殺其弟者，罪不至死，故專目宋主以甚之也。昔春秋書鄭伯克段于鄢，君子譏鄭伯陷其弟于惡。今宋主之於義康，始焉任之太過，至使小人趨附以成其罪。然既貶之廢之，又從而遠逐之，是亦足矣，豈必殺之而後已。象憂亦憂，象喜亦喜，果如是乎。書法若此，深惡之也。

魏主攻盱眙，宋將軍臧質拒之，魏師退走。二月，過彭城，宋人追之不及。去冬書魏及宋平。春秋書平，以及者為主。是春又書魏師還，則是魏人有悔禍息兵之意。故綱目書以子之也。今乃復攻盱眙何哉。且前日宋以無名興師。魏既戰而勝之。是亦足矣。殺掠屠戮。以人爲嬉。方且蟻附一城之下。積尸成山。流血成池。果何謂耶。故綱目書魏主攻盱眙。則見其以國君之重自將而攻一城。書宋將軍臧質拒之。則見其以大國而困於一偏校。不能克也。書魏師退走。則見其以全師之衆力屈而遁。是皆貶之之意也。孟子曰。爭地以戰。殺人盈野。爭城以戰。殺人盈城。此所謂率土地而食人肉。罪不容於死。其魏主之謂乎。末年宗愛之及。宜矣

宋令民遭寇者蠲其稅調

宋主無故暴兵。使六州之民。肝腦塗地。今乃蠲其稅調。果何及耶。況春燕歸巢於林木。民且亡矣。稅調亦奚從出哉。書非美之。蓋譏之也。

春二月。魏中常侍宗愛弑其君燾而立南安王

余春秋君弒而賊不討。則深責其國以爲無人。宗愛以一閹寺之微。弒君立君。易若反掌。魏人舉國聽之。曾無違異。向非愛再行大逆。自速其死。則魏尚可立乎。直書于冊。罪魏國也

夏五月宋人侵魏春秋宋殤公立十年十一戰。民不堪命。遂有華督之弒。今宋魏交兵。禍亦甚烈。魏既不免其身。宋亦宜知自警。乃反乘釁侵之。無損於敵。徒稔其惡。未幾亦蹈魏人之轍。天道好生而惡殺。佳兵者。不祥之器。二君亟戰不已。其禍若合符節。綱目前書宋魏復通好。此書宋人侵魏。以見其無故黷兵。皆有末流之禍。爲後戒也

宋尚書令何尚之致仕。尋復起之大夫七十而謝事禮也。既致仕矣。尋復起之。交譏之也

宋太子劭始興王濬巫蠱事覺赦不誅戾太子爲江充所誣。不免其死。劭濬既親爲巫蠱。事驗明白。豈有國儲副君所爲若此。而可以承祧主器

癸巳

者哉。事覺不誅。直書于冊。識失刑也冬十月。魏宗愛弒其君余。魏主濬立討愛誅之余越次而立。未成乎君。何以書弒。余固愛之君也。愛立之。愛弒之。魏國無人矣。討而誅之。亦幸焉爾。魏太武控弦百萬。威振天下。北掃柔然。西平夏國。滅涼滅燕。易若破竹。恃勝不已。舉兵南下。極意屠戮。死者不可勝紀。武功之暢如此。然未年變生肘腋。身且不保。餘禍所鍾。至於再行弒逆。幾不能國。不善之積。豈可掩哉。考之綱目之所書。驗之事應之所及。後之好攻戰樂殺人者。可以觀矣

二月宋太子劭弒其君義隆及其左衛率袁淑僕射徐湛之尚書江湛而自立。以何尚之為司空昔唐太子弘受春秋。至楚世子商臣之事。廢書而嘆其宮僚郭瑜請改讀禮。先正胡公安國傳春秋。至此

目之爲腐儒。以爲若語之曰。爲人君父而不通春秋之義者。必蒙首惡之名。爲人臣子而不通春秋之義者。必陷簒弑誅死之罪。聖人書此。使天下後世察於人倫。知所以爲君臣父子之道。而免於首惡之名。誅死之罪也。則弘而聞此。必懼然畏懼。知春秋之不可不學而明於臣子之義。不至於奏請咈旨而見酖矣。先正傳春秋之義如此。今綱目取法春秋。故於弑逆之事。亦必直書于冊。若使講讀之際。避諱不言。則前有讒而不見。後有賊而不知。是自淪於陷穽者也。而可乎。夫春秋以傳爲案。綱目以分注爲案。考於分注之所載。可以見其所由致之漸。姑以宋劭之事觀之。善惡必原所始。而逆劭則生於諒闇。形色可以占終。而袁后則預言其惡。侍膳問安。職所當謹。而東宮置兵。乃與羽林等。人臣無將。將則必誅。而巫蠱事覺。乃赦不問。當斷不斷。反受其亂。而既謀廢立。乃猶豫不決。謀及婦人。宜其死也。而事機不密。乃泄於潘妃。不惟是也。宇縣分裂。已非一日。宋文乃無故佳兵。窮黷不已。使南北之民肝腦塗地。不善之積。亦不可掩。固宜其末流之禍如此。綱目書之。與商臣之事如出一轍。蓋欲使後世推本所由。而致謹於首惡之義。以爲人君父者之戒爾。若夫弑父與君之賊。其惡固自不待貶絶而後見也。又奚以贅及爲哉。吁

三月宋劭殺其吏部尚書王僧綽

僧綽力請宋文速斷而宋文不能從。若僧綽亦可謂忠於謀國者矣。然劭既爲逆。僧綽自當引身而去。固不可以其不知所謀而隱忍就職。萬一不幸死於賊手。則必安於義命。亦足見君弑死於其難矣。均之死也。不死於臨難之初。而死於受職之後。故僧綽雖賢。病於死之不早。是以綱目亦不得與袁淑江徐同科而書曰劭殺其吏部尚書王僧綽。若劭自殺其臣然者。豈不深可惜哉

夏五月。劭及弟濬皆伏誅

上書武陵王舉兵討劭者。予駿之討賊也。繼書宋人立駿者。予宋人之立也。人者。衆

詞也。立者宜立也。此與春秋書衛人立晉。詞同而義異

宋復以何尚之爲尚書令

臣弒君。子弒父。凡在官者殺無赦。陳常之逆。孔子已告老矣。方且沐浴請討。不以鄰國之故而遂已也。宋劭之變。何尚之先以致仕復起。身爲大臣。君弒不能死於其難。亦已非矣。乃復北面逆賊。故綱目前書以尚之爲司空於劭弒逆之下。所以正其受僞命從逆賊之罪也。今孝武既立。自宜顯行刑辟。庶幾大義昭明。胡爲使之復齒薦紳之列。故綱目特筆起義書宋復以尚之爲尚書令者。蓋譏其不當復用從逆之人也。夫弒逆之賊。無罪可加。惟治其從逆之人。乃所以孤逆賊之黨。此綱目之作。所以爲急於誅討逆亂者也。故曰。綱目修而亂臣賊子懼

宋主殺其弟南平王鑠

南平之死。乃宋主潛使人毒之。蓋祕之也。而綱目大書于冊。然則爲惡於幽隱者畢可諱哉。雖然。莫親於弟而動輒殺之。其原蓋始於文帝之

殺義康爾。豈知餘波所及。其流浸廣。自後踵而行之。遂爲故常。綱目凡此類必專目其主而以殺其弟書之者。蓋甚其絕滅天倫。勦拉同氣之惡以惡之也。繼是紛紛。亦不可勝書矣。生於帝王之家而屠戮若此。哀哉

甲午

宋世祖孝武帝駿孝建元年 ◯ 魏興光二年

二月。宋江州刺史臧質以南郡王義宣舉兵反。夏。宋主遣兵討質。誅之

反不書以。以者。明義宣愚闇爲質所使者也

劉義宣伏誅

宋主有亂倫之惡。故義宣忿怨而反。然綱目正名定罪。略不少恕者。君雖不君。臣不可以不臣也

乙未

冬十月。宋裁損王侯制度

逆劭之變。宋孝武以藩王討賊得國。劉氏之不滅。賴有是爾。夫公族國之枝葉。若去其枝葉。則本根將何所庇。今乃削弱王侯。何哉。故綱目於此。特以裁損王

丙申　壬寅　癸卯

侯制度書之。以見其本志。惟恐宗族之蕃衍而欲削其枝葉也。雖然。彼不難於獮其諸弟而殺之。又何有於制度哉。世變日下。天理滅亡。可哀也已。吁

宋金紫光祿大夫顏延之卒

延之書爵書卒。褒美如此。所以著其清儉之德。知子之明也

夏四月。宋淑儀殷氏卒

淑儀品卑。何以書卒。著其惑溺之失。瘞埋之盛也

宋大修宮室

宋自孝武承統。外則屢形反叛。內則屢有殺戮。其不德蓋自不言可知。至是大修宮室。綱目特書于冊。而以分注備載其奢慾之實于下。然後宋主之失。曉然在目。夫以宋主所積如此。求欲久有其國。尚可得耶。身歿未幾。嗣子殲滅。宜矣

乙巳

宋主子業景和元年。太宗明帝彧泰始元年。魏和平六年。

八月。宋殺其太宰江夏王義恭尚書令柳元景僕射顏師伯宋孝武縱慾不道。宰而殁身。其子嗣之罪惡暴著。蓋亦天道云爾。殺戮大臣。固無足責。綱目書之。始以著其亂亡之迹。使後人謹於所積爾。於子業乎何誅

宋主殺其太尉沈慶之顏柳之死。沈慶之之力也。慶之陷人死地以自媚於昏狂之君。既昵之。又諫之未幾亦不免於死。雖能終身守節。要無足取。然綱目書官書殺者。特以著狡童之罪。而非以是予慶之也。觀者自當察之

宋江州刺史晉安王子勛舉兵尋陽子勛何以不書反。子業無道。且又遣人欲殺子勛。故綱目特以舉兵書之。所謂原其情而恕其罪也

宋弒其君子業而立湘東王彧昔晉

欒書弒厲公。春秋特書晉弒其君州蒲。穀梁傳之曰。稱國以弒其君。君惡甚矣。今宋子業之殞。綱目亦以國書之者。蓋本春秋之旨。明其淫虐不道。舉國之人皆欲賊之爾。然則予之乎。曰。有湯而後能放桀。有武而後能伐紂。子業之惡。有桀紂之所不爲者。時無湯武之君。故群下不任其暴因而斃之爾。書國。所以著其惡。書弒。所以正其名。爲有一國之人皆欲賊之。尚可尊居人上者哉。書曰時日曷喪。予及汝皆亡。知乎此。則知綱目書法之意矣

資治通鑑綱目發明卷第二十六

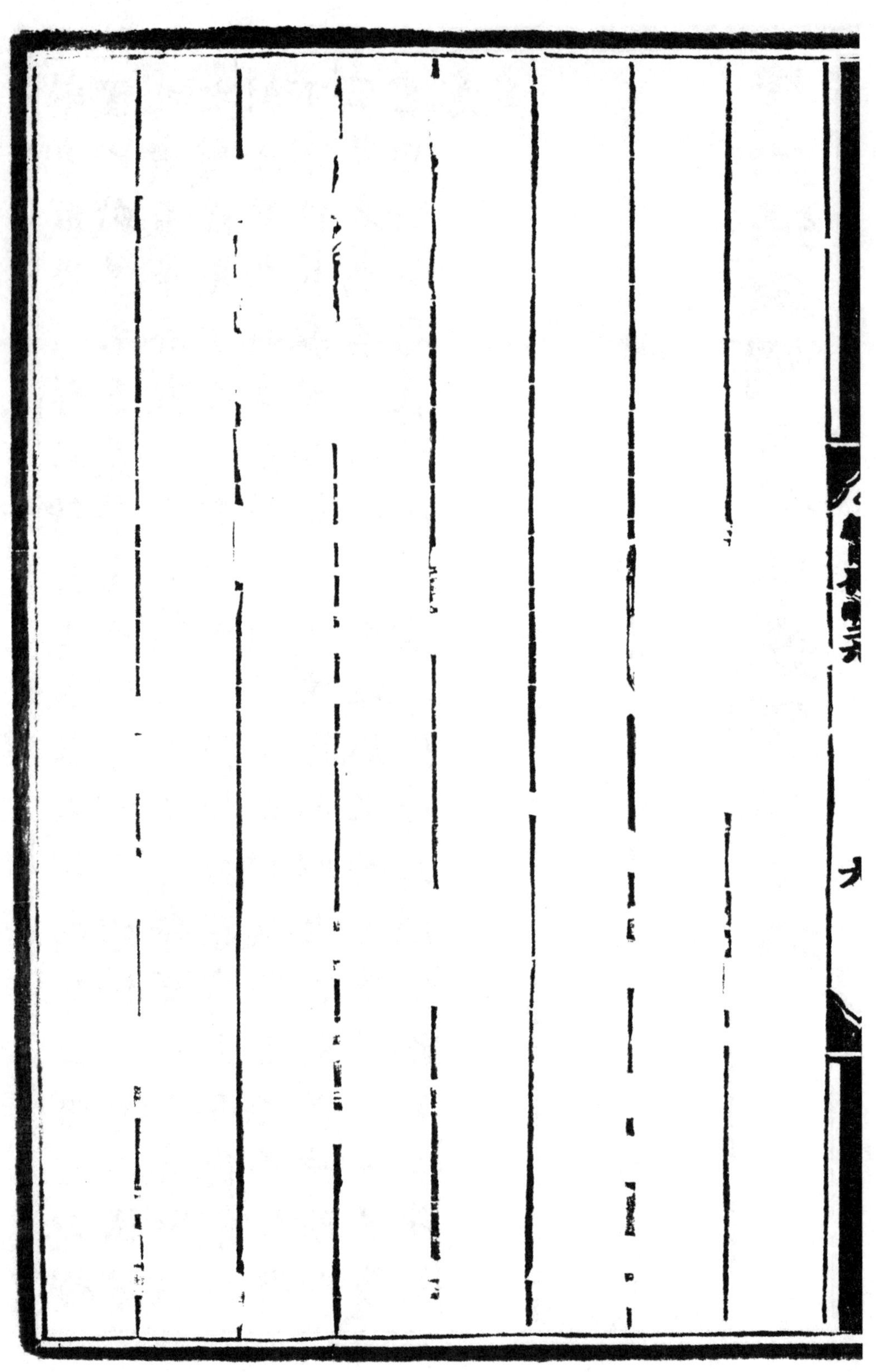

丙午

資治通鑑綱目發明卷第二十七

布衣臣尹起莘上進

宋泰始二年○魏顯祖獻文帝弘天安元年

春正月。宋遣建安王休仁討江州。晉安王子勛遂稱帝。二徐司豫青冀湘廣梁益州皆應之

子勛前書舉兵者。子業無道。故子勛不以反書也。至諸州舉兵應之亦不書反。何耶。子勛既世祖之子。諸州苟欲奉而君之。是亦不忘本朝之意爾。然既不書反。又胡爲以討江州書之乎。夫國君不可無一。亦不可有二。湘東既繼大統。則是社稷已有奉。人民已有主矣。子勛前日舉兵。固曰迫於狂暴。今既得其所託。便當返旆還州。告諭諸郡。以國已有君之意。如是。則宗廟重安。境內無虞。豈不休哉。

不是之思。遂乃正號稱尊。則是志在爭帝。非復前此避禍之意也。綱目原情定罪。直書曰討。然後宋師可舉名義正矣。故自此以下。皆以臺軍別異而書之。夫豈過哉

冬十月。宋主殺其兄之子安陸王子綏等十三人

宋孝武不道。淫亂繼慾。無復人理。故其諸子誅滅。靡一子遺。蓋天醜其行云爾。然自孝明言之。則亦過矣。且吾之所以盡殺兄之子者。蓋欲安吾之子孫也。它日吾子孫効吾所為。則所及者。必吾之子孫矣。始欲安吾之子孫。而反至於殺吾之子孫。其為計不亦左乎。世變日下。天理絕滅。祚運之所以不長。禍亂之所以迭出。夫豈無自而然哉。書殺其兄之子十三人。其惡不待貶絕而自見矣

春正月。魏拔宋青州。執其刺史沈文秀 宋自元嘉末年。

侵魏之後。兩國各務自保。無復兵爭。至薛安都等叛降于魏。於是魏人乘釁侵宋。取淮北淮西。及下邳諸郡之地。今又拔青州而執其刺史。宋惟迫於内難。未遑外略。亦不復與之力爭。然魏氏納其叛臣。奪其土地。屠其城邑。雖若得志一時。夫豈仁義之舉。綱目隨事書之。是非曲直。瞭然在目。固自不可得而掩也。

十一月。魏遣使如宋脩好。

魏既得志於宋。今乃遣使脩好。宋亦自守不暇。不念舊惡。綱目據事書之。亦幸其兵禍之息也

庚戌

宋以南兗刺史蕭道成爲黃門侍郎。尋復本任

宋主以疑而召道成。道成以計而寢召命。君臣相詐如此。果何益哉。尋復本任。直筆書之。交譏之爾

辛亥

宋泰始七年○魏高祖孝文帝拓跋玄延興元年

秋七月。宋主殺其弟巴

陵王休若

湘東始以寬和得譽。身罹子業之禍得脫僅若毫芒。既更子勛之變。於是盡殺其猶子。亦可已矣。今乃復殺諸弟何耶。唐虞明德不曰親睦九族。則曰厚叙九族。周家内睦九族。並建蕃屏。卜世三十。年過其歷。宋主彧欲爲後嗣計。反乃盡翦其枝葉。然而忌道成而不能去。他日移國。固非失於友于之愛也。綱目備而書之。休祐休仁休若之死。一則曰宋主殺其弟。二則曰宋主殺其弟。大書特書。不一而足。其惡不可勝貶。後嗣絶滅。宜哉

八月。魏主弘傳位於太子宏。自稱太上皇帝

大位。大姦之招也。古人兢兢業業。一日萬幾。豈固厭逸樂而好勤勞哉。所居天位。所治天職。祖宗基業之付託。海宇民物之歸仰。宵衣旰食。猶懼弗勝。烏有尊居人上而厭棄塵勞者哉。必若清虚恬淡。毋亦擇賢而用。委任責成。總其大綱。猶或庶幾。況嗣子方穉。乃欲委而去之何耶。綱目書魏主傳位太子。自稱太上皇帝。

以見其斷出於己。固非他人使之。異時鴆毒潛行。其身不保。亦以大權去手。莫能致詰故爾。尚誰咎哉。雖然。魏主屛去聲色。超然物外。其與奢侈縱慾相去何止什百。然而不享喬松之壽。反貽覆身之禍。然則浮屠黄老之學。果何益哉。噫。

宋作湘宮寺

作善降之百祥。作不善降之百殃。積善之家必有餘慶。積不善之家。必有餘殃。宋主彧勦拉宗支。淫刑濫殺。猜忌忍虐。人不自保。內則淫汙肆慾。外則極侈窮奢。嬖倖縱橫。殘民蠹國。其不善之積如此。方且大營梵宇。自謂福田。然不閱歲而告殞。勦滅無餘。向之所謂大功德者。果安在哉。君子觀綱目書宋作湘宮寺。然後驗其所享之報。而是非得失瞭然矣

宋殺其楊州刺史江安侯王景文

考之分註。景文處死不亂如此。若畀以託孤之任。豈不愈於道成。乃反疑而殺之何耶。書官書爵。可哀也已

癸丑

宋主昱元徽元年魏延興三年

宋尚書令袁粲以母喪去職母喪去職。

前此未有書者。是時主少國疑。姦雄伺隙。粲躬受託孤之任。所係甚重。其可拘常守禮者哉。特筆書之。非美之也。正所以譏其暗於機事爾

丙辰

夏六月。魏太后馮氏弑其主弘。復稱制馮后。母也。亦書弑可乎。人君居九五之尊。爲社稷人神之主。宗廟大統所係。太后雖母。然潛行鴆毒。則是絕滅正統。得罪於祖宗社稷。使魏國有人。推求大行致疾之由。告諸宗廟。絕而廢之。然後正其弑逆之罪。肆諸市朝。夫如是則天地神人之憤始紓。而宗廟社稷之靈始安於其位矣。昔魯哀姜預弑二君。聖人皆以弑例書之。若其去而不返。所以深加貶絕。夫豈以人母故末減其罪哉。唐武氏廢其所出之子。君子猶欲數其罪於太廟。賜之死而滅其家。況

君。非已子而又親行鴆毒者乎。以弑書之。夫豈過哉

宋順帝準昇明元年〇魏太和元年

秋七月。宋中領軍蕭道成弑其主昱而立安成王準。自爲司空錄尚書事

宋昱罪浮于禁。羣小伺間。因而斃之。乃歸獄道成何耶。大臣當國。幼主昏狂。竭股肱之力。效忠正之節。必不可輔。則鑑之以死。爾若養成其惡。從而殞之。又因以爲利。則志在篡奪而已。捨是將誰咎哉。或者謂宋昱之惡。與子業等。何爲彼以國書殊不知子業凶狂。權出諸已。諸王久在幽縶。朝廷莫適爲主。非有用事大臣足任其責也。于時湘東繼統。亦得於脫死之餘。偶然之故。非有異志如道成之比。是以無所歸獄。況楊玉夫寄奉道成指授。又與貫充唱謀成濟抽刀者不同。司馬昭猶不能免。道成何詞乎。昔趙盾以亡不越境。反不討賊之故。躬受大惡之名。

令道成於王夫輩。不惟不能討。又從而爵賞之。罪益明矣。若以骲箭之事。謂道成亦迫於畏死。則鉏麑之賊。嗾犬之難。春秋何不以是而恕盾乎。此綱目於宋昱子業之弒。所以各異其書者。固非厚於湘東而薄於道成。亦各原其實而已爾。觀者試思之。

宋中書監袁粲。尚書令劉秉。謀誅蕭道成。不克而死。沈攸之衆潰無成。袁劉謀泄不克。是皆不足任討賊之責。然綱目書舉兵書討書謀誅書不克而死。皆予之之詞者。幸其僅能舉義。不以成敗之故而略之也。

戊午

十二月。魏太后殺其青州刺史南郡王李惠。前殺李訢。亦馮氏也。至是又殺李惠。則其惡亦肆矣。故特書太后以惡之。

己未

宋昇明三年。齊太祖高帝蕭道成建元元年。魏太和三年。○是歲宋國齊代。

齊以王儉爲

僕射是時道成猶爲宋氏之臣。而綱目不繫之宋者。著其權勢之盛。已非宋氏之所得臣也。夫以曹馬之篡。猶遲遲之歷年之久。至劉裕代晉。亦必南征北伐有功而後取。今道成代宋。直以乘時攘竊。近在旦夕之間。其視曹馬輩。蓋不及矣。觀綱目之所書。驗世道之消長。亦徒以發君子之歎而已。於道成乎何誅

齊王道成稱皇帝。廢宋主爲汝陰王。徙之丹陽。以褚淵爲司空

上書齊王稱帝廢主。下書以褚淵爲司空。則是淵爲佐命之臣明矣。考之綱目曹馬劉宋更代之際。非無翼賛之人。然皆不書于冊。而此獨書褚淵者。彼皆其本國之黨。平時相與爲篡竊之計。但知助桀。不顧吠堯者也。至褚淵則以前朝顧命大臣。躬受託孤之任。乃反賣國於人。則其罪可勝誅哉。昔晉荀息受獻公之託。輔奚齊卓子。不克而死。故春秋書及其大夫以予之。今淵輔佐幼君。君弑不能死。又挈國與人。綱目不此

之誅。尚誰誅耶。淵在宋朝固已久居大位。蓋自泰始二年書淵爲吏部尚書。七年書淵爲僕射。是時宋主流涕。付淵後事。越明年而宋主殂。淵與劉勔袁粲蔡興宗沈攸之並受顧命。既而道成弒逆。攸之粲皆以討賊不克而死。淵乃靦然無恥。手持璽綬。勸進齊宮。簒事既成。躬荷上公之寵。鳴玉曳履。拜伏於簒君之前。使淵稍有人心。則宜於此焉變矣。綱目特筆起義。大書以淵爲司空於簒國之下。亦不以淵固辭司徒而遂已。所以誅亂臣。討賊子。深加貶絕。爲千萬世失節事賊賣國求利者之戒也。書法如此。豈苟然哉。故曰。綱目修而亂臣賊子懼

五月。齊主道成弒汝陰王。滅其族

宋明剪除枝葉以安其子。自以爲社稷至計。然肉未及寒。嗣子殞殪。宗族夷滅。不善之積。果可掩哉。然則道成無貶乎。奪人之國而殄其祀。其惡尚何待於貶絕而後見耶。書弒汝陰王滅其族。方齊之晉宋。爲愈甚矣。簒弒相尋。世變日薄。可哀也哉

辛酉

立世子賾爲太子。諸子皆封王

道成篡人之國而赤其族。於其諸子則皆封之。胡不推己之心以及人乎。然未幾西昌勦絕。道成之種。亦無復孑遺者。是豈果無天道耶。綱目於此若無貶詞。然上書滅汝陰王之族。下書諸子皆封王。則其殺人利己。自可觀矣

魏沙門法秀作亂伏誅

是時南北俱尚浮屠而沙門謀反作亂者。屢書于冊。有國有家者。猶欲敬奉其法。可乎

資治通鑑綱目發明卷第二十七

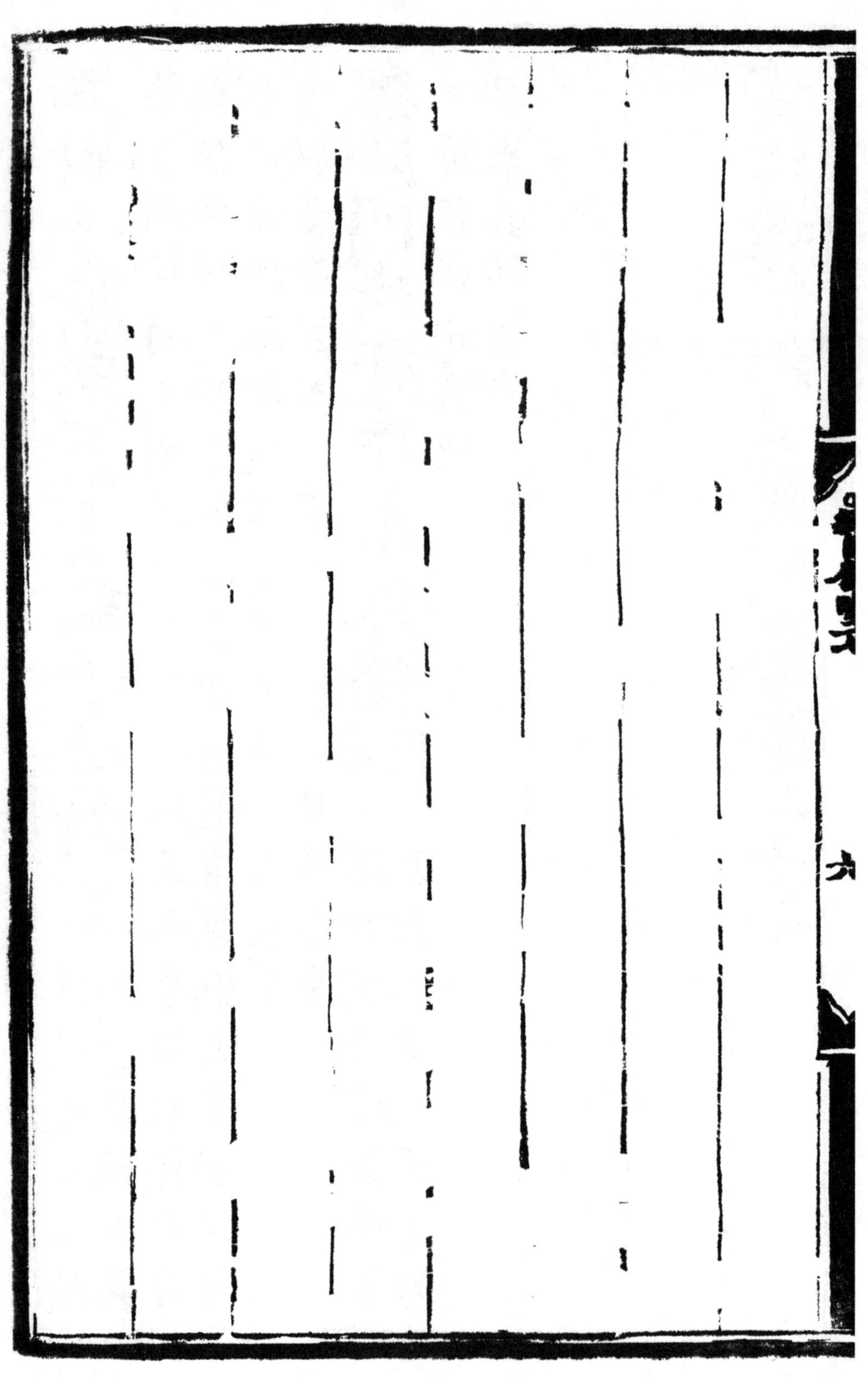

資治通鑑綱目發明卷第二十八

布衣臣尹起莘上進

丁卯

齊永明五年○魏太和十一年九月。魏出宫人。罷末作拓跋氏自有中原以來。胡俗未改。至是魏主賢明。故其政事施設。皆有可觀。如班祿。均田。作辟雍。定樂章。詔賑貸。出宫人。罷末作等事。皆南朝之所無者。綱目特書屢書不一書而止。豈以其出於夷狄之故而遂掩其美哉。予之宜也

庚午

春正月。齊人歸魏隔城之俘魏主議通齊使。其臣能將順其美。齊亦遣使報之。今齊又歸其俘于魏。庶幾繼好息兵以爲生民之幸。故綱目皆書而予之也

辛未

齊永明九年○魏太和十五年春正月。齊太廟加薦褻味別祀

于清溪故宅加薦褻味。降祀別室。皆非禮也。司馬公論之當矣。書之著其陋爾九月。魏主祥祭于廟。冬十月。謁永固陵。十一月。魏主禫祭。遂祀圓丘明堂。饗羣臣。遷神主于新廟春秋之法。書之詳。詞之複。其中必有大美惡存焉。哀姜預弒二君。故於其入也。書納幣。書至齊。書會穀。書逆女。書姜氏入。書宗婦用幣。於其出也。書孫于邾。書薨于夷。書齊人以歸。書喪至自齊。書葬哀姜。皆所以起臣子之心。因事而求其義者也。魏馮氏褻瀆宮闈。親行大逆。魏之諸臣俛首事之。魏主制於其手。不能明其父之禍。故綱目詳而書之。蓋自魏太安二年。書立馮氏爲后。天安二年書太后稱制。至承明元年。書其弒逆。遂復臨朝。自是政事一出於其手。又至去秋。書馮氏殂。今春書魏主始聽政。既而三書謁永固陵。一書祥祭。一書禫祭。及遷神主之類。魏朝毋后之禮。前此無是也。後此亦無是也。非惟魏國。雖歷代亦無之。書之詳。詞之複。所以深嗟魏人不能明鴆毒之禍。譏魏主薄於其父。而厚於其父之讎爾。抑嘗因是考之。魏孝文以辛亥歲受位於其父。時方五歲。已有至性。遂至悲泣代親之感。又五年而顯祖遇鴆。于時孝文固已十閱歲矣。聰明岐嶷。必非前日之比。侍疾嘗藥之事。既無所聞。則是魏主亦不知乃父晏駕之由。略不能推究一二。況今馮氏既殞。烏可置而不問。而魏主則拳拳哀毀以致孝於祖后。是固綱目之所深貶者也。或謂魏人前世不能盡禮至孝文始能行之。故特書于冊。是又不然。使綱目止述行禮之事。胡不附載於分注之下。而特書於綱目之上哉。因一事則起一義。使後人詳而考之。然後知其中有大美惡。正所以扶三綱立人極爲萬世之戒也。觀者其毋以常事視之。常詞讀之。則得矣。

魏以宦者符承祖爲悖義將軍。封佞濁子

悖義豈可爲將軍。佞濁豈可爵五等。方之光武封子密之爲不義侯。彼猶受其殺彭寵之降。固非一區區官者之比。若其有罪。則誅之可也。何必立爲如是之名哉。書之于册。蓋譏之也

壬申

魏定行次爲水德

魏主興文治以變其俗。固可嘉尚。至於必定五德之運。則亦過矣。書非美之。亦譏之耳

癸酉

魏詔大舉伐齊

昔盤庚遷都。其民傲上從康。相與咨嗟胥怨。盤庚方且登進厥民。咸造勿褻在王庭。敷其心腹腎腸。播告之修。不匿厥指。諄諄然告之諭之。若家人父子之相唯諾。遂至不變一法。不戮一民。莫不心悅誠服。以從其上。然後奠厥攸居。迄成中興之業。蓋服民以勢。不若服民以理故也。今魏主將欲遷都。不廣謀於衆。乃率然決意行之。故綱目書詔大舉伐齊。而分注載其欲以脅衆之語於下。夫遷都大事。自

當詢謀僉同。烏可但脅之以威。此魏氏遷洛之後。所以屢形反叛。人心不服。不再傳而遂微者也。嗚呼。觀綱目所載拓跋遷都之事。而參之盤庚三篇之訓。然後知古先哲王舉大事。決大疑。其廣謀從衆。不强民以勢者豈後世所能及哉。噫

甲戌

齊主昭業隆昌元昭文延興元高宗明帝鸞建武元年。魏太和十八年

齊蕭鸞弑其君昭業而立新安王昭文。自爲驃騎大將軍。錄尚書事。封宣城公

昭業繼統。大政悉出於鸞。雖云狂暴。然未嘗殺害朝臣如宋子業之比。鸞有異志。幸其昏庸而斃之。是時鸞苟自取。則亦已矣。又立昭文而輔之。然後盡殺高武子孫而自立。遂至再行弑逆。其惡愈肆。其禍愈促。綱目詳而書之。亦足見世道之愈降矣

乙亥

春二月。魏主攻鍾離不克。遣使臨江。數齊主之罪而還

南北交攻。非一。未嘗有問罪之師。今蕭鸞弑立。魏主借是舉兵。既而攻城不克。姑數其罪而還。綱目揭而書之。不獨見魏主不遂窮兵之美。亦所以彰齊主有罪可名之實

魏主如魯城。祠孔子。封其後為崇聖侯

魏主於是乎可謂知所尊尚矣。聖人與天地合德。時有升降。道無汙隆。豈必有求於人哉。人主尊師重道。所以表示天下。使皆知所師法。此固風化之本。是時異端方熾。時君惟知篤意浮屠。崇尚黃老。而魏孝文乃獨知有吾道。是烏可以拓跋氏待之。書如魯祠孔子。封其後為崇聖侯。魏主於是乎可謂知所尊尚者矣

六月。魏禁胡語。求遺書。法度量

魏本胡人。而能改其胡俗。後世乃有中國之人。胡語胡服。若欲効其武勇者。可謂不

丙子

知愧恥之甚矣。綱目前書魏禁胡服。此書魏禁胡語。皆予之之詞也。嗚呼。用夏變夷。臣於魏文見之

二月。魏詔羣臣聽終三年喪

三年之喪。自天子達。三代共之。後世乃斷其臣子終喪之禮。此何理也。魏孝文能矯其弊。書之于册。蓋予之也

魏詔漢魏晉諸陵皆禁樵蘇

魏前脩堯舜禹周公孔子之祀。而不及湯武。亦豈别有意乎。今又詔漢魏晉諸陵皆禁樵蘇。在漢氏則固無閒然者。若魏晉則操丕懿昭皆在焉。何居。雖然。此皆歷代所不能行者。而魏主能行之。姑略其小而取其大可也。此綱目之所以特書

八月。魏太子恂有罪。廢爲庶人

廢太子。非美事也。若其有罪。則亦末如之何矣。上書廢后以失寵故。故無罪可書。此書廢太子。以悖逆故。故特書其罪不如是。何以爲輕重之權衡

資治通鑑綱目發明卷第二十八

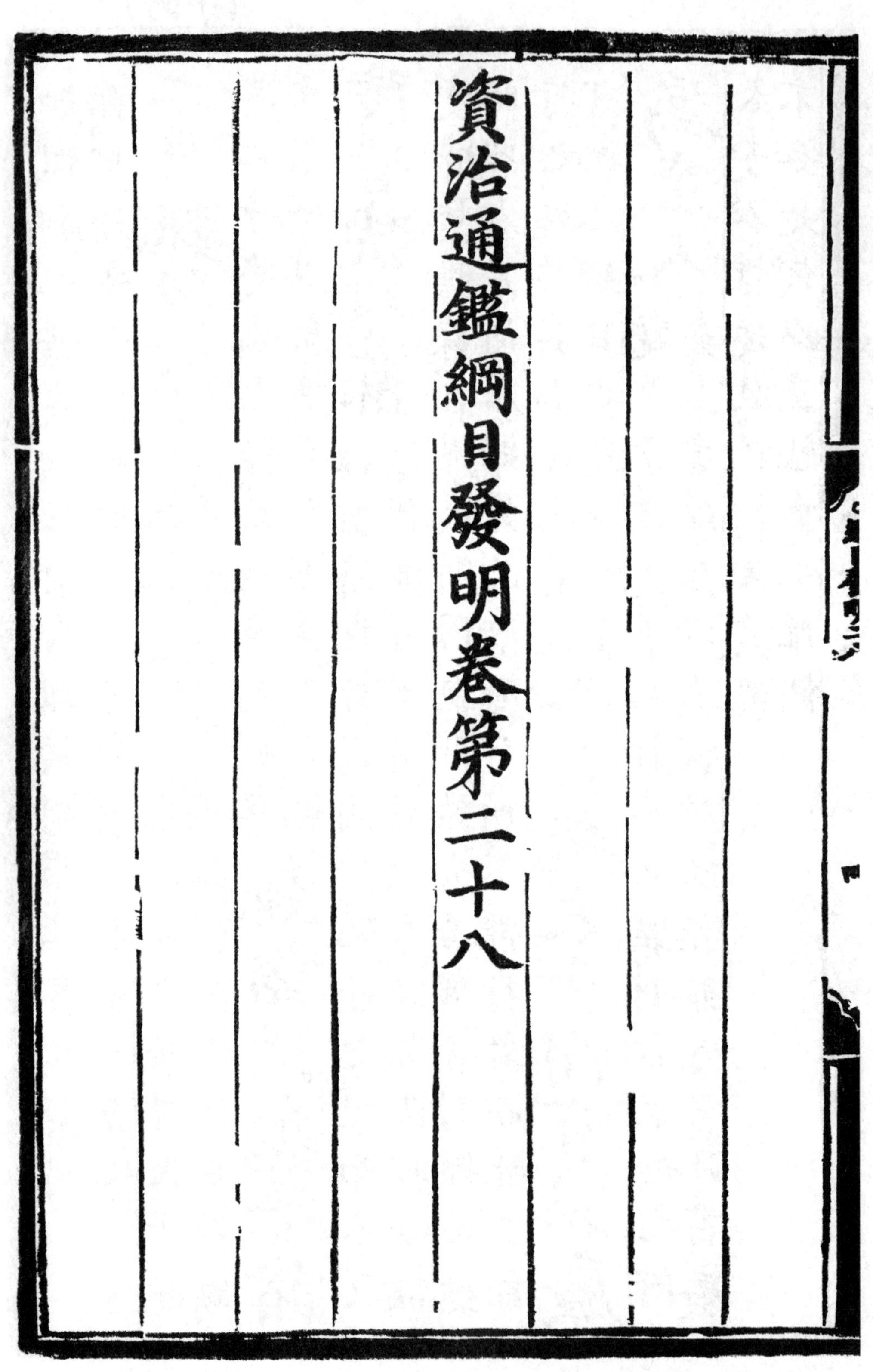

丁丑 戊寅

資治通鑑綱目發明卷第二十九

布衣臣尹起莘上進

齊建武四年○魏太和二十一年

冬十一月。魏主圍新野。遂敗齊兵于沔北

魏主前此伐齊。數齊主之罪師出固曰有名。旣而返旆北旋。不遂黷武。亦可嘉矣。今又無故稱兵。則非前日之比。況時方興起文治。而乃侵伐不已。豈其戎虜之性。固以殺伐爲尚乎。不然。何爲戎車屢駕而不知止也。綱目於自將伐齊。攻南陽圍新野。皆書魏主于上。蓋譏之爾。烏有以帝王自處而爲侵城略地之舉哉

夏四月。齊大司馬王敬則反會稽。至曲阿敗死

己卯

弒則高武舊將。當蕭鸞弒逆之時。不能討之。乃俛首事賊。既受其大司馬之命矣。又復舉兵何哉。以反書之。敗死宜矣。

齊主寶卷永元元年　魏太和二十三年

夏四月。魏主殂于穀塘原。后馮氏伏誅。太子恪立。

孝文魏之賢主。所失者。用兵不息爾。馬圈之陷。豈無將臣可遣而必親行耶。不終于正寢而終于穀塘原。書之于冊。亦可惜也。

秋八月。齊主殺其僕射江祏。侍中江祀。始安王遙光起兵東城。右將軍蕭坦之討平之。

上書殺僕射江祏。侍中江祀。則見齊王之失德。故下書遙光起兵。不書其反。然而不免書討者。所以正君臣之分也。遙光助禁爲虐。凡蕭鸞猜忌忍虐。濫殺諸王。皆遙光贊成之。卒

庚辰

亦不保其身。是豈果無天道耶

十二月。齊太尉陳顯達舉兵襲建康敗死蕭坦之有討平遙光之功。劉暄元舅徐孝嗣沈文季大臣皆無罪見殺。故顯達書舉兵而不書反。是皆權其輕重者也。惟惡寶卷之不道而欲正之也。是以書法如此

十一月。齊雍州刺史蕭衍起兵襄陽行荊州事

蕭穎胄亦以南康王融起兵金陵有君臣之定分。有古今之常理。

下不犯上。卑不抗尊。此君臣之定分也。撫后虐讎。歸仁去暴。此古今之常理也。殷紂之時。文王囚於羑里。箕子爲之奴。比干諫而死。守君臣之定分。不敢踰也。湯武之興。慰壺漿之望。伸徯后之心。救民於水火之中。顧古今之常理。不敢悖也。春秋正名定分之典。弑則書弑。叛則書叛。未嘗有一毫少貸。至於國君見逐於其臣。則必以

自奔爲文者。何哉。天生烝民。立之司牧。政將使之撫綏保養以遂斯民之生而已。豈固使之肆虐於民上哉。澄源正本。必謹其端。而民罔常懷。懷于有仁。是固古今之常理也。綱目正名定分。取法春秋。其於書法。尤所加謹。故夫請誅君側如晉之王處仲王恭之徒。非無詞可執。乃皆以反書之。至於秦之陳勝吳廣之類。則必書其起兵。綱目豈固厚於勝廣輩。而薄於處仲王恭之徒耶。荒淫不道。流虐于民。則有時日曷喪。欲與偕亡之心。爲君至是。固不止一獨夫而已。有如寶卷之事。豈可復以人理論之。綱目於蕭衍潁胄。一則曰起兵。二則曰起兵。書法若此。夫豈抑君而臣是助哉。亦曰。順古今之常理。以天地爲心。以生民爲念者也。造化無私。福善而禍淫。王法無私。勸善而懲惡。居人上者。毋徒曰。我生不有命在天

辛巳

齊和帝寶融中興元年。魏景明二年

三月齊相國南康王寶融廢

其君寶卷爲涪陵王而自立是時寶融在江陵。寶卷猶據尊位。雖有廢立之詞。其實寶卷初未嘗爲寶融所廢。而綱目已如此書之者。寶卷肆虐。罪當廢黜。故從而予之。若眞廢立然者爾。蓋予寶融。正所以惡寶卷也。其旨嚴矣

秋七月齊雍州刺史張欣泰謀立建安王寶寅不克而死寶融既立而寶卷猶在。張欣泰又謀立寶寅。爲有一國三天子哉。然而綱目亦不以反書。則其惡寶卷也益甚矣

十二月齊人弑涪陵王寶卷蕭衍入建康以太后令追廢寶卷爲東昏侯自爲大司馬承制世之論積善者或謂以堯爲父而有丹朱。以舜爲父而有商均。遂以爲天道不可恃而善惡之報。亦有時不然。爲是說者。是特論天道之變。而未論

天道之常也。然唐虞雖有不令之子，二帝能知而與賢。故其傳祀遂至百世不絕。天道又曷嘗少僭哉。江左列國。嗣子昏狂。如宋之義符、子業及昱。齊之昭業、寶卷。其罪其惡。無復人理。烏有禽獸之靈。具五常之性。而其所爲狂悖。至於此。雖有皋夔稷契伊傅周召數十百輩環列於其側。亦不能輔之使久存。是何不肖頑嚚之物。率生於有國之家如此哉。嗚呼。曷不反諸其初而求之乎。劉裕戕滅晉室。武陵縱慾殺戮。湘東絕滅支庶。至於道成父子之屠戮劉氏。而宣城之所以勦滅高武無遺育者。其不善之積。先後如出一轍。故天理之報。昭昭如彼。夫豈有毫釐之爽哉。綱目於寶卷之弒以齊人書者。明齊國之人。苦其暴虐。皆欲賊之爾。其不書主書君而書涪陵王者。予齊人之廢黜。不以之爲君也。既已弒矣。而猶書追廢之者。惡其不道。故予其廢放。以重其罪也。夫寶卷乃蕭鸞之子。鸞之所以爲寶卷慮者悉矣。當其索香火嗚咽流涕之時。惟恐高武子孫有一之不盡

壬午

以爲後患。而不知爲後患者。非高武之子孫也。且夫滅人之子孫而欲安吾之子孫。出乎爾者。必反乎爾。天道其肯容之哉。臣故因寶卷之事詳而論之。以爲天下後世之鑒云

齊大司馬衍執豫州刺史馬仙琕。吳興太守袁昂既而釋之

寶卷荒淫不道。而仙琕昂爲之死守。是亦不知天理者也。然仙琕昂身居外服。則亦惟知守職而已。它何預焉。効死勿去。乃其責也。綱目書執書官。則見二人不降之意。書既而釋之。則見蕭衍不殺義士之意。是皆予之之詞也。書法如此。其爲斯世勸多矣

齊中興二年。梁高祖武帝蕭衍天監元年。○魏景明三年。○是歲齊亡梁代

夏四月。梁主衍弑巴陵王于姑孰。齊御史中丞顏見遠死之

湯放桀。武王伐紂。二君不失爲聖人。實卷罪惡昭著。蕭衍苟欲自爲。則舉兵南下。數其罪而誅之。若湯武之所爲。然後舉齊氏之後。封以一國。使不泯其祀。是亦足矣。奚必假寶融之名以爲簒取之地哉。且夫已立之。已廢之。又從而弑之。將誰欺哉。曷若於初而正其名乎。書法如此。其罪其惡固不可得而諱也。吁○綱目書法極不苟。如顔見遠既書死之。其予之之意固已甚明。然且必繫之齊者。則見爲齊之臣子。不失齊之臣節。是以所書如此。凡若此類。觀者要當深味而熟察之。然後綱目之意庶幾可得而明矣

五月。盜入梁宮。捕得伏誅

昔春秋昭二十五年。書齊崔杼弑其君光。考之左氏。其臣有賈舉州綽等十人死之。然皆不得以死節書。胡公安國傳之曰。所謂死節者。以義事君。責難陳善。有所從違而不苟者是也。此十人者。皆逢君之惡。從君於昏亂。而莊公嬖之者。乃其私暱。雖殺身不償責。安得以死節許之。今寶卷之死。其臣私

癸未

孫文明等雖曰作亂。要亦報君之仇。効節於其君者。而綱目直書曰盜。何哉。此曹皆東昏嬖倖之臣。助桀爲虐。正所謂從君於昏者爾。不書曰盜。尚奚書哉。或者又謂綱目以其微賤之故所書如此。殊不知綱目顧理不顧勢。伸道不伸邪。有如王莽時。鉅鹿男子馬適求等謀誅莽不克。可謂微乎微矣。而綱目不以盜書也。使孫文明等果有爲君討賊之義。綱目自當正色書之。今不惟書盜而又書曰捕得伏誅。則其懲惡之義。尤更彰彰明矣夫綱目雖急於治篡弒之人。若其嬖倖昏亂之徒。則亦綱目之所不予者。況寶卷之惡。又非其它昏亂者之比。此曹自當受飛廉惡來之誅。幸而漏網。而又覆出爲惡。書之曰盜。夫復何說。君子固當深考而黙察之。則得之矣

梁吉翂請代父死梁主赦之

吉翂請代父死而梁主因而赦之。毋乃長

姦僞乎。觀翃對獄之詞。固非僞爲之者。然翃父爲姦吏所誣。翃合先辯明其罪。聲枉於朝。苟不能伸。則死未爲晚。而翃急於代父。不暇它及。綱目亦表而出之。爲世勸也

資治通鑑綱目發明卷第二十九

乙酉

資治通鑑綱目發明卷第三十

布衣臣尹起莘上進

梁天監四年魏正始二年夏四月。梁益州刺史蕭淵藻殺前刺史鄧元起淵藻殺前刺史。盍正其專殺之誅。而梁主僅貶其號。故綱目亦削而不書。然則梁主寬縱之失。不待見之晚年。蓋於其精明之初已見之矣。宜乎子弟之交亂也

六月。梁初立孔子廟立孔子廟是也。然書初立則見前此未嘗立也。江左累朝崇尚如此。其有媿於拓跋多矣

魏有芝生於太極殿芝草也。不生於田野。而生於殿堂。殆與桑穀等爾。魏自孝文以後。政治日衰。今又有此妖物。其主猶不知寤。可乎。書非美之。蓋紀異也

梁大有年綱目

丙戌

自漢顯宗永平九年。書大有年之後。至苻堅冦晉之前一年。嘗書秦大熟。迨今又纔閱歲矣。僅有是年之書夫自永平至此。上下四百四十年間。凡兩書大有。一書大熟。則它歲之歉爲可知。是時梁武初政清明。息兵省役。故其效若此。綱目據事書之。蓋欲使後人留意民事。萬一不幸當壞地瓜分之世。毋徒以偏方自沮。則亦庶乎其可也。此書法之意也

九月。魏邢巒擊梁師敗之。復取宿預。梁蕭宏逃歸

去冬書遣宏伐魏。次于洛口。已見其有畏懦不進之意矣。梁主無名興師。又以所愛子弟督之。將略非長。喪師辱國。甚至棄軍而逃。又不能即正其誅。故綱目於此既削去其臨川王。而復以逃歸書之。逃者。匹夫之事。以三軍之元帥而逃。賤之甚也。噫

丁亥

梁以臨川王宏爲司徒。沈約爲尚書令。袁昂爲僕射。春秋屬辭比事之書。綱目亦屬辭比事之書。姑以蕭宏之事觀之。始書遣宏帥師伐魏。則見其身爲主帥。將大衆以伐國者也。繼書蕭宏逃歸。則見其喪師失律。逃竄苟免者也。今又書以宏爲司徒。則見其有罪不誅。宜黜而賞者也。夫以一蕭宏之事。即其始焉之總師。次焉之敗辱。終焉之濫賞。比而觀之。不待予奪而義自明。然則屬辭比事。是固春秋之教也。而亦綱目之教也。故曰麟筆絕而後綱目作。

魏尚書令高肇弒其主之后及其子昌不書弒后及其子。而書弒其主之后及其子。何哉。高肇爲逆上累君也。人君擅一國之名寵。不能庇其妻子。至使其臣潛行弒逆。亦不能詰。故特書其主。以譏之爾。然考之分注及比史后傳。皆不明其事。綱目何據而定其罪耶。是時高嬪有寵。考之高氏傳言其悍忌。嬪御有終身不蒙接者。在洛二十年。皇子全育者。惟明帝一人。夫其所以不能全育者。誰實斃之。況肇勢傾中外。后一旦無故暴殂。人皆歸咎高氏。則爲肇者亦復何說。昔趙盾以亡不越竟。反不討賊。而書弒。今肇爲用事大臣。一國之事。皆出其手。如使弒逆不出於肇。則必討賊而正其罪。今既主名不立。則其爲肇也明矣。直筆書之。所謂原其情而定其實爾。夫豈過哉

戊子

秋七月。魏立貴嬪高氏爲后

昔霍顯欲貴其女。遂弒許后而立之。今魏之于氏方殞。高氏即正中宮之位。其事正與霍氏如出一轍。然則高肇弒后之罪。愈益明矣

九月。魏主殺其叔父彭城王勰

人主據九五之尊。雖無所不臣。然天倫之屬。則不可泯。魏主失德。不能庇其妻子。高氏之立。勰執正議。肇遂誣而殺之。且肇不難於殺其君之叔父。況于后眇然深

己丑

官一婦人哉。乃知前日之弒無可疑者。然則彭城死於高肇之手。綱目乃專目魏主。且以殺其叔父書之何哉。生殺。人君之大柄。利器不可以假人。魏主君臨一國。乃不能保其天屬之親。至使橫罹冤酷。則國君至是亦具位焉爾。澄源正本。首惡必有所歸。魏主亦何得而辭其責哉。書法如此。固非過也

魏李平克信都。執元愉。高肇陰殺之。奏除平名

元愉旣反。則不爲無罪。然羣臣請誅愉而魏主弗許。縱使其罪當死亦必再請而後可。今高肇乃擅使人密殺之。則魏國爲無君矣。故綱目於此以高肇陰殺爲文。至於李平旣克信都有功當賞。肇乃反奏而除其名。然則魏國至是。可謂君不君而臣不臣矣。觀綱目之所書。驗刑賞之得失。拓跋氏雖欲久有其國。尚可得乎

梁主遣使求成于魏。魏主不肯

梁魏交攻。固無曲直之分。今梁主求

成而魏不肯，則是梁有息民之意，而魏主、佳兵不已者也。昔春秋書魯宣公及齊平莒及郯，莒人不肯則以齊魯心有所偏，而莒人不肯故爾。若夫梁主求成之事，其言止以戰爭殘民之故。欲以息兵爲事，亦可謂兩國之利，無所偏係者，而彼乃不從。故綱目特以魏主不肯書之，則曲直是非，瞭然見矣

冬十一月。魏主親講佛書，作永明閑居寺。魏主不許梁人求成。乃使佛造寺矣

佛以好生惡殺爲事，豈樂於用兵不息，視民如禽獸者哉。魏孝文興起文治，嗣子不令，乃從事於異端，亦可謂弗念厥紹者。綱目於此特書魏主親講佛書，講而曰親，其溺意好尚，蓋可知矣。況又大作梵宇，以殘民蠹國乎

庚寅

梁主視學 是時梁主清明，猶未溺於寂滅之學，是以所尚如此，江左累朝僅有此爾，故特書之

癸巳

秋八月，魏恒肆二州地震，山鳴 地主靜而震，山宜安而鳴，甚至踰年

不已。民覆壓死傷甚衆。此魏氏亂亡之兆也。況他時爾朱氏覆國。亦始於恒肆二州。綱目安得不著其異而志之乎

乙未

夏四月。梁淮堰潰復築之

作於人者。可以力而及。出於天者。不可强而置。

何者城可築而崇。池可鑿而深。兵可厲而精。糧可蓄而備。至於山谷之盤固。江河之浩渺。乃出於天地之自然爾。豈可以區區之力。而强置之耶。是以古人謂關中爲天險。長江爲天限。蓋以非人力所能爲故也。淮堰之事。梁主奚爲輕信虛誕之言。大興工役。直欲壅閼天地節宣之氣。以壑其鄰國乎。築而復潰。潰而復築。綱目皆詳書于冊。所以戒後世之人。欲以人而勝天者爾。賤民殄物。尚誰咎哉。噫。

秋八月。魏侍中于忠殺僕射郭祚尚書裴植。免太保高陽王雍。

丙申

遣就第　魏自是紀綱日亂矣。前此高肇猶陰肆姦慝。至是于忠乃擅行不軌。殺僕射。殺尚書。黜藩王。其凶横如此。魏國尚爲有君乎。夫以祚等。皆國之大臣。一侍中乃令有司誣而殺之。綱目於此。直以于忠專殺爲文。所以見拓跋亂亡之禍。如此。自後紛紛多事。亦不勝其書矣。噫

魏以元乂爲散騎侍郎。乂妻胡氏爲女侍中　女侍中之名。前此未聞也。而始於此。然後知衰亂之世。設施乃爾。書之于冊。亦可鑒也。

魏太后攝行祭事　所謂祭事。不知何祭也。如祭天則用袞冕之類。褘服法服。各異其儀。若以婦人行之。則所服當用何服。特筆書之。失可知矣

梁天監十五年○魏肅宗孝明帝詡熙平元年

九月梁淮堰壞　梁主崇尚浮屠。好生惡殺。然以一淮堰之故。士卒死者。不可勝數。今又漂沒十餘萬口。前後所殺不知其幾。原其本意。特爲一壽陽城而

已。孟子謂爭城以戰。殺人盈城。罪不容於死。況無故糜爛其民者哉。堰成堰壞。皆書于冊。蓋亦重歎生靈之不幸爾。於梁主乎何譏

丁酉

梁詔文錦不得爲人獸之形

織爲人獸之形。慮其裁翦。有乖仁恕。可謂慈祥之至。然築一淮堰而陷數十萬人於死、其爲剪裁。不亦大乎比而觀之。義自見矣

夏四月。梁罷宗廟牲牢。薦以蔬果

天道好生而惡殺。然祭天必用牲牢。君使宗廟止用蔬果。則古人廟祀之典。皆可廢矣。梁主溺於寂滅之學。遂至罷宗廟之血食。書之于冊。不待貶黜其失自見

戊戌

夏四月。魏司徒胡國珍卒。追號太上秦公

太上之稱。豈人臣之所宜乎。衰亂之國。其爵號一至於此。雖有張普惠者。能言其非。而舉朝之臣。希旨苟合。反加詰難。可

己亥

謂不經之甚矣。書之于冊。亦足以貽千載之笑耳

魏主始月一視朝古人一日萬幾。自朝至于日中昃。不遑暇食。猶恐弗及。今魏主驕縱。好馳騁苑囿。不親視朝。幸因其臣切諫。乃始月一陛見羣臣。則其怠忽從可知矣。觀綱目之所書如此。雖欲不亡得乎

九月。魏太后胡氏弒其故太后高氏高氏始因有寵。遂弒于后而立。今既廢爲尼矣。胡氏又從而弒之。于氏實弒。而前史不明其說。今高氏亦弒。乃以暴卒見於史冊。好還之報。若合符節。綱目皆正其名而書之。不以房闥之私而爲之諱也

二月。魏羽林虎賁作亂。殺將軍張彝國之所以有立者以紀綱存焉爾。今綱目書魏虎賁作亂。殺將軍。而不聞魏人討治虎賁之罪。則其國無政。爲可知矣。此識者所以

辛丑

知其將亂也。然張彝父子以刻薄召禍。宜削其官。而綱目猶書之者。正以著大臣見害之實。而非以此予彝也。因文考義則得之矣

九月。魏太后遊嵩高

魯文姜齊之女。而春秋於其如齊未嘗不正色書之。誠以婦人不當踰閫閾故也。胡氏淫汙。固不足道。然書法則不可不謹。綱目書魏太后遊嵩高其惡不待貶絕而自見矣

三月。魏元乂殺將軍奚康生。以宦者劉騰爲司空。京兆王繼爲太保。崔光爲司徒

前書乂殺清河王懌。幽太后。此書乂殺奚康生。皆以著拓跋氏之亂也。懌有帷箔之嫌。康生亦有預謀幽后之失。而綱目專目元乂殺之。且乂不去其官者。惡乂之亂朝也。乂之亂朝如此。既以宦者爲司空。而京兆王繼崔光輩。乃與之同列而不恥。魏國

之大臣如彼。雖欲不亡難矣。列書于冊。舉皆罪也

壬寅

梁西豐侯正德奔魏。既而逃歸

正德書奔魏。書逃歸。而不聞正其背父叛君之罪。則梁主政刑之失。爲可知矣。然正德之所以敢於如此者。亦知梁主之必不殺已故也。自是而後。尤而効之。狃於爲惡。無所顧忌者多矣。亂階何自而弭乎

癸卯

魏沃野鎮民破六韓拔陵反

綱目書破六韓拔陵反於其上。而分注載元乂貪縱召亂之實於其下。魏氏之亡。實自此始。蓋欲使後人參考而得之。其爲世戒。豈不深切著明也哉

甲辰

梁以散騎常侍朱异掌機政

掌機政未有書。而此書之者。所以志其蔽主亡國之端

乙巳

六月。梁豫章王綜叛降魏

梁主不務德而勤遠略。招納叛臣。又使其子總師臨邊。其子亦叛入敵境。何其報效之速耶。且夫統率大衆。必銓擇人才而用之。烏可私其所愛。而疑他人之不可用乎。卒之背叛之人。乃其所愛之子。綱目據事書之。後之人欲私其子弟者。可以觀矣

資治通鑑綱目發明卷第三十

丁未

資治通鑑綱目發明卷第三十一

布衣臣尹起莘上進

春正月。葛榮陷魏殷州。刺史崔楷死之。榮遂圍冀州

綱目立法極謹嚴。如葛榮之事。不曰魏葛榮陷殷州。而曰葛榮陷魏殷州。則以是時。賊勢強盛。非魏之所得而制。故書法如此。見其若一敵國然者。若夫魏自破六韓拔陵之反。至是凡五載。破軍殺將多矣。獨一崔楷能執節不屈。故綱目特書而予之。不以亂亡之世而沒其實。此亦世亂識忠臣之意也

三月。魏主戒嚴西討不果行

魏自諸鎮之叛。寇盜蜂起。綱目不勝其書。其間師徒潰散。督將陷沒。不知其幾。中外知其將亡。而魏主晏然不恤。是歲始有戒嚴之命。而亦終於不行。亦徒爲是虛

聲而已。彼拓跋自珪以來，四方攻伐皆身親之。用能恢拓疆宇。雄據中夏。今日蹙百里。而其主安於淫侈。嬖倖盈朝。雖門庭之寇。亦弗暇討。綱目兩書于冊。一則曰戒嚴北討不果行。一則曰戒嚴西討不果行。皆以著其怠於禦寇之實。然則魏之亡也。非盜賊能亡之也。魏自亡爾。

梁主捨身於同泰寺

甚哉梁武之愚也。人生天地間。有此生。則有此身。生不可滅。則身不可捨。抑不知梁武之所謂捨者。以何爲捨爾。若以屏富貴棄妻子爲捨耶。則是身捨物。而非曰捨身也。若以委其身於佛氏爲捨耶。則爲佛者當取其身而用之可也。今既曰捨。而其身猶在。則是初未嘗捨也。身未嘗捨。而強名曰捨。則固已昧其心於不誠矣。他時諸臣又以金而贖其身。不知當其捨之之時。孰從而受之。而贖之之時。又孰從而歸之也。梁主身非賣僮而可捨可贖。此不惟愚誑其民。愚誑其身。抑且愚誑其所謂佛矣。末年荷荷之時。又復戀戀而不能捨。何哉。孟子有言捨魚而取熊掌。捨生而取義。夫魚熊掌。二物也。固可捨其一而取其一。若捨生取義。則必殺身徇義而後可。萬一其生猶在。則亦不謂之捨矣。綱目於梁主捨身之事。屢書于冊。若無貶詞。然以一國之君而欲捨其身。則宗廟社稷之重。土地人民之託。誰實尸之。况又實未嘗捨乎。其貶之之意明矣。梁武謅佛之禍。先儒論之甚詳。臣姑因綱目所書而取其捨身之一說。極論其所以妄云

魏蕭寶寅殺關右大使酈道元。舉兵反。魏遣行臺長孫稚討之

拓跋失御。反者如蝟毛而起。自鎮兵山胡群蠻與夫諸郡之民莫不相延而動。甚至寵臣如法僧。宗臣如元鑒輩。亦皆反叛相屬。綱目悉書于冊。今寶寅以羇旅寄食逃竄之臣。且復稱兵造亂。寇盜如此。魏氏烏得不亡。然寶寅始欲爲宗國復讎。而終於作亂亡滅。信知讎固未易復。而義亦未易舉也。綱目於是年書寶寅反。於後三年書寶寅

戊申

誅不特著小人反覆交亂之禍亦以爲拓納叛亡者之鑒爾蕭鸞僅有一息自取殄絶天之所廢其可與乎

梁大通二年魏孝昌四年○敬宗孝莊帝子攸永安元年

魏太后胡氏進毒弑其主詡而立臨洮王世子釗

凡人之動於惡雖或迫於事變亦必有所則而爲之魏自孝文不能正文成馮后之罪故其後浸亂相踵觀胡氏之所以濁亂魏國者大類馮氏惟馮氏得志於前故胡氏效尤於後第馮氏挾智數以御物又適其時拓跋方盛故不見其敗亡之禍至胡氏則不免矣武氏亂唐死於牖下於是不旋踵而有韋庶人之逆是皆胡氏之類也綱目前書魏太后馮氏弑其主此書魏太后胡氏進毒弑其主後之處事變者觀之可不明大義而絶禍源哉

魏爾朱榮舉兵晉陽夏四月至河陽立長樂王子攸而沈太后

胡氏及幼主釗于河。殺王公以下二千人。自爲都督中外諸軍事。封太原王。遂入洛陽。

榮不書反者。討有罪也。然書舉兵而不書討何哉。榮本懷謀利之心。假大義以問罪。非真有討賊之意也。胡氏有罪而不書誅者。不予榮之誅也。諸臣不爲無罪而書殺者。惡榮之濫及無辜也。魏自宣武以來。政事日舛。重以肅宗繼之。姦倖盈朝。覆轍相踵。不至於大壞極弊而不止。觀綱目之所書。考魏氏之顛末。有國家者。可以鑒矣

五月。

魏立肅宗嬪爾朱氏爲后

叔末之君。受制強臣。鮮有能自全者。惟處身以禮。以聽天命之去留。則或庶幾焉。爾朱氏既嬪于肅宗。今長樂又迫於榮而立之。苟能以禮自守。縱使終於不免。要亦得正而斃。不至亂男女之別也。況立后所以承宗廟。正母儀。又烏可以懷嬴爲比乎。直書立肅宗嬪爾

朱氏為后。其惡曉然具見於綱目矣

冬十月。梁立元顥為魏王。遣將軍陳慶之將兵納之

拓跋雖亂。然長樂已正尊位。是其國未嘗無君也。梁主乃立元顥。又遣兵送之。何義哉。書遣將軍。將兵納之。納者不順之詞。如春秋書莊公伐齊納糾之類。若曰彼不受而此強以兵納之之謂也。書法如此。可以觀矣

乙酉

春正月。魏主追尊其父勰為皇帝

魏主追尊其父。未論禮之當否。是時國祚危甚。綴旒。戎馬在郊。強臣擅命。寇盜充斥。魏主居可畏之地。身之不保。榮於何有。乃欲追榮其父。多見其不知量也。且帝者有天下之稱。勰終身北面。不得其死。祖宗昭穆若何入廟。魏主皆不此之思。况爾朱方以扶立示功。正使推而弗居。猶懼不免。烏在以位為樂而欲舉非禮之禮。上榮其考哉。直書于冊。謬可知矣

庚戌

夏四月。魏主子攸奔河內

子攸何以名。失地之君也。況是時。顥既稱帝。若直書魏主。則不知其孰爲顥。孰爲子攸。故名以別之爾。不如是。何以爲綱目

魏爾朱榮渡河。魏主顥走死

顥未成乎君而亦以魏主書之。顥固子攸之類也。使顥有成。則一子攸。子攸無成。亦一顥爾。等而書之。夫豈過哉

三月。魏爾朱榮至洛陽。與太宰元天穆皆伏誅

魏詡失德。孽后亂朝。潛行酖毒。變生宮掖。爾朱榮舉兵討之宜矣。然而河陰之禍。有寇賊之所不爲者。今又謀行篡逆。魏能取而戮之。綱目正其伏誅之罪。蓋亦幸之云爾。然自魏晉而下。如榮之比。何可勝數。成則爲帝爲王。敗則伏尸都市。天未厭亂。使此徒得志天下。未幾高歡宇文泰踵其故轍。拓跋氏遂無噍類。然皆榮之黨爾。

嗚呼。安得以綱目之書榮者。而書歎輩哉

魏僕射爾朱世隆反。與汾州刺史爾朱兆立長廣王曄于長子。冬十二月。入洛陽。遷其主子攸于晉陽而弑之

爾朱反逆。人神憤怒。元曄親北面子攸。乃復立而代之。既而亦卒不免。曷若力拒於初。守正而斃。使亂臣賊子。無以爲倡禍之資乎。綱目上書世隆反。下書立曄。則見曄爲反者所立。是亦反逆之徒爾。雖欲自免。難哉

春二月。魏冀州刺史高歡起兵討爾朱氏

爾朱弑逆。恣行殺戮。罪貫幽明。人皆得而誅之。高歡雖故部曲。義不得復徇其私。討之宜矣。然其兵衆。顧謂之反。而歡亦以反自處。大義不明。曲直顛倒如此。遂至設詐以恐其衆。不能顯明爾朱弑殺之罪。不亦過乎。綱目書起兵。書

討國不以歡之所自處者。不正其名也。此曲直之繩墨也

梁邵陵王綸有罪。免爲庶人。旣而復之

梁主溺於浮屠。一意不殺。故毋事姑息。至其子弟有罪。往往宥之。人皆知其爲慈愛之過。而不知其所謂慈愛者。不但見之子弟而已。然綱目於梁主姑息之事。未嘗不顯書于册。如邵陵之類。旣書罪免。又書旣而復之。則其寬縱之失。固自曉然可知。特書屢書。亦所以爲永鑒也

高歡入洛陽。廢其主恭及朗。而立平陽王脩。自爲大丞相

元明。歡所立。固歡之主也。恭乃爾朱所立。何以併書爲歡之主乎。曰。擾攘之際。民不可以無主。恭雖爾朱所立。然據京邑。正尊位。垂及二載。魏國固主之矣。歡獨非魏之臣子乎。使歡正名仗義。討賊叛逆。奉戴廣陵而君之。社稷有奉。人神有主。則明固不必立也。脩

亦不必立也。何至朞月之間三易其主哉。雖然姦賊之徒率以廢立示威勢雖討賊實亦賊爾。等而書之固非過也

冬十一月。魏主脩弒安定王朗東海王曄

是時高歡擅一國之權。然恭明曄之死皆歸獄於魏主何也。脩利於其位有爭國之心慮貽後患故皆戕而滅之。綱目推見至隱。是以書法如此。脩雖欲曲辭其罪尚可得乎

資治通鑑綱目發明卷第三十一

資治通鑑綱目發明卷第三十二

布衣臣尹起莘上進

梁中大通五年　魏永熙二年

魏徐州刺史高乾伏誅　乾苟知其主招集羣小。何不以委任勳賢爲請。顯諫於朝。而乃退有後言。又況勸高歡以受禪。則是反覆交亂之人爾。宜乎綱目正其伏誅之罪也。

夏四月。魏青州人耿翔殺其刺史降梁。梁以翔爲刺史　書青州人。則見其爲部屬之民。書殺其刺史。則見其戕害主將之實。書降梁。梁以爲刺史。則見梁納用亂民之惡。是皆罪梁之意也。若夫刺史不書姓名者。義繫於殺刺史而不繫於其姓名耳。昔春秋文七年。書宋殺其大夫不書姓名。釋者謂義繫於殺大夫不繫於姓名。正與此同意者也。雖然。

甲寅

梁主不顧逆順非一日矣。如元法僧之反逆。徐紇之弑君。皆受而封爵之。又何有於一耿翔哉。陶侃有言。殺方州即用為方州。害宰相便為宰相乎。等而上之。又有不容言者。梁主之所為若此。它時國無惟其亦以此終也

梁中大通六年。魏永熙三年。東魏孝靜帝善見天平元年。○是歲魏分為二。凡三國

魏宇文泰討侯莫陳悅誅之。遂定秦隴。魏以泰為關西大都督

侯莫陳悅賀拔岳均為方鎮大臣。而悅一旦無故殺之。綱目前書殺岳。猶未見悅之罪也。今宇文泰攻之。書討書誅。然後悅之罪始正矣。是時藩方錯立。互相吞食。惟力是視。然綱目辨明是非。備見於書法之間。固不以亂世而少紊其實。此所謂曲直之繩墨也

六月。魏大丞相歡舉兵反

高歡包藏禍心已非一日。特比之爾朱氏有間爾。今既舉兵向關。非反而何。歡前討爾朱自謂之反。今此

真反。乃以誅斛斯椿自詭。其是非顛倒若此。綱目各正其名。然後亂臣賊子之罪始無所逃矣

閏十二月。魏大丞相泰進毒弑其君脩

衰亂之世。其君苟欲自立。則勢微力弱不克振起。苟依人而立。則又未有不受其禍者。魏之孝武迫於高歡。所恃者一宇文泰爾。一旦歡舉兵反叛。魏君奔竄入關。僅脫虎口。若可以爲得所依矣。曾未旋踵而身被酖毒。其禍尤慘。然後知人君寄命於人者無適而可。此正裴侠所謂無異避湯入火者也。人主觀綱目之所書。驗魏君之終始。其可不兢兢業業強於爲善。必使國家乂安。禍亂不作。姦雄無自而起。庶幾子孫不受制於他人之手。不然大勢一去。雖有智者亦未如之何矣。吁

丁巳

春正月。東魏大丞相歡侵魏。魏大丞相泰擊破

戊午

之殺其將竇泰。歡別將襲魏洛州。執其刺史泉企

魏數歡罪二十。何以不書討。泰亦弑君之賊爾。或曰魏主數歡之罪而歸咎於泰可乎。曰。魏主為弑君者所立。受之而不討賊。是亦弑君之人也。況是時國命在於泰手。何得以魏君為名哉。故凡泰之不能討歡。猶歡之不能討泰。其實厥罪惟均。此綱目之所以不分曲直例以交伐書之也

魏廢其后乙弗氏。立柔然女郁久閭氏為后

春秋內中國而外諸夏。內諸夏而外夷狄。冠屨不可以倒置。首足不可以失所。聞以夏而制夷矣。未聞以夷而制夏也。魏氏不道。欲立蠕蠕之女。乃以無罪而黜其后。是以夷狄而制諸夏矣。中國胥為左衽。人類變為禽獸。以異類而毋中國。以毋后而就髡鬄。綱目於此謹之甚懼之甚。故特揭柔然女以書之。所以著魏氏之罪而深惡之

也。任是責者，捨黑獺其誰歸。

己未

東魏范陽人起兵應魏。東魏人討平之

上書起兵應魏。若有勤王之意。下書東魏討平之。則是叛亂之人爾。蓋高歡雖有逐君之罪，而宇文泰亦有弒逆之惡。是以書法如此。

魏制禮樂

昔魯兩生謂百年積德而後禮樂可興。今魏日尋干戈，乃欲制此。綱目因書于冊，亦所以矜而進之也。

庚申

春二月，柔然侵魏。魏主殺其故后乙弗氏

古人殺一不辜而得天下，有所不為。况以無罪殺一國母而又無補於事乎。黑獺當國，不能制禦外侮。魏主迫於虜寇，屈意行戮。綱目上書柔然侵魏，下書魏主殺其故后，則見中國不能自立，受制夷狄明矣。三綱殄滅，禽獸偪人。其

不胥爲異類者幾希。吁。可畏也哉

辛酉

十二月。東魏大稔

前日梁書大有年。而北境則未聞也。今魏氏東西分裂。用兵不息。視民如禽獸。烏有所謂務本勸農之政。而是歲書東魏大稔若可深嘉而喜幸之者。然不知一國僅稔。則它國之歉爲可知。一歲僅稔。則它歲之歉又可知。綱目書此。正所謂歎美不見於有餘。羨慕常生於不足者也。吁

癸亥

春二月。東魏北豫州刺史高仲密以虎牢降魏。

三月。魏大丞相泰帥軍應之。及東魏大丞相歡戰于邙山。大敗而還

仲密實叛。何以不書。高澄無道。亂男女之別。至啓邊禍。故綱目特書以虎牢降魏而不書叛者。罪高澄也。

乙丑

梁散騎常侍賀琛上書論事。詔詰責之（梁主怒賀琛之諫。司馬公光論之當矣。綱目特以詰責書之。異乎興王賞諫臣聞善則拜者矣）

丙寅

春三月。梁主講佛書於同泰寺。夏四月。同泰浮圖災。復作之（人火曰火。天火曰災。梁主捨國事而講佛書。天既火其浮圖以警之矣。猶不知悟。方更增而廣之。綱目書災。書復作。所以深譏之也）

丁卯

春正月朔。日食（日食正旦不盡如鉤。是殆侯景反叛梁國滅亡之兆歟。書以志之。謹天戒者可以觀矣）

侯景復以河南叛附于梁。梁封景爲河南王。遣兵援之（梁主喜納叛人。蓋利心蔽之。故逆順是否皆不能察。卒受其禍。綱目上書景降魏，而魏不爲動。此書景附梁，梁即封以王爵，遣兵援之。下書魏召景入朝，景不受命，魏師乃還。於此可見梁魏謀國得失之分。豈有能叛其故主，而不能叛其新君者哉。後世即綱目之所書，驗梁氏之覆轍，亦可爲招納叛臣者之戒也。

三月，梁主捨身於同泰寺。

梁主捨身，綱目凡三書于冊。然其身猶在，卒莫之捨。捨於佛而佛不受，未幾遂捨於侯景。不惟舍其身，且併其子孫家國舍之，可哀也哉。

秋七月，梁遣貞陽侯淵明督諸將侵東魏。

凡兵聲罪致討曰伐，潛師入境曰侵。今分注載梁主下詔大舉伐東魏，而綱目則以侵書之，且又書正陽侯督諸將于上，何哉。夫以藩侯而總督大軍，則非潛師入境明矣。書法如此，豈有說耶。嘗觀於易師之六五，爲一卦之主，其爻辭有曰：田有禽，利執言，无咎。所謂田有禽者，若禽獸入于田中，侵害禾稼，則宜獵取之爾。至於利執言者，利在奉辭往伐。明其罪以致討。故得無咎。此則執言之義也。今侯景背叛其國。歸魏而魏不納。遂復挈地以附于梁。是固彼之叛臣賊子。在彼則失其境土。若田之有禽。所當致討。而在梁則初無言可執。今反大舉而往伐之。斯師也。其諸謂之何師哉。夫大舉以伐人之國而乃無名。則是其氣已索然餒矣。綱目循名責實。以大舉載於分注之下。而以侵魏書於綱目之上。所謂澄源正本。反求在我。無諸已而後可以非諸人之義也。陋哉梁武。何足以知此

東魏大將軍澄入鄴。幽其主於宮中。殺侍讀荀濟等而還

高歡逐君而終身北面事君盡禮。正將以蓋其醜也。然軍國大權在其掌握。雖有虛文。何補於事。前史載其鞠躬屏氣。執香步從魏主。以見其事上之恭。豈知政由甯氏。祭則寡人。此正姦雄之尤者爾。一傳而子遂著狂悖。觀其詰責乃主。顧謂何意而反。君臣之分倒置如此。是豈得於過庭之訓

而然乎。綱目書澄入鄴，幽其主於宮中。其惡又浮於曹馬矣。荀濟始謀誅澄而不得以死節書者，謀之不得其道。故止書殺而不去其官。亦予之而不盡予者也。其旨微矣

資治通鑑綱目發明卷第三十二

資治通鑑綱目發明卷第三十三

布衣臣尹起莘上進

戊辰

梁太清二年○魏大統十四年○東魏武定六年

春正月東魏慕容紹宗擊侯景景衆潰走襲據壽春梁以爲南豫州牧

景既委身歸梁謂宜恪守臣節聽命梁朝可也今乃不然故綱目上書景衆潰走下書襲據壽春以見其逆節不臣已萌於此使蕭氏而有謀焉自當舉兵誅之否則亟命邊將嚴飭守備以制其豕突之患縱使跳梁不過侵軼疆場其於宗社大計未遽失也天奪其魄梁主不悟又從而封爵之借寇兵資盜糧傳虎以翼自取覆亡哀哉然則南豫州之命書之于册豈不足見梁主之謬乎

二月東魏求成于梁

梁納其叛臣。侵其境土。彼方忿梁不義。興師問罪之不暇。何事反乃求成。此不待智者而後知其間矣。梁臣傅岐輩非不發其奸謀。而梁主曾不之悟。遂墮其計中。可謂至愚極謬之甚者。書曰東魏求成于梁。無故而求。書法之意可見矣

三月。梁交州司馬陳霸先討李賁平之

一李賁而四書于冊。首尾凡歷八載始克平殄。梁之軍政如此。他有大敵。其何以禦之乎

冬十月。梁臨賀王正德叛。引侯景兵渡江。梁主命宣城王大器將軍羊侃督軍禦之

梁主每擧兵率用其子弟統之。然而敗事誤國者先後相踵。曾未有寸功可紀。今侯景反叛。綱目書遣邵陵督軍討之。而分注載以正德督諸軍屯丹陽。未幾。正德叛與賊合。梁主復命宣城都督。卒亦不能抗賊。大抵。梁室之敗。雖原於梁主之昏耄。而子弟互相傾

軌。愈扇其禍。是以不可救藥。又况凶狠頑悖有如正德。梁主曾不少察。他日爲侯景所賣乃復泣見。然梁主畧不斥其反叛之罪。方且相與勞苦如初。知子莫若父。未有如梁主之謬者。綱目一書再書。亦足爲後世私其所愛者之鑒也。

蕭正德引侯景圍梁臺城。十一月。景以正德稱帝。

不曰梁蕭正德引侯景圍臺城。而曰蕭正德引侯景圍梁臺城者。正德叛父。侯景叛君。君臣父子之義俱絶。已非梁之臣子。故不繫之梁而曰圍梁臺城也。前此侯景初反之時。書曰梁侯景。正德初叛之時。書曰梁臨賀王正德。至此則始絶之。書法之謹嚴如此。雖然。侯景翻覆叛臣。雖曰降梁。實有謀梁之心。今既反於壽陽。已與其黨有直擣建康之謀。然綱目一則曰正德引景兵渡江。一則曰正德引景圍臺城。向微正德。景其肯遂已乎。曰。侯景之反固無但已之理。然使正德不内叛。則猶未至若是之烈。綱目正色書之。一以見梁主寵愛子弟之失。一以見正德凶悖叛父之罪爾。嗚呼。梁主好納叛臣。好用子弟。好宥反逆。好事姑息。卒之禍亂之作。不出於是數者。又況溺浮屠之學。從殄倫之教。棄君臣。絕父子。遂使臣叛其君。子叛其父。是以命正德而正德叛。命邵陵而邵陵叛。命柳仲禮而仲禮叛。甚至蕭正表叛於鍾離。袁君正叛於吳郡。元景仲叛於廣州。莊鐵叛於豫章。雖有子及孫。如繹。如紀。如譽。如詧。莫不遷延顧望。互相吞食。略無拯救君父之意。綱目悉書于冊。蓋欲使後人鑒之。毋至蹈其覆轍。自取滅亡者也。若夫正德素懷非望之心。而綱目必書景以正德稱帝者。又以著亂臣賊子更相援引之惡爾。無父無君。於禽獸乎何誅

梁荊州刺史湘東王繹移檄遣兵赴援

使繹誠有救君父之意。自當身將大衆。晝夜星馳。以解臺城之厄。可也。逡循不進。果何爲哉。故綱目於此不書將兵入援。而書遣兵赴援以罪之也

春二月。梁以侯景爲大丞相與之盟。敕止援軍

湘東王繹次于武城

昔春秋時。宋以弱小之國被圍於強大之楚。自九月至于次年五月。經歷三時之久。易子而食。析骸而爨。可謂危困之極矣。然而城下之盟。則曰有以國斃不能從也。去三十里而與之平。今侯景以羈旅奔走之臣。驅率烏合之衆。乘梁人之無備。奄至臺城。攻圍數月。梁人援軍四合。縱未能平賊。猶未若宋人之危急也。胡爲賊景求和遽與之盟。豈有人臣舉兵向闕。人主可與之和者哉。考之分注。王偉爲景設謀請僞求和。梁主怒而不許。既而太子固請。遂報許之。蓋是時梁之諸子互不相下。太子惟恐諸王有功。是以徇賊所請。墮其計中。綱目於此不曰侯景乞和。而曰梁與之盟。敕止援軍。若梁人自與之盟。自止援軍然者。所以專罪梁人不知大義。委身從賊。聽其愚弄之謀。其視宋人不肯俯從城下之盟者。眞輿

臺之不若也。若夫蕭繹前此書遣兵赴援。至是已七閱月。方書次于武城。武城郢之地耳。其去臺城凡幾里。又可以見繹坐視君父不救之意矣。梁主內有子如綱。外有子如繹。雖欲不亡得乎

梁東徐北青州及淮陽郡皆叛降于東魏。東魏遂取梁青州及山陽郡

有其有者昌。貪人有者亡。梁主招納叛臣意在利其土地。然曾無尺寸之得。而家國喪亡。境土反爲敵有。綱目書梁州郡叛降東魏。及東魏取梁州郡。詞繁而不殺。後之貪人土地者可以觀矣

梁湘東王繹歸江陵。殺桂陽王慥

是時臺城既破。梁主淪没賊手。此正臣子痛心疾首誓不俱生之日。蕭繹前此緩於赴援。罪已不可勝誅。今既噬臍無及。猶當竭力致死。庶幾少雪前耻。而乃從容還鎮。略無惻怛君父之心。此何理哉。綱目上書景陷臺城。此書繹歸江陵。其惡不待

貶絕而自見矣

侯景殺蕭正德正德當誅而書殺者。景不得而誅之也。是時正德既已復爲大司馬。又嘗泣見梁武於城陷之日。相與勞苦。父子如初。然而綱目亦不繫之梁者。背父叛君之賊。義不得復爲臣子。故絕之於梁也

梁永安侯確謀討景不克而死梁之子孫負國者多矣。徇義而死僅有確爾。故特予之

九月。侯景陷吳興。梁太守張嵊。御史中丞沈浚。死之拒賊者必死。降賊者未必生。然苟先以生死爲念。則爲義已不篤矣。張嵊明於處死。遂使一門爲忠義之鬼。其視袁君正之徒。彼真狗彘之不若也。綱目書君正叛附侯景於前。書張嵊沈浚死節於後。名義之士。必當知所擇矣

梁岳陽王詧攻江陵。湘東王繹遣兵襲襄陽。詧遁還。繹使竟陵太

守王僧辯攻湘州梁氏亂亡。其子弟互相攻擊。曾不顧宗社之傾覆。君父之陷沒。故詧攻江陵而繹襲襄陽。略無愧恥之心。觀邵陵之書所以反覆開諭者。詞旨亦甚明切。然邵陵亦豈無諸己而後非諸人者哉。綱目詳書于冊。其貶絕之意深矣。安得取繹輩盡尸諸市。以爲不恭不友不孝不悌不忠不義者之戒乎

庚午

梁太宗簡文帝綱大寶元年。魏大統十六年。東魏武定八年。齊顯祖文宣帝高洋天保元年○是歲東魏亡齊代

梁湘東王繹移檄討侯景繹之討景是矣。自臺城之陷至是凡幾日。又自梁祖之殂至是凡幾日。繹不能枕戈泣血致命効死。今乃始移檄遠近。果何及哉。綱目書此。非予之也。正所以著其無父無君之惡爾

齊王洋稱皇帝。廢東魏主爲中山

王前代篡立必有所廢置。或先示威權以肆脅制之舉。然後乘而取之。未有若高洋之易者。何哉。高氏久擅大權。中外俱已歸服。故不動聲色。拱手而正位號。固非有今昔難易之殊也。勢使然爾。然則欲知高洋篡奪之易者。當於高歡以來見諸綱目所書者觀之。則得之矣

梁武陵王紀遣其世子圓照將兵赴援。次于白帝

自蜀至臺城相去雖若甚遠。然其君父陷沒亦既久矣。武陵至是方克赴援。又不能親將大衆星馳而下。何哉。書遣世子次于白帝。罪自見矣

梁高州刺史李遷仕反。高涼太守馮寶妻洗氏討敗之

洗氏一婦人。乃能奮義討賊。故綱目特書于冊。彼以大丈夫自處。若袁君正之徒。乃甘於附賊者。可不愧死無地哉

梁湘東王繹誘江安侯圓正執之

蕭繹安忍無親。不務討賊。專以忌克殺戮爲事。武陵入援。雖曰失之賒緩。然圓正則未見其罪。繹乃設詐而取之。遂啓爭國之禍。他日失蜀而後江陵亦不克保。皆其自取之也。綱目書誘書執。其罪繹之意明矣。誘他人且不可。况猶子乎

二月梁湘東王繹遣王僧辯陳霸先討侯景

亂臣賊子。有爲逆亂之惡而不顧者。亦有假逆亂之惡因以爲己利者。晉趙王倫欲討賈后。必待其殺太子遹而後行之。一以重賈氏之罪。一以去太子之逼。故未幾而肆其簒逆。此則因之以爲利爾。蕭梁禍敗。宗社覆滅。蕭繹舉兵名義甚正。然自赴援至今。未聞遣一兵馳一騎勇於討賊。必至父死兄弑。始克進攻。蓋其包藏禍心。欲借賊手以去其逼。初不爲父兄而討賊也。繹之處心積慮如此。故未幾而有江陵之禍。國祚尋亦殄絶。彼固自爲

殄絕之計爾。豈必天誅之哉。綱目書繹討景文無貶詞。然於分注。載湘東王始命僧辯等東擊侯景之事於下。始之一辭。可謂推見至隱者也。況梁主綱之弒已書於前。則比事屬辭。互文見意。斷可識矣。嗚呼。繹之所爲若彼。君子尚可以人理待之乎

夏四月。梁武陵王紀稱帝于成都

蕭紀稱帝。綱目何以無貶詞。繹固紀之徒也。繹不能救父兄之難。與紀無異。紀帝于蜀。繹帝于江陵。紀敗而繹立。若有少異。然均非正嫡。均爲不義。綱目雖欲抑揚而去取之。不可得矣。宜乎書法如此也

齊以楊愔爲僕射尚太原公主

按分注。公主即魏孝靜帝之后也。然則何不以故魏后書之。彼既失身於人。安得復書故后哉。王莽之女爲平帝后。莽篡漢之後。欲奪而嫁之。誓而弗許。洎漢兵誅莽。綱目特以孝平皇后自焚崩書之。所以褒其全節。雖莽強易其號曰黄皇室主。而綱目亦不之予也。知乎此。則太

原公主之義斷可識矣。楊愔爲人臣子乃妻故帝后。書之于冊。豈得無罪。宜乎他日亦不免也

癸酉

秋。七月。梁武陵王紀衆潰。梁主殺之及其諸子

殺紀者樊猛。何爲以梁主書之。梁主密敕樊猛必使殺之而後已。猛。固繹之鷹犬也。前書繹殺豫章王棟亦然。繹戕害宗黨若此。天道果容之乎

甲戌

梁主講老子於龍光殿

其父講佛書於同泰寺。未幾而有侯景之亂。其子復講老子於龍光殿。未幾亦有江陵之禍。書之于冊。後之溺佛老者可以觀矣

魏取襄陽。徙梁王詧使稱帝于江陵。屯兵守之

帝者有天下之號也。自南北瓜分。各帝其國。已非一統之義。今又欲以蕞爾之地而帝焉。何耶。綱目書魏徙梁王詧使稱帝。烏有以帝者之尊

而可使人稱之者哉。
直書于冊。兩皆罪也

資治通鑑綱目發明卷第三十三

資治通鑑綱目發明卷第三十四

布衣臣尹起莘上進

乙亥

梁敬帝方智紹泰元年。魏恭帝二年。齊天保六年○後梁中宗皇帝蕭詧太定元年○凡四國

九月。梁陳霸先殺王僧辯。廢淵明。冬十月。復立方智稱藩于齊

綱目前書齊遣正陽侯淵明還梁稱帝。以兵納之。繼書梁王方智立。齊人克東關。其曰還梁稱帝者。則見其淹恤于外。不宜承統之意爾。其曰以兵納之者。則見梁人不受。強以兵納之之意爾。其曰梁王方智立。則見所不當立國已有君之意。其曰齊人克東關。則見強暴不義脅以威力之意。是皆不予齊人立淵明之詞也。既而又書王僧辯奉淵明歸建康。曰奉淵明而不書奉其主。書陳霸先殺僧辯廢淵明。曰僧辯而

不書其官。曰淵明而不書梁主。此其是非曲直較然明矣。夫淵明蕭懿之子。敗軍之將。失地之人。其不宜君國子民。繼承梁統。本無可疑。齊人不道。強脅以威。王僧辯儻懼強鄰之逼。自當與霸先輩并謀叶力。告以大義。拒之境上。毋使入踐國都。褻瀆神器。可也。夫何謀之不臧。既立方智。又立淵明。遂使霸先得以藉手。反爲簒竊之資。豈不深可惜哉。綱目一書再書。如曰以方智爲太子。則以僧辯有餒於中。姑爲是以悅梁人。如曰齊人歸郢州。則以齊人自知不義。姑以利而啗梁人。其所以責僧辯責淵明責齊人者。具見於書法之間。所謂有數事而一義者。此類是也。觀者要當合前後所書而察之。則得其肯矣

丁丑

是歲梁魏皆亡陳周代

春正月。周公覺稱天王。廢魏主爲宋公。宇文護自爲大司馬

孔子曰。禮樂征伐自諸侯出。蓋十世希不失矣。自大

夫出。五世希不失矣。陪臣執國命。三世希不失矣。自篡竊相尋。權臣擅命。其來已非一日。今宇文方當得國之初。而護已專大柄。故綱目書其自爲大司馬於稱天王廢魏主之下。所謂如響應聲。如影隨形。其逆彌甚。其失彌速者也。考之分注。是時李弼。趙貴。獨孤信爲太師太傅太保之尊。皆不復書。而獨書護者。著其專國制命。且以見篡魏之舉實護爲之也。然護既專國。乃反居諸人之下。何哉。大司馬總統六軍。護欲專兵柄威制中外。是以捨彼取此。固非辭尊居卑。廉退自將者。然則人主欲權歸公室。其必先正其本。施諸已而不顧。亦勿施諸人。可也。綱目書此。其所以爲後世戒。豈不深切著明也哉

周大司馬護殺冢宰趙貴

宇文做成周而建官。其名是也。然以司馬而殺六官之長。周豈有是哉。若護專殺無君之罪。則又不言自見矣

周宇文護自爲大冢宰

護前日自爲大司馬。蓋欲專制兵權也。今乃自

爲大冢宰。亦豈釋去其權耶。自宇文泰相魏。立左右十二軍。總屬相府。泰卒皆受護處分。前日簒國之始。姑欲柄有所歸。今旣中外已定。所以進居天官之尊。而兵柄則未嘗去手也。考之通鑑。是時同進位者凡五人。綱目皆不書。而獨書護者。正以著其專國無君之罪而誅之也。

梁王琳及陳人戰。敗之。獲其將周文育。侯安都。遂克江州。

是時梁已亡矣。而王琳猶係之梁者。遂其不忘本朝之志。不絕之於梁也。後書梁王琳。梁丞相琳。其義皆然

十二月。齊主幽其弟永安王浚。上黨王渙。於地牢。

前書齊大治宮室而載其惡於分注之下。至是又書幽其弟浚渙於地牢。越明年殺之。惡愈肆而禍愈慘矣。即綱目之所書。驗分注之所述。殘酷忍虐。無復人理。世無牧野之君。安得取高洋之首而垂之大白之旗乎

戊寅

五月。陳主捨身於大莊嚴寺梁武三捨其身。不免亡國。此陳主之所親目。而又尋其覆轍。愚謬若此。抑又不足道矣。書之于冊。亦可愧哉

己卯

齊主滅元氏之族前書殺魏宗室。此書滅元氏族。高洋之惡亦慘矣。然又有自覆其族如元韶元景安之徒者。是豈可以人理論耶。他時高氏亦不免殄滅於它人之手。殺戮相尋。無有紀極。可哀也哉

庚辰

夏四月。周冢宰護進毒弒其君毓。毓弟魯公邕立昔晉大夫迎立悼公。公曰。人之求君。使出命也。立而不從。將安用君。諸大夫聽命。而後悼公乃立。夫所謂君者。固將出令者也。擅賞罰。能利害。舉一國之政悉宰制於其手。若是始謂之君。不然。則失其所以為君矣。自

癸未

拓跋乖亂。宇文泰總握大權。繼以其子廢魏自立。然軍國之政悉歸於護。雖剛果如覺。明敏如毓。未能有所施爲。卽已罹其禍酷。以一國之大。臣民之衆。曾無一人可否其間。積習生常。彼固自以爲法應如此。況欲資之討賊之任乎。綱目一書再書。皆非得已。大義不明。君臣之分不立。逆亂相踵。禽獸偪人。可嘆也哉

夏四月。周主養老于學

養老乞言。王者之事也。周主行之。綱目書之。亦予之乎。曰。事有似是而非者。養老乞言固爲王者之事。然八柄馭臣。獨非王者之事乎。四征弗庭。獨非王者之事乎。王者之事固不可勝舉。而養老乞言。亦其涵養德性就將緝熙之一者也。如使軍國大權悉聽命於一人之手。而薰陶漸染有賴於鴻儒碩德之益。亦何不可之有。第恐威福下移。人君或擁虛器。則執醬執爵徒爲美觀。而虛心訪問。亦秪爲文具而已。是果古人之意哉。入綱目以來。有如漢顯宗之行養老禮固不多得。至於魏主曹

 三

髦亦且養老乞言于學。綱目嘗於漢後主景耀元年書之。獨不思是時國柄制於司馬氏之手。凡軍國大政皆無所預。獨以虛文之事聾瞽其君。今宇文氏自篡魏以來。已歷三世。逆護總握大權。周主寄命其手。凡所設施。舉不由已。獨有禮文之事。不為逆護所疑。故周主安而行之耳。不然。則自紹統以來。凡大政事。大賞罰。曾不經見。而獨養老一事大書于冊。何哉。于謹深識此意。故其所言。不過從諫守信謹於言行等語而已。其他君人大節皆不之及。此蓋周主以此自晦。而護亦以此愚其君者也。嗟夫。養老乞言。古人以之為盛典。而後世以之為美觀。故曰事有似是而非者。此類是也。觀綱目者。要當以是察之

六月。陳殺其司空侯安都

安都何以不書誅。陳主私其扶立之功。及其驕恣。又不能戒飭以理。乃掩而殺之。是以書法如此

齊主殺其河南王孝瑜

高湛得國垂及二載。始書妻太后殂。既著

甲申

其不能行喪禮之罪。次書殺其兄子紹德。復著其亂倫濫殺之罪。至此書殺河南王孝瑜。又著其荒淫拒諫之罪。蓋湛在高洋時固嘗助桀爲虐。陷永安王浚於死地。略無矜憫之意。宜乎得志之日。恣行無道而不顧也。嗣是而後。齊政日亂以至於亡。紛紛罪惡。不可勝紀。自古世濟凶德。未有如高氏之甚者。於湛乎何誅

周及突厥侵齊

春秋謹於華戎之辨。故晉與白狄伐秦。及秦與白狄伐晉。皆不殊之。所以夷秦晉於狄。惡其族類不分之罪也。宇文立國聽命於夷。今又與突厥連兵。是其志在利人土地。而不知中國與夷狄不分。人類與禽獸無別。亦將淪胥爲一。無以戒亂華之禍矣。書周及突厥侵齊。言及則猶有內外之分。不使之得與中國等。此固綱目貴華賤夷之意。而非以是予周也。嗚呼微矣

夏六月。白虹貫日。齊主湛殺其兄之子樂陵王

百年天之警告非一端。人主皆以反躬脩德爲先。自厥禱之說既興。而恐懼之意遂泯。齊氏不道。白虹貫日。反乃濫殺以應之。綱目斥書其主之名於殺兄子之上。所以著其誣天罔人奪宗肆逆濫及無辜之罪爲後世之深戒也其旨嚴矣

齊擊周師敗之。獲其少師楊摽。十二月。及宇文護戰于洛陽。大敗之

前書齊人歸宇文護之母于周。未聞周人有請于齊也。次書周護會突厥侵齊。未聞齊人得罪于周也。至是書齊及護戰于洛陽大敗之。未聞護有全師制勝之策也。夫師直爲壯。曲爲老。護身都將相。手握大權。不幸有母淪陷異境。不能遣一介行李懇請于齊乃遣間使求之。幸而齊人無謀即遣歸國。護曾不思報齊之德。遽與突厥連兵擊之。此何義哉。借使虜嘗有約。豈不能告之以實。厚其禮而謝之。彼亦安能遽爲邊患耶。觀段韶折護之語。周人無以荅之。此其曲直曉然

可知。綱目比而書之。則護負恩不義。兵出無名。率夷狄以戕中國。輕用武以喪師徒。其罪皆著見於書法之間矣。可勝誅哉

乙酉

齊主湛傳位於太子緯。自稱太上皇帝。以祖珽爲秘書監

書齊主湛傳位於彗見之下。祖珽爲秘書監之上。則知齊國此舉惑於珽之邪說。欲以是而塞天變明矣。夫星文示戒。人君當側身脩行。改紀其政。庶可感動天心。返妖致祥。烏有傳位于子而可以上應天道耶。書之于册。矯誣可知

丙戌

齊始用士人爲縣令

縣令吏民之表。而齊用厮役爲之。謬可知矣。書始用士人。非美之也。正所以見其前此未嘗用士人爾

戊子

春三月，周納后阿史那氏。納柔然女則揭而書之，納突厥女何以不書宇文？至是亦胥爲夷矣。故特書納后阿史那氏，若中國然者，所以著其族類不分之罪而狄之也。或曰：前已書如突厥逆女，故此從可知爾。曰：春秋宣元年書公子遂如齊逆女，即書遂以夫人婦姜至自齊。前書如齊，後書至自齊，誠以婚姻人道之始，所以兩揭其國書之。豈厭於繁文哉？知此，則知綱目書法之意矣。

陳攻梁江陵，不克。梁蕞爾之地，僅足少延不泯之祀。陳既覆其宗國，今又無故攻之，此何義哉？特書不克，蓋貶之也。

己丑

春正月，齊殺其太尉趙郡王叡。胡后欲留和士開，而叡力爭，由是遇禍。然則何不以胡后殺之爲文？齊主年少，惑於士開之言，預聞其事，故揭國以書者，見君與國母及用事大臣

共之也

夏四月。齊以高阿那肱爲尚書令。韓長鸞爲領軍。陸令萱爲女侍中。穆提婆爲侍中。祖珽爲秘書監

高阿那肱。韓長鸞武夫小人。陸令萱宮婢。穆提婆。配隷宮奴。祖珽。盲目流人。齊氏任用如此。綱目列而書之。所以著其亂亡之迹。爲後戒也

庚寅

陳遣兵攻梁。周人救之。陳師還

前日陳人攻梁不克。今又遣兵攻之。何耶。周人救之。陳師遂還。然則陳氏無名興師。避強凌弱。其罪皆自見於書法之間矣

辛卯

六月。齊太宰段韶圍周定陽。克之。獲汾州刺史楊敷

周自連兵突厥之後。屢敗于齊。雖以宇文憲韋孝寬之才。皆不能得志於敵。良由護以不義舉兵。理

曲而氣餒故爾。綱目悉書于冊。所以爲師出無名者之戒。豈不著明也哉

齊主殺其弟琅邪王儼

儼有專殺之罪。何不正名書誅。士開姦諂迷國。死有餘辜。然在儼則不得而誅之。今既擅兵專戮。齊主不於此時舉正其罪。乃惑於陸令萱相表不臣之說。則非天討矣。故特書殺其弟以惡之

資治通鑑綱目發明卷第三十四

資治通鑑綱目發明卷第三十五

布衣臣尹起莘上進

陳太建四年。齊武平二年。周建德元年

周主討其太師宇文護殺之

權臣專制。人君將欲去之。未有不反貽禍敗者。觀之歷代。如魯昭曹髦之類則可見矣。後世因是遂以權臣爲不可去。而人君處此亦往往付之無可柰何而遂已。孰知後周高祖誅鋤大憝。不動聲色。除積年根據之惡於一旦俄頃之間。然後知大姦大惡未有不可去之理。特患人君無其志耳。夫其韜藏晦匿於十有餘年之久。於國事則無所關預。於宮中則行家人禮。周主既無不平之意。而護亦安於其所爲而不自覺。凡大寳君臨之後玉珽未擊之前。猶鷙鳥之伏。蛟龍之蟠。雷霆之蟄。日月之晦。絲髮毫芒不露圭角。此其有所不動。動則必成者也。彼寡謀淺智之君。或形之詞色之間。或謀之輕躁之人。速則爪牙未備。緩則機械已泄。又否則一賊未去。一賊復生。遂至殞身失國者。滔滔皆是。綱目於護之誅。特以周主討殺爲文。雖衛公直長孫覽等皆無預乎其間。此其神機密運。果有大過人者。故綱目獨歸功周主耳。然以一人臣之微。戮之於房闥之間。乃書曰討。若强敵然者。又以著其權勢之盛。有可畏之虞。幸而勝之。去之云爾。雖然。旣書討矣。又不書誅。何哉。護連弑二君。罪不容誅。周主雖能治其專國之罪。而不能正其殺無赦之惡。向使踣地旣斬之後。周主發其大逆。告之二君之廟。殘其身。汙其宮而瀦焉。則綱目必以周主討宇文護。護伏誅書之矣。此又綱目書殺不書誅之意

冬十月。齊立昭儀穆氏爲右后

人君立后。取法乾坤日月陰陽之義。君治外而后治内。所以齊體宸極母儀天下。若夫嬪御而次則皆妾耳。故記禮者謂天子立后六宮。三夫人。九嬪。二十七

世婦。八十一御妻。亦猶王朝百官之衆聽命於一人者也。國無二主。安得二后。昔劉聰以夷狄醜類嘗立三后尋亦亡滅。今高緯昏淫不道。嬖倖盈朝。既立胡氏。又立穆氏。遂有左皇后右皇后之稱。將就淪滅。固無足道。然綱目不得不直書于冊者。亦以著亂亡之跡爲後戒也

齊主遊南苑殺其從官六十人

齊主遊南苑。從官死者六十人。綱目書殺而不書其罪。齊氏至是滅亡已著。固不可律以常理。然緯雖昏狂。未至如洋之暴虐。何乃一旦戮其從官至若是之多耶。考之通鑑則曰賜死者六十人。及參以北史本紀乃是暍死六十人耳。通鑑出於後來。固當以北史爲正。所謂賜死乃暍字之誤而已。綱目何見而以殺書之哉。嘗觀孟子有曰殺人以挺與刃有以異乎。曰。無以異也。以刃與政有以異乎。曰。無以異也。夫挺刃固可殺人。至於殺人以政。固非挺刃之比。何爲一槩論之。豈知殺雖不同而所以殺之者則同耳。故凡置

人死地者。不必問挺之與刃。刃之與政。其實則均爲殺之所謂挺亦殺也。刃亦殺也。政亦殺也。今齊主以盛夏遨遊。馳逐苑囿。遂使其從官暍死者至於六十人。則是無故驅之就死。雖非以兵刃殺之。是亦以暍死殺之。不謂之殺。殺不可也。先儒有言。毋以政事殺人民。毋以貨財殺子孫。毋以學術殺天下後世。齊主無故逸遊罝從官於死地。此正孟子所謂殺之以政。而先儒所謂以政事殺人者也。綱目不書暍死而書曰殺。變文起義。齊主雖欲曲辭其責。尚可得乎。

八月。周太子贇納妃楊氏

太子納妃。嘗於晉賈氏。見之矣。然非有所爲則不書也。周贇納楊氏特書于冊。一以紀贇性質愚下之實。一以紀贇后父得政之端耳。夫豈無故而書之哉

齊立婢馮氏爲淑妃

淑妃宮嬪耳。何以亦書于冊。著其寵愛之私立婢之罪也

齊殺其南陽王綽

綽之殘虐不道。何爲書殺而不去其官。綽雖死有餘辜。使齊主當鑠諸行在之時。即案其罪誅之。夫復何說。今既宥之而與之殺人爲戲。又因權倖誣告其反而戮之。則是綽雖有罪。死非其罪矣。是以書法如此

三月。周使開府儀同三司伊婁謙如齊。齊人留之

書周使伊婁謙如齊。齊人留之。而不見所遣及所留之因。然未幾周人伐齊。遂墟其國。始知婁謙乃覘國之人耳。高緯無道。極意淫侈。鄰敵覬覦而動。遣使窺覘。幸因其徒泄露情實。使緯稍有人心。則必躍然知懼。戒飭邊備。擢用人才。改絃易轍。以爲保國之計待敵之防。可也。既不能然。雖復留其使人。竟亦何益。綱目書婁謙如齊於上。而以分注載齊淫亂之蹟於下。所以見其迷而不反略不知悟之意。爲後戒也。然則齊之亡也。固非周人

滅之。齊自滅耳

丙申

陳太子詹事江總免 書江總免而不書免江總者。總自以罪免也。然總爲宫臣旣以浮薄斥免。則爲太子者從可知矣。陳主雖能免總。而不知其子之浮薄。亡亦宜哉

丁酉

春正月。朔。齊主緯傳位于太子恒。周師圍鄴。緯出走。周主入鄴。齊丞相高阿那肱引周師追緯及恒。獲之。遂滅齊 三公鼎足承君。主在與在。主亡與亡。而况寵榮無貳。又顓國事者乎。夫謀人之軍師。敗則死之。謀人之邦國。危則亡之。烏有身爲大臣。國家喪敗。又可因而利之者哉。高阿那肱柄用於齊已非一日。今周師圍鄴。高緯出走。阿那肱迷國誤朝。敗不即死。反更寄召周師約以生致其主。是

殆鴝鵒之不若耳。使周主稍知大義。執而戮之。布告齊國。猶足少伸伐罪之意。夫何急近利而忘遠圖。受其降而聽其紿。遂使義聲不昭。賊臣反以得志。豈不深可惜哉。綱目於此。特書齊丞相高阿那肱引周師追緯及恒獲之。則高緯任用非人。自取亡滅。阿那肱身爲大臣。背國賣主。周人容納姦回。慚於吊伐。其義皆見於書法之間矣。綱目有一事而數義者。正謂此也

周主殺溫公高緯夷其族

禍莫大於滅人之國。然有滅之而人悅者。惡莫甚於殺人之身。亦有殺之而人服者。武王伐紂。數其罪而布之天下。方且告于皇天后土。所過名山大川。其詞之正。氣之直。曾無一毫詭祕之術。紂雖自焚而死。然取其首而垂之大白之旗者皎如也。孟子有言。誅其君弔其民。如時雨降。民大悅。亦以救民水火之中。必取其殘而後可。豈曰陽予而陰殺之哉。高氏在鄴。自洋以來世濟凶德。民墜塗炭已非一日。以武王數紂之罪較之。抑又甚矣。周主

爲是興師伐之。厥角稽首。遂墟其國。當是時也。數其淫暴之惡。誅之境上。以謝毒痛之民。孰曰不可。旣俘而歸國。爵之五等。又誣而殺之。果何義哉。且夫沈湎肆虐者緯也。其族何罪而死。此特慮其爲亂。盡滅之耳。商之孫子。其麗不億。上帝旣命。侯于周服。周固未嘗有疑之之意。政使果能如武庚之叛。要不過汚吾之鈇鉞而已。豈必逆慮其亂。無罪而盡戮之耶。周主英果有餘。而識量不足。故於滅齊之舉。率多不義。亦不免一傳而滅。由其所以取之者非道。而守之者固不能久也。書周主殺溫公高緯。夷其族。其惡殆與緯等矣。吁。惜哉

周省後宮妃嬪之數

晉武自平吳之後。遊宴後庭。極意聲色。遂至成疾。以殞其身。今周主自將滅一大國。其功百倍晉武。然綱目前書毀其宮室之壯麗者。此書省後宮妃嬪之數。其善於保勝如此。是豈可與驕矜自滿之君同日語哉。書以美之。宜也

周頒刑書要制

昔鄭子產鑄刑書。君子非

戊戌

之。以爲民知爭端。將棄禮而證於書。誠以民可使觀德不可以觀刑故也。後周高祖固英明之王。自魏晉而下。未易多得。然不再傳而遂滅。何哉。自秦以篡殺得國。至邕雖曰聰明剛果。而亦兵戈屢動。殺人多矣。今又制爲刑書。盜匹贓隱頃地皆死。立法若此。是豈天道好生之意哉。五代周世宗亦號爲英主。然性好殺戮。故天開聖人以承其後。二君英威功業大略相似。而皆不能久有其國。意者徒知所以殺。而不知其所以生耳。綱目書周頒刑書要制。而紀其嚴酷之法于下。則其譏貶之意爲可知。然則人主欲保有天祿者。其必以嚴刑爲戒。寬大爲先乎

陳太建十年。周宣帝宣政元年

周主贇殺其叔父齊王憲

人莫親於子。而不能知其惡者。蔽於愛故也。周太子贇之不肖。舉朝皆知之。周主雖屢訓責。然其資品凡下。必無肯堂之理。果

己亥

欲爲宗社大計。要必選建德賢而後可。而周主則未能也。肉未及寒。已肆凶悖。齊王憲以季父至親。殺之如獵狐兔。周氏至此已不可復爲矣。綱目斥書贇名於殺叔父憲之上。方之魏恪殺勰。彼猶制於權臣之手。惑於誣告者之言。未若周贇之甚者。是以書法不同如此。嗚呼。諸侯不生名。滅同姓則名。綱目於周主贇見之矣

九月。陳主及其羣臣盟

詛誓不及五帝。盟詛不及三王。入春秋以來。書盟多矣。聖人皆未嘗予之。今陳宣帝得國已歷十稔。一旦忽無故盟其羣臣。不知所盟者何事。夫刑牲歃血。要質鬼神。或出於事變之不得已。兵爭之不能解。猶云可也。今乃無故要盟。而又班戒四方。果何義哉。故綱目於此。不以始興王叔陵盟百官爲文。而以陳主及其羣臣盟爲文。所以專目陳主而深貶之也。春秋之法。我所欲曰及

周主贇傳位于太子闡。自稱天元皇帝 北國傳位於子

庚子

者。自高緯敗亡之外。其餘凡三書于册。魏主弘。齊主湛周主贇是也。魏欲逍遥物外。齊欲奢淫自恣。周欲高自尊大。所志雖殊。其失則一。然未若周之甚者。夫堯之則天。民無能名。文之象天。清明其德。烏有以天自處而遊戲無常。況酒淫泆。尚可謂之天乎。贇之狂悖。固無足道。然天監要自不遠。未幾遽殞其身。遂至瘖不能言。盖亦天何言哉之報也。綱目書贇傳位於子。自稱天元皇帝。其視自謂我生不有命在天者。又過之矣。意

周主贇立四后

周主何以名。是時贇既傳位於子闡。若止書周主。則不知其孰為贇孰為闡也。然則何為不書天元。曰。天元者。贇之所自稱也。綱目正名立義。烏可聽其以天自命。遂從而稱之哉

周主贇立五后

高緯立二后猶且不可。況五后乎。辛彥之之言。可謂明白切當。若何妥者。眞名教之罪人也。夫嚳四妃。舜二妃。必有元妃主乎其內。餘皆媵女之數耳。烏可以是為比。若以四妃二妃並

列爲正。則諸侯一娶九女皆小君乎。小人附會曲說。取悅一時。亦猶漢任芝樂松以文王之囿七十里爲對。取媚孝靈作畢圭靈昆苑之類。是皆誣罔聖言。王法之所當誅者。臣故因而及之

夏五月。周主贇殂。隋公楊堅自爲大丞相。假黃鉞居東宮。徵諸王還長安

周主以戊戌六月嗣位。至是年五月。未及再朞。以古者三年之喪言之。猶在諒闇中耳。然其驕淫暴虐。人不堪命。殆類久於其位者。是皆時日曷喪。予及女皆亡之類也。周公作無逸。述商三宗及文王享國久長之由。皆本於不遑暇逸。至於亦罔或克壽。或四三年。或五六年。或七八年者。乃耽樂之君爾。天元不道。垂及二載。不惟罔或克壽。而其國且覆亡之不暇。觀綱目所書楊堅自爲大丞相。假黃鉞召諸王還長安之語。其威靈氣燄已不可嚮邇。宇文氏自此滅亡。無復遺種。然則人主欲永終天祿享國久長者。可不

辛丑

以商宗周王爲法。而以天元之徒爲覆轍之鑒乎

秋七月。突厥執齊高紹義。歸之于周 齊已滅矣。猶書曰齊高紹義。何哉。紹義固齊之紹義。而非周突厥之紹義也。揭國書之。亦所以遂其不忘本朝之志云爾

周司馬消難以鄖州降陳 消難何以不書叛。討堅不克而外投他國。故不得爲叛也

陳太建十三年。隋高祖楊堅開皇元年

隋主盡滅宇文氏之族 昔周以兵定天下。然封殷後於宋。爵以上公。觀當時命之之詞。所謂統承先王。修其禮物。作賓王家。與國咸休。永世無窮者。尤欲使之緜延不絕。長保其祀。古人忠厚之意。蓋如此。後世篡竊之主。既自以傳禪爲文。往往反誅前朝之族。無復遺種。夫奪人土地。攘人家國。傾人社稷。掩其所有以爲己物。是亦不翅足矣。而又盡勦其族。使之影

滅跡絕。蕩無炊煙。雖自古以兵滅人國者。殆不若是之慘。禍亂相踵。遂以爲法應如是。是豈可以人理論哉。綱目於隋。書其盡滅宇文氏之族。滅而曰盡。其惡之之意爲如何耶。簒殺相尋。展轉屠滅。亦徒重君子之歎而已。於隋主乎何誅

隋上柱國鄭譯有罪。除名

凡賣國之人。簒君雖賴其用。而心皆薄之。如隋主之於鄭譯是也。然隋主能下詔暴揚其罪。謂爲不道之臣。抑不知簒人之國。弒其主而滅其族。其爲不道當如何耶。書曰鄭譯有罪除名。譯佐隋得國者也。譯既有罪。則隋主從可知矣。明於知人。暗於知己。其隋主之謂乎

十二月。隋聽民出家賦錢寫書造像

隋主以不學得國。故其所爲大率庸俗猥鄙。如聽民出家之類是也。梁魏建寺造塔。滅亡不暇。隋主必笑其奉佛不得要領。故以寫書造像爲眞福田。其高於梁魏一等矣。然身弒國滅。佛亦無如之何。綱目直書于冊。則隋主之

癸卯

爲人亦可知已。尚何梁魏之足笑哉

突厥伐隋

夷狄之於中國。未有以伐書者。今突厥乃書伐隋。何哉。隋爲不道。戕滅周氏。其女有和親於虜者。請兵欲爲復讎之舉。故綱目特書伐隋以遂其不忘宗國之意云爾。不然。貴華賤夷。其肯使左衽之俗得以加乎中國哉。書法如此。其旨微矣。

陳鄆州叛降隋隋主弗納

治天下國家者。不患土地之不廣。而惟患信義之不立。自南北分裂。招降納叛。互相傾奪。然終無益於勝敗之數。徒負不義之名而已。且吾有臣而叛降於敵。吾之所深惡也。人有臣而叛降於我。我乃納而寵之。可乎。隋惟有見於此。故於鄆州之降。拒而弗納。況陳人近方遣使請和。今豈以一城之故。輕棄鄰好而啓兵爭之禍哉。此隋主不納鄆州之叛。綱目所以特書而予之也。後書夏侯苗亦然。

六月。突厥寇幽州。隋總管李崇戰死

前日突厥兩書伐隋者。因復辟之請。伸臣子之志也。今日突厥書寇幽州者。正夷夏之分。存中國之體也。亦各求其實而已耳

隋更定律。置博士

隋文以法律治天下。前日得國之初。首行新律。今又更定律令。置博士官。則當時之所崇尚者從可知矣。考之分注。雖曰除減死刑。務從簡要。然而律博士之設。弟子員之置。是豈明民之意哉。昔劉向有言。有司請定法。削則削。筆則筆。至禮樂則不敢。是敢於殺人不敢於養人也。向之所言。其殆隋主之謂乎。直筆書之。其義自見

資治通鑑綱目發明卷第三十五

資治通鑑綱目發明卷第三十六

布衣臣尹起莘上進

甲辰

陳至德元年。隋開皇四年。陳起臨春結綺望仙閣

亡國之事非一。而奢侈淫泆為多。江左自蕭梁之敗。境土日蹙。大非晉宋之比。今陳氏以蕞爾一隅之地。外當強敵。兢兢自保。猶懼弗免。而況叔寶以淫侈趣之哉。書陳起臨春結綺望仙閣。觀其名而考其實。則奢慾亡國之事具矣。能無入井之及乎

乙巳

陳主殺其中書通事舍人傅縡

殺諫臣者必亡國。傳縡負才使氣。雖縡失之激。然其所言則皆陳主之實。既不能從。反欲使縡改過而赦之。夫過在陳主所當改也。彼又何過之有。故

特書陳主殺其中書通事舍人以惡之。下書殺太市令章華亦然

秋閏八月。隋殺其上柱國梁士彥。宇文忻。劉昉

梁士彥輩反狀明白。何不書其謀反伏誅。隋主篡竊。昉實賣國與之。至於士彥身為總管。將大兵以擊尉遲迥。忻設詭謀。以射觀戰之人。遂能破迥以成篡奪。若三人者。可謂篡國之忠臣。佐命之元功矣。時移事改。浸被疎斥。素懷傾險之志。遂起非望之謀。在他人誅之則死有餘罪。若隋主則未免有負於中。況又出於忌克之心者乎。此綱目所以書殺而不去其官者。不予隋主之誅也。其旨嚴矣

吐谷渾太子訶請降於隋。隋主弗納

隋主以詐得國。獨於叛人不納。此一節為得體。觀其告諭吐渾之語。可謂義理明白。詞旨忠厚。眞帝王之盛節。使隋主每事若此。庸可非哉。書以予之。宜矣

丁未

陳臨平湖開 孫皓丙申之歲臨平湖開。綱目特書于冊。至庚子歲而吳亡。今陳以丁未之歲臨湖又開。至己酉歲而陳滅。然則二國之亡。乃天數當然。非皓叔寶之罪也。嗚呼。曷不反而求之古乎。夫桑穀生朝。太戊以興。飛雉鳴鼎。高宗復古。古人遇灾而懼。責躬修德。故能反妖致祥。豈以天數已定。而遂置人事於不問之域乎。向使叔寶因湖開之變。痛自警飭。擢用人才。改紀其政。嚴戢邊備。慄慄危懼若禍至之無日。則亦未至遽爾滅亡。夫何淫恣不已。乃自賣於佛寺以厭之。天道果可以文欺哉。綱目書此。正所以著其不知恐懼之意耳。不然。自湖開之後。陳主見之。修省者果何如耶。詩曰。畏天之威。于時保之。自古豈有不可回之天意哉

己酉

隋高祖文皇帝開皇九年。春正月。總管賀若弼韓擒虎進軍滅陳。獲其主叔寶 晉之平吳綱目書張悌迎戰死

之。是猶有人拒戰、猶有人死敵也。隋氏伐陳。自去冬興師。距今數月間。未聞陳有一人抗禦迎敵。觀綱目所書弼擒虎進軍滅陳。易於拉朽。如入無人之境。則陳人坐取滅亡無足恤者。夫有國之事。莫重於邊報之急。而陳人付之不問。方且上下相蒙。談王氣。夸天塹。儼然泰山之安。兵既入城。乃投於井。觀叔寶所謂吾自有計者不過如此。雖欲不亡。奚可得乎。自古亡國多矣。未有如叔寶之謬者。臣故備而論之

晉王廣入建康。誅陳都督施文慶等五人

施文慶。沈客卿未論其他。止以隋兵渡江一事觀之。二人相與蒙蔽。坐致陳亡。其罪固不容於死。况又平時迷國誤朝者乎。廣能誅之以謝三吳。可謂得吊民伐罪之意者。宜乎綱目亦書而予之也

投陳孔範等於邊裔五佞

既誅。而範等漏網。今既知其罪矣。乃止投於邊裔。書之于冊。譏失刑也

以陳江總袁憲

等爲開府儀同三司江總狎客。甚非秉憲忠正之比。而乃與之並命。則非其倫矣。據事直書而義自見。

秋七月。羣臣請封禪。不許。諛佞成風。已非一日。是歲甫平陳國。瘡痍未瘳。而羣臣已請封禪。舉朝豈無一人正議。要亦從風而靡。隋文不許。此亦盛德之事。直筆書之。所以予其君而貶其臣也。

十年。殺楚州參軍李君才於殿內。周官司刺掌三刺之法。自羣臣羣吏至於萬民皆訊之。加以三宥三赦而後致辟。其不輕於行法如此。況刑人於市。與衆棄之。焉有一怒之頃。遂殺人於殿庭之間哉。隋文以察爲明。任情殺戮。雖有高熲馮基之徒。固諫力爭。亦復不從。綱目書殺參軍李君才於殿內。則君才無可誅之罪。殿內非刑人之所。其惡皆不言自見矣。

十四年。冬閏十月詔高仁英蕭琮陳叔寶修其宗祀。官給器物

自南北分裂。諸國鼎峙。至隋始能一之。今隋祖念其宗祀廢絶。命高仁英等以時修祭。亦可少彷繼絶之意矣。然聖人所謂繼絶世者。必以興滅國爲先。如齊梁陳等國。固不可使之復興。若封以一邑。俾食數十里之賦。則不必官給器物。自可修其世祀爲悠久計。此又隋文之所未及者。雖然。齊梁陳既祀矣。彼宇文氏自介公殞殆之後。竟無所聞。使隋文能廣作賓王家之意。封植其後。亦何不可之有矣。世祀一也。能念齊梁陳。而不能念周。是何處心不弘如此。嗚呼。且彼獨不聞牧野之事乎。武王克殷及商。未及下車而封黄帝之後於薊。封帝堯之後於祝。封帝舜之後於陳。下車而封夏后氏之後於杞。殷之後於宋。夫武王剪商。未幾耶與黄帝堯舜夏后氏並封其後。今隋主得國於周。乃反殄絶其祀。何哉。然則綱目書詔高仁英

蕭琮陳叔寶修其宗祀。而不及宇文氏。其忌克少恩之意。又自見於書法之間矣。可勝歎哉

散騎侍郎王劭上皇隋靈感志

去年之春。方禁讖緯。今乃宣示符瑞於天下。是何先後矛盾如此。蓋隋之得國。初無功德及民。徒以相表奇異而已。既得天下。欲私之以爲己有。而猶慮人心之不服也。故前日之禁讖緯。正恐天下之人知吾國祚之脩短。而今日之宣符瑞。則欲使天下之人知己之當爲天子。有非人力所能致者。所爲雖殊。而所以私天下之意則一。其實皆欲杜絕當時非望之心。爲吾子孫千萬世不失之計耳。君子推見至隱。故於前書其禁讖緯。於後書其志靈感。然後隋文之心術舉不逃於直筆之間矣。嗚呼。隋文之籍籍斯世者如此。孰謂不再傳而遂滅乎

乙卯

十五年。二月。收天下兵器

秦晉隋平一天下之後。或銷兵器。或撤武備。然皆不

毋傳而滅。漢唐兩朝未嘗行此。反乃載祀數百。然則慮患詒謀之道。殆不在此。綱目前書詔除毀兵仗。此書收天下兵器。亦足以知隋氏之弱其民矣。他日蝟盜羣起。又豈兵器不收之咎乎

仁壽宮成。以封德彝爲内史舍人

德彝之爲小人。蓋不待於其晚節。而於此已見之矣。上書仁壽宮成。下書以德彝爲内史舍人。則此宮雖非德彝所造。而所以成此官者。德彝也。是以書法如此。故曰德彝之爲小人。不待於其晚節。而於此已見之矣

十二月。敕盜邊糧升以上皆斬

殺人者死。傷人及盜抵罪。盜固非一端。其間輕重高下。隨其所犯則有之矣。未聞以升糧而斬人者也。周武帝以盜疋帛隱須地以上皆死。君子猶深譏之。況又不及此者乎。帝王好生之德。以不如此。綱目大書于冊。則隋氏之嚴刑酷法。殆不滅於亡秦矣。宜其皆一傳而滅也。

十六年。秋八月。詔死罪三奏然後行刑 書詔死罪三奏然後行刑。可謂不輕於用法矣。然一怒之頃。殺人於殿庭如恐不及。則奏亦何待至三。觀者自可察矣

十七年。三月。詔諸司論屬官罪聽律外決杖 昔鄭昌上疏宣帝有曰。律令一定。愚民知所避。姦吏無所弄。故法有畫一。律戒貳端。古人所以垂之象魏。布之邦國者。皆是物也。民且若此。況屬官乎。夫所謂屬官者。乃周書之所謂謹簡乃僚。而六典之大事則從其長者也。品秩雖有崇庳。要爲比肩事主。杖之已爲不可。矧又律外決之乎。且所謂律外者。抑不知爲杖凡幾何哉。若律止三十。則出於律外者。增之至百可也。又增至於千亦可也。蓋律有明文。正所以爲之限制。今既聽於律外。則任情而行。不復以律爲拘矣。隋文此意。惟恐法之不嚴。故明示其旨。使之自爲嚴酷。以稱吾馭下之急耳。先王忠

厚之意殆不若是。是豈官有常刑。國有常憲之理哉。綱目書此。其曰論屬官罪聽律外決杖。則隋文操切之惡。固自不言可知。而當時之爲屬官。尚可不知愧恥而安於其位乎

上柱國劉昶子居士有罪伏誅

不直曰劉居士有罪伏誅。而必曰柱國劉昶子者。父過愛而縱其子。子爲惡而累其父。是以交貶之也

并州總管秦王俊有罪免

俊既書有罪免。固無可言者。隋主妄援周公誅管蔡之事爲比。夫周公制禮作樂。治致太平。至使周家之德。仁及草木。澤被昆蟲。刑措不用者。帝皆不以爲法。而獨取其不得已之一節以爲口實。可乎。且春生秋殺。造化不能偏廢。然生意常存而不息。今不體其生而惟體其殺。又從而告諸人曰。此天意也。是天惟以殺爲事耳。隋文立論不幸類是。臣故因而及之。以告後之君子

十二月。殺魯公虞世則

上書世則討平桂州。未聞

戊午　庚申

舉賞功之典。而乃隨即殺之。何哉。若以按驗坐死言之
則當書罪誅。今而曰殺。蓋不過因人誣告耳。夫大臣受
枉若此。則細民從可知矣。有功者坐罪若此。則過誤
者又可知矣。書殺。書爵。所以譏之。亦所以惡之也

十八年。夏五月。禁畜猫鬼蠱毒厭魅野道者

自巫蠱起於漢。而後左道之說行於世。至於猫鬼野道。又其
下者耳。隋文禁之。禁之誠是也。然使王道昭明。風俗淳
一。則雖不待禁而自止矣。直書于冊。其義自見

二十年。冬十月。廢太子勇為庶人

隋帝以刑名治天下。故見於綱
目所書者。法律禁網殺戮貶斥之事為多。而忠厚寬仁
撫摩教養之政。一毫無有也。五子皆出於獨孤。固無嫡
庶之分。然前此三年。秦王俊既以罪免。至是卒而國除。
略無父子主恩之意。帝之所為固可想矣。若夫太子國

儲副君。非有大惡，未易輕動。今乃惑於獨孤之説。曲成其罪。率然廢之。太子不能辨。朝紳不敢言。獨有附會誣罔者乃得志耳。隋文持法之弊一至於此。昔秦政以法毒天下。而扶蘇不得其死。一傳胡亥。國遂以亡。隋氏之失。亦大類此。綱目書廢太子勇而不言其罪。則勇之見廢無罪可知。夫國莫重於太子。且以無罪廢之。况他人乎。吁。

十一月。立晉王廣爲皇太子。是日天下地震

綱目書地震多矣。未聞有書天下地震者。夫震必有方。則書曰某地某州是也。或所震不一。則汎書地震而不言其所。亦有之矣。曾未聞以天下書也。前史載戊子立廣爲太子。天下地震。至綱目變文。上不書戊子。而下書是日。言是日。則其理益明。蓋深表地震之由。繫於立廣之日。所以起後世之疑。欲使之推原其故耳。夫太子承祧主器。將以鎮安海宇。今乃於正位之日。舉四海九州之大。同日地震。變異若此。其爲傾覆必矣。然是時旣已廢立。則亦將若之何。毋亦考問罪否。推究得失少。有疑似則躍然知悟。速爲之所。庶幾少荅天地之變而免於覆亡之禍。可也。夫何帝之覩此。漫不加省。遂至末年。身不自保。則天亦末如之何矣。天之警告人主。未有若是之明著者。而帝不之寤。哀哉

禁毀佛天尊及神像

所謂像者。非繪畫摹塑則雕刻耳。以其像人。猶禁毀之。乃於人而輕殺焉。則其所爲亦不類矣。故書以譏之

辛酉

仁壽元年。春正月。改元

改元罕有書。而此書之者。著其日長詘罔之說也。

廢太學及州縣學。改國子爲太學

漢宣帝以刑名繩下。故作色於用儒之請。然未至於廢學校也。隋文以文法自矜。其視儒學若將浼焉。遂至盡廢而後已。殆與焚書坑儒相去無幾。直書于冊。足以遺臭千古矣

癸亥

三年。秋八月。幽州總管燕榮有罪。誅。

孔子曰。天下有道則見。無道則隱。夫所謂無道者。豈直兵戈禍亂之世而已。凡其君道操切。禁網嚴密。風俗澆浮者。皆是也。隋文之世。在廷之臣非刀筆俗吏。則介胄武夫。往往互相傾軋。況其君方以法律御天下。略無一毫寬大待士之意。蓋嘗詔諸司論屬官罪聽律外決杖矣。今燕榮總管幽州。元弘嗣爲其長史日受鞭箠。甚至付之囹圄。絕其糧廪。必欲置之死地而後已。夫長史爲屬官之長。所當禮貌而加敬者。苟或有過。則宜奏之于朝。黜之可也。烏可待以卒伍厮役之賤而笞箠之哉。隋文於此。方且戒以杖十以上皆須奏聞。及其肆虐已甚。又從而誅之。夫杖一且猶不可。況至十乎。隋之所以待士大夫者如此。士君子苟有廉耻之心。稍知自愛者。烏可一日安於其位哉。綱目直書榮以罪誅。而以分注備載其實。後之君子欲知隋世宦達之士者。於此可以觀矣 龍門

王通獻策不報　隋文以刑法治天下。廢太學。黜儒道。而王通以儒術說之。宜其唾去不顧也。先儒謂通爲隱君子。使其教授河汾著書講道以沒其身。亦何不可之有。而必欲鼓瑟於齊王之門。自取絀辱。是豈席珍待聘之君子哉。直書獻策不報。若王通者。盖亦可愧之甚矣。惜哉

四年。秋七月。太子廣弑帝于大寶殿而自立。遂殺故太子勇　弑逆天下之大惡。覆載之所不容。況太子有父之親。有君之尊。其可輕加惡名。使之爲萬世之罪人哉。煬帝之事。按之分注。參之通鑑。止謂中外頗有異論。及考以北史隋史。亦皆不載其事。獨宣華夫人陳氏傳所述與通鑑略同。然皆不敢正名定罪。今綱目乃大書楊廣弑父與君之事。揭而名之。豈亦別有據耶。始嘗疑之。未得其的。既而推考至大業八年殺張衡之日。衡臨死大言曰。我爲人作何等事而望

久活。監刑者塞耳促令殺之。嗚呼。楊廣弑逆之獄。至是始得其正矣。當廣令張衡入殿侍疾之時。盡遣後宮出就別室。俄而上崩。是衡之爲逆蓋無一人在旁得知之者。迨其臨刑之際。始大言而發其姦。此則天使賊黨正楊廣大逆之誅耳。綱目正名定罪直筆書之。固非若許世子止之不嘗藥而受此惡名者也。嗚呼。楊廣弑逆之罪既明。則義兵可舉。人人得而誅之。無所容於天地之間矣

并州總管漢王諒起兵晉陽。遣楊素擊虜以歸。殺之

隋文之終。中外頗有異論。諒若能正名舉兵。問大行晏駕之由。則綱目當以討賊之詞書之。今乃詐稱楊素反。則非其名矣。此所以特書起兵者。始以是而著楊廣之罪。而非以是予諒也。其旨微矣

乙丑

煬帝大業元年。開通濟渠。引汴水。開邗溝。置離

宮。造龍舟罪有輕重。必捨輕從重。故殺人之賊不問其剽竊。蓋以殺人自有死罪故也。楊廣弑
逆。罪不容誅。若其奢侈淫慾。縱兵濫殺。是皆餘事之瑣
瑣者耳。然亦不可不書。此開渠造舟。與夫徇遊幸築宮
苑等事。所以亦著于冊而不泯其實者也夏。四月。劉方大破林邑。還卒
于師書卒于師。卒于軍。有二義。若討伐讎賊。防遏虜寇。則為沒於王事。若貪人土地。利人貨寶。無故暴師。
則為死於不義。二者固不可以一槩論也。夫兵以毒民。
非有大不得已。胡可輕用。林邑在隋。未聞犯邊之罪。乃
為其多奇寶而舉兵。則是志在徇貨而已。是以前日劉
方之遣。綱目書擊而不書討。已見貶之之意。今而成功
乃卒于師。是亦天誅之意耳。直筆書之。正以著其輕人
命貪異物之罪。而非以是予之也。春秋之法。美惡不嫌
同詞

丙寅

二年。楊素卒

素是時旣爲司徒。又封越公。爵位隆重。何以不書其官。素預聞乎故。乃弑君之賊。故綱目削而誅之耳。何以知其然也。姑以煬朝言之。凡大臣無事而書卒者。皆書其爵。如文安公牛弘。內史令元壽。納言楊達之類是已。楊素身爲上公。首建奪宗之策。寢殿之變。素實爲之。綱目正其弑逆之罪。故於其死也。盡削其官以示天誅不赦之意耳。然則何以書卒。曰。削官以著楊素之罪惡。書卒以識隋人之失賊。二者固並行而不相悖。此綱目之意也。亦春秋之法也

丁卯

三年。三月。殺故長寧王儼。及其弟七人

煬弑父殺兄。何有於猶子。然亦不可盡沒其實。故書殺儼及其弟七人以甚之

殺太常卿高熲。尚書宇文弢。光祿大夫賀若弼

熲等皆前朝舊臣。旣不能明弑殺之禍。又不能

引身而去。乃相與俛首事賊。戮之宜矣。然自煬而言。則亦不可。故皆書殺而不去其官。下書殺薛道衡亦然

八月。帝至金河、幸啓民可汗帳○還至太原營晉陽宮○宴御史大夫張衡宅○遂還東都

自發榆林至還東都。首尾特一事耳。而屢書于冊。何哉。書幸啓民帳。所以見其務勤遠略之實。書營晉陽宮。所以見其峻宇雕墻之實。書宴張衡宅。所以見其私昵寵臣深德其弒奪之實。凡此類。一事則有一義。固不以其亂亡不道之故而盡略之也。

冬。以裴矩爲黃門侍郎經略西域

煬之不道。固無可救之理。然所以盈其罪而趣其敗者。不得不著之以爲後世鑒。若裴矩者。倡導亡國之事。故特書經略西域以著其罪。至他日高麗之役。亦矩首倡其端也

資治通鑑綱目發明卷第三十六

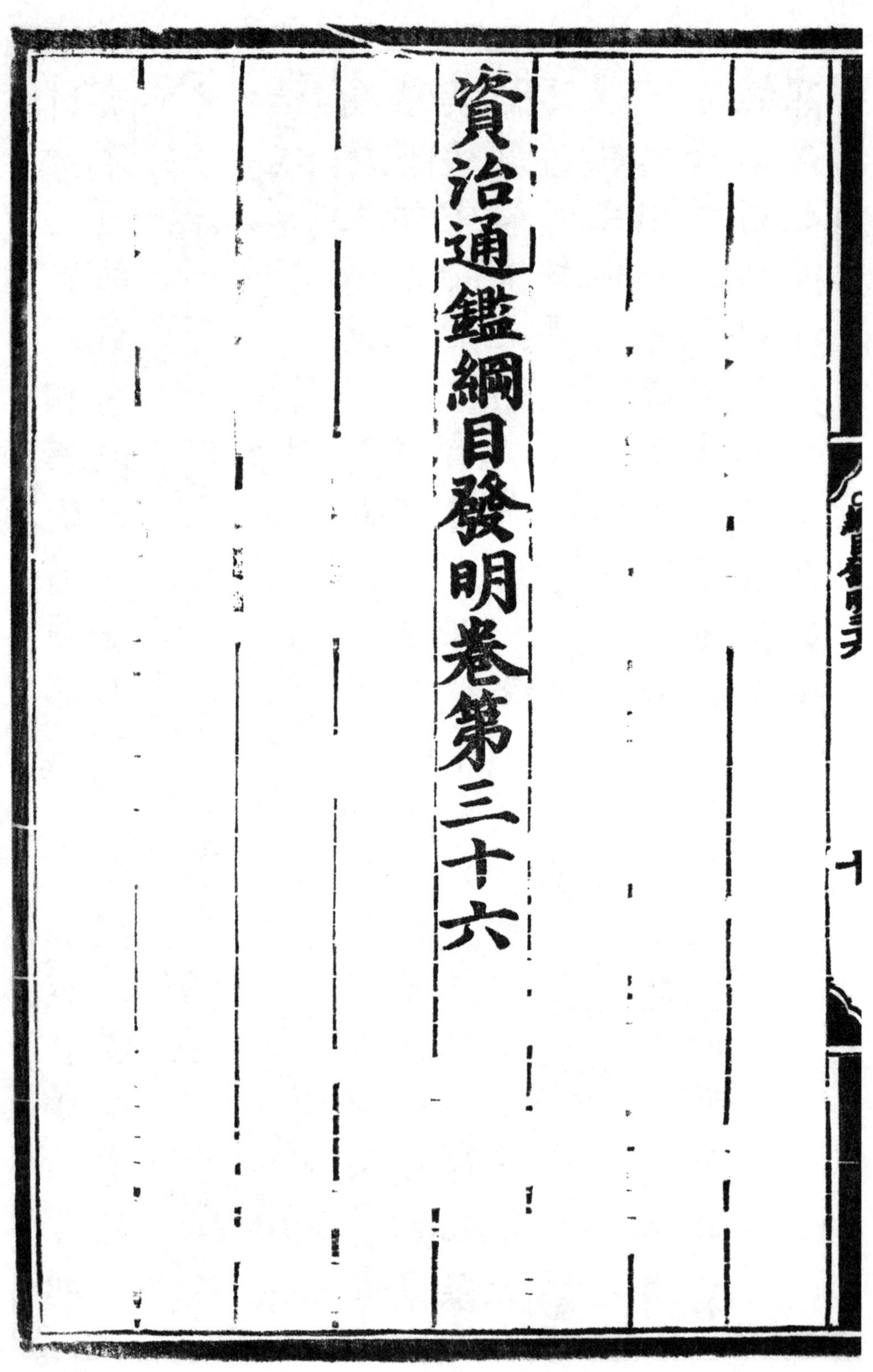

辛未

資治通鑑綱目發明卷第三十七

布衣臣尹起莘上進

七年。春二月。帝自將擊高麗

楊廣不道。天醜其爲。亦旣經略西域。臣服突厥。破吐渾。降伊吾。攻殺流求等國矣。好大不止。今又從事遼東。迄至羣盜蜂起而國遂以亡。盖廣之用心。必欲使際天所覆舉歸封略之內。豈知末年反無容足之所。身死不保。至撤床簀以斂其屍。自古佳兵事外者。未有不受其禍。然罕有如煬之甚者。綱目於此書帝自將擊高麗。而不書帝親征高麗。則見高麗無罪之可征。而他日用兵敗亡之咎。亦不可委之他人。此固書法之意也。

王薄張金稱高士達。竇建德等兵起

甚矣三代而下生民之不幸也。桀爲不道。有湯則塗炭可脫。紂爲不道。有武王則毒痛可免。自秦人郡縣天下。雖上有桀紂之暴。而下無湯武之興。必至盜賊蜂起。天下大亂。屠滅幾盡而後已。故夫胡亥。新莽。桓靈。隋煬。皆後世之所謂桀紂。無有能正之者。必待勝廣。赤眉。黃巾。王薄。張金稱之徒。兵戈四起而後其國始墟。此則世變之下。生靈之不幸耳。若夫王薄張金稱等皆當時羣盜。而不以盜書者。亦以楊廣負天下之大逆。故皆書起兵以正其罪。此則綱目急於討賊之意耳。予薄所以誅廣也。其旨嚴矣

壬申

八年。道士潘誕伏誅

煬殺人多矣。未有得其罪者。獨潘誕之死爲得其辜。此所以書其伏誅也

秋。七月。殺張衡

衡親行弑逆。何以不書伏誅。曰。在他人則可書誅。若廣則不可得而誅之也。然衡當爲逆之時。自謂可以固終身之寵。而不知反爲所殺。是亦天假之手以警逆徒耳

癸酉

九年。六月。楚公楊玄感起兵黎陽。圍東都

春秋之法。

凡弒君之賊。討在四鄰。則責其國。討在夷狄。則責中國。皆所以示急於討賊之義也。楊廣之逆。綱目旣正其罪於前。故凡羣盜之反。皆以起兵書之。若夫楊玄感者。乃楊素之子。素首畫謀逆。預聞乎故。則玄感是爲逆黨。今又舉兵向闕。綱目胡爲亦書起兵。嗚呼。於此可以見討賊之尤急矣。夫惟急於討賊。雖盜賊夷狄皆予其討。至於親其逆黨亦不暇顧。必志於得賊而後已。正猶今捕盜之法。或其徒中自能告首。亦與免罪行賞。此類是也。立法若是。可謂嚴哉。雖然。玄感曷不書討。曰。討大矣。玄感初非眞能討賊者。使其能指楊廣弒父與君之罪。正名舉義。若漢王之討項籍。名其爲賊則綱目亦必以討予之矣。然則討賊若此其急。爲賊者豈有容足之地哉。故曰。綱目修而亂臣賊子懼

楊玄感引兵趣潼關。八月。宇文述等追之。玄感敗死。綱目立法甚嚴。楊旣書弒。故凡羣盜及反者皆書起兵。其間亦有死

節如御史游元。將軍獨孤盛。給事許善心之類。皆不得書于冊。蓋以其盡節於弑逆之人。故不足予之耳。至是上書來護兒擊玄感。不以討書。此書玄感敗死。不書伏誅。下書殺玄感黨與。亦不書誅。書法若此。可謂得春秋謹嚴之旨矣。一字褒貶。非君子孰能修之

十二月。内史舍人韋福嗣等伏誅

韋福嗣亦玄感之黨。何以獨書伏誅。福嗣既從玄感。玄感委以心膂。反乃首鼠兩端。陷玄感於敗死。今又亡詣東都自首。則是反覆背叛之人耳。故特書誅以罪之。夫豈予煬之討有罪哉

甲戌

十年。十二月。祀南郊。大風

煬有天地不容之罪。乃欲郊見上帝。宜乎不獲顧饗之報也。書祀南郊大風。天誅之意爲可知矣。噫

乙亥

十一年。春。正月。增秘書省官百二十員

學之爲王者事。

其已久矣。堯舜禹湯文武汲汲。仲尼皇皇。皆是物也。自後世以來。人主好學者無幾。然亦有好之而無補於事。如梁繹隋煬之徒者。何哉。夫學之爲道雖非一端。要以孝悌仁義爲本。二君爲子則不孝。爲弟則不悌。爲君則不仁。爲人則不義。是其大本已失矣。雖朝誦夜習。亦復何益。況又其所謂學。亦徒從事華藻之末者乎。綱目於隋。書其增秘書官至百二十員之衆。若足以見崇尚之意。然其虛文無實棄本事末之義。亦固隱然在其中矣

殺郕公李渾夷其族

國之將亡。必有妖孽。隋文以篡弑得國。猜忌殘忍。殺戮甚多。初無祈天永命之德。身且不保。諸子皆非良死。不善之報昭乎甚明。況煬又以惡逆趣之。固無延世之理。圖讖之言雖不爲無據。然不可得而移也。李渾之死。書夷書爵。則其無罪可知。然使殺之果當其罪。則夫羣盜蝟集。亦豈能長保有國哉。末年江都之變。乃宇文氏而非李氏。亦可以爲濫殺無辜者之戒矣。殷鑒若此。猶有以

官爵封邑皆有武字，而殺李君羨，為女主武氏之應者，其亦可哀也哉。

十二年，春正月，分遣使者發兵擊諸起兵者。

注：分載討捕盜賊，而綱目乃變文書發兵擊諸起兵者。書法若此，略無一毫恕煬之意，其討賊之意終始不易，凡此類，非綱目不能修也。

三月，宴羣臣於西苑。

孟子曰：不仁者可與言哉？安其危而利其菑，樂其所以亡者。不仁而可與言，則何亡國敗家之有。隋煬至此，滅亡無日，方且更造龍舟，作毗陵宮，今又宴遊西苑，沉湎不已，雖天醜其惡，將欲殪之，然煬之所以自速其亡者，亦太甚矣。綱目悉書于冊，觀者可不鑒哉。

秋，七月，帝如江都，命越王侗留守，殺諫者任宗、崔民象、王愛仁。

煬之必亡，豈待殺諫者而後及哉。然猶列書之者，所以為後世戒耳。

綱目豈獨爲煬設乎

丁丑

十三年五月李淵起兵太原殺副留守王威高君雅

唐公以義起兵大非羣盜之比而綱目一槩書之何耶公儻能正名仗義若湯之伐桀武之伐紂沛公之誅無道秦則綱目亦必有以處此矣惜乎兵以義名乃止於尊隋而不能爲討罪之舉君子雖欲異之不可得已況又淫汙宮掖設詐罔衆殺人以利已著乎

冬十月李淵合諸軍圍長安

興王氣象自與庸人不同李淵起兵至是才半載方其拔西河斬使臣慰撫居民秋毫不犯義聲已昭布於遠近矣既而取霍邑克汾絳降馬翊守潼關徇渭北兵威所至摧枯拉朽今遂大合諸軍爲攻圍之計未幾遂克長安雖據京邑是豈四方諸寇所能抗衡者哉惟合綱目先後所書而觀之則太宗之所

以肇造唐室者。可
謂帝王自有眞矣

資治通鑑綱目發明卷第三十七

戊寅

資治通鑑綱目發明卷第三十八

布衣臣尹起莘上進

隋恭帝侑義寧二年。恭帝侗皇泰元年。
唐高祖神堯皇帝李淵武德元年

春正月。唐王淵自加殊禮

唐公以兵取天下而亦襲近世篡奪之跡何耶。惟其始焉名義之不正。故其終焉之弊必至於此。書自爲大丞相。自加殊禮。旨爲相國。唐公雖欲曲爲之說。何可得也。惜哉

三月。宇文化及弒其君廣於江都。立秦王浩

或問武王數紂之罪煬皆有之。至於弒父殺兄。乃紂之所無者。後世以誅獨夫紂爲言。至於煬之死也。何爲反書弒乎。曰煬之罪惡。固天地之所不容。人神之所共怒者。至化及等輩則無所負。故其責德戡之語。以謂我實負百姓。而於爾等榮

祿皆極。何乃如是此徒皆無以應。然則煬固化及之君也。直書曰弑。所以正此曹之罪耳。向使是時起兵之衆有能聲其大逆推明寢殿之事。奉將天罰。執而數之。肆諸市朝。殘其身。豬其宮。以正殺無赦之罪。則廣必自伏其辜。而綱目亦必以獨夫之誅處之矣。惟夫舉天下無有能正之者。是以書法如此。不然。是時天下猶隋之天下。何以不書曰帝。而必書曰其君廣耶。變文起義。彼固化及之君也。嗚呼。綱目至是。亦有不得已之意焉爾。可勝歎哉

唐定律令。置學校

秦人焚書坑儒。至漢始開學校。隋人廢黜儒學。至唐始置學校。吾道固不以是而隆汙。而漢唐之所以立國者則有其本矣。故特書之

唐廢隋帝侑爲酅國公而選用其宗室

書廢隋帝爲國公。則未免襲近世之跡。書選用其宗室。則大非近代之比矣。享國久長。年幾三百。宜哉

魏公密敗宇文化及

於黎陽。奉表降隋世或謂密似項羽。先儒固已辨之矣。羽雖剽悍猾賊。然志在滅秦。無復回貳。密起兵不爲不久。乃與東都迭爲勝負。其非羽比甚明。且密前此移檄州郡數煬十罪。至是乃反欲降隋。何哉。綱目前書攻東都。此書上表降隋。密進退無所據坐其敗宜也

秦圍涇州。唐兵敗績。守將劉感死之隋氏負不義之名。故雖有致命效死之臣。皆不得書。今唐德方新。是以劉感首以死節特書于冊。綱目之去取如此。一以孤逆賊之黨。一以褒忠義之士。皆所以垂世勸戒也。

朱粲自稱楚帝。取唐鄧州。刺史呂子臧死之鄧州之敗。馬元規與呂子臧俱死而不得俱書者。元規不從子臧之策以至於敗故也。

唐斬薛仁杲於市光武待劉盆子以不死。蓋以既受其降。則不可得而殺之也。薛仁杲以盜賊竊

據土宇。罪固當誅。然上書仁杲出降。下書斬仁杲於市。則唐人未免爲殺降。而仁杲之罪否則有所未暇問也

唐殺隋河東守將堯君素

堯君素之死。書河東守將。則見其不失官守。書隋。則見其不失臣節。書唐殺。則見唐人非理強殺之。是皆守之之意也。然既守之而又不得爲死節。何哉。煬負天下之誅以至累及臣子。是以書法如此。不然。將書曰唐攻河東。隋守將堯君素死之矣

唐以舞胡安叱奴爲散騎侍郎

爲政之失莫大於流品之不分。況乎創業之始。將以詔諛詔後。烏可使樂工雜類廁跡於縉紳之列哉。直書唐以舞胡安叱奴爲散騎侍郎。其失不可得而掩矣。惜哉

己卯

唐以宇文士及爲上儀同。封德彝爲内史侍郎

士及德彝之擢。書之初無貶詞。然比事而觀。德彝在隋以諂巧得爲內史。而化及弑逆。卒士及爲逆黨。則二人之爲小人無疑矣。綱目據事直書。而唐主用人之失固在其中。宜乎先儒之交貶也

唐殺其民部尚書劉文靜

唐自開國以來。政事施設見于綱目之所書者。始亦頗有可觀。如定律令。置學校。選用隋氏宗室。旌擢孫伏伽李素立之類。皆足以興起人心。無愧於興王之業。然而大明方升。薄蝕隨至。於是寘樂工於朝列。擢亡國之佞臣。今又殺其建義之士。政事日益舛駁。良由唐祖非有聖哲之姿。特以天命在唐。又有太宗以爲之子。故能芟刈羣雄削平四海耳。不然。未見其可也。文靜之死。秦王爲之固請。所言非不明白。猶不能免。然則唐主之濫殺爲可知矣。是以書法如此。惜哉

唐裴寂軍潰。定楊可汗武周取幷州。齊王元吉奔長安

書裴寂軍潰。而

不聞抵裴寂僨軍之罪。書武周取并州元吉奔長安。而不聞正元吉失守之誅。蓋裴寂高祖之所昵。而元吉則其鍾愛者也。政刑若此。何以爲開基之主乎

唐殺西突厥曷娑那

昔晉執戎蠻子赤以畀楚師。春秋深惡其以中國而聽命夷狄。故特書歸于楚若京師楚然者。所以深罪晉之不競也。西魏特宇文泰收柔然付突厥使者。綱目特書柔然可汗奔魏。突厥取而殺之。亦以著宇文氏之罪而深惡之也。曷娑那在長安。前已書唐封之爲歸義王。其名甚正。今唐主乃縱突厥殺之。不義甚矣。且夫羣臣之言者利也。秦王之言者義也。捨義就利何以爲國。綱目特以唐殺書之。蓋惡中國之聽命夷狄。故特筆諱之。若中國自殺然者旣以歸罪於唐。又以見尊中國之義。不使突厥得殺之於唐也。然則西魏曷不書魏殺柔然乎。曰。拓跋宇文皆夷狄耳。固非有唐之比。書取而殺之。則明其不能立國。受制突厥之罪而已。一輕一重之間。而義利之分。

夷夏之辨。昭然在目。夫豈薄於魏而厚於唐哉

庚辰

唐以封德彝爲中書令 唐改官名。內史令爲中書令是矣。然始居是職者。乃姦邪誤國從賊諂君之人耳。唐不能取而尸諸市。反從而寵秩之。況中令師長百僚。乃以斯人爲之。其爲是職之累多矣。直書于冊。其失自見

唐立老子廟 唐信妖人之言而祖老子。綱目止以立老子廟書之者。不予其祖之也

辛巳

夏王建德將兵救鄭。夏五月。唐秦王世民大破擒之。鄭主世充降 ○**唐秦王世民至長安。獻俘太廟。赦王世充。斬竇建德** 太宗英武蓋世。漢高光之儔。而王竇以盜賊之

靡當之。宜乎折北不支。殆甚於摧枯拉朽之易也。或曰。太宗比高光孰優。曰。太宗弱冠起義。克長安平羣盜如反諸掌。兵鋒未嘗少衂。所向無前。非其才之過人安能至此。使之處光武之地。固優爲之。若遇漢高之事。殆恐未易言也。何則。漢祖起於亭長。首以誅無道秦爲名。初無挾詐詭秘之術。固已高人一等。然入關未幾即制於項氏之手。退處巴蜀。乃能席卷三秦聲羽大逆之罪。東向以爭天下。百敗而氣不折。卒能摧折慓悍之人而斃之。使太宗處此。其少年英銳之氣。恐未能如漢祖之隱忍。況淮陰英彭輩皆不世之才。尤未易以籠絡駕御。而高祖使之如嬰兒。玩弄於股掌之上。彼薛畧劉武周王世充竇建德等。較其勇略。曾不及英彭之一二。況望項籍之萬分哉。此所以知其未易辯也。然天生英主。各適其時。要未容以槩論。惟建德世充之死。其是否則有可言者。世充誠有罪。然唐既受其降。[illegible]不可殺之。彼亦自謂罪固當誅。特秦王許臣不死。其[illegible][illegible]爲甚直。若建德。則

壬午

越境而來。又於陣擒之。戮之宜矣。一赦一誅。固非過也。若夫他時蕭銑既降而死，則唐始爲濫殺矣。觀者又當以是攷之

竇建德故將劉黑闥起兵漳南

楊廣有罪。故羣盜皆以起兵書之。今唐非隋比。胡爲所書如此。黑闥未爲唐臣。既書竇建德故將則無嫌於起兵。凡已平之國。其臣民有能舉事者皆書起兵。如周平齊隋平陳之後。往往有此類。此綱目忠厚待人許其臣民以不忘舊主之意也。嗚呼仁哉

唐秦王世民破劉黑闥於洺水。黑闥奔突厥。○

冬十月。唐遣齊王元吉擊劉黑闥。淮陽王道玄與黑闥戰。敗沒。

前書命秦齊二王擊黑闥。繼書秦王破黑闥。則成功者秦王也。至此上書

遣元吉而下當道玄敗沒。則元吉受任爲無功矣。唐祖是時。蓋點忌秦王功高。而猶幸餘子有功足以敵之。初不料元吉之不能勝任也。觀者以是察之。則得書法之意矣

十一月。唐遣太子建成擊劉黑闥

昔晉獻公使太子申生伐東山。里克諫曰。太子冢嗣奉社稷之粢盛以朝夕視君膳者也。故君之適嗣不可以帥師。獻公不從而申生亦卒不免。今建成已正儲極。胡爲復使之擊賊。是舉非但王魏失謀。蓋亦出於高祖之意。將使建成立功以敵秦王耳。殊不知太子本以嫡長次序而立。豈論有功與否。正使殄平黑闥。其功亦豈能及秦王之一二。此則晉失者也。夫晉獻公欲疏其子。故使之將兵。而唐祖欲私其子。乃使之擊賊。雖所見不同。要皆私欲蔽之。是固二君之過也。是以綱目於此不書太子請擊黑闥。而以唐遣爲文。言遣則責有所歸。而太子輕棄君親。失其所職之意。又自不言可見矣

唐高祖神堯大皇帝武德七年。帝詣國子學釋奠于先聖先師

漢史載肅宗至魯幸孔子宅。綱目變文書詣以示尊崇先聖之意。臣前已論之矣。今國子學乃諸生講肄之所。前史皆書曰幸。綱目何爲亦以詣書之。蓋國子學雖有諸生。而先聖先師皆在其中。此其爲禮固非其他臨幸之比。是以綱目上書詣國子學。而下書釋奠于先聖先師。其義甚明。况幸學之說。出於漢唐而不出於三代。今唐之高祖。當開創之初。首能舉行是禮。綱目書之。亦足見崇尚之意。其視隋人廢黜學校者殆不可同年而語。君子安得不喜談而樂道之哉。後太宗貞觀十四年書詣國子監。其義亦同

六月。慶州都督楊文幹反。遣秦王世民討平之

文幹之反事連建成。綱目書之。分注載之。高祖是時若能按其罪而黜之。則無他日兄弟相殘之禍矣。惜哉

資治通鑑綱目發明卷第三十八

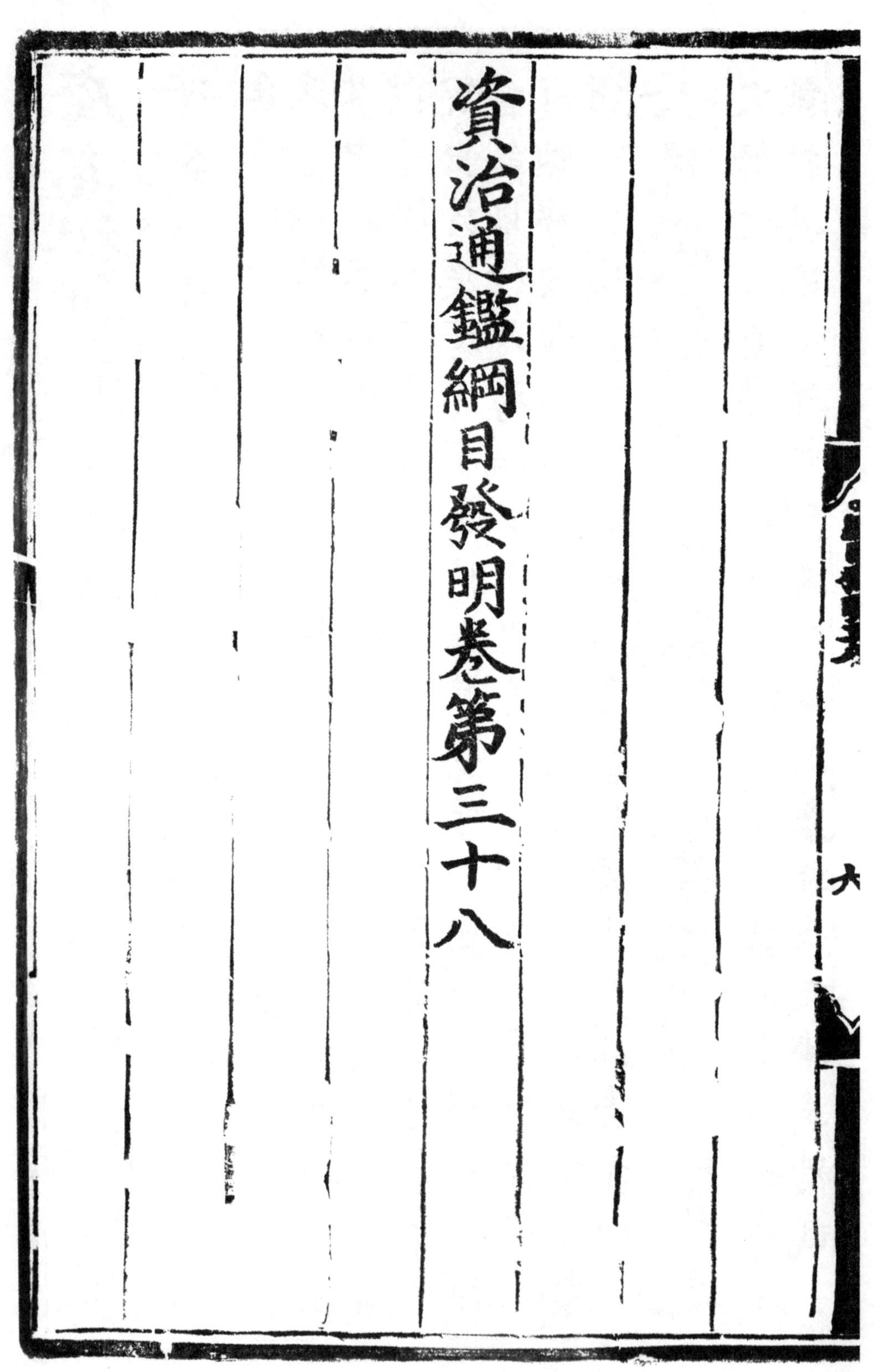

丙戌

資治通鑑綱目發明卷第三十九

布衣臣尹起莘上進

九年。六月，太白經天。秦王世民殺太子建成、齊王元吉。立世民爲皇太子，決軍國事。建成、元吉之死，唐史書之，綱目書之，先儒論之，皆已得其當矣。二人既殞，又復盡殺其子，此何義哉。自曹魏而下，南北分裂，朝代遷革，必盡滅前人之族，此其所以享國不永。太宗功濟天下，治致太平，由漢以來，未見其匹。然不再傳而有武氏之禍，子孫殲滅幾盡，得非昭昭之報有不容泯者歟。不然，唐氏代隋，方且錄用其子孫，夫非南北之比，固不應亦有是報也。故因而論之，以爲妒殺者之戒。

罷沙汰僧道。上書立秦王爲太子決軍國事未聞有異政也。而首罷沙汰僧道。則非先務矣。考之前史。皆載於立太子之上。蓋是六月庚申赦天下之日載在赦文詔中。至癸亥日方立世民爲太子。是以前史所載如彼。然豈知當時詔旨已出於太宗之意。故綱目特筆于下。以見太宗初政之失。此亦春秋誅心之法也。不然。贊唐史者何爲亦以復立浮屠譏之哉

以魏徵王珪爲諫議大夫

太宗之德以從諫爲首稱。今觀其聽政之初。即擢王魏爲諫臣。綱目亦首書于冊。則其盛德固已具見於此。宜其有治致太平之功也。雖然。太宗從諫之美固可嘉矣。王魏事讎之失亦可聞乎。今觀先儒辨論太子藩王之分。深責王魏不能死於其難。其說亦既明白。又何復議之有。然嘗反覆思之。切有疑焉。夫臣之事君。固當始終一節。若君臣之分未定。遽欲死於其難。則亦君子之所不予。彼王珪爲太子中允。魏徵爲太子洗馬。是果誰之命耶。若出於太子之命。則太子其君也。若出於高祖之命。則高祖乃

其君耳。奉高祖之命而輔太子。則高祖其君也。太子其長也。萬一高祖或遷王魏於秦府而為秦府之屬。則將逆高祖之命而必欲盡節於太子乎。抑亦順高祖之命以其所以奉太子者奉秦王乎。又不幸太子得罪於高祖而高祖誅之。亦將必死於所事而讎高祖乎。家無二主。國無二上。若以委質事君言之。則王魏委質事高祖者也。非事太子也。若以食人之祿言之。則王魏食高祖之祿者也。非食太子之祿也。王魏委質事高祖食高祖之祿。高祖使之佐太子。若太子失德。則王魏當受不能輔導之責。為有負於高祖。若藩王交鬭。則固有高祖在焉。即不幸諸王互相攻擊。其僚屬必欲各死於所事。此則大亂之道也。故夫為王魏者。於建成未敗之前知其不可輔。則當引身而去。於建成既敗之後知其不義而死。則當席藁聽命。自請其不能正救之罪。或高祖赦之使事新君。則亦惟上所命可也。有如異時太宗以張元素為庶子。于志寧為詹事。既而太子承乾罪廢。元素以不諫見黜。志寧以諫諍見褒。于時魏王泰亦與承乾爲敵。是二人者亦將盡節所事。而讎魏王乎。抑將聽命其君而惟太宗黜陟之從也。大抵東宫官屬與諸王官屬皆出於朝廷所擢。或今日爲此。明日爲彼。或身處朝列。兼職宫僚。初無定選與人臣事君不同。故夫太子臣子也。藩王亦臣子也。其僚屬亦臣子也。崇庳雖有不同。其爲臣子則一耳。任是職者。固當以一人爲主。不得以所事爲主。昔後周高祖謂其弟齊公憲侍讀裴文舉曰。卿雖陪侍齊公。不得遽同爲臣。欲死於所事。斯言得之矣。或曰。齊威子糾之事將如之何。曰。非也。齊威子糾均爲公子。亦既出奔于外。齊襄既殁。齊國無主。故齊威子糾若敵國然。各君其君。各臣其臣。非若唐高祖在上。制命出於一人者也。然則王魏非惟不能讎太宗。亦不當讎太宗。其失在於不能請命高祖而已。綱目於王魏之事書之初無貶詞。而具載范公祖禹之言于下。固將有待後人折衷之耳。使綱目果罪二子反君事讎。則當書曰。

以故太子洗馬魏徵中允王珪爲諫議大夫矣。斯事係臣子之大節。所當別白。不得不詳。而辨之以告後之君子

廬江王瑗反。幽州將軍王君廓殺之

廬江既反。何以書殺。王君廓陷之。則不得而誅之也

八月。太子即位○放宮女三千餘人

按禮。天子立后固有六宮三夫人九嬪二十七世婦八十一御妻矣。然未聞千百其數也。昔晉武平吳之後。掖庭殆將萬人。遂殞其躬而亡其國。今太宗嗣位首放宮女三千餘人。可謂盛德之事。遂使後人流之歌詠見之。稱述不一而足。然司馬通鑑上載簡出宮女而不言其數。綱目本之唐史大書于冊。蓋美之也。抑嘗因是思之。放出之數若是其衆。則其在宮掖者不言可知。未幾。正觀二年又復簡出三千餘人。首尾不三年間其數幾與晉武相亞。雖太宗盛德固不可少訾。然君子合前後考之。又自可以觀世變矣。吁

九月。引諸

衛將卒習射於顯德殿

天子非教射之人。卒伍非進見之士。殿庭非習武之所。一舉而三失具矣。故書以譏之

置弘文館

太宗初政。如日方升。纖翳不作。其清明氣象至今可想。綱目書置弘文館。初無美詞。而分注備載其君臣論治之實于下。後之欲考太宗之治者當於是焉覯之。則得其要領矣

太宗文武皇帝貞觀元年。制諫官隨宰相入閣議事

諫官隨宰相入閣。有失輒諫。此正觀致治之本也。夫官以諫爲名。所言必本於公。而宰相制天下事。豈必盡能無失。誠使諫官得隨事言之。則不待命令已行而後救之於末流矣。本朝王安石嘗欲倣此。既而當國。或有舉其說者。安石則曰。是又益兩參政也。於是遂已。夫安石能言於在下位之時。而不能容於秉大

政之日。其好同惡異之意盖見於此。然則諫官入閤。固非大臣之所樂也。必有英明之君體而行之。則正觀之治可復見矣。書制諫官隨宰相入閤議事。其制則出於太宗之意也。豈不美哉

燕郡王李藝反。涇州統軍楊岌討殺之

亂臣賊子。何世無之。太宗在御猶大明當天。而李藝敢於稱亂。可謂狂愚之甚矣。夫苟畏罪懼誅則束身歸命可也。持寸挺以擊泰山。求免得乎。然藝既書反。何以亦書曰殺。曰。書討殺則義已明矣。固非若王君廓殺廬江王者也

命京官五品以上更宿中書内省

太宗是時切於圖治。汲汲如此。至命京官更宿内省訪問得失。惟日不足。雖欲不治得乎。書以美之。宜矣

六月。封德彝卒

封德彝姦佞有餘。旣以亡隋復以誤唐。若其臣賊詬君。又小人之所不爲者。故綱目於其死也。盡削其官以貶之。固不待他時黜削贈謚而後知其

罪也

二年。關內旱饑。赦天下

春秋。僖二年冬。書不雨。三年春書不雨。夏書不雨。每時而書不雨者。君子謂其有志於民也。文公書自十二月不雨至于秋七月。又書自正月不雨至于秋七月。歷三時而總書不雨者。君子謂其無志於民也。太宗是時君德清明。勤卹民隱。每有饑旱。輒書于冊。去夏嘗詔山東賑卹。蠲租。今又特降赦令。其愛民之心可謂切矣。綱目書之。亦以見太宗之有志於民。而非特紀其災異也。下書饑內蝗亦然

詔非大瑞不得表聞

分注載詔自今大瑞聽表聞。而綱目書非大瑞不得表聞。蓋言聽表聞。則尚有容之之意。而書不得表聞。則有拒之之意。亦以太宗志在抑絕符瑞。是以書法如此

冬十月。杜淹卒

封倫佞邪。故削其官。杜淹何以亦在益選。淹始以詐隱覔

官見譏於隋。又事王世充。親近用事。憾如晦而譖殺其兄。他時參預朝政。太宗嘗以事隋不忠詰之。貴重於朝。沒無可紀。唐史謂其亡清白名。獲譏當世。其終身大節如此。綱目之意固有在矣。不然。豈無故而黜之哉。

殺瀛州刺史盧祖尚

事不避難。臣之節也。盧祖尚受命鎮撫交趾。辭而復悔。堅以疾辭。甚失人臣之義。然太宗命斬於朝堂。則罪不至此。亦太甚矣。故書殺而不去其官

三年。二月。以房玄齡杜如晦為僕射。魏徵守祕書監參預朝政

綱目書以房杜為僕射。魏徵參預朝政。而分注載其論治之要于下。蓋以太宗治道之所以盛者。亦諸賢輔賛彌縫之力。此固綱目紀述之深意也。後之君子儻欲推求正觀之盛者。當於太宗君臣論治之際反覆觀之。必有得於言意之間矣

夏四月。上皇徙居大安

宮父有天下傳歸於子。子有天下尊歸於父。此漢祖之詔也。上皇授位太宗。旣得傳子之善。太宗承統高祖。未聞尊父之禮。故上皇徙居大安宮。綱目以自徙爲文。而太宗尊奉推崇之典缺然無見。不然。將書曰帝奉上皇徙居大安宮矣。豈不深可惜哉

六月。以馬周爲監察御史正觀之初群才森列如馬周之比。未爲乏人。觀周立朝建明當時罔號剴切。然經國遠猷。致君堯舜之道。亦未多見。而太宗一覩條陳之略。用之惟恐弗及。好賢如此。天下烏有遺才。治道烏有不進者哉。書之于冊。蓋美之也

冬。

十月。以荀悅漢紀賜涼州都督李大亮自昔人君喜悅其臣。往往賜以金帛。今李大亮密表獻鷹之事。而綱目書以荀悅漢紀賜之。夫漢紀乃一史籍之微者耳。而特書于冊。則見太宗之厲其臣以義而不以利也。豈不休哉

以李靖爲定襄道行軍

總管。統諸軍討突厥 漢武帝以復讎之義從事征伐挐兵三十載。而綱目止以擊匈奴書之。蓋是時匈奴自武帝即位以來。未嘗先犯漢故也。今突厥於唐屢有寇邊之罪。太宗固嘗親與爲敵。是以綱目於此特書曰討。蓋言討則有詞可執。而非無故用兵之比。書法如此。夫豈薄於漢而厚於唐哉

四年。三月。四夷君長詣闕請帝爲天可汗。許之 名不正則言不順。爲有爲帝王之尊。而可從夷狄之稱者哉。夫北狄在漢爲單于。在唐爲可汗。彼固酋豪之稱也。儻以中國之主而稱之。則是舉四海之內皆狄耳。辱莫大焉。綱目上書四夷請帝爲天可汗。其責固不在我。下書許之。其責始有所歸。此亦可爲好大而不師古者之戒

六月。修洛陽宮 太宗初平洛陽毀隋宮殿。今乃反要修之。然一聞張元素之諫。隨即罷役。今綱目乃直書于冊。若真已修洛陽宮然者。何

哉。考之唐史。是年六月乙卯發卒治洛陽宮。而不聞有罷役之命。然則已經營繕明矣。况太宗奮辭以拒元素。則其志已有在。書法如此。初非過也

敕百司。詔敕有未便者皆執奏

鳴呼。天下之理惟其是而已。自後世人君有吝於改過者。則曰業已授之。不可改也。自後世人臣有喜於爲佞者。則曰此詔旨也。不可違也。夫使理有不當。則業雖已授。改之何傷。事有未是。則雖出於詔旨。違之何害。惟夫人君吝於改過。人臣喜於爲佞。則天下之事明知其非而冒理行之。必至於蠹政害民而後已。此則古今之通患也。善哉。太宗能有見于此。是以惟理之從。不拘已見。凡未便之事。雖詔敕已行皆許執奏。是豈不足以彰無我之德哉。書之于冊。此亦可爲後王之法也

大有年

甚哉治世之難逢也。入綱目以來。上下一千三百六十二年。其閒有年之書凡六見于冊。蕭梁武帝之一書。後唐明宗之兩書。皆以分裂之世。無足深取。

辛卯

若夫海內爲一。人物阜康。以大有年書者。獨永平開元與是年爾。是豈非治世之難逢哉。蓋嘗因是考之。當太宗論治之初。一小人以秦任法律。漢雜霸道之說中之。雖行帝行王之對言簡意足。然非太宗能斷於中。知所決擇。其不爲憸人所移者幾希。惟魏徵言之也明。惟太宗行之也力。是以帝王之治。仁義之效。不旋踵而見於四年之間。而太宗又能歸功於勸行仁義之臣。遂使正觀之治振古有光。夫豈無自而然哉。後之有志當世者苟能以太宗之心行太宗之治。則太宗之效將復見於當日。而大有年之書亦將復見於方冊之間矣。孰謂帝王之治果難行哉。噫

五年。春正月。詔僧道致拜父母

僧道不拜父母。乃師他人而拜之。此正孔子所謂悖禮者。詔令致拜宜矣。然曷若

詔諸州

不罷沙汰於其初乎。比而觀之。義自見矣

壬辰

剗削京觀。加土爲墳 天地以好生爲德。而自古戰爭殺人者往往築爲京觀。可謂不仁之甚矣。剗而墳之。不惟澤及朽骨。亦可少示戢武之意也。書以美之。宜矣

以金帛賜突厥贖男女八萬口○秋。八月。遣使詣高麗葬隋戰士 既贖陷虜之人。又葬戰亡之士。迭書于冊亦可嘉矣。使帝能堅守此心。又豈有遼東之伐乎

殺大理丞張蘊古 前書殺盧祖尚。此書殺張蘊古。其爲盛德之累不亦多乎。然祖尚猶有辭難之罪。若蘊古則當官執法。守正不阿。可賞而不可殺者。其失尤爲甚也。惜哉

六年。群臣請封禪。不許 羣臣之請封禪。不過諛佞以悅其君而已。觀太宗始馬推之之詞。可謂明白洞達。而請猶不止。獨魏徵以爲不可。然則房玄齡王珪諸人。皆在致請之列矣。直筆書

之。亦可媿哉

秋閏七月。宴近臣於丹霄殿

盛治之世。其施爲舉措自與庸主不同。雖宴遊之中亦有可觀。如綱目所書太宗丹霄殿之宴。自他人視之不過樂飲而已。然一時君臣談笑之間。無非明良相與告戒之意。則坐朝聽治之際又可知矣。觀者要當以是察之

七年。赦死囚三百九十人

虞書眚災肆赦。初未嘗有赦死罪之文。既書死囚。則是罪已應死矣。無故赦之。毋乃不可乎。書法如此。固綱目之所不予也

十二月。帝奉太上皇置酒未央宮

事有不美而美在其中者。如太宗宴丹霄殿之類是也。亦有至義而不義在其中者。如奉太上皇置酒未央宮之類是也。丹霄之宴前固已論之矣。未央置酒之義可得聞乎。天人主一日萬幾。若責以昏定晨省之禮。朝夕娛侍之樂。誠有未易然者。至於以時侍奉如五日一朝之類。獨

不可舉而行之乎。太宗自正位以來。至於終上皇之身。未聞有所謂奉親之樂。孝養之事。獨此一書于冊。則夫武德九年之後。正觀九年之前。首尾十載。所謂爲天子父以天下養者。僅有是耳。中間徒聞欲幸九成宮避暑。而上皇留於暑中。見諸馬周之疏。而亦不聞爲之少屈其行。後雖欲營大明宮爲上皇清暑之所。然亦不果居之。臣故因置酒未央之事。而知太宗之簡於事親。正所謂至美之中有不美存者此也。我朝孝宗皇帝恭奉上皇垂三十載。孝養之誠始終如一。七日一朝。有加無已。是豈唐之太宗所可同日語哉。尊謚曰孝。真無愧矣。然則君子觀綱目所書太宗置酒之事。安得不於我孝宗而三歎三詠

賜太子庶子于志寧孔穎達等金帛○削工部尚書段綸階

書賜太子庶子金帛。文無美詞。然足知其輔導太子之實。書削工部尚書階。文無貶詞。然足知其作爲淫巧之實。此亦觀

綱目之法也

吐谷渾寇涼州。以李靖爲大總管帥諸軍討之

王者不勤遠略。若無故舉兵則爲黷武。今此上書吐谷渾寇涼州。而下書李靖帥軍討之。曰寇則罪在夷狄。曰討則有詞可執用兵若此。得其正矣。宜乎綱目書以予之也

聘鄭氏爲充華。旣而罷之

自改過不吝見於仲氏之美成湯。而後知人君以改過爲大德。自臣救其惡見於孔子之述事君。而後知人臣以臣救爲至忠。太宗聘鄭氏爲充華。不知其已受聘也。魏徵上表論諫。帝遽大驚自責。若太宗可謂能改過不吝。若魏徵可謂能臣救其惡者矣。以房齡之賢。猶希意奏陳。非徵深探本情。非太宗屈已從諫。何以能免其失。綱目特書旣而罷之。與漢明帝永平三年書大起北宮旣而罷之同意。皆美之也

丁酉

十一年。作飛山宮

飛山宮之制不可得聞。然以其名觀之。侈可知矣。書之于冊。是亦日月之一蝕也。

以南平公主嫁王敬直

正觀六年嘗書以長樂公主嫁長孫沖矣。然是時下嫁之禮猶未明也。至是分注具載是後公主始行婦禮之說。則弊俗自此始革矣。夫夫夫婦婦陰陽之大義。乾坤之定制也。雖則王姬亦下嫁於諸侯。豈以天子之女而决壞尊卑之防哉。自漢以來。制爲尚主之法。於是夫屈於婦。陰凌於陽。其失甚矣。有太宗以爲之君。於是乎能禮遣其女。有王珪以爲之舅。於是乎能不屈於婦。君臣相遇。自我作古。此亦治世之美事也。持書南平公主嫁王敬直。而不曰王敬直尚南平公主。書法之意明矣。夫豈過予之哉。

詔議封禪禮

封禪非古也。自呂政行之於前。漢武踵之於後。人主遂以是爲盛典。人臣遂以是爲美談。其有卓然不惑。知其非禮者蓋亦鮮矣。昔光武始拒群臣之請。詞旨甚嚴。然未幾復爲讖緯所務。今太宗始亦堅却其說。至是所守亦不能固。雖他時終於不行。要之非確有定力終始不回者也。書詔議封禪。禮。則大駕雖未東。已知其志嚮之所在矣。惜哉

秋。七月。穀洛溢。詔百官極言過失

國家將興。必有禎祥。將亡必有妖孽。一武氏之禍。其端甚微。而變異之慘。昭乎甚著。是秋洛水溢入洛陽宮。壞官寺民居。溺死者六千餘人。越兩月而武氏入宮。至高宗永徽五年三月武氏再入宮。越一月而水入寢殿。漂溺者三千餘人。又一月而恒州大水。漂溺者五千餘家。夫以一女子之禍。在太宗時。水沴既作於方入宮之初。在高宗時。水沴復作於已入宮之後。夫水爲陰象。證應若此。太宗既不能知於其始。高宗又不克寤於其終。唐室之亂。所以遂至於不可救藥者誰實尸之。然則綱目書穀洛溢於武氏爲才人之先。書萬年宮大水恒州大水於武氏爲昭儀之後。其爲世鑒。豈不深切著明也哉。後之溺

愛社席者可以觀矣

冬十月獵洛陽苑

太宗以英武之資削平海内如反諸掌才有餘而德不足故常有技癢之意不能自已由是每每驅騁田獵以泄其殺伐之雄心此獵後苑獵洛陽苑所以屢見於綱目之所書也使其嘗經挫衂如漢高積苦兵間如光武則無是失矣

以武氏爲才人

綱目非大事不書武氏一女子才人一宮嬪初何足道而特筆書之者一以志唐室禍亂之本一以證高宗聚麀之實而太宗溺意女色之失亦固在其中矣

己亥

十三年詔停襲封刺史

有堯舜之君必有皐益稷契之臣而後唐虞之治可興有湯武之君必有伊尹旦望之臣而後商周之治可興世變不古君罕道揆天下無復善治其來久矣孟氏有使民不饑不寒之政而齊梁之君不足與言王道文帝有愛民如赤子之心而絳灌諸臣無輔行仁政之德

當餽與歎。抱道不遇。其不相偶也如此。太宗在唐。間世特起。眞可謂千載一遇之主矣。撫周官而慨想。思王政之復行。臨御未久。詔議封建。在廷之臣譁而非之。曾無一人敢當其責者。是豈三代之治必三代之君而後可行耶。因陋就簡。趣辦目前。姑以苟媮一時之便。不翅足矣。何必復古經制乃爲盛治。此固唐初諸臣之陋習也。僅有一魏徵自以爲恥君不及堯舜。若可與有爲者。徐而考之。亦惟左支右吾。隨事諫説而已。固未有建萬世之長策。舉明主於三代之心。尚何望其贊行王政者哉。夫封建井田。先王良法。後世君臣苟欲舉而行之。必經畫布置。思始圖終。取古人之制度。參考便宜。使不爲新莽之王田。宇文之六官。徒以取笑千載。然後君臣相與畢力。一德一心。自今日至于後日。自一郡至于百郡。卓然立爲一代之規摹。必期於王制之盡復而後已焉。有可行於先王而不可行於後世者哉。若徒鹵莽滅裂。初無堅定之意。嘗試望洋而爲之。則固不若已之之爲愈。

今太宗雖有其志。而諸臣方且力沮其說。有其君而無其臣。是猶心腹獨運而手足不隨。則雖有坦然之法。猶將墮於悠緬。況望其取數千百年已墜之典講明而力行之哉。固無怪其終於不行也。綱目書詔議封建於前。書世襲刺史於後。書詔停襲封於終。筆削若此。亦徒以重君子之嘆而已。必有卓然不惑之君。輔以傑然王佐之臣。則太宗之志復明於千載之下矣。吁

突厥結社率作亂。伏誅

莫嚴於禁衛而異類得以參錯乎其間。此固作亂之本也。綱目書如九成宮突厥結社率作亂。可以爲不分族類者之戒矣

庚子

十四年。夏五月。侯君集滅高昌。以其地爲西州

以文觀之。取一國而郡其地。誠盛舉也。以理觀之。利人土地。奪而有之。義安在哉。魏徵之諫非不明白。而太宗

不從者。好大之心蔽之也。綱目於前書擊。於後書
滅。則高昌無罪可討。唐人強暴不義。義皆見矣

資治通鑑綱目發明卷第三十九

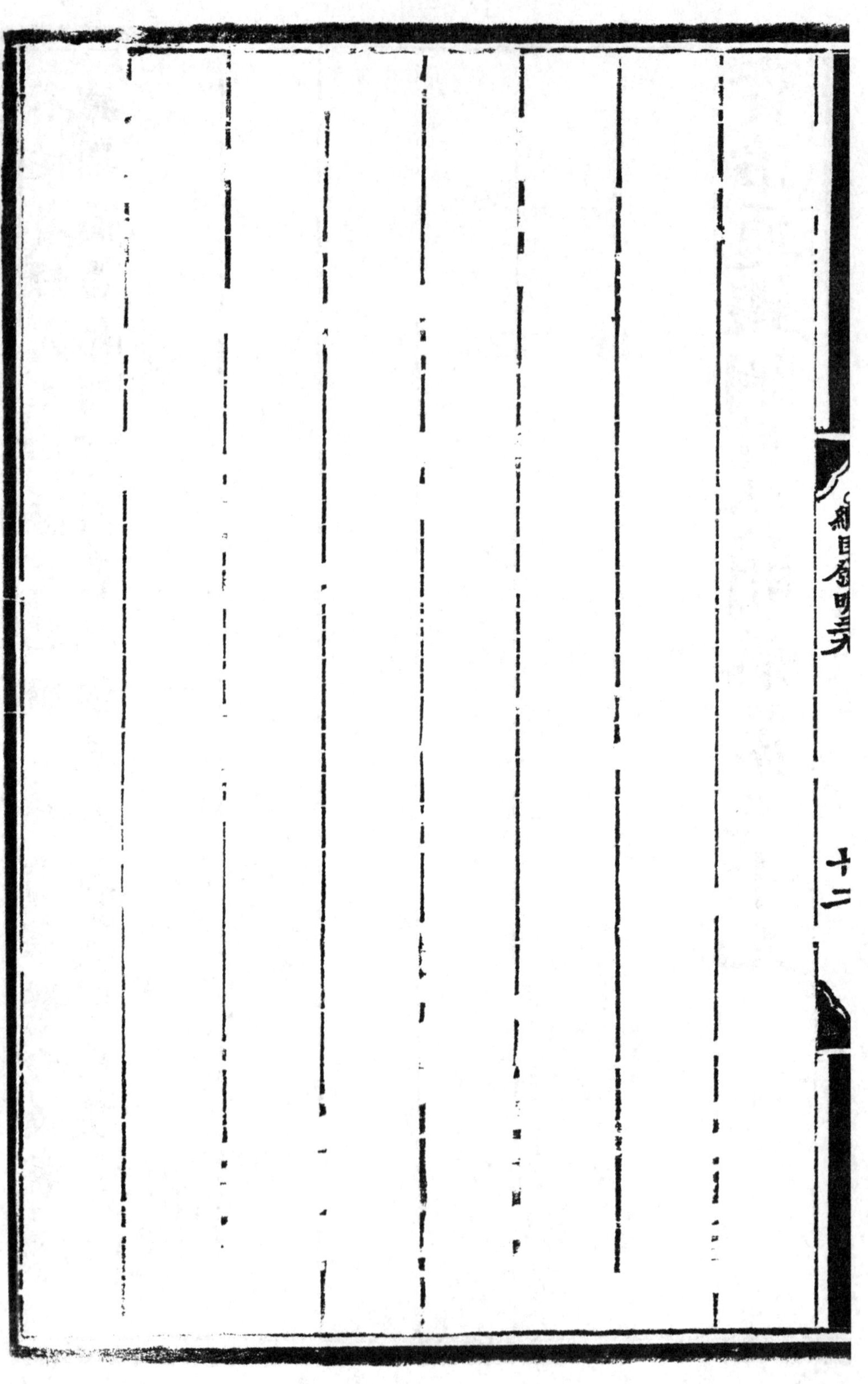

辛丑

資治通鑑綱目發明卷第四十

布衣臣尹起莘上進

十五年。春正月。以文成公主嫁吐蕃

自漢祖誤聽婁敬之言結昏匈奴。後世遂以爲常而不之恥。然是時中國甫定。瘡痍未瘳。冒頓方強。邊鄙屢警。漢祖素不修文學。不知禮義之所自出。故婁敬得入其說以爲一時權宜之舉。今太宗聰明冠古。動以帝王爲法。況乎中國方強。四夷欽衽聽命之不暇。大非漢初之比。胡爲反襲其跡而不知耻哉。自是而後。遂爲唐家故事。不可復止。是皆失於詒謀之不善也。綱目於漢止書遣婁敬往結和親。則見其有不得已之意。於唐直書以文成公主嫁吐蕃。則見其權出於已。得已而不已之意。其罪唐爲可知矣。惜哉

起復于志寧爲太子詹

事志寧奪喪處職而苫塊自若。則是未嘗免喪也。故書起復志寧而不書志寧起復。則罪太宗之意爲多。而罪志寧之意爲少。然志寧既知其非禮。曷若堅辭不就。則免君子之譏矣

壬寅

十六年。夏六月。詔太子用庫物有司勿爲限制

漢武帝誤用公羊復讎之說而窮征伐。王安石誤用國服取民之說而行青苗。知好古而不能用古其弊必至於此。夫貴不與驕期而驕自至。富不與奢期而奢自至。歉歲之粟如金。樂歲之粟如土。人之情見有餘則必不顧惜。見不足則必裁約。況乎志欲無涯。苟非有以撙節而限制之。則亦何所不至。賢如太宗。乃過愛其子。至詔有司用物勿爲限制。此則誤用周官世子不會之說也。彼承乾者。德性非良。一承此旨。是納之於奢侈縱慾之域耳。夫六典之書具可用於後世者尚多。太宗未能舉行一二。乃獨取其不會之說以陷乃子於過惡之地。此

則不善用聖經之過也。綱目於此特以詔太子書之。言詔則責有所歸矣。惜哉

冬，十月。郢公宇文士及卒

當時使人如封倫裴寂輩卒，綱目皆削其官。今士及乃獨書爵，何耶。士及之使太宗亦既知之，乃不能斥而遠之。故綱目於其卒也反書其爵以著太宗不能去佞之失。此正古人所謂惡惡不能去者。夫豈以是予士及哉。綱目之微詞奧義如此。要在觀者深考而默察之則得矣

十七年，夏四月。太子承乾謀反。廢為庶人。立晉王治為皇太子，貶魏王泰為東萊郡王

人臣無將。將則必誅。況太子有父之親，尤非它臣之比。既書謀反。則無所逃罪。廢之何疑。若魏王泰既不書其罪而亦貶之。何也。上書廢太子，下書貶泰，則泰為窺伺覬覦明矣。況十四年書幸魏王泰第。十六年書泰上括地志。則駸駸已

有奪嫡之漸。太宗於此。雖能割愛斷恩。然曷若於初而謹之哉。惟合綱目前後觀之。則太宗之失亦固在其中矣

以太子太保蕭瑀詹事李世勣同中書門下三品

唐之官制。定於太宗。而亦紊於太宗。且唐因隋制三省官長爲宰相。其名固已不正。然猶有可稱謂者。至於他官參議朝政參知政事又益變矣。若夫同中書門下三品之稱。果何義哉。考之唐志。蓋以僕射爲尚書之長兼同侍中中書令。故謂之三品。所謂同三品者乃如此。其後或不稱同中書門下。而正稱同三品。或稱仍同三品。稱謂日益差舛。且官品自九至一。今宰相乃反同三品。毋乃淆亂不倫乎。孔子謂名不正則言不順。其極至於民無所措手足。必欲官得其正。當自正宰相之名始。然後萬務可得而理。綱目書同中書門下三品。失可知矣。安得董正治官之君悉舉而正之哉。噫

薛延陀來納幣。詔絕其

甲辰

昏十六年書許以新興公主嫁薛延陀。則是已許其昏。約言在我矣。今又書其來納幣。則在彼未嘗失禮。乃無故絕之。此何義哉。匹夫尚不可無信。况爲四海之主。而可失信於夷狄乎。比而觀之。失自見矣

踣魏徵碑仆碑之事。先儒論之詳矣。綱目書之。不言其故。則識太宗爲可知。雖然。太宗從諫之美。非出於中心之誠。特以好名之故矯揉行之。或面雖悅從而心實不樂。如須殺田舍翁之類。積怒已非一日。猶投種於地。有待而發。故身没未幾。譖訴遽行。此其所以輕於仆碑。略無留難者也。觀者又當以是思之

房玄齡等上高祖今上實録史官紀載善惡爲萬世勸戒。不惟人君不可自觀。而宰相亦不可預也。綱目書玄齡上今上實録。則大臣不能以義正君。史官失其所職。而太宗好名自私。其失皆在中矣

十八年。帝如洛陽。命房玄齡留守。十一月。以張

乙巳

亮李世勣爲行軍大總管。詔親征高麗

綱目於煬帝書自將擊高麗。而於太宗則書詔親征高麗。夫自將之與親征。其實則同。而義則殊絶。蓋隋煬有瑕之可指。而又是時高麗無罪可討。今太宗不惟無瑕可指。而又高麗有罪當誅。此固書法不同之意也。雖然。高麗誠有罪矣。然區區遠夷。不過命一二猛將統兵伐之足矣。豈必重勞萬乘而與之角哉。然則親征之書。雖足見師出有名之意。又以見太宗親行之失

十九年。帝攻安市城不下。詔班師

太宗遼東之行。非特爲高麗之逆命。蘇文之弒君。其實欲騁所長以夸天下而已。況其少時親見隋煬之事。固已技癢於中。必思所以勝之。故因蘇文之罪。假以親征耳。不然。帝於突厥吐渾高昌等國皆遣將平之。何獨於高麗而必欲親征哉。惟其蔽於

丙午

好勝之心。是以利害是非之實皆不能見。如李道宗乘虛取平壤之策。高延壽移兵烏骨城之請。皆不能聽。此正魏相所謂驕兵貪兵者也。然則太宗是行遠與隋煬爭勝。近與臣下爭功。必欲獨勝當世人皆莫及。而不料小醜之能抗也。綱目於此書安市城不下。而特以帝攻冠於其上。則見是城乃帝所自攻。而非他人之責矣。好勝不止。自取挫衄。可勝惜哉

殺侍中劉洎

嗚呼。是非天下之至理。萬世之公論。果可厚誣也哉。劉洎之死。出於太宗一時之忿。他時洎子誣訴褚遂良之譖。先儒既為之辨明。至高宗欲雪其冤。樂彥瑋以為若雪洎罪。則彰先帝用刑不當之失。其事遂寢。是意蓋欲掩覆太宗濫殺之過耳。然綱目於此書殺書爵。亦不以其掩覆之故而遂曲為之隱。然則是非天下之至理。萬世之公論。果可以厚誣也哉

二十年。殺刑部尚書張亮 按唐史敘亮私說相貌讖緯。及養假子五百人。

稱其死有餘責。今綱目乃書殺書官。何耶。夫亮延納妖人。妄論禍福。罪固有之。至於假子之事。乃出於告者之口。前史亦不能閲實其罪。故分注皆削而不録。況亮身處刑曹。非有兵權在手。一言詿誤。遽陷極刑。且亮既不服其辜。而李道裕又言反形未具。姑從輕典可也。殺之過矣。宜乎書法之所不予也。

十二月。帝生日罷宴樂

以文觀之。生日念劬勞而罷宴樂。誠美事也。以實推之。太宗自遼左之伐。不得志而回。凡所施爲。往往有不自聊賴之意。故劉洎張亮皆以小故被戮。而敕勒請吏之事。布告海内。亦欲以此遺諸胷中。而終不能釋然也。是以鬱鬱至此。夫武定亂略。文致太平。貴爲天子。富有四海。論功較德。直與古帝王並驅爭先。而晚節末路。反有不滿之憾。由其銳於好勝。無理義以養其心故耳。豈不深可惜哉。雖然。太宗以生日罷宴樂。而後世子孫乃以生日脩宴樂。寧不有媿於祖武。書之于冊。其得失優劣又可觀矣。吁

丁未

二十一年。八月。詔停封禪

天下之事。惟見理之明者卓然不惑。則守之定而決之堅。至於一出焉一入焉。自以爲是而復以爲非。自以爲不可而復以爲可。凡若此類。皆非見理之明者也。太宗封禪之事。自六年群臣有請之後。至是凡七書于冊。其欲行也以臣民之請。其欲止也。以事變所奪。初不嘗以其非禮而已之也。惟太宗不能決然斷其非禮。是以若子及孫遂舉而行之。豈非詒謀詔後無一定之說。故其流弊必至於此者乎。書詔停封禪。停者暫止之詞。暫止則必復舉矣。惜哉

戊申

二十二年。五月。遣右衛長史王玄策使天竺。因襲擊之。執其王以歸

以分注觀之。天竺攻劫使者。罪誠可誅。以綱目觀之。則玄策出使有指。乃擅襲人之國。又執其王以歸。則非義矣。王者不勤遠略。務廣德而不務廣土。烏可恃強淩弱以生事

邀功於絕域哉。書使天竺。書因襲擊。書執以歸。皆罪之也

殺華州刺史李君羨

隋以疑似而殺李渾。然卒無益於事。此太宗之所親見也。不以爲戒而反襲其跡。則亦同歸於亂耳。夫賊在宮中反乃求之遠外。果何謂耶。書殺。書爵。亦徒以重濫殺之禍而已君羨之死。可哀也哉

己酉

二十三年。改官名犯先帝諱者

二名不偏諱。禮也。太宗名世民。令天下不連言者勿避。是以其臣如李世勣虞世南之類。皆不復改易。至是始令避之。亦可謂有近古之風矣。自世俗諂諛成風。遂至舊諱嫌名稍涉疑似者。皆缺不用。由是忌諱繁多。名實混亂。胡不觀諸綱目所書李世勣之類而體倣之乎

庚戌

高宗皇帝永徽元年。詔衡山公主俟喪畢成昏

昏禮未有不在從吉之後者何必特書于冊所以志有司之失著禮制之變耳綱目凡昏如常事不書其見於特書皆有得失存乎其間觀者不可不察也

以褚遂良爲同州刺史

遂良受遺輔政固當正身格君豈容買地以自汙然顧命大臣非有大過豈宜輕於譴逐坐是左遷亦旣爲之兆矣書遂良刺同州而不言其故遂良尚可知進而不知退乎

冬十一月詔獻鷹隼犬馬者罷之

是時高宗初政清明故其施設如此夫罷獻鷹犬已爲盛德況又從而罪之乎書法若是蓋予之也

三年冬十一月濮王泰卒

前代宗親有疑似之迹者率皆不得良死濮王泰乃窺伺儲位之人此正夫人所當致其察者故前書開府置僚屬而此書其卒正以著其始終無他于以見

癸丑

高宗友愛保全之意耳。
亦豈無故而書之哉

四年。春。二月。散騎常侍房遺愛及高陽公主謀反。伏誅。遂殺荊王元景、吳王恪。流宇文節於嶺南

遺愛元景恪同以反誅。而所書不同。何也。遺愛謀奉荊王。固非出於荊王首謀。若恪則又長孫無忌惡而濫殺之耳。故特書遂殺者。明其因遺愛之反而遂因事以殺之也。不然。輕重是否幾於無別矣

甲寅

五年。春。三月。以太宗才人武氏爲昭儀

正觀十一年書以武氏爲才人。距太宗之終十有三年、則武蓋十三年在宮中。侍太宗矣。當高宗爲太子入侍之時。見而悅之。已有無父淫烝之意。若以春秋誅心之法論之。其去楊廣僅一間耳。時移地改。浸浸忘之。一旦忽見可欲。此心

勃然而生。蓋其不善之念。猶投種於地有待而發。而終不能改也。夫人之異乎禽獸者以有禮義耳。衛公子頑通乎君母。詩人疾之以爲鶉鵲之不若。漢史載諸王淫亂之事。謂其爲鳥獸行內亂。今武氏乆侍太宗而高宗納之後宮。立爲昭儀。未幾遂正位中宮。母儀天下。縱使無亂唐之事。亦不可見於宗廟臨于民上矣。衛有鶉鵲之亂。遂爲狄人所滅。唐有聚麀之亂。子孫戮滅幾盡。自古淫汚內亂之事。未有不亡國敗家者。綱目特以太宗才人武氏書之。則高宗上烝父妾。罪曉然矣。求免禍亂之作得乎

夏閏四月。帝在萬年宮。夜大水

武氏入宮。水沴隨之。然太宗時洛溢在先。固未易以致察。至高宗時水變在後。不出越月之間。而又溢入寢殿。則其應曉然明矣。彼昏不知。懵不加察。尚可與之言乎。綱目上書武氏爲昭儀。下書帝在萬年宮夜大水。其爲世鑒。豈不深切著明也哉

大稔

是時君德浸昏。何以獲歲登之報。得非太

宗遺澤所及也。自是而後。牝雞司晨。無復善治。天下日益多事矣。不書有年而書大稔。遂與東魏同科。蓋亦予之而不盡予者也。其旨微矣

以長孫無忌子三人爲朝散大夫

匹夫無故而人予之十金。則必愕然而怪。懮然而懼。非惡十金之獲也。無因至前。是固夫人之所疑也。長孫無忌身爲大臣。一旦天子無故挾寵姬以臨其家。而又賜以重賄。餌以高爵。是雖甚愚之人。亦必知其有所爲而爲之矣。況高宗明以皇后無子爲言。是其意嚮曉然可知。爲無忌者。亟當反其所賜。力辭不受。且叩頭避席。泣告其君。若曰。臣以庸虛。猥承先帝拔擢。受遺輔政。幸賴陛下聖明。中外人安。若臣若可少寬微責。今承聖問特以中宮無子爲言。切惟先帝臨終。屬臣以佳兒佳婦。王音在耳。弗敢忘也。陛下臨御于今五載。子孫千億。福祚未艾。中宮雖曰無子。要爲母儀天下。況皇太子忠已正位東宮三年矣。臣非不知聖意所在。誠恐它時母以見

先帝於地下。願賜臣骸骨。屏歸田里。恩賜雖榮。萬死不敢祗受。敢乞復歸內帑。如此。則非惟高宗知無忌之意不可回。而昭儀異日亦無所歸怨矣。不是之思。乃對以它語。撫機不發。自蹈禍機。故綱目於此。書以無忌子三人爲朝散大夫。而不言其故。則見無忌濫受無名之賞。深爲可鄙。此固書法之意也。嗚呼。無忌此機旣失。他時黔州之禍尚誰咎哉。吁

乙卯

六年。九月。貶褚遂良爲潭州都督

前書以無忌子爲大夫。其責在無忌。此書貶遂良爲都督。其責在高宗。遂良前日左遷同州。不書貶黜。今此特書貶者。明其無罪見貶。以重高宗之惡耳。高宗無故欲廢其后。而立先君之妾。又以無罪而黜顧命大臣。一舉而三失具矣。尚可與之有爲哉。吁

冬。十月。廢皇后王氏爲庶人。立昭儀武氏爲

皇后王后之廢不以罪書是無故見廢也武氏之立前已書太宗才人則此不必再書已知其爲先君之妾矣然則王后之死何以不書高宗昏於衽席動不由已故武氏一聞泣對之言殺之如豢犬豕綱目遂不復書于冊者正以著高宗愚闇之失雖宮闈之内其故后爲人所殺亦且不得而知此則綱目不書之意也嗚呼高宗至是雖有心腹耳目已不得而自用矣哀哉

以中書侍郎李義府參知政事前書李義府爲中書侍郎未見其附會之蹟至此上書廢王后立武氏下書義府參知政事則雖不必考之分注已知其主廢立之謀矣事有不待貶黜而惡自見者此類是也

丙辰

顯慶元年春正月以太子忠爲梁王立代王弘爲皇太子武氏既立則其子不但爲諸王而遂已故雖太子忠已正儲極廢之有若反掌此所

以不書廢太子。而書以大子忠爲梁王也。嗚呼。高宗憫王后之憂閉。一言而速其死。今又不能子其子。則亦寄生焉耳。可哀也哉

二年夏五月。帝始隔日視事宣王晚朝。姜氏請愆。唐高溺愛衽席。荒怠已甚。是時李義府當國。承望孽后之意。請隔日視事。蓋欲使之得以專意房帷之樂也。高宗失德固不足責。直筆書之。姑以著内荒之跡耳

遣天竺方士歸國高宗專意房帷。正欲得長生之樂。何爲銳於罷遣方士若是之明決哉。武氏意在恣肆。固非欲其君久於享國。觀之晚年帝苦頭重之時。武氏怒絕醫者之語。則可見矣。然則斥遣方士。高宗蓋得之中旨也。事雖若美而意則非。是此綱目所以書於隔日視事之下。以見意也

以洛陽宮爲東都此武氏志也。武氏忌王蕭之死。不居京師。故高

戊午

宗崇飾別鄰以處之。此固綱目書法之意也

三年。春。正月。詔行新禮。禮之所重者。父子君臣之分。夫婦男女之別。閨門內外之防而已。高宗妻父之妾。武氏淫穢宮闈。三綱已紊而乃詔行新禮。又以許李損益其間。謬可知矣。直筆書之。蓋譏之也

冬。十一月。貶杜正倫爲橫州刺史。李義府爲普州刺史。李義府以貪冒見黜。胡不書以罪貶。蓋寵而用之者。高宗之私也。杜正倫無罪。亦例書貶。何哉。正倫前朝舊德。不恥與小人同列。又以私意忿爭。不能斥言其姦。是亦義府之流耳。混而書之。夫豈過哉

己未

四年。秋。七月。殺長孫無忌。柳奭。韓瑗。此三人者。不以故官

書之。亦貶之乎。曰。非也。正以著高宗不道。旣已盡削其官。又從而殺之耳。書法如此。甚其惡也

庚申

五年。冬。十月。初令皇后決百司奏事

自永徽五年書立武氏爲昭儀。次年正位中闈。至是六七年間。政事施設。大率皆爲武氏而發。故夫柳奭罷逐。緣王后也。爵無忌子。誘阿附也。用李義府。從表請也。貶黜遂良。因廷爭也。廢太子忠。欲立弘也。贈武士彠。崇后父也。貶王義方。庇義府也。隔日視事。專房帷也。貶責來韓。沮宸妃也。崇飾東都。從武志也。尊用敬宗。賞主謀也。竄殺無忌。追宿怨也。改氏族志。升武姓也。黜逐于高。懲出立也。駕如并州。宴后戚也。凡若此類。其見於綱目所書者不一而足。今又使之參決政事。則是牝雞之晨。固不待他年廢立而後見。高宗至是。太阿已去手矣。書初令皇后決百司奏事。謂之初令。則是高宗命之也。然則唐室之禍。非武氏能禍之也。高宗自禍之耳。悲夫

資治通鑑綱目發明卷第四十

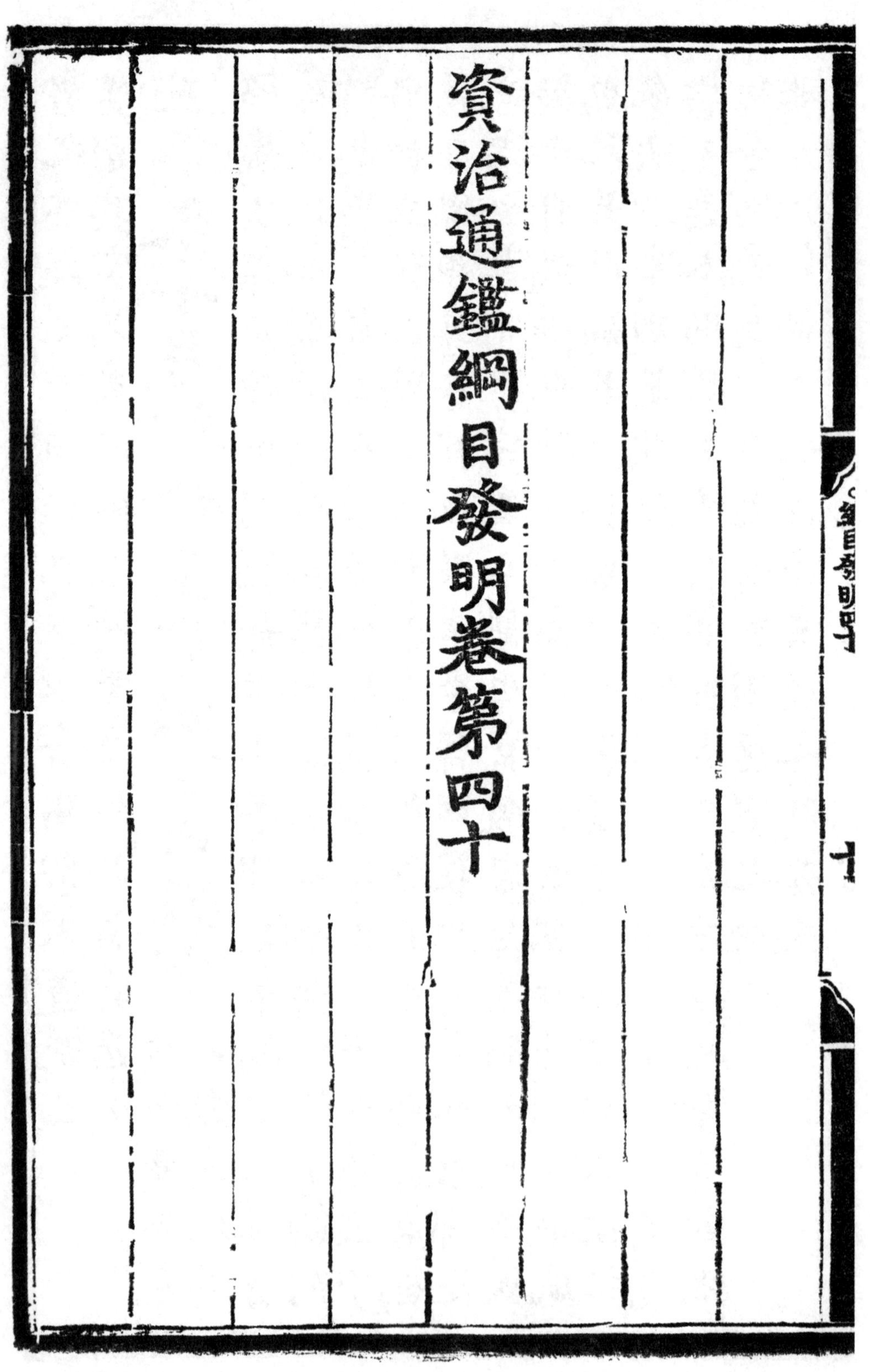

資治通鑑綱目發明卷第四十一

布衣臣尹起莘上進

壬戌

二年。颶海總管蘇海政矯殺興昔亡可汗

興昔亡可汗遠在邊徼之外。海政矯詔殺之。得書于册以著其罪者。聽達於上也。王后蕭妃近在宮闈之内。武氏專擅殺之。不書于册若無所聞者。蒙蔽之甚也。比而觀之。其義見矣

癸亥

三年。春正月。以李義府爲右相。夏四月。除名流巂州

義府弄權罔上。何以不書有罪。高宗崇信姦回。使之怙寵至是其責亦有所分矣。是以書法如此

甲子

麟徳元年。十二月。殺同三品上官儀劉祥道。罷梁王忠賜死

哀哉上官儀之死也。彼昏不知烏可與之有言哉。京房諄諄開悟元帝。言非不明。聽非不諭。然姦賊未去。身已不保。昏懦之君。大抵若此。綱目書殺書爵。蓋亦哀之而已。夫豈樂予之哉

丙寅

乾封元年。春。正月。車駕還。過曲阜祠孔子。至亳州尊老君爲太上玄元皇帝

上書過曲阜祠孔子。足見尊師重道之意。然贈以三公之官。則是臣之也。禮安在哉。況下書尊老君爲太上元元皇帝。其輕重不倫若此。故綱目於贈太師則削而不書。蓋爲先聖諱之爾。事有若美而實不美者。此類是也。雖然。吾先聖豈以是爲輕重哉

皇后殺其從兄惟良

於所厚者薄。無所不薄也。武氏不道。勦殺其族如獮狐兎。亦何有於李氏

哉。故特書皇后殺其從兄以惡之

總章二年。冬。十一月。李勣卒

武氏之立，決於李勣之一言。遂至滅唐社稷。貽禍甚慘。綱目於廢立之際。雖已載之分注。而勣之罪竟未有以見也。故於其死盡削其官以罪之爾。或曰。高宗之時。大臣書卒罕有具其官者。如竇德元劉祥道之類蓋可見矣。曰。是不然。勣故前朝功臣。初非德元祥道之比。姑以太宗朝觀之。自正觀四年書蔡公杜如晦卒。至二十三年書衛公李靖卒。其間書卒者凡十有四人。未有不書其爵者。又以高宗朝觀之。其書前朝舊臣之卒者。如北平公張行成。鄂公尉遲敬德。愛州刺史褚遂良。亦未有不書其官者。何獨於勣而削之哉。勣在兩朝。論其勛業殆與衛公鄂公諸人等。今綱目獨削其官遂至與隋楊素同科。素有廢立儲君之罪。勣有廢立中閫之罪。故其書法若一。是皆深貶而誅之也。不然。以勣

之公勤勳績可少訾哉

庚午

咸亨元年。敕突厥酋長子弟給事東宮太子國儲副君。當以儒學端良之士與之游處。今乃以夷狄醜類居之。其輕國本甚矣。高宗昏庸失德。方且倚重中宮謂可付託。他日至欲使之攝政。則其不顧厥子固其宜也。書敕突厥酋長子弟給事東宮。繆可知矣

閏月。皇后以旱請避位。不許君治陽。后治陰。理也。天以旱告。此人君之事爾。后何預而請避位哉。且其久位中闈。避將何之。直書于冊。不惟見武氏愚弄其夫之罪。亦以見昏君甘受其侮之惡

乙亥

二年。太子弘薨。諡孝敬皇帝。立雍王賢為皇太子太子弘之卒。人皆以為天后酖之。綱目何不以皇后酖太子弘殺之為文。高宗蔽於孽后。昏然無知。故綱

目直書太子弘薨。以著高宗愚蔽之失。而武氏酖毒之禍亦囿在其中矣。嗚呼。莫親於父子。莫重於儲極。其死且莫能明之。他何望哉。噫。

戊寅

儀鳳三年。春正月。百官四夷朝天后於光順門。

春秋魯莊公時。書夫人姜氏會齊侯于禚。書享齊侯于祝。又書姜氏如齊師。蓋其進之以漸。所以甚其惡也。綱目之於武氏。既書皇后決百官奏事。又書后稱天后。又書后表便宜。至是又書四夷百官朝天后。則其愈進愈盛。幾於無君者矣。履霜堅冰。可畏如此。特書屢書。誠千古之龜鑑也。

庚辰

永隆元年。廢太子賢為庶人。立英王哲為皇太子。

弘賢皆武氏所出。弘既酖死。賢又廢黜。殘忍一至於此。蓋凶悍之性乃其所素有者。故始焉扼殺其女以陷王后。而終焉廢殺二子以逞其欲。婦人陰險可畏。未有若是之甚者。書廢不書罪。高宗雖素所鍾愛。欲宥之而不可。則亦具位焉爾。可勝嘆哉

辛巳

開耀元年。春正月。宴百官及命婦於麟德殿

高宗柔懦不君而牽於愛慾。故其所爲大率皆類婦人女子。然而是宴之設。特爲武氏而已。儻止宴百官則武氏無預。必宴及命婦則武氏預矣。此固當時之意也。而亦綱目書法之意也

壬午

永淳元年。春二月。立孫重照爲皇太孫

高宗制於晨牝。雖愛子且不能保。又何有於乃孫哉。他時重照不得良死。蓋原於此。況既有太子。又立太孫。固無謂也。書之于冊。亦譏之爾

以郭待舉岑長倩郭正一魏玄同並中

癸未

書門下同平章事宰相之稱。至是愈益舛矣。書同承受進止。殆與奔走小臣無異。其何以經邦論道師長百僚乎

弘道元年。崔知溫卒綱目於人臣之卒。或爵或不爵。不惟足以見才品功業之高下。亦足以見當時朝廷之盛衰。姑以唐言之。高祖朝二人。杜伏威書吳王竇威不書爵。太宗朝十有六人。其不書爵者杜淹裴寂封倫三人而已。岑文本不書爵而書代者之爵。至高宗朝亦有十六人。而書爵者五。於五人之中。其三則前朝舊臣。張行成尉遲敬德褚遂良是也。若高宗所用之人。獨張文瓘裴行儉而已。何太宗朝書爵者如是之多。而高宗朝如是之少耶。夫武氏制朝。大臣具位。凡陳力就列者初無功績之可紀。故綱目於其卒也皆削其官以貶之爾。不然。綱目何獨厚於房杜王魏諸公。而獨惡於姜恪閻立本來常崔知溫輩哉。觀者試

思之

中宗皇帝嗣聖元年二月。睿宗文明元年。九月。太后光宅元年

昔范公祖禹修通鑑。分職唐史。著為唐鑑一書。取法春秋。黜武氏之號。繫嗣聖之年。而通鑑則本之唐史。列武氏于本紀。即以光宅紀元。自後盡用武氏之號。令綱目止以嗣聖紀年終武氏世。是雖與范氏相出入。要亦求其是而已。夫中宗國之正統。武氏無故廢之。甚至革命易姓。無異莽操所為。然天下猶唐之天下。武氏安得而絕之。綱目繫嗣聖而黜光宅。所以扶三綱。立人極。示天下以正大之義。使後世賊亂之徒。無以自立於天下爾。

或曰。呂后制朝。何不繫惠帝之年。曰。惠帝既沒。因無年之可紀。況呂后又取他人子名為惠帝子而立之。故綱目但以兩行分注紀呂氏之年。已足見其非正統之意。固不得與中宗尚在者為比而得以繫嗣聖之號也。

二月。太后廢帝爲廬陵王。立豫王旦。裴炎白太后而謀廢立。然綱目止歸惡太后者。何也。武氏包藏禍心。竊窺神器。已非一日。縱使裴炎不爲此謀。中宗亦必無久安之理。故綱目深探本情。直書太后而不及裴炎者。亦所以原其實也

太后以劉仁軌爲西京留守

綱目凡統繫于一者。直書以某人爲某官。是時中宗既廢。雖立豫王。其實國政初無所預。故每事必揭太后于上。明天下事制於太后也。然不繫之者。社稷猶繫乎唐。而武氏猶爲唐之太后故也。至他日革命。則非矣。綱目亦豈輕於絕人哉

夏四月。太后遷帝于房州。又遷于均州。

○英公李敬業起兵揚州。太后遣將軍李孝逸擊之

廢君天下之大惡。人神之所同憤。天下有能討之者。討之可也。敬業

爲是舉兵其名正矣然局不書討敬業等本以失職怨望非眞有討亂之心故書舉書起兵始即此以正武氏之罪而非以是予敬業也使其果能以興復爲心奮不顧身則必以討書之矣

太后殺侍中裴炎

裴炎首發廢君之禍盍正其誅然而書殺書爵者武氏殺之故也

李敬業取潤州李孝逸擊殺之

敬業既以興復爲詞自宜直指河洛而乃妄希王氣故綱目先書取潤州以定其罪繼書擊殺以正其死也雖然敬業是時已追削官爵復姓徐氏故唐史及通鑑皆以徐敬業稱之今綱目止書李敬業者李勣受姓於唐武氏廢君之賊不得而易之也綱目之立法如此孰謂其徒史而已乎

二年 太后垂拱元年 春正月帝在均州

昔季氏逐其君春秋每歲必書公所

在。今武氏旣廢中宗。然綱目猶書帝者。不予武氏之廢也。每歲必書帝之所在者。本春秋之法也。或曰。前已書太后廢帝爲廬陵王。立豫王旦矣。今此所謂帝者。得非豫王耶。曰。非也。何以知之。以下書歸政豫王旦知之也。夫書法之嚴。本諸春秋。固已明白。至於書帝所在或恐疑爲豫王。故不得不爲之辨以告後之君子

丙戌

太后以僧懷義爲白馬寺主

一僧一寺主。何必書之所以著武氏之惡爾

三年。太后歸政于豫王旦。尋復稱制

前已書立豫王旦。則是豫王已爲帝矣。故唐史及通鑑皆以皇帝稱之。然綱目止書豫王旦者。不予武氏之爲立也。不然。每歲旣書帝之所在。而又以豫王爲帝則名實亂而無別矣

丁亥

四年。冬十一月。太后流李孝逸於儋州

孝逸附會賊后

戊子

爲之鷹犬。破李敬業而安武氏可討太后之忠臣。唐室之姦賊也。奏功不賞。尋亦自及。蓋天假手殛之以爲後世助桀者之戒爾。昔呂氏命灌嬰擊齊。嬰乃與齊連和待變。呂氏遂誅。使孝逸而能爲此。擁三十萬之衆抗表請還政天子。徐俟復辟而後罷兵。則武氏豈終能禍唐哉。不是之思。遂亦不免。故綱目不書其官。以見貶之之意。其竄死也宜矣

五年。秋八月。琅邪王冲越王貞舉兵匡復。不克而死。太后遂大殺唐宗室

唐史載冲等討亂死之而通鑑止直敘其事。故褒貶之義不明。今綱目書舉兵興復不克而死。既予其興復。又予其死節。則其義昭然明白。夫武氏亂唐。人神共憤。冲等身爲宗室。儻皆坐視弗恤。後世必謂秦無人。如其舉義不克。則同死社稷。豈不猶勝於坐受屠戮者

乎人臣所明者義於功不貴幸而成所守者節於死不貴幸而免書法若此固不以成敗論人亦所以爲忠臣義士之勸也

庚寅

七年九月武氏改國號曰周稱皇帝以豫王旦爲皇嗣改姓武氏

武氏之亂自書契以來未之有也然綱目亦因其漸而書之以見不輒絶人之意蓋自高宗時書初令皇后決事書百官四夷朝天后至廢立以後書大殺唐宗室書除唐宗室屬籍書殺澤王上許王南安王等極矣然猶以太后書之未遽黜也至是改國號周自稱皇帝以豫王爲皇嗣改姓武氏於是始加斥絶不稱太后止書武氏所謂誅以王法廢之爲庶人者也夫天下唐之天下武氏爲唐妾婦遂乃革命稱尊滅唐社稷綱目自是書周書武氏蓋絶之於唐明其不得爲李氏婦而中睿亦不得而母之爾

嗚呼。女禍之慘。未有若是之甚者。綱目書之爲後世戒。可謂深切著明也矣。有天下國家者可不謹哉

癸巳

十年。周武氏自號金輪聖神皇帝 綱目褒貶予奪。立法甚嚴。固非他史之比。至於亂世之事亦不盡略。如王莽之紛紜制作。武氏之謚名越號。皆書于冊。一以見紀實之意。一以著姦僞之迹也

乙未

十二年。周安平王武攸緒棄官隱嵩山 東漢鄧后臨朝。鄧康免官就國。綱目猶書而予之。況棄官歸隱者乎。武攸緒於是高人一等矣宜乎書法之深予也

資治通鑑綱目發明卷第四十一

資治通鑑綱目發明卷第四十二

布衣臣尹起莘上進

丁酉

十四年。六月。周殺其右司郎中喬知之喬知之族誅而綱目止以殺書者。何哉。知之溺一愛妾。遂至淪陷其族故綱目未減僞周之罪。蓋恕周所以惡喬也。其旨微矣

周來俊臣伏誅武氏殺人多矣。獨俊臣死得其罪。故以伏誅書之。雖然。是時監察御史李昭德與俊臣同死。綱目何以略而不書。曰。武氏亂唐。大夫士稍知愛重者必有以自勵其身。奚至駢首受戮。故綱目於武氏殺戮之事或書或不書。其書之者所以著武氏之惡。其不書者所以示不滿時人之意。此固書法之深旨。君子所當加察者也

十五年。春。三月。帝還東都　綱目之於褒貶。有坦然明白者。有微詞奥義寓於其中者。武氏未改國號以前。凡用人皆書太后。自改號後皆書周。然去年狄仁傑同平章事。獨不書周。何也。蓋廬陵之歸。自仁傑爲相之後從容進說。切而不迫。卒能感悟武氏。遂有復還唐社稷之意。故綱目於此先書以仁傑平章事。不繫之周則明其本志爲唐。非武氏得而臣之。繼書帝還東都。序於其下則見復唐之續原於仁傑爲相之後。此其微詞奥義寓於其中。要在後人深求而得之者也。不然。仁傑它時進用皆書曰周。何獨於此而不書周哉

十七年。司空梁文惠公狄仁傑卒　婁師德之卒。綱目以周納言書之。雖具其官。然固不免爲周之臣也。狄仁傑之卒。書爵書謚而不繫之周。則仁傑雖事武氏。固唐之臣爾。

夫武氏廢唐。人神共憤。仁傑蒙耻舊忠。每以母子之說感悟武氏。武氏亦信重其說而從之。紓徐不迫。卒復唐緒。故綱目於此。特筆起義以著仁傑始終爲唐之意。爲天下後世不忘本朝者之勸也。雖然。仁傑不繫之周是矣。胡爲亦不繫之唐哉。曰。是時武氏雖僭位號。然天下實唐之天下。故不必繫之唐而已知其爲唐。此又綱目書法之意也。或曰。武氏殺賢士大夫多矣。奚獨於仁傑信重若此。曰。狄公一念在唐。發於精誠。惓惓懇懇。其所以爲武氏言者不出諸此。故武氏亦以誠相感。初非有奇謀異說行乎其間。故曰。誠者天之道也。不誠無物。至誠未有不動者。不誠未有能動者。其狄公之謂

冬。十月。周復以正月爲歲首

武氏自六年十一月始用周正。改十一月爲正月。十二月爲臘月。正月爲一月。至是凡十二年間。前史皆從其說。每歲十一月書於歲首以爲正月。繼書臘月一月。然綱目止用夏正紀月。初未嘗爲之改易。今此雖書

乙巳

周復以正月爲歲首。其實歲首固已自用正月。不待是年而後復。凡此皆斥絶武氏。不予其改易唐家之正朔也。然則曷爲書周。曰。書周所以著其廢唐之罪。明其自絶於唐爾。若紀年則用嗣聖。而正朔止用唐舊。此則綱目自立義例。取法春秋之義。不以其私自改作而遂從之者也。故曰綱目之爲綱目。非君子莫能修之

神龍元年。遷太后於上陽宮。號曰則天大聖皇帝

綱目自七年改國號周之後。不書太后。止書武氏。明其得罪於唐宗廟。故黜而絶之。廢爲庶人。是以止書姓氏爾。今此上書張柬之等討武氏之亂。而下書遷太后號曰則天大聖皇帝。夫所謂太后者。即武氏也。既討其亂。又尊其號。可乎。綱目於此。深恨唐室諸臣不能舉正其罪而黜之。故備載胡氏之言於下。以明武氏當廢之罪爾。况皇帝者有天下之稱。烏可加之於已廢之婦人乎。直筆書之。其義見矣。可勝歎哉。可勝惜哉

復

立韋氏爲皇后。贈后父玄貞上洛王

春秋襄十四年書衛侯出奔。二十五年書衛侯入于夷儀。當其失國之時皆書其爵。至二十六年書衛侯衎復歸于衛。迨其復國之後。及書其名。蓋衛侯在外十有二年而德弗加進。一旦得國失信無刑。殺夫人也。是以春秋深貶而名之爾。夫人之有德慧術知者。常存乎疢疾。今中宗橫罹廢酷二十餘年。困心衡慮多於衛侯。淹恤之日。反位未幾。故態復作。果何爲哉。况其嗣位之初。上以韋元正之故。貽禍擯黜。今縱念不到此。亦獨不思毋氏亂唐不過出於女禍。則夫懲創前失。尤當裁抑女寵。於動心忍性之餘。胡可反聽牝雞之晨。復蹈亂亡之轍者哉。昔太甲顛覆厥度。伊尹放之于桐三年。自怨自艾。處仁遷義。卒能復辟爲賢德之君。中宗幽廢不爲不久。而其狂愚之惡曾弗之改。故綱目於韋氏之立。既書曰復。而於上洛王之贈則特揭后父書之。所以著其困而弗革。雖得復國。猶非

其國也。嗚呼。觀綱目所書中宗初政若此。眞所謂下愚不移之性者矣。廢於母。弒於妻。又誰咎哉

以武三思爲司空　武氏亂唐。亘古無有。五王不能誅除禍根。誠爲失策。然中宗獨不念幽囚之辱乎。既登九五。掃除元惡如恐弗及。夫何復位未幾乃反信而用之。是亦無人心矣。故綱目書以武三思爲司空。專罪中宗而未暇責及五王者。端本澄源之論。首惡必有所歸也

五月遷周廟主於西京。仍避其諱　武氏廢唐宗廟。中宗僅能復之。今乃復崇武氏。果何謂哉。故綱目既書遷周廟主。又書仍避其諱以惡之

皇后表請改易制度。從之　昏庸之君。雖身罹禍敗亦弗知戒。如中宗之寵韋庶人是已。况望其遠鑒前世乎。書皇后表請改易制度從之。惡可知矣

上御樓觀潑寒胡戲　中宗失德初無足道。然亂亡之蹟不容盡泯。此觀潑寒胡

戲之類。所以皆書于冊。爲世鑒也

二年。制太平安樂公主各開府置官屬 武氏雖曰亂唐。然大權在己。政出于一。故能控制四海。踰二十年。今中宗以陽德居尊。胡爲反縱女謁。甚至下令特令公主開府置官屬。書之于冊。不惟遠愧乃祖。亦且近愧乃母矣

制僧慧範道士史崇恩並加五品階 夫所謂僧道士者果何物哉。就其本法言之。清虛寂滅者也。而乃加以品秩。不惟王法之所不容。是亦彼法之所惡者。書之于冊。豈不深可爲笑。而適足以爲戒哉

大置員外官 前書公主置官屬。此書大置員外官。亂政若此。不亡得乎

殺處士韋月將。

以尹思貞爲青州刺史。宋璟爲貝州刺史 廬陵不道

無足論者。然綱目上書殺處士韋月將。下書以尹思正宋璟爲刺史。又以著二人因諫見貶爾。彼其淫刑濫殺。既發言者。又逐諫臣。未幾身弒統絕。其爲後王鑒。豈不深切著明也哉

敬暉桓彥範張柬之袁恕己崔玄暐爲武三思所殺

入綱目以來。淫刑濫殺固亦多矣。未有書某人爲某人所殺者。今五王之死所書乃爾。何哉。武氏亂唐。人神共怒。敬暉等并謀協智不遺餘力。僅能反正復辟。方是之時。儻能深明大義。數武氏滅唐社稷之罪。發而絕之。然後取其黨與族類必殺無赦。盡磔而尸諸市。聲其大惡。布告中外。庶幾上荅祖宗在天之靈。下釋四海臣民之憤。若弗暇也。夫何謀之不誠。僅能誅二張等輩。而禍本亂根反置不問。遂使餘燼復張。迄至受制賊手。駢首屠戮。不啻如机上肉。故綱目於此不書武三思殺敬暉等。而書暉等爲三思所殺。變文起義。若曰。三思非能殺暉等。暉等自爲三思所

丁未

殺爾。書法如此。所以痛恨諸人不知大義失於處斷以至此極。是以深為歎惜之也。然則三思獨無罪乎。曰傾覆社稷之黨。迷國亂朝之賊。濁穢官闈之徒。其惡猶待貶絕而後見乎。

景龍元年。春正月。復崇恩廟

武氏為李氏婦。而滅唐宗廟。惟恐不及。中宗為唐子孫。而復武氏廟。亦惟恐不及。據事直書。義自見矣。雖然。逐我者出。納我者死。此衛子鮮之所以譏衛衎者也。中宗廢於武氏。擯斥幾死。而崇之奬之。恩意有加。復於五王。而貶之殺之。不啻仇敵。勸沮若此。其反宜矣。非不幸也

秋七月。太子重俊起兵誅武三思武崇訓。兵潰而死

天子在上。太子無故稱兵。何不以反書之。三思崇訓濁亂宮闈。罪惡貫盈。將危社稷。重俊不忍憤憤之心。起而戮之。故綱目書起兵書誅。所以正三思崇訓之罪爾。若夫兵潰而死。天固不使

中宗得有其子也

戊申

二年。安樂公主適武延秀不書以安樂公主適武延秀。而直書曰安樂公主適延秀者。言以則出於上命。不言以則公主自適之也。夫延秀乃崇訓之弟。公主先適崇訓。則於延秀爲嫂氏。今崇訓誅死。未幾公主悅延秀而適之。則是知有女而不知有嫂叔。是亦西鳥之不若爾。書法如此。旣已著安樂淫奔之醜。又以病中宗不父之惡也。

庚戌

四年。五月。宴近臣善不積不足以成名。惡不積不足以滅身。中宗自復位以來。于今六載。凡見於綱目所書者。略無一善可紀。故夫信聽晨牝則女禍復作。尊寵三思。則武氏再振。貶黜譙王則愛子不保。寃殺五王則功臣受禍。擢用方士則妖人得志。崇獎僧道則異端恣橫。公主開府則女謁盛行。員外置官則爵位濫冗。殺戮諫士則忠言路絶。斜封拜官則賕賂紛紜。甚至書召近臣守歲。書觀宫女拔河。書觀燈於市里。若猶未也。書御黎園。書幸隆慶池。書宴近臣。極矣。餅中進毒。身且不保。天醜其爲。禍出不測。固其理之必至者。觀綱目先後所書。則中宗之禍咸其自取。初無足怪。向非太宗德澤在人未泯。則唐之滅亡必矣。夫其所以極情淫逸者。不過欲取樂而已。而不知禍機伏於其中。然後知古之帝王兢兢業業不邇聲色者。非惡逸樂而好憂勤也。中外奠安。社稷鞏固。所謂莫大之樂。蓋自憂勤中得之。豈必恣情極意而後爲樂哉。後之有天下國家者。監中宗之所以失。體

帝王之所以得。其庶矣乎

六月。皇后韋氏進毒弑帝於神龍殿。以裴談張錫同三品。張嘉福岑羲崔湜同平章事。立溫王重茂

呂氏亂漢。平勃討之。殄滅無遺。故終西漢

世無復女禍。武氏亂唐。五王討之失。賊不誅。故未幾卽有韋氏之亂。然則禍根亂本。可不深鋤而痛絶之哉。雖然。中宗之禍。宗楚客馬秦客楊均安樂公主輩。皆與聞乎故。而獨歸惡韋氏。何也。中宗寵信豔妻。淫而不制。楚客輩雖爲逆黨。要皆出於韋氏。是以綱目獨書于冊。則見中宗不能防閑帷箔。貽禍自巳。而韋氏陰柔浸長卒肆大逆。所以推原禍始。正其本也。或曰。裴談張錫張嘉福。岑羲崔湜初不預謀。反書於弒君之下。何也。曰。此正書法之深意。所以誅賊亂之黨。孤元惡爾。此五人者。儻能稍知大義。必不從弒君之賊而受其職。故不書宗楚客等。所以著禍本之所自起。而特書裴談等。所以治黨賊者之罪。立法若此。其爲後世戒豈不深切著明也哉

臨淄王隆基起兵討韋氏。幷其黨皆伏誅。隆基爲平王。分注載封隆基爲平王。而綱目不書其封。若隆基之自爲平王者。何也。臨淄始爲舉事。不白相

王。既誅韋氏。遲回久之。考之前史。蓋自六月庚子至甲辰。首尾五日。必待劉幽求力言始請相王即位。是以先儒謂臨淄本意蓋欲自取。此即綱目書法之意也。然則何不以自爲平王書之。曰。臨淄削平內難。興復唐室。社稷之不泯實嘉賴之。故綱目上書臨淄起兵討韋氏。旣以著其撥亂之績。故下書隆基爲平王。所以恕其自爲之罪也。嗚呼。綱目之立法如此。則其急於討亂厚於待人爲如何哉。此君子所以有取乎綱目也。此君子所以有樂乎綱目也。

廢崇恩廟。追廢韋后安樂公主爲庶人

昏亂之世。正邪易位。如武韋輩求得欲從。富貴極矣。然轉眄之間禍敗已及。屠戮其身。廢黜其號。斵棺暴尸。猶未足以盡其罪也。郎岌燕欽融韋月將諸人各贈以官。而敬暉等五王追復爵位。公道初無終泯之理。回視向之炎炎者果安在哉。綱目詳書于冊。其爲斯世勸戒豈不昭昭著明也哉

罷斜封官 是時姚宋

辛亥

諸賢進用。政事清明。故其設施如此。書之于冊。美可知矣

睿宗皇帝景雲二年。復斜封官

睿宗唐之賢主也。觀其恬淡寡慾。黃屋非心。即位之初。擢用正人。政事修飭。蓋自正觀以來。未之有也。然未幾太平撓政。弊倖復生。於是斜封首復。而紀綱漸紊。蓋帝之清簡有餘。而明斷不足。是以其弊至於此爾。嗚呼。以睿宗之清淨簡寡。而猶不免此。況汨沒於嗜慾者乎。綱目於前書罷斜封官。於後書復斜封官。則當時治亂得失輔相賢否皆可知矣。噫

壬子

太極元年玄宗皇帝先天元年**八月。帝傳位於太子。太子即位。尊帝爲太上皇**

唐朝傳位於子者四君。然而書法則不同。在太宗則直書太子即位。在肅宗則書太子即位於靈武。惟睿宗順宗書帝傳位於太子。蓋此二君制命在己出於由衷。而彼

二君則幾於篡矣。此綱目所以不得不各書其實也

癸丑

玄宗明皇帝開元元年。二月。御樓觀燈大酺

玄宗初政。首書御樓觀燈。殆與中宗無異。何哉。是時睿宗在上。猶總大權。而太平熒惑其間。玄宗未免曲意奉承。是以嬉戲爲樂有此舉爾。直筆書之。亦可歎也

以高力士爲右監門將軍知內侍省事

漢竇憲之誅。鄭衆實預其謀。和帝寵以封爵。遂爲東都不救之禍。唐太平公主之誅。高力士亦出入其間。玄宗畀以重任。迄爲唐室膏肓之疾。其端甚微。其禍甚大。綱目詳而書之。所以著唐人禍亂之本。蓋自此始。有天下國家者可不鑒哉

以姚元之同三品

人君之德莫大於明。明則其臣不能欺。玄宗欲相姚崇而張說疾之。旣彈以趙彥昭而明皇不納。亦可已矣。又使姜皎曲爲之

說。非明皇灼見其姦。寧不墮其計中。夫如是。則羣臣何所容其欺乎。書以姚元之同三品。文無義詞而義固在其中矣

資治通鑑綱目發明卷第四十二

甲寅

資治通鑑綱目發明卷第四十三

布衣臣尹起莘上進

二年。置左右教坊 玄宗即位至是再朞。宗廟之事學校之典未聞有所舉行。而左右教坊之置。綱目首書于冊。則帝之溺意鄭聲。固已不待晚年而後知其有霓裳羽舞之失矣。惜哉

以薛訥同紫微黃門三品將兵擊契丹 自文武旣分。而後將相之任各異其選。其來已非一日。明皇欲擊契丹。慮群臣進諫。乃相薛訥而使之將兵。名之不正莫甚於此。或曰。唐中世以後率以平章事爲節度使。亦宰相之選也。夫以平章繫銜或大臣出鎭藩方。或方鎭跋扈不臣不得已而加之。君子猶深爲之惜。況承平無事。乃以紫微黃門同三品將兵擊契丹。果何謂哉。據事直書。失自見矣

月。朔。太史奏日食不應。日食不應。僅可免咎而已。表請賀之。姚崇之諛也。特書于此。蓋譏之爾

夏。五月。罷員外檢校官。興治之世。其精明氣象必有可觀。玄宗初政。如相姚崇。定官制。汰僧尼。廢酷吏。皆有足取。今又罷員外檢校官。大書于冊。開元之治自此日益進矣。使其有始有終。常如一日。豈不爲有唐盛德之主哉

八月。出宮人。蘇軾有言。操罔罟而赴江湖。語人曰。我非漁也。不如捐罔罟而人自信。明皇以盛年即位。德信未孚。故民間有采擇女子之言。是未可以家至戶曉也。一出宮人而訛言自息。所謂止謗莫如自修。明皇蓋得之矣。故書以美之

乙卯

三年。貶御史大夫宋璟爲睦州刺史。御史大夫。風憲之長。在漢爲三公之官。而使之監杖。則非其職矣。又以杖輕而黜之。故書貶書爵而不書其罪以譏之也

七月。

丙辰

朔日食 日食不應而宰相表賀則日食而應當表弔可也此而觀之姚崇謟君之罪著矣

九月置侍讀官 自帝興不傳而後君德不古玄宗讀書無從質問始置侍讀之官而又以羸老充選書之于冊雖曰幸之蓋亦惜之也

郴州刺史劉幽求卒 韋氏之亂幽求首建大策太平之逆又發其姦玄宗雖慶以相職未幾即遣貶黜略無少恕之意何哉當臨淄討亂之時意蓋在於自取幽求既不諭此而又力請相王早正大位玄宗是時蓋已深憾於中是以輕於譴逐略不念其有功當時之人既不能知帝意所在而後來贊唐史者止謂悵其待之太薄而已綱目推求其實故於幽求之卒特揭郴州刺史書之以見斥逐遠外之意不然當時刺史徧天下何獨於幽求而卒之哉

四年春正月殺尚衣奉御長孫昕 玄宗初政清明深惡戚里撓權

丁巳

之弊。故長孫昕有犯。隨即戮之。可謂公正之至。然昕罪不至死。若等其輕重。貶竄足矣。故書殺而不去其官。

五年。春。正月。太廟四室壞。帝行幸東都。春秋文公十三年書世室屋壞。左氏以爲書不恭。公穀以爲譏不修識。以有國之君莫重於宗廟。而至於圮壞。則其怠慢爲如何哉。玄宗之時。太廟室壞。此莫大之變也。彼姚崇者素以諂君爲事。日食不應則表賀。鼎銘偶合則表賀。既有以蠱其君之心矣。今玄宗當此大變。乃欲行幸。始焉問之宋璟蘇頲二人。對以三年之制未終。災異爲戒。願且停車駕。其說甚正。使崇亦能以此意告之。猶或可以少警其君。今乃以壞與行會爲言。則是逢君之惡。而遷就其說以合之也。誣罔甚矣。故綱目於此書太廟四室壞於上。書行幸東都於下。則見玄宗不終禮制。不畏天戒。不敬宗廟。輕事遊幸。一舉而四失皆具。而唐人簡於宗廟。不以時加葺治之罪。又自見矣。吁

九月。復

戊午

舊官名。令史官隨宰相入侍。群臣對仗奏事開創之君有典則以垂後。清明之世無詭秘之私情。太宗令諫官史官隨宰相入閤議事。治致太平。自高宗昏庸失德。此制遂泯。令宋璟輔政首復舊規。雖未能盡如貞觀之盛。亦庶幾焉耳。大書于冊。蓋美之也

六年。夏四月。敕度鄭銑郭仙舟爲道士書敕度鄭銑郭仙舟爲道士。以文觀之。似若崇尚異端者。而不知二人從官于時。獻詩見志。乃溺於虛無之學。故玄宗特以是黜之。與太宗之聽蕭瑀出家無異。亦可以警流俗矣

始加賦以給官俸官俸當給。則官給之可也。若官中歲計不足。則當量入爲出會計而均通之。足矣。今崔沔乃請於常賦之外。微有所加以給之。則是公家有給俸之名。而其實出於他人爾。取他人之物以示巳恩。固不若不給之爲愈。然則書始加賦以給

官俸。豈不深爲可戒而適足爲笑哉

庚申

八年。朔方大使王晙誘殺突厥降戶僕固勺磨

誘殺之非前已論之詳矣。書大使而誘殺突厥降戶尤可恥也

壬戌

十年。秋。安南亂。遣內侍楊思勗討平之

春秋襄十八年諸侯伐齊。從齊師。齊有寺人夙沙衛者。連大車塞隧而殿。齊臣殖綽郭最謂之曰。子殿國師。齊之辱也。夫以寺人殿師若未甚害。而齊人遽謂辱國。誠以刀鋸之餘。不過供戶庭洒掃之役。若與聞軍政。則是國爲無人。此殖綽郭最所以深惡之也。嗚呼。諸侯且爾。況天子乎。唐之玄宗削平內難。興復唐室。厲精爲治。幾致太平。可謂盛天子矣。然寵任宦者遂爲亡國之本。有如安南之亂。豈無將臣可遣。而必以內臣爲之。是以綱目於此特書內

侍以志其失。其爲夙沙衛也大矣。然則以内臣而總王師。勝負皆辱。何待他時魚朝恩吐突承璀田令孜之徒。而後知其辱軍政哉

癸亥

十一年。冬。始置長從宿衛 府兵唐之良法也。然久而不能無弊。要當舉其偏而補之足矣。不是之思。乃輕於變法。果何意哉。綱目前書始募兵充宿衛。此書始置長從宿衛。始之一詞。所以志變法之端。使後人得以推者焉耳。任是責者豈非張説乎

乙丑

十三年。秋。九月。禁奏祥瑞 是時玄宗政事猶爲精明。故一時所書。如選名臣爲刺史。禁酷吏子孫。更集仙殿爲集賢及禁奏祥瑞之類。班班見於直筆者皆有足取。使其始終若此。豈不爲盛德之君哉

封泰山 前書群臣請封禪。蓋專罪群臣之諛耳。此書封泰山文無貶詞。亦足見出

於玄宗之本心安而行之者也。是時張説首倡諛議。使宋璟當國。必無是舉。故君子以其時及其事觀之。又可以知宰相之賢否矣

分吏部爲十銓。親決試判

人主之職論一相。乃下侵銓選之事何哉。故特書親決試判以識之

大有年

自太宗貞觀四年書大有之後。高宗朝嘗書大稔矣。祖孫相望。至是又書大有。于時玄宗留意政事。修心未動。故其治效如此。通鑑是年止述米斗賤糶之數。綱目特筆以著其美。夫以玄宗尚能致是。人主觀之。可不自彊於善也哉

丙寅

十四年。岐王範卒。贈謚惠文太子

太子不當贈謚。先儒亦旣論之矣。然範乃玄宗之弟。而又是時官爲太子太傅。顧以太子謚之。其顛錯不倫一至於此。書之于冊。尤可笑

十八

十七年。限明經進士及第每歲毋過百人

以天下之廣。吏負之衆。而明經進士歲止百人。則取士之塗隘可知矣。楊瑒之言非不明白。玄宗雖是其說。然亦未聞有所施行。直書于冊。其失自見。孰謂唐得人爲盛哉

秋八月。以帝生日爲千秋節。

自唐玄宗以生日爲千秋節。其後遂踵爲故事。內自朝廷。外及郡邑。張樂設宴。號爲聖節。而不知貪官虐吏並緣爲姦。於是掊斂民財。彊奪橫取。蔬果魚肉之屬。自市井以及村落均受其害。宴席未設而吏卒之家醉醲飽鮮。已厭飫斯民之膏血矣。甚至拘平民子女以爲妓。否則漁取得利而後止。名爲臣子尊君而其實爲漁利之階。號爲祝延聖壽而其實爲斂怨之府。號啼咨嗟。赴愬無所。推剝烹殺。暴殄尤甚。以是而欲增延曆筭。吾誰欺。欺天乎。然承襲已久。雖仁人君子憂蹙額不忍。亦未敢發一言以及之者。蓋其爲名甚尊。稍涉擬

庚午

議。則人得以不敬君父之罪加之矣。必有英明果決之君。卓然知其爲民之害。出於由衷。奮發剛斷。罷而去之。法太宗勤勞之念。不爲宴樂。雖聖節之名不廢。而漁蠹之患斯泯。不奪於流俗之見。不撓於諛臣之請。則其愛民及物之實德。增益福祚。豈不既多矣乎。不然。拜表一通。豈闕稱賀。亦足見臣子尊君敬上之意。豈必張大宴設而後爲敬哉。况是禮不出於盛帝明王。而出於漸不克終之君。自我作古。不爲玄宗而爲太宗。豈不甚盛甚羨。綱目於此特書以帝生日爲千秋節。蓋亦志作僞之始也。任是責者。豈非張說源乾曜輩乎。惜哉

十八年。二月。初令百官選勝行樂 書曰。儆戒無虞。又曰。無教逸欲有邦。當是之時。君戒其臣以夙夜出納惟允。臣戒其君以一日二日萬幾。夫以雍熙盛際。至治之極。君臣相與告戒者如此。則其餘從可知矣。開元之時雖曰民物阜康。熙然猶未及唐虞之盛。而驕怠之萌已駸駸乎不

可遏。其不克終之漸蓋已形見於此。書初令百官選勝行樂。則玄宗後汰自滿之意爲如何哉。治道雖欲加進。尚可得乎

十九年。三月。置太公廟

西晉惠帝之時。諸王府置官。武號森列。識者知其兵亂之未已。玄宗喜事邊功。當四方寧謐之際。乃無故置太公廟於兩京諸州間。而又致祭如先聖禮。然則兵戈之兆。蓋自此始矣。抑嘗考唐志。開元十九年始置太公廟。以古名將爲十哲配享而不言其人。至上元元年始著十哲之名。而居其首者乃白起耳。起在戰國。屠殺之多見於史冊所載。其可考之數凡七八十萬人。唐自太公置廟之後。西北二邊用兵不已。南詔之敗至於喪師二十萬衆。未幾逆胡犯闕。四海分崩。流爲藩鎮之禍。生民屠戮幾盡。極而至于五代然後已。其害豈不甚慘。綱目書置太公廟。所以志右武好兵之始爾。天下兵禍。何

癸酉

時而拜乎。吁

二十一年。三月。裴光庭卒

人臣之卒。書爵不書爵。前已論之詳矣。玄宗之世。大臣卒者凡十一人。而書爵者八。盧懷慎。王仁皎。劉子元。姚崇。宋璟。蘇頲。張嘉貞。九齡是已。其不書爵者三。光庭。仙客。林甫是已。以是觀之。可以知其選也。夫光庭比之仙客林甫則有間。而比之姚宋諸人則不侔矣。况又用循資格賢愚同滯。有如當時之議者乎。不書其官。非過貶也

蕭嵩韓休罷

用賢去佞。人主之能事也。然所用者未必賢。所去者未必佞。則亦以主德不明不能察之耳。夫苟知之。則必能審所擇矣異哉。明皇之用人乎。明知韓休之忠直。且有吾用休爲社稷之語。然自三月相之。十月而罷。則是所用才七八月耳。他時明知林甫忌賢嫉能無與爲比。而相之至歷十九年。自古人君用人未若玄宗之異者。即綱目

甲戌

之所書。考歲月之久近。其義曉然見矣

以裴耀卿同平章事。起復張九齡同平章事

書蕭嵩韓休罷。旣見忠佞之無別。書起復張九齡。又見使臣不以禮。夫于志寧起復爲東宮官屬且猶不可。況宰相師表四海者乎。綱目於二人同爲平章事而兩言之者。書之重。詞之復。所以深譏之耳。若九齡不能終制之失。則亦不待貶絕而自見矣

以楊愼矜知太府出納

前書宇文融爲勸農使。爲九河使。雖志在興利。然其名猶正也。至是書楊愼矜知太府出納。則好貨之心著矣。故特筆以志之

二十二年。以方士張果爲銀青光祿大夫

所謂方士者。蓋方外之士也。而張果又自言有神仙術。堯時爲侍中。則其視後世官爵爲何物哉。嘗怪世之好異者於浮

屠之死則言寂滅。於方士之死則言尸解。要之不免於死。則其為欺誕可知矣。况堯時固未聞有所謂侍中之官。使果為之。更歷虞夏商周之世何略無所聞耶。以秦皇漢武窮幽極遠汎海求之。于時方士交騖於天下。顧不能羅而致之。是又何耶。書以方士為銀青大夫。則明皇惑於神怪。此徒誑世取寵。皆具見矣。况未幾而遂死乎

乙亥

二十三年。春正月。帝耕籍田。御樓酺宴前書令百官行樂。此書御樓酺宴。則玄宗之志至是為益荒矣。吁

三月。張瑝張琇殺殿中侍御史楊汪以復父讐。敕杖殺之禮有復讐之文。然鯀既殛死。禹乃嗣興者。不敢廢至公也。前開元十九年冬。綱目於張審素之死書殺書讐。則死非其罪明矣。瑝琇幼穉既能

丙子

復父之讎。是其志亦可嘉。兄二子繫表於斧言父冤狀。則當時盡與辯明是否。使審素果以冤死。則二子豈容誅殛。如其不然。是以王法爲讎更相報復而已。不可赦也。今不此之思。乃止斷以相讎之說。果何謂哉。故綱目特揭以復父讎書之。者蓋予之也。而曲直當否之别亦判然矣。二子之死。可哀也哉

秋七月。加咸宜公主實封千户 皇女而實封加至千户。非清明盛世之事也。故書以譏之

十二月。册壽王妃楊氏 壽王。玄宗第十八子也。册諸王妃未有書而此書之者。志其始也。

二十四年。夏四月。張守珪使討擊使安禄山討奚契丹敗績 禄山既有敗軍之罪。按法行辟可也。而撓法赦之。何哉。書敗績而不書誅。失可知

矣。又况他月亂天下乎。故書以志之

增宗廟籩豆數。加毋黨服夫禮有定制。不可損亦不可增。昔程頤子嘗力辯加禮之一字。今籩豆之薦有常數而增之。毋黨之服有定制而加之。皆非禮也。苟莫合禮。則綱目固不以增與加書之矣

十一月。賜朔方節度使牛仙客爵隴西縣公玄宗志在邊功。故增重邊賞。如仙客止能修其職業而寵異已至於此。故綱目書賜爵而不書其有功。則可以知其失矣。況未幾又使之相乎

裴耀卿張九齡罷爲左右丞相。以李林甫兼中書令。牛仙客同三品觀九齡罷相與林甫兼中書令之書。文無褒貶。然明皇治亂之分已在於此。蓋以林甫佞邪九齡正直。即人品而知之也。況又分注詳載其事於下乎。雖然。玄宗進退大臣。其得失固可見矣。至於

官制名稱尤有可得而論者。夫以丞相名官。蓋輔政大臣也。今耀卿九齡既罷政事。乃以爲左右丞相。然則所謂左右丞相者特無用之冗員爾名稱不正。莫甚於此。故綱目因事書之。以見唐人官制之失於宰相爲尤甚也

丁丑

二十五年。春。正月置玄學博士 前十七年書明經進士歲限百人。今此年二月書立明經問義進士試經法。是蓋狹其塗。嚴其制以沮止之。僅免廢罷云爾。至所謂玄學者前未之聞。乃特置博士官。又令每歲依明經舉。則當時好尚曉然可知此事觀之。義自見矣

夏。四月殺監察御史周子諒。貶張九齡爲荊州長史 自古非大無道之君。未有輕殺諫臣者。玄宗何爲乃爾。蓋其驕矜已甚。其視諫臣猶雀鼠之微。是以輕於殺之。又況

仙客之相出已私意。深欲掩蓋覆匿。子諒忽觸其實。故怒不可解。必寘之死地而後已。書殺監察御史周子諒。此奔竄失國兩京覆沒之兆也。然其貽後王鑒顧不明哉

廢太子瑛鄂王瑤光王琚而殺之

隋文用楊素而廢太子勇。然猶未至殺之也。玄宗用林甫而黜太子瑛。又併瑤琚殺之。然皆無罪可書。其惡甚矣天理既滅。何以國乎

冬。十月。開府儀同三司廣平文貞公宋璟卒

宋璟在玄宗朝第一流人物也。故書官書爵書謚以表之。此亦可以觀綱目襃貶之筆矣

己卯

二十七年。追謚孔子爲文宣王

追謚先聖以王爵。正南向之坐而被王者之服。其禮正矣。然亦有說焉。是時既尊太公。又尊老君盛儀交舉。至於吾先聖則不可以闕然也。是以禮

典如此。書之于冊。識者可以觀矣

辛巳

二十九年。夏閏四月。得玄元皇帝像

國將興聽於人。將亡聽於神。自古清明之世。未聞有神異之事。惟衰亂之世則有之。亦猶大明麗晝。則百怪咸伏。暮夜黯冥。則群慝交作耳。玄宗誕謾荒怠。既夢老君之像。遣使求之。正使無有。則使者亦必附會來上。此固無可疑者。綱目書得而不言其所以得。譏之明矣。妖由人興。未幾遂有田同秀寶符之事。紛紛見於史冊。夫豈無自而然哉

壬午

天寶元年。以盧絢嚴挺之為貟外詹事

古人闢四門明四目達四聰。非好為是多事也。所以通上下之情。絕壅蔽之患耳。盧絢嚴挺之近在目前。無疾而謂之有疾。由林甫蔽其聰明也。故夫貟外詹事不必書而特書之者。所以著林甫之姦。為後世偏聽生姦。獨任成亂之戒爾

乙酉

居人上者可不鑒諸

四載春正月帝聞空中神語凡鬼神奇怪之事稍有識者耻言之惟巫覡託此以誑惑俗爲罔利之資耳玄宗既夢得像又以寶符而上尊號又尊先天太皇又祀九宮貴神至是又聞空中神語可謂倘恍之極精爽既失不亂得乎直筆書之可媿甚矣

秋七月冊壽王妃韋氏八月以楊太眞爲貴妃開元二十三年書冊壽王妃楊氏至是又冊韋氏則楊氏爲壽王之偶已非一日明皇奪而有之則亂三綱絶滅天理不可立於人上矣夫納伋之妻作新臺于河上而要之釋者謂伋妻自齊以來未至於衛而宣公爲臺以待其至是時國人猶且惡之爲有十年子婦而可奪之爲已有耶綱目直書其惡甚矣不遂爲狄所滅豈非幸歟

冬安祿山奏

丁亥

立李靖李勣廟 英衛唐之名臣。使見祿山則必唾去惟恐或後。烏有反從求食之理。其為誣罔蓋不待智者而後知也。然祿山所以敢肆其欺者。亦以玄宗自為妖怪倘恍之說。故乘而譎之耳。綱目特書奏立。奏在祿山而聽在玄宗。蓋亦交貶之也

六載。春。正月。殺北海太守李邕及皇甫惟明韋堅等王琚李適之自殺 世之治也。昆蟲草木皆得其生。世之亂也。公卿大夫不得其死。觀綱目所書。自柳勣杜有鄰以至李邕王琚李適之等。皆當時薦紳。不免無罪見殺。則民之無告而死者又可知矣。古人亂邦不居。無道則隱。蓋為此也。雖然。明皇蔽於林甫。雖愛子猶且不免。況大夫士乎。

令天下嫁母服三載 自武韋增加母服。屢見譏於君子。然婦人自崇其黨無足言者。今玄

宗乃無故令天下嫁母服三載。果何謂哉。夫嫁母於義已絕。猶增重如此。則逮事之母。當如何耶。此於理不通而不可以彊推者。是不獨知母而不知父而已。大書于冊。可勝歎哉

以安祿山兼御史大夫祿山胡人目不知書。御史大夫乃風憲之長朝廷清選。以之兼職。可謂非其倫矣。直筆書之。亦足貽千古之笑也

十二月以天下歲貢賜李林甫自林甫專政至是十有二年。凡見於綱目所書者初無一善可紀。而玄宗方且倚之為股肱心膂。若何而不亡哉。書以天下歲貢賜林甫。蓋前此所無也。使林甫而果賢者。其可以貨取乎

資治通鑑綱目發明卷第四十三

戊子

資治通鑑綱目發明卷第四十四

布衣臣尹起莘上進

七載。夏。四月。以高力士爲驃騎大將軍。○五月。群臣上尊號。○賜安祿山鐵券。○以楊釗判度支。○冬。十一月。以貴妃姊爲國夫人。○改會昌縣曰昭應。

無道之世。其政事施設無非乖舛。然沒而不書。則無以見其亂亡之由。姑以是歲觀之。書高力士爲驃騎。則見其尊用宦者。書群臣上尊號。則見其淫侈自居。書賜安祿山鐵券。則見其寵信胡雛。書楊釗判度支。則見其任小人而窮聚斂。書貴妃姊爲國夫人。則見其寵女謁而輕名器。書改會昌縣曰昭應。

己丑

則見其信妖人而事神怪。夫以一歲之間略無一善可書。則餘歲從可知也。故凡易治而亂。轉安而危。是豈一朝一夕之積。玄宗自恃太平。委政林甫。養成天下之亂。一敗塗地。其禍至于唐亡而未已。綱目特書屢書。蓋亦有不獲已焉耳。蓋亦有不容已焉耳

八載。春二月。帝帥群臣觀左藏。賜楊釗金紫財聚則民散。財散則民聚。玄宗非甚昏憒者。然見貨賄而悅。非特有愧於不殖貨利之君。亦獨不思何自而得乎。書帥群臣觀左藏。賜楊釗金紫。是國以利爲利而不以義爲利也。雖欲不亡。胡可得乎

五月。停折衝府上下魚書天下雖安。忘戰必危。故古人蒐苗獮狩寓兵於農。所以當無事而爲有事之防也。府兵太宗之善制。子孫不能修弊補廢。振而起之。一變於張說而其制大壞。至是無兵可交。旣彍騎之

法又變。是舉天下之大無一人以將之也。書停析衡府上下魚書。其爲弛備。不亦甚乎

六月。加聖祖及諸帝后號謚

加謚之非。論者多矣。然唐史及通鑑皆備載之。至綱目一切削去。止書廟號。獨高祖書神堯。太宗書文武。玄宗書明皇而已。此固綱目筆削之深意。不以無謂之浮名。瀆亂於方冊之間者也

羣臣請加尊號

唐人至無謂者莫甚於加尊號之事。然前史猶載其所上之號曰。開元天地大寶聖文神武應運皇帝。至綱目止書群臣請加尊號而不著其詞者。正以浮名無實。故特削之耳。或者顧謂綱目之於通鑑失之節略。豈不過哉。自後加尊號者皆倣此

庚寅

九載二月。以姚思藝爲檢校進食使

嗚呼。菲飲食而致孝乎鬼神。所以爲禹。自朝至于日中昃不遑暇食。所以爲文王。古聖人非固嗇於自奉也。羅八珍於前。所食不過

適口。豈必重爲侈靡而暴殄天物哉。明皇以一口腹之微。至於水陸珍羞列數千盤。一盤費中人十家之產。而又置使以領之。自以爲能享玉食之奉也。未幾逃胡反叛。出次咸陽。距宮闕不四十里。日中猶未得食。僅有民獻糲飯雜以麥豆。皇孫輩爭以手掬。須臾而盡。猶未能飽。又命軍士散詣村落求食。當是之時。回視前日珍羞果安在哉。乃知古人不求侈靡。所以長有其有。明皇過求侈靡。遂至不能保其所有。綱目特書以姚思藝爲檢校進食使。蓋前所未有。而明皇窮極奢侈。專意口腹之欲。則亦不言自見矣。欲免糲飯之乞得乎

冬。十月得妙寶眞符

唐興至是已百餘載。使老氏果有其神。何不見於武德正觀永徽開元之間。而獨見之天寶末年乎。書得妙寶眞符。其誣罔妖妄尤可耻也

制追復張易之兄弟官爵

易之濁亂宮闈。不啻牆茨之醜。既行誅戮付之。不問可也。今乃下制復其官爵。則是

自彰乃祖之惡耳直筆書之可媿甚矣

辛卯

十載秋八月武庫火天火曰災人火曰火是時禄山兼領三鎮已蓄異志武庫之火安知非禄山爲之不然何以直書火而不言其故乎

安禄山討契丹大敗

玄宗銳志吞滅四夷然以綱目觀之鮮于討南詔而敗仙芝擊大食而敗禄山討契丹而敗則是初未嘗有寸功也夫以三敗計之士卒死者十四五萬衆驅無罪之民死於鋒鏑以至於此猶欲喜事邊功而不已乎詳而書之其禍著矣

壬辰

十一載夏戶部侍郎京兆尹王鉷伏誅林甫屢起大獄

死者不可勝數而王鉷之罪乃反爲之辯解何哉彼其窮聚斂以毒民任私意以專殺因事而死蓋亦天殛之

甲午　癸巳

耳。故特書伏誅。以其正罪

冬十一月。李林甫卒林甫窮凶極惡。綱目削去其官亦足以盡其罪乎。曰。未也。林甫遂國誤朝。養成天寶之亂。法當誅死。然綱目特書其卒者。所以著明皇護養姦回。使之獲保首領。死於牖下之失爾。削官豈足以盡之哉。噫。

十二載二月。追削李林甫官爵。剖其棺玄宗信用林甫至十九年之久。使其移此以用宋璟韓休張九齡。亦何不可之有。當其在位。既任以腹心。追其死也。乃始加誅責。何哉。且夫林甫之罪。死有餘辜。若誣以謀反。則亦非其實矣。故書削爵剖棺而不書其罪反以譏之也

十三載三月。安祿山歸范陽邊將入朝還鎮。乃常事耳。而祿山必謹書之者。志其反逆之階也

夏六月朔。日食不盡如鉤他時書日食多矣。至

乙未

於不盡如鈎。往往見之分注之中。而此時揭書之者。所以著明皇昏蔽之極。天下將亂之漸。爲後鑒也

十四載。春二月。安祿山請以蕃將代漢將。從之

祿山求領三鎮則許之。求兼群牧則許之。今又請以蕃將代漢將。則叛逆明矣。而明皇亦竟許之。豈天固欲使之肆逆爲昏亂者之戒耶。不然。何迷謬之甚也。據事直書。其失自見

冬十月。帝如華清宮

前日玄宗不知祿山之反。今既因事知之。自宜急爲之備可也。而乃恬然不寤。何哉。綱目上書祿山表請獻馬。下書帝如華清宮。若玄宗者。亦可謂安其危而利其菑。樂其所以亡者矣。哀哉

十一月。安祿山反。遣封常清如東京募兵以禦之

與治同道罔不興。與亂同事罔不亡。玄宗英明之君。固嘗厲精政事。幾致太平矣。爰自開元之末。侈心一動。喜佚樂。誅黜九齡。而用林甫。於是

塞言路。殺諫臣。興大獄。事邊功。窮聚斂。縱奢侈。溺聲色。恣遊逸。事神怪。凡亡國敗家之事。靡一不舉。重以陳希烈楊國忠之徒。交煽其禍。天下雖欲不亂。不可得也。向使祿山不反。則是荒淫之君。可以長享福祚。而姦邪誤國之徒。亦可以長保無虞矣。上天降罰。變起漁陽。四海分崩。兩京覆沒。凡前日媒亂之人。駢首受戮。影絕跡滅。然後知治忽所繫。毫杪不差。而小人得志。未有不反其初者。綱目於祿山之反書之甚輕。則見爲反已久。略無留難之意。至於玄宗討賊之事。則書遣封常清如東京募兵以禦之。用見武備之弛。至募市人爲兵。其爲後王監。豈不深切著明也哉

制太子監國

天下之事多沮壞於婦人女子。其來已非一日。唐高祖欲立秦王爲太子。又欲使之居洛陽。皆以宮嬪之言而止。玄宗欲傳位太子。亦以楊氏之請遂寢其事。惟睿宗遜位不沮於太平公主之説。蓋高祖於宮嬪。玄宗於楊氏。是其所私者。而睿宗於太平是其所親者。是以從

丙申

否不同耳。彼婦人女子初無見識。止徇目前。自非剛明不惑。鮮有不爲其所移者。向使高祖玄宗胸中卓有定見。則安有隱巢之亂靈武之立哉。綱目書制太子殺高監國。而分注載衛士請命之事。識者可以觀矣

仙芝封常清。以哥舒翰爲副元帥 祿山以百戰驍勇乘銳歘起。而玄宗乃以庸人當之。其敗必矣。綱目前書常清武牢敗績。次書仙芝退保潼關。則二人不爲無罪。然玄宗特因宦者誣訴而殺之。非其罪也。是時大盜飈馳。唐室勢甚累卵。固當滌雪精神。改紀其政。猶恐弗及。而乃任用讒誣。昏蔽益甚。自作天奪其魄。使之大壞極弊。爲後王鑒。何以一至是哉。二人書殺而不書官。固可見矣

十五載 肅宗皇帝至德元載 賊將史思明陷常山。顏杲卿死之。復陷九郡。進圍饒陽 杲卿死節忠烈顯著。書之宜矣。然袁履謙亦同

罵賊而死。何以不書。履謙始爲迎賊。賴杲卿感悟相與起兵。令顏氏一門死者三十餘人。固非履謙之比。是以杲卿書於綱目。而履謙則見之分注。則亦不沒其實。此固輕重之權衡也

帝出奔蜀 禮曲禮曰。天子不言出。穀梁傳曰。王者無出。出失天下也。蓋王者以四海爲家。京師爲室。故所在曰行在所。而巡狩行幸則曰車駕。次于其是也。玄宗躬臨大寶垂五十載。際天所覆悉主悉臣。一旦盜起。乃棄宗廟委天屬。獨攜所愛脫身而逃。則是一匹夫耳。故綱目於此書出書奔。不以天王之禮予之。而以匹夫庶人之事待之。可謂賤之甚矣。夫以貴爲天子富有四海。而一旦失國奔走。曾匹夫之不若。人主觀此。可不兢兢業業知所畏謹也哉

次于馬嵬。楊國忠及貴妃楊氏伏誅 國忠及楊氏誠有罪矣。然殺之者乃亂兵耳。何爲亦以伏誅書之。夫國忠敗亂天下。罪盈惡積。楊氏蠱惑其君。召釁稔禍。一死皆不足以

盡其責。故綱目正名定罪。不以其死於亂兵之故而末減之也。書法若此。豈不嚴哉

秋七月太子即位於靈武尊帝爲上皇天帝。以裴冕同平章事

舜之嗣位也受終于文祖。禹之繼統也受命于神宗。故王者即位。必承國於先君而後可。又況君父在上者乎。馬嵬之命。固嘗宣旨欲傳位太子而太子不受故綱目止以留太子討賊書之。今既上無所承遽正尊位。則是太子自叛其父也。何以討賊爲哉。是以前史載裴冕勸進等語。分注皆棄而不録。則見肅宗之意固自有在。此綱目所以直書太子即位於靈武以著其自立之實云爾。豈不深可惜哉

上皇制以太子充天下兵馬元帥。諸王分總天下節制

既曰上皇。而又曰太子。然則孰爲帝哉。名之不正莫甚於此。則亦以肅宗即位之事。上不違於玄宗。而玄宗與

子之命。下未及於肅宗故耳。父不父子不子。書之于冊。豈非來世之永鑒歟

常山諸將討殺太守王俌王俌雖未降賊然其志已決矣故特書討殺以正其罪

回紇吐蕃遣使請助討賊武王伐紂羌髳庸蜀微盧彭濮人皆在列。漢祖伐楚北貊遣騎來助。玄宗雖以失道奔竄。然祖宗德澤在人未泯。故外夷請助討賊自不容釋。觀綱目所書如此。則知天命在唐。逆賊不足平矣

遣使徵兵回紇貴華賤夷。春秋之法也。肅宗急於討賊。借助回紇。前史皆以請兵爲言故分注亦因而述之。至綱目則書徵兵回紇。徵者。徵發召命之詞。不使中國屈於夷狄。此正春秋之意也。立法若此。烏有首下足上之咎哉

制諫官言事勿白宰相天子以四海爲視聽。況諫官又天子之耳目。而可令其言事先白時宰乎。邪慝之人。事多私僻。慮發其姦。故必先塞

丁酉

天子之耳目。此固姦臣之常也。書制諫官言事勿白宰相。則前此壅蔽之失。與今此革弊之得。皆不言自見矣

于闐王勝將兵入援

于闐遠絶之國。不乘中國危亂侵邊。又不聞唐有召兵之事。其酋乃能自將赴難。可謂知義者也。故特書爵書人援以嘉其節。所謂夷而進於中國則中國之。其與吐蕃乘時侵盜者異矣

二載。安慶緒殺祿山

祿山以臣反君。故有子禍之報。天道昭昭。固已甚明。綱目於此書殺而不書其父者。祿山既不君其君。亦安能復子其子哉。然而不書誅者。則以慶緒殺之故耳。狂胡反逆。罪惡滔天。曾不再朞。其子屠之。不啻狗彘。亂臣賊子。盍亦以是少警哉

殺建寧王倓

是時兩京覆沒。社稷爲墟。肅宗既乘危自立。正宜臥薪嘗膽。克清大憝。庶可功過相補。而乃寵信嬖倖。溺愛衽席。聽

讒邪而殺其子。重尋覆車之轍。其不遂至滅亡者幸爾。建寧之死書殺書爵可哀也已

上皇遣中使祭始興文獻公張九齡

無甬東之禍。則子胥之諫不驗。無淝水之敗。則王猛之言不酬。太宗思魏徵於伐遼之後。玄宗思九齡於奔蜀之餘。忠臣智士爲國遠慮。而人主常患於忽其言而不用。至於禍敗已形。則回思曩日之告。如蓍龜明鑑。毫髮不爽。然已無及矣。豈天固欲以此顯忠賢之先見耶。前此九齡之卒。綱目以荊州長史書之。今已十有八年矣。向來之言無一不驗。然玄宗徒能思其爭祿山之事。而不思九齡於林甫之相爭之尤力。故凡天寶之亂雖起於祿山。其實皆林甫醞釀以成之耳。思其一而不思其一。玄宗猶未爲盡知九齡者也。綱目於此書爵書謚。其所以尊敬九齡者爲如何哉。人主觀此。其亦聽用忠謀於無事之日。毋徒思之於有事之後乎。吁

貶郭子儀爲左僕射

前書子儀敗績固有罪矣。然是時方務含容姑息。使他人處此必歸罪偏裨以自解。惟子儀必自詣闕請罪。故綱目亦正名書之。若子儀者亦可謂之賢矣

六月將軍王去榮有罪。敕免死自效

四海分裂。兵交怨結。若復廢法。何用討賊。此諸葛孔明誅馬謖之詞也。是時逆胡反叛兩京未復。正宜明君臣之義。辯逆順之理。今王去榮以部將擅殺本縣令。罪逆當誅。况朝紳論列尤為明切。肅宗乃以一環之能。從而赦之。是使反逆之徒橫行於天下。而君臣上下之分亦不必立矣。故綱目於此書有罪。書敕免死。以深貶之。蓋謂之敕免。則其咎固在肅宗而非出於他人也。嗚呼。死罪猶且免之。况下於死者乎

冬十月。尹子奇陷睢陽。張巡許遠死之

張巡死節表表在人。無可言者。然許遠生致洛陽。而綱目已書其死者。遠雖不死於睢陽。然未幾亦死於京師。故綱目等而書

之。則見其均爲死節之臣耳。固不可以先後而異其觀也。

廣平王俶郭子儀等收復東京

觀收二京。回紇之力爲多。然綱目略無一詞及回紇者。何哉。夫以狂胡肆逆。宮闕爲墟。肅宗苟能痛心疾首。選任忠賢。因人心之感憤。仗大義以討賊。則亦何患克復之難。夫何慮之不精。乃求欲速之功。借助回紇。遂使逆賊方遁。遽已縱虜肆掠。重爲民害。則是中國反聽命於夷狄。而收復之舉爲無人矣。故綱目止書廣平王及子儀。而不書回紇者。一則尊中國。二則抑夷狄。三則不予回紇之有其功。四則戒後世不得與異類共事也。書法若此。其爲斯世慮豈不深且遠哉。

李泌歸衡山

泌在憂患中陳謨獻策。補益弘多。時方收復兩京。遽請還山。不少遲緩。蓋必有不足於中故也。肅宗於此不能深思默省。反求諸己。乃欲彊挽之留。宜乎去之愈力。綱目書此。不特惜泌之去。亦以譏肅宗之不悟耳。夫遠讒去色。乃勸賢之首務。

先儒固已論此。肅宗寵張良娣任李輔國。莫親於愛子且猶殺之。況賓友乎。此泌之所以必去也。噫。

以甄濟爲祕書郎

人之所以爲人者。以其知有君臣父子之義也。若食君之祿。任君之事。一旦變出乎前。遽反君而臣賊。則狗彘之不若矣。甄濟在唐以操行著稱爲時聞人。祿山之亂。守節不汚。當其引首待刃之時。寧預知不死以俟唐之克復哉。安於義命所惡有甚於死者耳。彼陳希烈之徒。析圭儋爵。立人之朝。旣無扶顛持危之功。又無伏節死義之守。甘事逆胡。靦然無恥。原其本心。特欲偷生苟免。不失所有而已。豈知復有素服悲泣之時哉。詣朝請罪。收繫大理。猶未已也。又使列拜死節之士以媿其心。然後六等定罪。誅殛流放。則是生死皆可羞恥。其罪著矣。當是之時。雖欲再死于賊亦不可得。綱目書以甄濟爲祕書郎。文無美詞。亦以濟之所爲。固士君子之所當爲者。若以甄濟爲特異。則希烈等罪亦可少從末減矣。此正書法之深意也。後之

戊戌

君子不幸而處事變之際者。盍亦知所擇哉

乾元元年。冊回紇英武可汗。以寧國公主歸之

回紇有功於唐。故書以寧國公主歸之。歸之者易詞也。異乎其他結昏夷狄者矣

命郭子儀等九節度討安慶緒。以宦官魚朝恩爲觀軍容使

以九節度之衆。而以一宦者臨之。不亦辱乎。相州之敗。其原蓋本此矣。故特揭而書之以著其失

資治通鑑綱目發明卷第四十四

己亥

資治通鑑綱目發明卷第四十五

布衣臣尹起莘上進

二年。二月。月食既 月食未有書而此書之者著張后亂政之禍。且以表其不終之兆也

三月。九節度之兵潰於相州 春秋書王師敗績于茅戎。君子謂聖人惡周王失道。故以王師自敗爲文。夫長子帥師。弟子輿尸。雖正猶凶。此荀林父所以有邲之敗也。今以九節度之師而無所統。又以宦官臨之。是弟子輿尸而又不正也。故綱目於此以自潰爲文。若曰九節度之衆無有能潰之者。唐自潰之云耳。夫以步騎六十萬之衆。一旦無故自潰。然則唐之不亡。豈非幸歟

夏四月。制停口敕處分 制敕皆本中書。若旁蹊捷出。則中書果可用哉。況於以口敕而

處分。則是非得失。孰從審覆。其爲悖繆。不言可知。今焉下制停之。停者是。則用者非矣。綱目書此。雖曰幸之。蓋亦譏之也

庚子

上元元年。秋七月。李輔國遷太上皇於西內甚矣

小人之爲禍也。親莫親於父子。而能間之。愛莫愛於夫婦。而能離之。蓋其巧言似忠。詭諫似密。而又柔行巽入。易於聽受。自非剛明不惑。鮮不爲其所移。況人主始焉親之寵之。漸至假以大權。久而不可復制。斯固禍亂之所從出也。李輔國之惡積非一日。肅宗既不能謹之於初。烏能裁之於後。上皇之遷。始雖不從所請。然未幾專輒行之。上皇不敢拒。肅宗不敢詰。反以甘言順適其意。遂至慈父愛子。兩不相保。此信任小人之禍也。綱目直書輔國遷上皇於西內。則肅宗當置何地哉。遷者。彊遷不順之詞。肅宗身爲人子。位居九五。一父且不能保。則

辛丑　壬寅

亦寄生焉耳。於輔國乎何誅

二年。九月。置道場於三殿 前書立太一壇。此書置道場於三殿。其失一也。肅宗上危其父。下殺其子。內受制於其妻。而欲求媚鬼神。將誰欺哉。書以譏之宜矣

寶應元年。建卯月。行營兵殺都統李國貞節度使荔非元禮 所貴乎天子者。爲其能守上下之分。嚴等級之防也。故曰君將納民於軌物。而人君者。所以管分之樞要者也。等而下之。士卒之事偏裨。偏裨之事主帥。亦猶主帥之事天子。嚴其下。正所以衛其上耳。肅宗在唐。雖僅能克復二京。然紊亂名分。實始於此。蓋自前日平盧置帥由軍士廢立。於是軍權倒置。遂不可解。綱目於去冬書楚州牙將殺其刺史。今春書河東軍殺其節度使。又書行營兵殺都統及節度。皆

不聞朝廷有處置之命。徐而考之。或付之不問。或就軍中所欲立者授以節鉞。自是而後。承襲爲常。至于唐亡而後已。君子觀綱目前後所書。則知唐之亡也由於藩鎮。而藩鎮之禍實始於肅宗。所謂丘夷則淵實。下陵則上替。其來非一日矣。有天下者可不鑒哉

建巳月。楚州得寶玉十三枚

玄宗得妙寶眞符。未幾而有漁陽之變。肅宗得寶玉十三枚。未幾而兩宮不保。是皆妖人附會以投之耳。直書于策。識者可以觀矣

帝崩。李輔國殺皇后張氏

皇后。天下之母。儷體宸極。輔國以家奴賊之。書弒可也。而以殺書。何耶。張后與輔國表裏擅權。殺建寧。遷上皇。鉗制天子。撓亂國政。今又挾越王以造禍。使其事成。則太子亦不得立而唐危矣。綱目權其輕重。直書曰殺。固非予輔國也。所以正張后之罪爾。若夫輔國專橫之惡。又自不言可知。皇后且猶殺之如獵狐兎然。況餘人乎

以李輔國

爲司空兼中書令

書以輔國爲司空兼中書令。文無貶詞。然以一宦者而居上公之職。又兼中書長官。則唐室之卑。從可知矣。貽是禍者。非肅宗乎

以程元振爲驃騎大將軍

嗚呼。唐室宦者之禍。相尋於無窮。烏得而不亂哉。是時亂根尚在而代者已踵其後。故書以元振爲大將軍。則是一輔國未去。一輔國已生矣。禍亂果何時而弭乎。吁

回紇舉兵入援。冬。

十月。以雍王适爲天下兵馬元帥討史朝義大敗之。取東京及河陽。賊將薛嵩張忠志以州降

前日兩京之復。借助回紇。綱目皆不書之者。不予夷狄之有其功也。今焉舉兵入援。何爲復書之哉。夫當逆胡反叛之初。二京覆沒。肅宗以欲速之心。急於討賊。爲迎侍上皇之舉。是以借兵收復。故綱目亦亮其不得已之

意寓諸書法之間。所以尊中國而存大體耳。若夫代宗之初。則非前日之比。思明既死。餘孽僅存。李郭諸賢。效忠宣力。正自不必外求援兵。況是時虜酋恃功。浸肆桀驁。甚至殺辱使人。縱兵屠掠。卒啓入寇之禍。故綱目於此直書回紇入援者。所以深罪唐人不能自立。好與異類共功。召亂納侮爲後戒耳。然則或書或不書。皆有深意。君子不可不察也。

盜殺李輔國

李輔國脅天子。遷上皇。賊國母。其罪大矣。按法行辟。死有餘辜。代宗乃遣盜殺之。何歟。夫以天子而行盜賊之謀。是亦盜賊而已。書盜殺李輔國。不知所謂盜者何人哉。可媿甚矣。

癸卯

代宗皇帝廣德元年。流來瑱於播州。殺之

來瑱誠有罪耶。宜正其誅。誠無罪耶。則不可殺。今綱目書殺而分注述元振之譖。則其無罪爲可知。代宗初政如此。何以

號令天下宜乎它日叛將援之以爲口實也

以薛嵩田承嗣李懷仙爲河北諸鎮節度使

前書以僕固懷恩爲河北副元帥此書以薛嵩等爲河北諸鎮節度則見處置之權出於懷恩明矣謹而書之所以志唐失河北之始

冬十月吐蕃入寇帝如陝州吐蕃入長安關内副元帥郭子儀擊之吐蕃遁去

肅宗寵一李輔國使父子夫婦皆不相保此代宗所切齒者也而又寵一程元振使之掩蔽虜寇抑遏奏請遂至幾亡社稷何哉綱目書吐蕃入長安郭子儀擊之而不言帥師是無兵可將也向非子儀威望素著不戰屈人則唐其能國乎嗚呼閹宦之禍至此唐帝猶不知悟則亦末如之何也已

以魚朝恩爲天下觀軍容宣慰處置使總禁兵

甲辰

嗚呼，宦者之盛，至是深矣。宦者之權，至是極矣。書以魚朝恩爲天下觀軍容宣慰處置使總禁兵，是舉天下之大，四海九州之衆，皆制於一閹官之手。使之宣慰，使之處置，而猶以爲未足，又使之總統禁兵，合内外之兵權以歸之。他時脅制朝野，門生天子，是豈一朝一夕之故哉。大書于册，爲後鑒也。

二年，僕固瑒爲其下所殺，懷恩走雲州

安史反逆，皆死於其子。天理固爲甚明，懷恩親目其事，尤而效之，故瑒亦爲其下所殺。綱目書之，爲斯世戒。亂臣賊子猶欲稱亂不已乎。

臨淮武穆王李光弼卒

事君有大義，不可擇利害而爲之。蘇峻之亂，陶侃遷延顧望，賴溫嶠左右推輓，同濟國事，君子猶爲之不滿。光弼爲中興元功，特以畏讒疑沮，緩於勤王，遂至諸將不復稟畏，愧恨而死。夫當代宗播越之時，光弼擁兵不赴國難，雖有他美，亦莫能贖，故君子深爲之惜。且光弼與子儀齊名。號爲李郭。戰功俱爲第一。然綱目於子儀之卒。書尚父太尉中書令汾陽忠武王。而於光弼之卒。不書其太尉侍中副元帥之官。止及其爵謚而已。於此見君子有不滿之意。故予之而不盡予。亦可以爲事君不知命義者之戒也。嗚呼。以臨淮之功。少有疑沮猶不足以全始終。況下於臨淮者乎

十二月加郭子儀尚書令。不受

凡前代柄臣。或自加其官而復辭不受。綱目悉書之以譏其僞。若子儀辭尚書令。可謂真情不欺者矣。書以美之。非譏之也。春秋之法。美惡不嫌同詞

戶部奏是歲戶口之數

天寶十三年戶部奏。戶九百六十一萬有畸。口五千二百八十餘萬。至是所奏之數。戶僅二百九十餘萬。口僅一千六百九十餘萬。較之天寶。不能三分之一。夫有盛必有衰。固天地盈虛之數。元宗恃其戶口之富。窮奢極欲。自謂長享太平。不料禍出目前。生民塗炭。才十年間。其減耗

之數。爲戸凡六百七十餘萬。爲口凡三千五百九十餘萬。向來富庶之盛。今皆安在哉。方其溺愛之時。特一女子。所樂僅若毫芒。然而驕奢淫泆之事。皆由之而出。其極遂至喪壞生靈若是其衆。可謂其源甚微。其流甚廣者矣。人主觀此。要當兢畏持守。毋使乍盛而忽衰。暫安而遽危。則亦庶乎其可也。嗚呼。保治之難如此。可不畏諸。可不戒諸

乙巳

永泰元年。三月。命文武之臣十三人於集賢殿待制

書命文武之士待制。此盛德事也。徐而考之。僅有獨孤及一疏頗切於時。且不能用。則餘可知矣。故人君不能求言。與求言而不能用。其失一耳。宜乎綱目亦不書獻言之人也

劒南節度使嚴武卒

綱目於人臣之卒書爵不書爵。前固已論之矣。嚴武厚賦斂。窮奢侈。專殺戮。而亦得

書其爵。何耶。唐自中葉。凡節度之卒。不以逆順賢否皆書爵者。初非褒美之也。正以著藩鎮之彊耳。故自是而後迄于五季。例皆倣此。觀者不可不知

畿內麥稔

上書旱。此書麥稔。亦足見饑荒之急。幸有是耳。然稔止畿內。則四方萬里之外又將若何。雖曰幸之。實亦傷之也

平盧將李懷玉逐其節度使侯希逸。詔以懷玉爲留後。賜名正己

肅宗乾元元年。平盧帥王志元卒。裨將李懷玉殺志元子。推侯希逸爲主將。迨今首尾八載。蓋希逸乃懷玉所立。宜其復見逐於懷玉也。夫天子制公侯伯子男。所以辨君臣之分。嚴上下之防耳。唐惟不謹於此。故亦卒亡於藩鎮。此則理之必至者也。書平盧將李懷玉逐其節度使侯希逸詔以懷玉爲留後。則唐人紊亂名分。自生厲階。使人道變爲禽獸。中國胥爲夷狄。曉然見矣。逐節度而爲節度。逐天子豈不爲天子乎。吁

秋。九

月置百高座講仁王經是時大盜雖平然藩方跋扈夷狄憑陵此正憤悱自彊之時而君臣相與從事浮屠何哉蓋王縉杜鴻漸為之相而魚朝恩為之將三人皆佞佛者也邊候不置而置百高座國政不講而講仁王經未幾寇警侵逼虜至則罷講虜退則復講甚至作章敬寺度僧尼出盂蘭盆紛紛交舉大曆之政日以紊矣特書屢書不一書而止皆所以深貶之也

僕固懷恩誘回紇吐蕃雜虜入寇懷恩道死召郭子儀屯涇陽

冬十月回紇受盟而還吐蕃夜遁子儀輕騎見虜之事膾炙人口至今以為美談然非忠信素著何以得此綱目於去年秋書二虜入寇子儀出鎮奉天於冬書懷恩逼奉天子儀出兵懷恩退至此又書虜入寇召子儀屯涇陽回紇受盟吐蕃夜遁皆以見連年虜寇侵逼未嘗一與交兵

自屈而去。無非子儀全德所致。此則書法之意也。嗚呼。子儀有功於唐若此。眞可謂社稷之臣矣。書以美之宜哉

丙午

大曆元年。秋。八月。以魚朝恩判國子監事

朝恩旣爲天下觀軍容處置使。令又判國子監事。則是文武大柄皆一宦者專之也。直筆書之。唐室爲無人矣。其爲夙沙衞也。不亦大乎

丁未

二年。夏。六月。杜鴻漸入朝。秋。七月。以崔旰爲西川節度使

前書崔旰殺西川節度使。繼書以杜鴻漸爲東川副元帥。未聞有討賊之功也。至是書鴻漸入朝。以旰節度西川。則是鴻漸不惟不能成功。又反與賊爲地。而朝廷亦不問曲直。遂與之節鉞耳。比

事觀之。厥罪惟均

戊申

三年。春正月。帝幸章敬寺。度僧尼千人。一家奴作寺而爲之臨幸。比事觀之。失可知矣

庚戌

五年。春三月。魚朝恩伏誅。代宗去三宦官書法各不同。李輔國書盜殺。程元振書流放。魚朝恩書伏誅。蓋代宗面責朝恩異圖。數其罪而戮之。故綱目亦得正其誅也。雖然。代宗既知宦者之弊。屢煩處置。今既勦除元惡。盍亦修復太宗舊制。內侍不置三品。黃衣廩食。止於守門傳命。然後盡擧兵柄歸于將帥。庶幾禍根屏絕。今則不然。遂使宦者因仍自若。訖爲唐室不救之禍。豈不深可歎哉。豈不深可惜哉

以李泌爲江西判官。李泌能力辭宰相於肅宗曲留之際。乎代宗召欲爲相泌

又國辭。今乃屈佐外藩。何哉。借使是時不爲元載所容。則復歸衡山足矣。載雖凶險。亦豈遽能加害。況代宗以萬乘之尊。不能庇一舊友。事亦可知。拂袖而歸。隱身巖穴。安於義命可也。何必下喬入谷。自處藩僚之末哉。綱目書以泌爲江西判官。文無貶詞。然以前日侍謀軍國與求歸衡山之事觀之。則非其類矣。惜哉

七年。春正月。回紇使者犯朱雀門

易曰。開國承家小人勿用。必亂邦也。夫當開國之初。小人尚不可用。況夷狄乎。唐肅宗志圖欲速之功。借兵紇虜。雖於克復二京不爲無補。然恃功驕恣。患亦不小。當其東都殺掠之時。綱目略而不書。猶以其有功於國。爲之隱忍。至是唐朝報之已厚。乃復暴橫不已。是以難從末減。況其附會吐蕃。入寇郊畿。我亦有詞可執。代宗於此。正當待以國門外之制。護送出境。然後謹守疆埸。嚴爲之防可也。置之輦下。聽其恣橫。尚何以爲國哉。書曰回紇使者犯朱雀門。則唐

癸丑　甲寅

人好與夷狄共功之弊。不可掩矣。有國有家者。尚鑒茲哉

秋七月。盧龍將吏殺其節度使朱希彩。冬十月。詔以朱泚代之

朱希彩殺李懷仙而自立。不五年間。又爲將吏所殺。唐人無政。固不足道。而出反之報。亦甚昭昭。此事觀之。其理著矣

八年。回紇使者辭歸

書回紇使者辭歸。而載市馬之事於下。唐朝非固眞欲得馬者也。不過順適虜意而已。審如是。曷若厚其歲賜而絕其市馬乎。不然。彼固自謂吾以馬而得繒帛。爾適所以啓戎心之無厭也

召郇模入見

郇模一布衣而得召見。代宗若可與有爲者。然所獻之言。未聞有所施行。則亦徒然而已。果何益哉

九年。夏六月。胡僧不空死

不空雖曰胡僧。然贈以開府。爵以國公。故前史

皆書曰卒。而綱目特筆書曰死。何哉。彼以夷狄之民。奉夷狄之教。固當從夷狄之例也。綱目之於夷狄。雖其君長亦皆書死。況不空乃其民乎

乙卯

十年。春正月。田承嗣反。陷相州

前書以承嗣同平章事。又書以公主妻田華。代宗之所以撫之者至矣。而承嗣不免於反。曷若任用人才。修明政事。振舉朝綱。使之稽首順服。如其旅拒。則振揚天討。有以制之乎。此而觀之。然後知姑息之政。固無益也

丙辰

十一年。春二月。赦田承嗣入朝

按分注承嗣請入朝。詔赦其罪。然綱目不書表請者。承嗣本無朝意。姑以是款兵耳。況前書承嗣反。發諸道兵討之。未聞舉正其罪。今乃無故赦之。故綱目直書曰赦。以見天討不能加。威令不復振之意。若曰承嗣反逆。未嘗屈服。而朝廷自赦之也。然承嗣實未嘗

丁巳

入朝而書入朝猶爲唐人文其詞云爾

十二年。春三月。詔復討田承嗣。旣而釋之

承嗣跋扈。旣反復赦。旣赦復反。請入朝而未嘗入朝。代宗坐受玩侮。皆無如之何。今又書復討田承嗣。旣而釋之。則其姑息亦大甚矣。尚何以爲國哉。噫。

秋七月。司徒文簡公楊綰卒

楊綰爲相僅三閱月。而弊政侈俗亦爲之漸革者。正其身以率物也。綱目前書綰平章事。初無美詞。至是綰卒。書官書謚。始足以表其賢。此屬辭比事之意也。

霖雨。度支奏河中有瑞鹽

旣曰霖雨。則鹽池固多敗矣。而反稱美祥。何哉。故綱目於此。特以度支奏瑞鹽書之。一以著韓滉之欺。一以著代宗之蔽也。

戊午

十三年。夏六月。隴右獻猫鼠同乳

猫鼠同乳。此反常妖異之

物而獻以爲瑞。故書以譏之耳。然賀與不賀。又足以覘常衮崔祐甫之賢否也

資治通鑑綱目發明卷第四十五

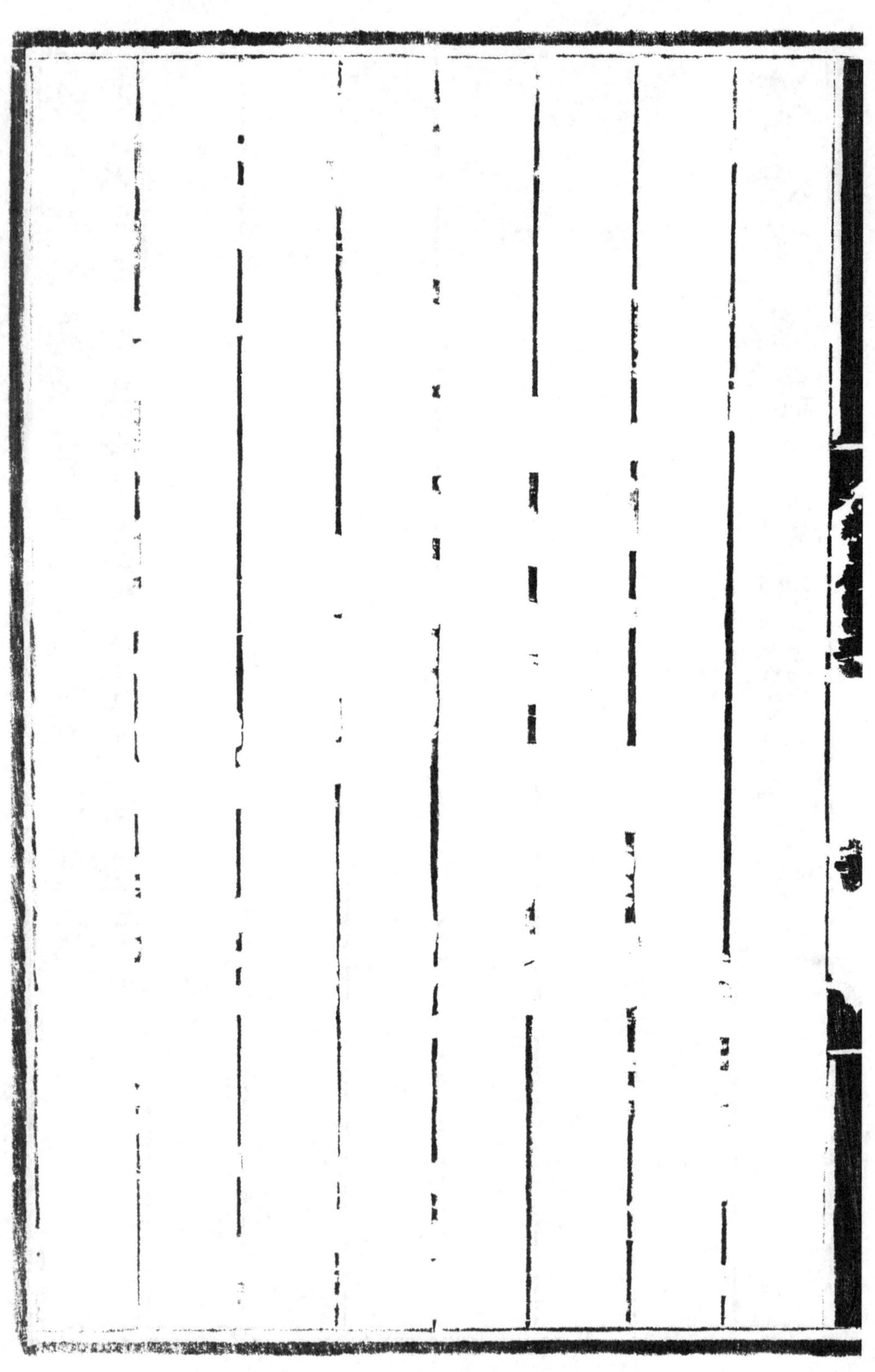

資治通鑑綱目發明卷第四十六

布衣臣尹起莘上進

十四年。夏五月。詔議省祖宗謚 增謚之事。前古無有也。而始於唐人。其溢美無實。不經之甚。然當時臣子莫敢言之。獨一顏眞卿抗論其失。而亦不能改。故書詔議省祖宗謚。以幸其有是議。而惜其卒莫之省。以譏之爾

減常貢錦千匹服玩數十事 天下之治。特患人主無其志爾。唐自肅代之後。國勢削弱。威令不振。疑若無可為者。然德宗繼之。稍能振厲有為。而氣象已異。於是投兵相顧者有之。治望太平者有之。使其能謹終如始。未必不為有唐盛德之主。綱目於前書罷貢獻。罷梨園。縱馴象。出宮女。於此書減常貢錦千匹。服玩數十事。皆所以著其初政之美云爾。夫

庚申

豈以其不終之故。遂沒其可紀之實。此固筆削之公也

詔財賦皆歸左藏人主無私藏。書詔財賦皆歸左藏。歸之誠是也。書以美之宜矣

德宗皇帝建中元年。春正月。帝生日不受獻自玄宗生日爲千秋節。代宗因之。廣受四方貢獻。不知常賦之外。非取諸民。則何自而得。其爲椎肌剝髓無可疑者。德宗能革其失。故綱目亦書而予之。今日之不受是。則前日之受非矣

六月。門下侍郎同平章事崔祐甫卒歷肅代德順四朝宰臣之卒。得書爵者僅三人。楊綰崔祐甫李泌是也。自餘書爵者。非節鎮。則勳臣耳。祐甫在當時誠爲賢相。獨有薦楊炎與議喪禮之失。君子不以小瑕掩大德。故其書法如此

殺忠州刺史劉晏凡興利之臣。罕有得其死者。以劉晏之善

理財。濟唐中興。亦且不保其終。則餘可知矣。然是時楊炎誣譖其罪。而德宗又密遣中使縊之。政刑若此。君臣俱任其責。此固綱目書殺而不去其官之意也

八月。振武留後張光晟殺回紇使者九百餘人

書光晟殺回紇使者。則見其專輒之意。然光晟坐貶不書于冊者。亦以回紇縱暴不爲無罪故爾。此所謂曲直之繩墨也

始定公主見舅姑禮

自太宗朝下嫁公主。已異前代尚主之法。然其意久而復失。則知世俗承襲。未易遽革。今德宗始定其制。可謂善之善者。故特書始定公主見舅姑禮。曰始。則見前此未嘗行之。曰見。則見公主知尊舅姑。德宗此舉。亦可以爲後法矣

是歲天下兵民之數

前此書戶口之數。今此書兵民之數者。向也府兵未壞。民皆爲兵。故止計戶口而已。今則方鎮專兵。而天子又自有禁軍。於是兵自兵。民自民。是以書法若此。君子觀之。

辛酉

又可以知世變矣

二年。春。正月。成德節度使李寶臣卒。子惟岳自稱留後

唐自安史之亂。僕固懷恩分置諸帥。自爲黨援。由是遂失河北。德宗痛先朝之失。欲革其弊。然所用不得其人。所行不由其道。徒益亂而已。綱目書李寶臣卒子惟岳自稱留後。所以見藩鎮之彊自相傳襲。初不出於朝廷之命者也。嗚呼。自是而後。習以爲常。遂不勝其書矣

尚父太尉中書令汾陽忠武王郭子儀卒

子儀勳業。卓冠一時。至於忠精誠確。尤爲難及。

唐史帝紀書子儀薨而不書其爵。司馬通鑑書汾陽忠武王而不書其官。史法固無義例也。至綱目備載其爵謚位號大書于冊。以見褒崇之意。君子固當參考觀之。然後知書法詳略。皆有深意存乎其間。毋但以作史常

癸亥

法賍之也

殺左僕射楊炎

楊炎既貶崖州司馬矣猶書左僕射何哉炎之爲相專務徇私獨有請歸財賦於左藏及言李希烈不可用二事有條國體若其餘則皆罪耳然德宗既用爲相苟不擇職則黜之可也今乃聽盧杞之譖誣而殺之則非其罪矣此所以書殺而存其故官

四年春正月初行稅間架除陌錢法

天下之財自足以周天下之用一歲之入自足以供一歲之出德宗以用兵之故財用不給前既書復榷天下酒又書括富商錢又書詔增稅錢矣而費愈不支況四凶連衡賊勢轉熾官軍屢以敗告在德宗亦盍少自悔悟思爲變通之計可也夫何迷而不復至是始行間架陌錢之法朘削既甚根本遂搖雖微涇卒之變亦無善後之策勢非大壞極弊禍必未已此固君子所爲隱憂者也書初行稅間架除陌錢法足以知其掊取無術創爲苛虐以毒民者矣

他日賊徒大呼以是籍口。尚誰咎哉

冬。十月。涇原兵過京師作亂。帝如奉天。朱泚反據長安

老子曰。佳兵者不祥之器。夫兵猶火也。不戢將自焚。德宗志在削平叛亂。用兵不已。蓋自建中二年討梁崇義討田悅之後。至是凡三年間。兵禍四起。征調日繁。凡見於綱目所書者皆可覆也。一旦寇賊竊發。大駕蒙塵幾亡社稷。是果誰之咎哉。綱目上書發涇原兵救襄城此書涇原兵過京師作亂。其為殷鑒豈不甚明。人主觀此。其亦知所自治而不以窮兵黷武為事乎。

左僕射崔寧

盧杞誣楊炎。德宗既遣中使縊殺之。今杞又譖崔寧。德宗復用此策。夫僕射師長百僚。使其有罪。亦當與之辨明可也。曖昧殺之。是否不分。果何謂耶。夫盧杞之姦。所以敢於誣罔而不疑者亦以德宗之性愚闇易入。故耳。書殺書官。崔寧亦可哀也

李懷光至奉天。詔引

軍還取長安 前書懷光帥衆赴長安。既著其勤王之實。至是賊兵已退。固當君臣相與勞苦幸得解圍相見之意。此亦人情之常。而乃遽使回軍擊賊。何哉。意懷快快。此固中人以下之所不能免也。綱目書懷光至奉天。詔引軍還取長安。其嚴趣氣象。至今猶可想見。德宗信用姦邪。所爲若此。能無再竄之辱乎

興元元年。春正月。置瓊林大盈庫於行宮 德宗以搢欽致禍。方在播越之中。而又重尋覆轍。是尚可與有爲者哉。書置瓊林大盈庫於行宮。其惡不待貶絕而自見矣。行宮且爾。況處京師無事之地乎

詔復王武俊田悅李納官爵 王武俊等連衡反叛。德宗討之而不能克。一經大變引咎責躬。武俊等遽上表謝罪。綱目前已書于冊。至此遂詔復其官爵。則是聽其改過自新。以恕待人。此忠厚之意也。而亦綱目予之之意也

李懷光反。帝

奔梁州

涇卒之變。綱目書上如奉天。至是奉天之圍已解。乃書帝奔梁州。何哉。懷光之反。不發於朱泚。梁州之幸。不急於奉天。而書法不同如此者。德宗播越。懷光遠來赴難。幸而有功。略無問勞撫慰之意。乃聽盧杞之言。咫尺天子。不得一面而行。遽趣之擊賊。遂使懷光怨望。迄成反叛。此蓋信用小人。其禍至此。德宗於忠臣賢士之言。百不從一。而於小人之言。聽受如響。凡所以再致播遷。皆其自取。故特書奔以賤之耳。奔者匹夫逃竄。苟免之事。以萬乘而書奔。可愧之甚矣。然則懷光獨無貶乎。曰。叛君反逆之賊。其罪猶待貶黜而後見耶。

車駕至梁州

前書帝奔梁州者。譏德宗自致奔竄之失。此書車駕至梁州者。正天子萬乘之儀。

鳳翔節度使李楚琳遣使詣行在

李楚琳以偏裨殺主帥降于逆泚。其罪大矣。然是時乘輿越在草莽。力未能制。楚琳乃能委曲致貢。不遂其怙終之惡。故綱目

書其遣使詣行在以予之。此以恕待人不輕絕物之意也

資治通鑑綱目發明卷第四十六

資治通鑑綱目發明卷第四十七

布衣臣尹起莘上進

五月韓滉遣使貢獻

禮。時爲大。順次之。夫天子有常尊諸侯有常貢者禮也。然是時乘輿播越糧餉不充。則非常時之比矣。環四海之內莫非王臣。而各自豐殖曾無勤王之心。韓滉獨能遣使貢獻。而又措置有方。得以達之在所。故綱目大書于冊。一以幸之。一以予之也。夫貢獻一也。在他時則爲掊斂。在斯時則爲忠勤。亦以勢有緩急義有當否耳。故夫周急不繼富。所以爲君子。而剥下以奉上。不免爲小人。不然。月進日進。皆得亟稱于時矣

吐蕃引兵歸國

書吐蕃引兵歸國。憂之乎。喜之乎。曰。喜之也。曰。是年正月書遣使發吐蕃兵。四月書渾瑊以吐蕃兵拔武功。則是中國方賴其用。胡爲引兵歸國。反

喜之乎。曰。喜非今日。乃在他日也。夫唐人好與夷狄共功。故卒受夷狄之禍。觀之突厥回紇。則可見矣。況吐蕃桀黠。又非他虜之比。萬一因而有功。則唐人何以報之。故夫縱兵大掠。厚遺金帛。曾不足以滿回紇之意。矧吐蕃素出回紇之右者乎。其陵駕中國必未遽已。今乃引兵自去。豈不爲中國之大幸歟。然則逆賊未平。將如之何。曰。委任賢才。修舉政事。興起人心。雖削平藩鎮。掃清宇內可也。況區區之逆徒乎

六月。李晟等收復京城。朱泚亡走。其將韓旻斬之以降

朱泚何以不書伏誅。曰。安史反君。故其子殺父以報之。僕固瑒叛逆。故爲其下所殺。今朱泚僅止書伏誅。則無以見其死於部將之手。此蓋綱目深意示人出反之報。若曰泚能反君。故其將亦能殺之。所以爲亂臣賊子之戒爾。後書淮西將殺李希烈。亦同此意

遣給事中孔巢父宣慰河中。懷

光殺之懷光遣子謝罪請束身歸朝。綱目皆不書之。至於巢父爲左右所殺。乃復歸罪懷光。何也。懷光親行反叛。致乘輿奔走。罪不容誅。今幸天子赦宥慰撫。自當生死惟命。一聽王人所爲。而又縱令左右賊之。則是迷而不復罪愈加矣。是以書法如此。若夫巢父書遣書爵者。予其不失使指也。一予一奪而綱目之情見矣

八月顏眞卿爲李希烈所殺中宗時書敬暉等爲武三思所殺。所以識五王不能討賊。反受制於賊手也。今此書眞卿爲希烈所殺意亦然乎。曰。非也。五王誅二張。復中宗。三思在其掌握。當斷不斷。故綱目變文以罪之耳。若眞卿則於建中四年。書希烈陷汝州。詔遣眞卿宣慰之。則是受命天朝。奉將使指。其權初不在己。故綱目書此。正以著盧杞陷害之意。若曰朝有老臣如眞卿者。不能保全始終。乃使之爲賊所殺。故夫希烈非能殺眞卿。乃是朝廷使眞卿爲希烈所殺耳。書法如此。其所以歸罪當時之意爲

如何哉。噫

乙丑

貞元元年。春正月。贈顏眞卿司徒。謚文忠眞卿前日死節而不以死節書者。變文起義。所以歸罪姦臣陷害之意耳。至是書贈司徒謚文忠者。所以見當時褒崇之典。表其死節之烈爲後勸也

赦懷光一子收葬其尸。罷討淮西兵王者記功忘過而服叛以理。懷光之反固當誅夷。德宗以其嘗解奉天之圍。特赦一子使之收葬其尸。至於希烈之逆。勢已窮蹙。亦開其自新之路。未幾淮西自平。果不逃陸贄所料。綱目揭而書之。蓋予其忠厚存心以恕待人之意。豈以其號爲猜忌彊明之主。而併沒其善哉

丙寅

二年。十一月。皇后崩春秋僖元年書夫人氏之喪至自齊。不書其姓。公羊謂以其與

弑閔公。故貶之。今此書皇后崩亦不書姓。豈有故乎。考之通鑑。是年十一月甲午。立淑妃王氏爲皇后。至丁酉崩。不書氏者。承上文也。然則自立至崩。特四日耳。又考之唐史后傳。妃久疾。帝念之。遂立爲后。册禮方訖而崩。然則綱目所以不書其氏者。惡其以病立故也。夫皇后母儀天下。儻欲正位中宫。固當告之宗廟。親受册禮。今乃病于床簀。遽正坤儀。則非義矣。萬一疾必不愈。則有他日追謚之制存焉。烏可以齊體宸極之禮。加之病廢之人。其將何以告謝宗廟。此則綱目不書姓之意也。不然。他時皇后未有不書姓者。何獨於此而闕之哉。

三年。鎭海節度使同平章事韓滉卒唐節鎭帶平章事者多矣。未有於其卒而書之者。獨韓滉特書于册。所以表其忠勤之績。以示勸耳。

渾瑊與吐蕃盟于平涼。吐蕃劫盟春秋隱二年書秋八月庚辰公及戎盟于唐。唐爲魯地。此蓋費誓所謂徐戎在魯東郊之境者。魯君與之結盟修好成禮誥事而無他虞。然春秋惡其以中國與夷狄盟。故書時書月書日以深譏之。夫夷狄無信。王者外而不內焉可刑牲歃血要質鬼神與結誓盟。況吐蕃在唐尤為桀黠。德宗猜忌多疑。反乃信其所不當信。特命大臣與之結盟。故綱目於吐蕃求和請盟之事。皆削不書。獨書以渾瑊爲會盟使於前。而繼書渾瑊與吐蕃盟於後。所以見是盟乃唐人所欲。非出於吐蕃之請。其所以致劫盟之辱者。皆唐人自取之耳。書法若此。其惡唐之意爲如何耶。自古會盟多矣。未有屈辱若是之甚者。使唐之君臣而有人心。則必愧死亡地矣。雖然。後之欲輕信夷狄者。其爲殷鑒豈不明哉

張延賞卒 德宗宰相

書卒者僅四人。崔祐甫。李泌。書爵。延賞。趙璟。不書爵。璟不足道也。若延賞者亦有說乎。夫宰相代天理物。當以平心處之。故伊尹謂之阿衡。而周官冢宰職均四海。皆公平無私之意。今延賞私憾李晟。乃結盟吐蕃以傾之。

戊辰

誤國殄民。君臣俱辱。德宗苟能按罪行辟。則延賞豈容但已。況其相業無聞。如惡柳渾言事及譖李昇幾至動搖東宮之類此皆小人所爲。故綱目於其卒也。削去其官以示貶耳。若生而幸免。死又無識則何以爲筆削之權哉

衛**回紇求和親許之**吐蕃求和則不書者。惡中國納侮而諱之也。回紇求和則書之者。幸夷狄服從而喜之也。德宗惡回紇而不許其和親。賴李泌委曲調護。卒成和戎之利。故綱目亦喜而予之。此固書法之意也

大稔詔和糴粟麥前年書大旱。今年書大稔。則見其荒歉之餘。幸得一稔也。方書大稔。即書和糴。則見素乏儲蓄。取具臨時也。夫國無三年之蓄。曰急。無一年之蓄。曰國非其國。德宗好聚斂貨財。而國無儲蓄。方幸一稔。遽已和糴。故綱目書而譏之。亦以爲有國者之戒也

四年。二月。以諸道稅外錢帛輸大盈庫李泌相業多有可觀。

獨輸錢大盈。不滿人意。夫楊炎尚能一言歸財賦於左帑。泌乃反不及之。亦由德宗政事多僻。泌皆一一爭辯。故至是有不能盡言者。夫宰相時來則爲之。李泌非有心於富貴者。肅代兩朝。皆當相而不相。況近因東宮之事。力乞骸骨。使其因此而去。要爲不失其職。今乃隱忍於此。此君子所以爲之惜也。況旣有常稅。則稅外安得復有錢帛。而又輸之大盈。則其失愈益甚矣。然綱目書此。於泌若無所譏者。是亦君爲元首之義。非德宗之陋則無是也。其旨微矣。

詔葺白起廟。贈兵部尚書

罝太公廟。君子猶譏之。況白起專以殺人爲功者乎。而又贈以常伯之官。則繆益甚矣。直筆書之。其失自見。

六月。徵陽城爲諫議大夫

陽城何以不書處士。城以學行著聞。旣曰著聞。則非終隱者矣。是以書法如此。

罷句檢諸道稅外物

作法於涼。其弊猶貪。此固古今之通患也。前書以元友直

辛未

爲諸道校勘兩稅錢帛使。初未嘗有稅外之文。考之分注及前史。亦皆無之。今友直乃校勘諸道稅外物悉輸戶部。至於民不堪命。是豈非姦吏並緣之弊乎。夫明使之檢校兩稅而遂及於稅外。萬一使之督責稅外。則其弊又將如何哉。德宗寤而罷之。直書于冊。雖曰幸之。蓋亦傷之也

七年。詔六軍與百姓訟者府縣毋得笞辱

自兵民既分。兵以衛民而民以養兵。二者固不可以相無也。若以兵爲天子之兵。則民獨非天子之民乎。德宗優恤六軍。縱其侵奪百姓。獨不念民爲邦本。凡六軍之須。皆取之於民。民苟不安其生。則軍亦何以爲養。況訟者所以分別曲直。若獨笞百姓而不許及六軍。則固不必分辨而百姓已受屈矣。尚何訟之有哉。直書于冊。則德宗頗僻之政。其繆戾無識。昭然自見於書法之間矣。可勝歎哉

壬申

八年。夏四月。賜諫議大夫吳通玄死

通玄之死。罪當死也。此亦可謂之殺諫臣乎。曰。非也。通玄附會時宰之子。譖陷忠賢。則失諫臣之職矣。然則何以書官。曰。書其官。所以貶之也。通玄身爲諫議。乃朋比姦邪。故書官以重其罪。使之有愧於是官耳。然則何以知之。以其書賜死而知之也。使其以諫死職。則當以殺書之矣。故曰通玄之死。罪當死也。

八月。遣使宣撫諸道

上書四十餘州大水。下書遣使宣撫諸道。此亦可謂得救災之意矣。是時陸贄當國。故其所行如此。德宗猶以恐生姦欺爲言。向非贄委曲開諭。帝亦未必能從。然則欲考相臣之事業者。當以其時所行之事觀之則得矣。

癸酉

九年。春正月。初稅茶

凡良法美意。行於盛帝明主之世者。後世皆廢不舉。至於剋剝掊斂之政。出於暴君汙吏之手者。後世則踵而行之。又從而增益推廣之。如鹽鐵榷酤之類是也。稅茶之

法。前此未有。德宗始創而行之。自此遂爲不可易之法。書初稅茶。蓋亦志作俑之端。謹其始耳。嗚呼民生口腹之物。自是悉出於官矣

秋七月。詔宰相迭秉筆以處政事

宰相頗有數人。天下何由得治。昔人嘗有是言矣。是時如賈耽趙憬盧邁。皆無足言。獨陸贄才德俱優。使德宗果欲經綸庶務。則一贄足任其責。必若用贄而參以羣庸。是猶以騏驎與駑駘並駕耳。贄於此時。已宜遠引。何待貶逐而後去哉。書詔宰相迭秉筆以處政事。尚可以得行其志乎。此君子所以不爲德宗惜。而爲陸贄惜也

置欠負耗賸染練庫

欠負。皆貧人無可償。耗賸則抽貫錢給用。旋盡。染練。皆左藏正物。以之置庫。果何謂哉。裴延齡之姦欺。自非德宗愚蔽。孰從而信之。故書置欠負等庫。若德宗之自置然者。澄源正本之論也

丙子

十二年。春正月。以渾瑊王武俊兼中書令。嚴震田緒劉濟韋臯並同平章事。諸鎮悉加檢校官

中書令爲三省長官。平章事爲宰相。既以勳臣與方鎮並遷。而又於諸道節鎮普加檢校官。則夫名爵之濫。至是極矣。德宗初年。銳欲削平藩鎮。而末年乃反若此。由其所信非所當信。而所行非所當行故也。大書于冊。其失自見

以嚴綬爲刑部員外郎

欲觀世之治亂。當於人才用舍觀之。方是之時。延齡以欺誕而寵擢。陸贄以忠正而貶逐。陽城以直言而左遷。方鎮以跋扈而進爵。然猶未也。李齊運以柔佞爲常伯。韋渠牟以褊給爲補闕。竇霍以宦人爲統軍。嚴綬以進奉爲外郎。德宗進退人才。雖不止此。而其大要亦不越此。然則政事安得而不紊。威令安得而復伸。綱目特書屢書不一書而足。則貞元之治亂。蓋亦瞭然在

目識者可以觀矣

丁丑

十三年，秋七月，起復張茂宗爲左衛將軍，尚公主。

苦塊不可以處內，縗絰不可以吉服，擗踊哭泣不可以歌笑燕樂，歠粥飲水不可以觴酒豆肉，有人心者宜於此焉變矣。書起復張茂宗尚公主，不惟瀆亂吉凶之禮，而亦陷人於罪逆不孝之地，德宗乖僻若此，尚可與之論人道乎。

十二月，以宦者爲宮市使。

以四海九州而奉一人，則九膳羞服御之物，其所以供上之用者，皆有常職，歷代以來，未聞闕事。至德宗始以宦者取物於市，遂至豪奪白取，讎歛于民。雖諫官御史交章論列，方鎮京尹抗疏奏陳，皆不之納。是豈爲民父母之意哉。書以宦者爲宮市使，是張官置吏白晝使之行刼於通衢耳。斯民何其重不幸耶。

庚辰

十六年。十月赦吳少誠。復其官爵

書吳少誠反侵壽州。又書寇唐州。又書削官進討。則是少誠叛逆之罪不可赦也。書韓全義爲招討使。又書韓全義與戰大潰。又書大敗走保陳州。則是全義僨軍之罪。不可逭也。夫少誠背叛。既不能討。全義失律。又不能誅。卒之少誠復官。而全義付之不問。德宗繆政如此。曾不自知愧恥。然則書赦吳少誠復其官爵。不知前日削之也何爲而削。今日復之也何爲而復。參考觀之。義自見矣

資治通鑑綱目發明卷第四十七

資治通鑑綱目發明卷第四十八

布衣臣尹起莘上進

十八年秋七月詔百官毋得正牙奏事

正牙奏事。唐室之令典也。高弘本自理逋負。黜之足矣。德宗於忠賢棄猶土梗。何愛一弘本而爲之改易朝章。蓋其私慝之心。特借是而發。故綱目但書詔百官毋得正牙奏事而不言所因。則見其出於本心。蓋亦春秋推見至隱之法也。嘗觀我太宗皇帝朝京畿民年暉詣登聞。訴家牧失豭豚。太宗御筆賜千錢償其直。因語宰臣曰。似此細事亦訴于朕。覽之大可笑也。然四方枉塞之事達朕聽者。豈有不留意乎。我太宗豈以一小民無知之故而遂爲之廢登聞哉。德宗乖僻。烏足以語此。其視我太宗帝王之度。豈不萬萬相遠哉

癸未

十九年。秋。杖監察御史崔薳。流崖州。御史。風憲之職。爲天子耳目。自非清流不在玆選。況以按囚而入灶軍。既有舊制。未爲大惡。而德宗怒之如此者。蓋其與官人爲一。少觸其重。則急不容遏。是以至此極耳。書杖監察御史流崖州。其惡甚矣。士大夫尚可立其朝乎。

貶韓愈爲陽山令。無罪而殺士。則大夫可以去。此狐死兎悲之意也。是時崔薳既以察官杖流。則君子可以見幾而作矣。況韓愈亦爲監察御史。自可乞身而退。既不能然。遂以言事坐貶。夫御史言事之職也。有言責者不得其言則去。愈既無負於言矣。則夫豈爲臣而去。歸隱丘園。亦何不可之有。陽山之行。不必往可也。綱目書貶韓愈而不書其御史之官。其亦爲賢者諱乎。其亦惜其去之不早乎。不然。以言振職。非失職也。

甲申

二十年。九月。太子有疾。太子有疾未有書。而此書之。若至尊然者。何哉。太子

乙酉

國儲副君。宗社所繫。是時德宗享壽已六十有三。其可慮一也。太子久在東宮。年亦四十有四。忽爾瘖疾。其可慮二也。自九月得疾。經冬涉春。略無所區畫。其可慮三也。廣陵王爲太子之子。英膺夙成。年已二十有八。不能早定。其可慮四也。夫以天下重器。大命所在。上而一人。次而太子。又次而皇孫極矣。唐朝當此危疑之際。悉皆付之不問。遂至一旦變出倉卒。大寶神器。幾失所託。故綱目於此畏之甚。謹之甚。特筆起義。蓋欲使後人於宗社大計。早有所定。毋至如德宗之謬。此固書法之深意也

二十一年 順宗皇帝永貞元年 春正月。以王伾爲左散騎常侍。王叔文爲翰林學士 既書韋執誼平章事。又書王伾爲常侍。叔文爲學士。是皆一時之小人也。順宗有賢德而所用之人若此。亦由德宗煩僻。使此徒久侍東宮。故一旦因而擢之

耳。况是時順宗既已屬疾。此曹安得不恣行其志乎。書之亦所以為戒也

賈耽鄭珣瑜病不視事

前書韋執誼平章事。王伾叔文等為學士。則見羣小更進用事之失。又書杜佑為度支等使。叔文副之。則見杜佑甘與小人為伍之失。至是書耽珣瑜病不視事。則見二人力不能制。謝病而去之意。夫二人身居上相。不能屏退群小。將焉用彼。然而不肯與之同列。猶有畏義知恥之心。綱目書此。蓋亦予之之意也

韋皐表請太子監國

以中制外則順。以外制中則逆。以朝廷制方國則順。以方國制朝廷則逆。方是之時。順宗久疾。群小用事。中外皇皇。莫知所為。韋皐功名素著。遽伸正議。既而諸鎮効之。邪黨為之震懼。人心恃以無恐。未幾遂命太子監國而宗祏鼎安。其有功於唐室多矣。然而於勢為逆。於理為不順。不可以為後法。故綱目不書其西川節度止書韋皐。若在內之臣子然者。所以為唐諱之也。其旨微矣

丙戌

秋八月帝傳位於太子順宗傳國與憲宗略同故綱目皆曰帝傳位於太子。若夫高祖玄宗之傳則異乎是故書法亦不容於強同也

南康忠武王韋皋卒凡鎮將之卒止以節度使書之獨韋皋書爵書謚而不書節度者皋有功於國克保其終故綱目亦不以方鎮待之也

再貶韓泰及陳諫凌準程异為諸州司馬王伾叔文韓泰韋執誼等皆直書其貶而不言其罪豈貶之不當乎曰伾等身居朝列職任清顯一旦貶黜盡削其官已足見惡之之意矣何待書罪而後見乎

憲宗皇帝元和元年劉闢反命神策行營節度使高崇文將兵討之德宗征討藩鎮多矣或命諸道或遣宦臣命諸道則號令

不一。遣官臣則事由中制。由是罕有成功。往往反納侮而止。憲宗承統之初。劉闢反叛。帝能聽用杜黄裳之策專命一將。不置監軍。未幾遂克成都。由其所以處置者得其理故也。觀綱目所書既簡且明。則知憲宗中興之氣象有自來矣

九月。堂後主書滑渙伏誅。

此一胥耳。至形于冊。亦足以見其強矣。故特書伏誅。若治大姦然者。所以戒後人制御吏胥。當以其漸。毋使至於蟠結根據若是之甚也。徵

少室山人李渤爲左拾遺。

綱目凡處士不應召者則書不至。不拜官者則書不受。今李渤既辭疾不至。反乃書爲左拾遺。若真到闕受職然者。蓋渤雖託疾不起。然預謀朝政。則是不居拾遺之官。實任拾遺之責矣。書法如此。渤雖欲辭其名。不可得也

二年春。正月。司徒杜佑請致仕。

杜佑。謗人也。方群小用事之際。甘與

己丑

爲伍。曾不愧恥。至憲宗初政清明。乃請致仕。使其移此請於前日。豈不美哉。綱目書之。文無貶詞。而義則在其中矣

盧從史擅出兵屯邢洺從史擅出兵。罪當誅討。然憲宗不謀於廣衆。而獨與鄭絪議之。既已赦歸上黨。續又欲召入朝。致其遷延。不時奉命。則亦有以召之矣。直書于冊。蓋亦著其違誅之跡也

四年。春正月。制降繫囚。蠲租稅。出宮人。絕進奉。禁掠賣元和之初。政事清明。故南方旱饑。隨即遣使賑恤。綱目已書之矣。至是又以蠲租等事。詳列于冊。則其勤恤民隱之意爲如何哉。大書特書。皆予之也

詔贖魏徵故第賜其家魏徵輔佐文皇。有治致太平之功。不幸子孫貧窶。質其故廬。憲宗雖能因居易之言。贖而賜之。

然所以録用其後而賑恤之者。殊未之聞也。他時既不可貸。惟有毀之而已。故綱目止書贖第之事而他無可書。蓋亦重爲之惜也。

夏四月山南東道節度使裴均進銀器

既禁進奉。又絶進奉。德音在耳未易忘也。而裴均首進銀器。大書于冊。則憲宗之志爲已荒矣。今夫世有好飲之人。或因人言。或自警省。知其有傷生敗德之事。强自禁止。若將終身。不復飲者。然未幾口垂涎而心燥渴。又復肆飲。不至於沉湎沒身而不止。憲宗之失。不幸類是。綱目書此。則亦未知之何也已。豈不深可戒哉。深可惜哉。

起復盧從史爲金吾大將軍

前書從史擅出兵。未聞正其專輒之罪。今乃起復之爲金吾。此何義也。是時憲宗惑於承璀之邪說。所爲若此。比事觀之。其失自見。

毀安國寺碑樓

凡姦邪小人每以諛佞之事蠱惑其君。非有忠臣賢士指言其非。未有不爲所移者。

庚寅

承璀欲立碑頌德。憲宗既可其請。一聞李絳之言。毀之惟恐或後。此亦可謂改過不吝者。書毀安國寺碑樓。其所以增光憲宗之德。久而不朽者。豈不遠勝碑樓之立乎

五年。吐突承璀討王承宗。戰不利

王承宗誠有可誅之罪。則當選擇良將若高崇文之取蜀。否則發諸道兵若誅李錡之舉。猶或庶幾焉耳。既不能然。乃以宦人爲制將。雖舉朝力爭。皆不之聽。至是果辱王師。故書承璀討王承宗戰不利以罪之。其爲中興之累多矣。惜哉

吐突承璀誘盧從史執送京師。以烏重胤爲河陽節度使

從史罪固當誅。然誘而執之。則非天討矣。故書以譏之

瀛州刺史劉總弒其父濟及其兄緄

子弒父。凡在官者殺無赦。當是之時。劉總有覆載不容之

罪。使唐室有人。則當窮治其惡。正其弑逆之誅。然後人道可立。今既不能討。反乃授以爵命。則是上無天子。下無方伯。人類變爲禽獸。中國胥爲夷狄矣。考之唐史。謂朝廷不知其姦。故詔嗣節度。豈知兄緄時爲副大使。次當傳襲。總既矯命殺之。朝廷亦當致詰。庶可得賊。況總爲逆之時。同謀甚衆。而又詐稱朝旨。舉軍驚駭。其跡已甚彰彰。豈得置而不問。故自唐人失賊。於是代領軍務詔賜節鉞等事。皆不復書。而總之名自末年棄官爲僧之外。絕不經見。其間如討王承宗誅吳元濟之時。雖屢嘗出師奏捷。載於前史。綱目皆削而不書。亦以弑父與兄之賊。黨猶復領方鎮。則唐室遂爲無人而人道不可復立。故特爲之諱耳。書法若此。其所以遏人欲存天理者爲如何哉。噫。

六年。秋九月。梁悅報仇殺人。杖而流之 報仇殺人。前已

壬辰

論之詳矣。梁悅免死而流。固已異於理琇之事。然亦未能研核其父見殺之由。而韓愈之議亦不能及此也。惜哉

冬十一月弓箭庫使劉希光伏誅。以吐突承璀爲淮南監軍 上書劉希光伏誅。下書以承璀爲監軍。則是連坐之人明矣。夫承璀身爲制將。總大兵。失律誤國。謂宜誅殛以正王法。今又有受賂之罪。尚得從容出監方鎮。則是憲宗知有承璀而不知有國法也。比事觀之。其失自見

七年冬十一月遣知制誥裴度宣慰魏博 前書田興請吏奉貢。即書以爲節度至此又書遣裴度宣慰。是皆予其應機之敏捷也。憲宗用人若此。得非能聽李絳之忠謀乎

癸巳

八年。秋九月。吐蕃作烏蘭橋　一橋何必書。一以著要害之地爲虜所據。一以著邊將之貪爲虜所罔也

甲午

九年春正月以吐突承璀爲神策中尉　按六年十一月承璀出監淮南軍。十二月李絳同平章事。至今年正月甫踰再朞絳罷而承璀復入夫以李絳之賢。不得久於相位。承璀之惡。不得久於外服。憲宗自謂去承璀輕如一毛。而不知其重若泰山至於絳之爲相雖能勉强用之。終非所樂。是蓋昔人所謂用賢如轉石。去佞如拔山者也。比事詳觀。則得之矣。此憲宗之所以不克終

乙未

十年春正月田弘正遣其子布將兵助討淮西　弘正以魏博歸命。今又遣兵助討淮西。尤爲可嘉。故特書以予之

六月盜殺中書侍

郎同平章事武元衡。擊裴度傷首。

宰相謀人之國。當使中外尊安。社稷鞏固。百姓從風而嚮化。四夷稽首而聽命。若是則可以無負於經邦之職。否則具位焉耳。武元衡身為上宰而盜賊殺諸通衢。不翅如獵狐兎。豈不有愧於代天理物之任耶。嗚呼。此亦可以求其故矣。自大盜遺禍。諸鎮連衡。更歷四世。制御不得其術。治之愈急。則其勢愈熾。必至於智力俱困而後已。幸而元和臣主。有志當世。力以平賊為事。於是遣將出師。毅然有守。不以成敗利鈍而沮一定之謀。然而叛黨圜視而起。亦可謂事變之極。元衡躬任討賊之責。不以浮議為之動搖。觀其叱去游説之人。不顧誣毀之時。與賊為仇。誠足以當大臣之職。故雖身死賊手。而綱目大書其官。蓋言其無忝股肱之位。不失所守。足為唐之相臣。此固書法予之之意也。夫賢人君子以身許國。及其成功。則亦有幸不幸存焉。要之不失其正。則雖死之年。猶生之日。而忠

肝義膽。直與天地相爲始終。臣恐後人或以元衡死於盜賊。曲加擬議。故特因綱目所書詳爲之說。以告後之安於義命者云

丙申

十一年。盜斷建陵門戟 自淮西用兵。盜賊竊發。綱目皆一一書之者。所以著憲宗力於討賊。不以人情動搖之故。而爲之罷兵也。下書高霞寓敗。其義亦然

戊戌

十三年。二月。修麟德殿。浚龍首池。起承暉殿 甚矣驕侈之念未易克也。元濟之誅才閱數月。而土木之工已駸駸乎不可遏。獨不思夫盜殺宰相。謀襲都城。與夫縱兵四掠。所在竊發。出於李師道王承宗等所爲者。尙爾逋誅。此正焦心勞思講求致理之時。豈宜高枕而肆宴安者哉。等而上之。正使諸鎭臣服。河隴克清。四海寧謐。在聖人處此。尤且兢兢業業。圖惟克終。況十僅一二

者乎。書修麟德殿浚龍首池，則中興之篤已栽於此矣。易曰其亡其亡，繫于苞桑。君子得不爲憲宗惜之

資治通鑑綱目發明卷第四十八

資治通鑑綱目發明卷第四十九

布衣臣尹起莘上進

十四年春正月遣中使迎佛骨至京師貶韓愈爲潮州刺史

書以宦官爲館驛使書賜六軍辟仗使印則宦人爲愈盛矣書以皇甫鎛程异同平章事則宰相非其人矣書以柳泌刺台州則求仙之志荒矣書遣中使迎佛骨則惑佛之念蠱矣憲宗號爲剛果而所爲若此由其聖學不講素無理義以養心故外物皆足以移之爾未幾金丹躁渴旣不足以享長年之效而身且不保佛亦無如之何又皆宦人相與爲逆而宰相不能致詰凡此數事末流若此躬自爲之而躬自蹈之然則有天下國家者可不戒哉韓愈表諫幾致極刑要之排斥異端正議不屈至今凜凜猶有生氣

綱目直書貶愈於迎佛骨之下。蓋亦表其因是見貶。故書而予之也

夏。四月。詔諸道支郡兵馬並令刺史領之

自秦人郡縣天下。後世因之。舉四海之大。其權悉制於天子。太宗造唐。蓋嘗欲講封建而卒不行。然自中世以後。遂有藩鎮之禍。肅代德順。旰食不支。至元和號爲中興。亦且因仍不改。故未幾兩河復失。夫懲沸羹者吹冷虀。方是之時。幸而威令復振。則當隨宜區畫。漸復舊制。使方鎮之權日以消弭而不自知。凡天下幾郡。其隸方鎮者有幾。從其易者行之。得一鎮則消一鎮之權。或召入輔政。或封以爵邑。其未可行者姑少緩之。則不出十年。天下無復股髀之勢。而指臂運矣。夫何唐人念不及此。徒能因事支拄。苟偷目前。故雖暫定一時而禍亂繼作。其後卒以此亡。豈不深可痛哉。綱目書詔諸道支郡兵馬並令刺史領之。其實止行於橫海一鎮而已。有是文而無是實。蓋惜之也

左右軍中

庚子

尉各獻錢萬緡富有四海謂之天子。則四海之內皆天子之財也。自後世置私藏。於是姦臣有剝下奉上以求媚者。然藩方郡國。或興利以求羸。或漁民而巧取。其財猶有自來。至於宦者供洒掃之役。今雖使之典領禁兵。亦不過仰給公上而已。安得復有餘財以供進奉者哉。左右軍中尉。非能神運鬼輸。則其錢何從而得。憲宗受其所獻。獨不能少加思慮。推原其所自乎。由其心蔽於好賄。故雖曉然明白之理。亦不能察。綱目於群然貢獻之中。獨揭出中尉書之。所以識其貪惑迷謬。受欺而不自知。為後戒也。其旨微矣。

十五年春。正月。帝暴崩於中和殿。閏月。太子即位憲宗之終。唐史書陳弘志等反。與中宗馬秦客敬宗劉克明之事無異。而王守澄傳又載其與陳弘志弒憲宗。則是弒逆明矣。至范祖禹亦正名其弒。今分注詳載于下者是也。惟通鑑書為暴崩。然且謂時人皆言陳弘志弒逆。其黨類諱之。不敢討賊。則其事無可疑者。胡爲綱目亦不敢正名其事耶。夫使憲宗有疾。則太子諸王與用事大臣。皆當入侍。萬一果以藥發。則大臣亦當相率同列入視大行之狀。爲何若推問左右藥發之由。則是真僞瞭然在目。而逆賊得矣。既不能然。乃悉聽群閹所爲。果何謂耶。且天子乃天下之天子。非北司之天子也。以天子罹禍。尚莫能明。則天下事變更有大於此者乎。春秋之法。君弒賊不討。則深責其國爲無臣子。穆宗位居冢嫡。是時春秋已二十有六。宰臣乃皇甫鎛令狐楚輩。綱目特書暴崩者。一以著大臣不能究詰之罪。一以著嗣君不能討賊之罪。所以深誅唐之臣子爲失職耳。夫以弒逆在他人。而誅責在臣子。則天下其有不討賊者乎。逆賊其有容足之地者乎。故曰綱目修而亂臣賊子懼。

帝與群臣皆釋服

三年之喪。自天子達。漢文變古以日易月。然而後世之君亦有於宮中自終其禮者。今憲宗之禍。穆宗既不能爲之討賊。而又遽爾釋服。其薄於大倫甚矣。故綱目特筆於是月書之。所以深罪當時君臣而貶之也。不然。他時釋服未有書而此獨書何哉

幸華清宮

既書釋服。又書肆赦。又書浚池。又書大宴。至是又書幸華清宮極矣。穆宗縱情忘禮。天理既滅。雖欲久於其位。尚可得乎

穆宗皇帝長慶元年。盧龍節度使劉總棄官爲僧。以張弘靖代之

劉總弒父殺兄。自不能容。卒之遁死定州。蓋亦人不能討而天誅之耳。綱目書其棄官爲僧。正所以識唐人之失賊也

秋七月。盧龍軍亂。囚節度使張弘靖。推朱克融爲留後

幽燕自安史以來。世爲悖逆。重以劉總之惡。唐不能討。至是又復首亂河朔。浸淫至于劉守光極矣。蓋其腥羶雲熖。安於爲逆。自爲夷狄禽獸

之歸。綱目詳書于冊。亦所以志他日論陷虜庭之由也

九月。相州軍亂殺刺史邢楚

自盧龍軍亂。至是不二月間而成德之亂。瀛州之亂。迭書于策。則當時君相。經濟大業。從可知矣。夫以穆宗之荒縱。崔植杜元穎輩之庸鄙。苟無他變。則是天下果易治也。有志當世者。可不鑒諸

以魏弘簡為弓箭庫使。元稹為工部侍郎

元稹失節於宦者。君子恥之。然特未見其跡也。至是上書魏弘簡為庫使。下書稹為侍郎。則其附會權倖之實。始不可揜。其為小人明矣。惜哉

壬寅

二年。魏博將史憲誠殺其節度使田布。詔以憲誠為節度使

田布之死。本以軍潰歸魏。繼而諸將不肯用命。遂至自殺。然綱目歸罪史憲誠

者。憲誠受委腹心。反乃鼓扇衆軍。卒置田布於死地。是皇罪憲誠殺之哉。禍亂相尋。他日憲誠復死於亂軍。天道要自不遠云

二月。以王庭湊爲成德節度使。遣兵部侍郎韓愈宣慰其軍

朱克融首亂河朔。王庭湊史憲誠繼之。朝廷皆不能討。因授節鉞。田弘正父子盡忠守正。皆死於賊。綱目比書于册。則唐室紀綱爲可知矣。韓愈宣慰之行。殆與顔真卿無異。而偶得免死者。亦幸焉耳。觀其詰責庭湊之詞。簡嚴切直。至今凜凜猶有生氣。寧自預知不死。其忠梗大節如此。而世或以文士視之則非矣。玆故因而及之

詔免江州逃戶欠錢

欠錢固宜督也。然既曰逃戶。則無可追之地。特書詔免。雖曰幸之。蓋亦譏之耳

六月。裴度罷爲右僕射。元稹罷爲同州刺史

大臣以道事君。不可則止。裴度元勳厚德。身任

安危。然不數月之間。既爲留尹。又留輔政。未幾又罷爲僕射。烏有身爲重臣。不能少安其跡。尚可經綸天下者乎。穆宗昏荒。其待賢德若此。固無足責。度於是時自可奉身而退。他日優游綠野。或者猶以浮沉譏之。不亦過乎。觀之綱目所書。則可見矣

冬十一月。太后幸華清宮。帝畋于驪山

婦人無故不踰閫閾。況在東朝。尤宜加謹。是時穆宗荒淫。務以華侈奉慈極。綱目前書太后居興慶宮。固已具載其事于下。至是又復出事游幸。唐史載帝自往奉迎。留飲數日。后於此時儻能少戒其子。猶或庶幾。何乃推波助瀾。反以是爲樂耶。郭后雖號賢德。既已安於華侈之奉。由奢入儉。有所不堪。他時大中之君。奉養稍薄。遂至鬱鬱不聊。乃欲自殞。而身罹不測之禍。則其所以致是者亦有由矣。此綱目於華清之幸。驪山之畋。所以比書于策以交譏之也。嗚呼。穆宗母子驕縱如此。尚可長享其樂乎

四年。春二月，幸中和殿擊毬。

禹有典則，以貽子孫；武詒孫謀，以燕翼子。前人之所作爲，後人之所則倣也。穆宗嗣位，春秋二十有六。忘哀作樂，荒淫不道。其子則而象之，甫及易月，遽即宴遊，曾無戚容。卒之父子短祚，唐緒益微，此正無逸所謂立王生則逸，生則逸，亦罔克壽，或四三年者也。綱目方書即位，繼書幸中和殿擊毬。其視穆宗荒縱，殆又甚之。二載而殞，非不幸也。

以劉棲楚爲起居舍人，不拜。

棲楚本逢吉之黨，內有所挾，故敢訐直。然所謂惡聲遐布，恐禍作之不長，則亦可謂切中寶曆之膏肓者矣。君子不以人廢言，故亦書不拜起居之官，以予之。

盜入清思殿，中尉馬存亮遣兵討平之。

敬宗不道，妖氣乘之。書盜入清思殿，所以示警戒之意，而亦不知悟也，其及宜矣。

冬十月，賜韋處厚錦綵銀

乙巳

器。不用其言而厚其賜，奚。當辭而不受可也。書賜韋處厚錦綵銀器，是貨之也。焉有君子而可以貨取乎。蓋亦交譏之耳。

敬宗皇帝寶曆元年。夏四月。群臣上尊號。赦天下。去年三月赦。今年正月赦。至夏四月又赦。綱目自漢元以後凡赦之無事義者皆不書，而此屢書之者。所以著其縱侈無度、忘哀肆赦云爾。夫豈無故而書之哉。

秋七月。鹽鐵使王播進羨餘絹百萬疋。羨餘有獻。此唐人之大弊也。一鹽鐵使而進絹至百萬疋。掊斂至此。可謂極矣。斯民何其不幸耶。

十一月。幸驪山温湯。既造競渡船。又幸温湯。逸遊無度。能無及乎。比而觀之。有國家者可以鑒矣。

丙午

二年。春二月。以裴度爲司空同平章事人君之德莫大於明。明則姦邪不能欺。以敬宗之狂縱而能知裴度之賢。雖誣謗盈耳。略不爲之動搖。既排群憸用之爲相。又能聽其謀議。如諫幸東都及制御幽鎮等事。皆如響斯荅。使度於時從容進説。深戒逸遊之失。若周公舉三宗以勸成王。則亦未必不能改其所爲。而度曾無一語及之。何哉。書以司空同平章事。其所以望之之意深矣。

夏五月。幽州軍亂。殺節度使朱克融而立其子。秋八月。都將李載義殺之克融凶悖。裴度謂其將斃。果如所言。則亦以理推之耳。夫以唐朝制御失宜。致使狂賊陸梁。固亦有以召之。然而克融秉間肆惡。桀逆不已。天理亦豈容之哉。既勦其軀。又覆其族。近在數年之間。此固昭昭之報。不可誣也。據事直書。其義自見。

十二月。宦

官劉克明等弑帝於室內。立絳王悟。王守澄等討克明。殺悟。立江王涵

天下之事。必有紐而爲之者。元和之禍。失賊不討。故群閹狃於爲逆。意可以爲常事而行之耳。向使唐人能窮治元和之黨。聲其罪於天下。芟夷剪滅。靡有孑遺。則閹輩亦必知所畏忌。而滅燭之變不復作矣。惟穆宗一失其機。故嗣子不免其身。然後知聖人誅亂臣討賊子。汲汲然惟恐或後者。正欲絕禍亂之源。杜篡弑之漸爾。不然。敬宗之失。止在於狎暱群小。而何至於遇禍若是之酷哉。識者自可察之

出宮人放鷹犬省冗食罷別貯宣索

人主初意之善。或未必能保其終。如文宗之清儉。蓋終其身而不改。亦可謂之賢主矣。若其治效不進。要自圖回經畫未得其策。烏可以彼揜此。併沒其善而不録哉。此綱目所以於出宮人放鷹犬等事。皆詳書于冊者也

丁未　戊申　己酉

文宗皇帝大和元年。夏四月。韋處厚請避位。不許。柔而不斷。此文宗之大弊也。韋處厚極論其失。因請避位。可謂得大臣之職矣。故書以予之

二年。春三月。親策制舉人。書親策制舉人而不言所得之人。當時中選如裴休李郃杜牧崔謹由等。亦一時之士。而皆不書者。則亦以忠言嘉謀若劉蕡者棄而不取。是以餘人付之以不足録。示其不滿之意耳。嗚呼。制舉以待非常之才。而非常之才反由此而擯黜。親策若是。果何取哉。吁。

冬十二月。中書侍郎同平章事韋處厚卒。唐室相之卒。自杜黃裳後。更歷四朝二十餘年間。至處厚始具其官。亦可以知其選矣。觀者試思之

三年。冬十一月。禁獻奇巧及織纖麗布帛。文宗踐阼

三閱歲暮。觀綱目之所書。自諸鎮紛擾之外。凡前人宦官女寵奢侈聚斂神仙浮屠之事。一毫無有。可不謂之賢哉。故綱目上書命官官毋得衣紗縠。下書禁獻奇巧等事。皆所以予之也。嗚呼。使文宗有不邇聲色不殖貨利之德。而又有布昭聖武表正萬邦之才。豈不爲有唐盛治之主。惜哉

五年。三月。貶漳王湊爲巢縣公。宋申錫爲開州司馬

人君與人臣謀去權姦。而不能內存諸心。他日爲姦人所賣。奮然誅斥。此中才庸主之通患也。向使文宗當宋申錫被誣之時。少能反覆致思。召而詰之。則真偽是否。或可少得其實。而文宗曾不及此。遂墮小人計中。他時誰復敢爲天子謀事者哉。綱目於申錫之黜初無貶詞。則亦以其無罪可書耳。然不書其官者。又以其昧於主闇時艱之義故也。然則是舉。君臣俱有其失。豈不深可惜歟

夏五月。命有司

葺太廟玄宗時太廟屋壞既書于冊竟不聞有葺治之舉意者當時隨宜修治故史筆亦不復錄耳至於營繕宮館興造寺宇則代有增益況今太廟破漏至於踰月不葺則亦唐人習於怠忽視爲故常不復加意爾綱目書命有司葺太廟葺者補苴罅漏之謂以文宗之賢僅克舉此則夫前此累朝簡於宗廟之葺從可知矣可勝歎哉

九月吐蕃將悉怛謀以維州來降不受

一維州之降不能決牛李之是非司馬公光既是僧孺而胡公寅又復非之此如訟牒紛拏將孰從而折衷耶綱目凡以地降者則書其叛如侯景以河南叛附于梁之類是也凡褒贈之典特書之者皆忠義之士如贈顏真卿司徒之類是也悉怛謀吐蕃之將以地歸唐既不書叛至他時贈以右衛將軍則又特書于策然則綱目之意固予之矣此決斷兩詞曲直之辯也夫維州唐之故壤吐蕃盜而有之唐人失祖宗之境土陷衣冠於左

衽。此固子孫之恥。幸而德裕屢布方略。悉怛謀帥衆來歸。固非其他從事絕域招降納叛之比。胡乃拒而不納。萬一河湟故土。盡復版圖。亦將却而絕之乎。故夫書曰來降者願詞也。曰不受者逆詞也。此固綱目書法之意而牛李是非之分也。後之欲決維州之議者。嘗以是觀之

壬子

六年。群臣上尊號不受

尊號唐人之繆舉。然而時君至有與其臣下爭孝德二字者。則其愚昧不達蔽於世俗之見。從可知矣。文宗簡澹無他嗜好。故能從韋温之言。卻而不受。綱目大書于冊。其讓尊之美。過於無實之名多矣

甲寅

八年。冬十月。幽州軍亂。逐節度使楊志誠。推史元忠主留務。志誠伏誅

楊志誠以偏裨作亂。逐其主將。朝廷因授節鉞。既乃

桀驁悖逆，邀求爵命，惟其所欲，無不如意。至是亦不能免。此固罪盈惡積之報也。夫藩鎮在唐，更起迭仆，一皆聽其所爲，未有能正其罪者。今志誠獨以伏誅書之于册。若足少伸唐人不平之氣。然能誅之於見逐之後，而不能誅之於未逐之前，則其威令不振，固自若也。雖然，志誠本以詔流嶺南，而遂殺之於道，爾固非能明正典刑。而綱目則書其伏誅者，既以正志誠之罪，又以明當時藩鎮跋扈不臣者，皆當加此刑耳。此又書法之深意也。

乙卯

九年。浚曲江及昆明池。文宗天性簡淡，不事遊觀，而書浚曲江及昆明池，則亦惑於鄭注妖邪之說，然卒無所益。亦可以爲好事禨祥惟務厭勝者之戒也。

夏四月，路隋罷，爲鎮江節度使。書李德裕分司，路隋罷，文無異辭，然以分注考之，乃當時惑於王璠之誣奏耳。夫文宗尊臨大寶，天命有歸。然一聞陰結漳王之語，則怒不可遏，而是否真僞，皆不之辯。前以是而罪宋申錫，後以是而罪李德裕，一念之烈，如火益熱，何其蔽於人欲之甚耶。且帝以簡淡之姿，若非以位爲樂者。然而真情莫掩，每見於此，則亦以其智識不高，器量褊迫，故常有諸王爭帝之心，況其得之非次而又閹宦蟠結，君位不安。此帝之所以自疑而怒不可解者也。識者以是觀之，則得之矣。

殺王守澄

按唐書王守澄與陳弘志弑憲宗於中和殿，則二人之罪均也。然弘志之死，雖不明其罪，猶能封杖殺之。故綱目亦得以正其伏誅之名。至於守澄，乃陰遣酖遇之，而又加贈其官。故綱目反書曰殺，以著唐人不能明行天討之失也。夫重莫重於弑逆，唐人且不能明之，他何望哉。

加裴度中書令

裴度進爵初無所因，以分注考之，乃出於李訓之所援引耳。夫以度之全德元老，四海具瞻，豈不能力辭無謂之寵，而顧隱忍於此。何哉。大抵。唐之名臣如顏真卿李絳裴度諸賢。乘衰傑出。無可擬議。獨於進退辭受之際。處之未盡。故君子不得不爲之惜。綱目書加裴度中書令而不

十

聞有辭避之說。若度者。殆亦難乎免於春秋之責矣

二月李訓舒元輿鄭注等謀誅宦官。不克。以鄭覃李石同平章事。仇士良殺訓注元輿及王涯賈餗等

甘露之變。文宗失於用小人之謀。故其禍至此。大抵事出於正。雖敗亦榮。事出於私。雖成亦失。如訓注姦邪。未及舉事。已有相傾之謀。萬一其事果諧。則唐之社稷。寧不岌岌。此正義易所謂小人勿用之意也。雖然。其謀則非。其理則正。宦官專擅兵柄。親弒兩朝。而又濁亂朝綱。脅制天子。其罪何可勝言。故綱目於訓注之事。則書謀誅宦官。而於訓注之死。則以仇士良殺之爲文。是皆原情定罪。不以成敗得失而爲之遷

丁巳

就者也。若夫訓注元輿書謀誅於上，鄭覃李石書平章事於中。而王涯賈餗書及於下，則見涯等初無所預。而覃石既爲宰臣不能爲之卞明，至於涯等雖被濫殺，亦不書官。必以著其失身與小人同列之罪，此皆書法之意也。然則君子不幸而處危亂之邦。盍亦知所擇哉

以薛元賞爲京兆尹 禁軍暴横。一京尹固無如之何。然元賞不畏强禦。克舉乃職。故特書其爲京兆以著其稱職之美也

二年。春三月彗星出 嚴恭寅畏。所以興商夙夜畏威。所以隆周。文宗祗懼天戒。無愧古人。然而無救於衰亂者。其本不立故也。服星示變天之告戒勤矣。其如君德不振何飲恨而終。國嗣廢絶天亦末如之何也已。書之亦所以哀之也

資治通鑑綱目發明卷第四十九

庚午

資治通鑑綱目發明卷第五十

布衣臣尹起莘上進

三年。春正月。以楊嗣復、李珏同平章事。李石罷爲荊南節度使。上書盜傷李石。下書李石罷。則大臣不得安其位。天子不能爲之主。而當時之事槩可知矣。凡此類直書于冊。其義自見。

冬十月。太子永卒。浸潤之譖。膚受之愬。不行焉。可謂明也已矣。可謂遠也已矣。文宗君德不剛。僅有一子。乃以浸潤之譖。欲加廢黜。雖賴群臣力諫。其意稍解。而終以不免。故太子實暴卒。而綱目上書其卒者。所以著文宗昏蔽之失。雖其子之死且不能明。若其自以病卒然爾。嗚呼。儲貳之重。宗祧所係。近在宮庭之内。而曖昧若此。則四海之廣。匹庶之賤。欲望其幽

庚申　辛酉

枉畢達。蓋亦憂憂乎其難矣。宜乎書法如此以譏其不明也

五年。春正月。帝崩。太弟殺陳王成美。即位

成美既爲太子而無故廢之。則太弟之立。蓋攘奪而得之耳。然成美本封陳王。今止還其故爵。則在成美初無加益。況始焉成美之立。出於文宗本心。今太弟何爲必欲殺之。蓋武宗樂乎其位。有利欲之心。志在除去已逼。故雖仇士良納說而綱目必曰太弟殺之者。推原其本責有所歸故也。嗚呼。武宗之得國如此。雖欲享年有永。胡可得哉

武宗皇帝會昌元年。殺知樞密劉弘逸薛季稜。

貶楊嗣復李珏。遠州刺史。裴夷直驩州司馬

王者君臨四海。任社稷之重。常慮弗克負荷。渠敢以位爲樂。故雖南面九五。出於人心天命之不容釋。而朽索六馬

險淵春氷之懼。姦軫于衷。此固古先帝王之事也。武宗越次而立。雖出於一時閹宦之手。是亦有命存焉。胡爲既已得國。乃復追怨當時將相大臣。必欲置之死地而後已。是何識見不高德量不弘如此。此綱目於劉弘逸楊嗣復輩。所以書殺書貶而不言其罪也。夫當繼體之初。命吉凶命歷年莫不由之。而其施爲遽已若是。則識者可以占終矣。惜哉

壬戌

二年。以白敏中爲翰林學士

書敏中爲學士文無異詞然分注載德裕素惡居易之事于下。此乃李林甫元載盧杞之故智也。德裕所爲如此。其相業不終。豈不宜哉

癸亥

三年。築望仙觀於禁中

書上受法籙於趙歸眞。則見其以萬乘之貴屈已於一妄人也。書築望仙觀於禁中。則見其以荒唐之說視之若眞有然也。夫神仙虛無之事。不必遠求前古。姑即

憲宗以来觀之。其效蓋可覩矣。使其果可築室而来之。則漢武蜚廉桂觀。通天莖臺。與夫建章明光諸宮之作。豈不勝於武宗一望仙觀乎。據事直書。其失自見

甲子

四年。春。正月。加李德裕太尉。賜爵衛國公 缺知宰相

之賢否。當以其時之治亂觀之。自德裕秉鈞。于時所難制者莫藩鎮若也。而德裕使之若臂指之運。故劉稹之誅。王元逵何弘敬之徒。皆爲之用。而揚弁之亂。取之如反諸掌。則亦以其處置有方故也。綱目於德裕加秩賜爵之事。特書于冊。是亦予之之意爾。謀國若此。其庶矣乎

乙丑

五年。春。羣臣上尊號。○殺江都令吴湘 宰相代天理物。

均平四海。故伊尹爲世阿衡。周公旁作穆衡。皆取公平無私之意。德裕相唐。雖有威制方鎮之功。然仰視伊周。

殆猶丘垤之於泰華。而志得意滿。忿忮盈溢。旣以私意貶僧孺。流宗閔。今又恣其狠愎。不用國法。殺戮縉紳。其何以愜服人心而勲持衡之地哉。故綱目於吳湘之死。書殺書官以罪之爾。他時吳汝納追訟其寃而德裕有潮陽之貶。尚誰咎歟

冬十月。以道士劉玄靜爲崇玄館學士

方書毀佛寺。勸僧尼。卽書以劉玄靜爲崇玄學士。則其崇尚異端。特有好惡偏私之異耳。非灼然明是不惑者也。綱目特揭道士書之。則是非得失。瞭然見矣

六年。三月。趙歸真等伏誅。五月。詔上京增置八寺。度僧尼

武宗惑於方士而廢斥浮屠。宣宗繼之甫誅趙歸真等。卽詔度僧尼。皆不顧理之是否。惟務相反而已。綱目合而書之。識者自可觀矣

六月。定太廟爲九代十

戊辰

一室玄宗增太廟爲九室。范公祖禹已論其失。且謂天子七廟。而祖功宗德其廟不毀。則無世數。深以玄宗過制爲非。今宣宗又增爲九代十一室。則其失又過玄宗遠矣。夫禮有定數而徇己意爲之。則亦何所不至。况唐至武宗僅十五朝而已增至此。若使如周之三十六王。則所增殊未已也。凡此類據事直書。不待貶黜而失自見。

帝受三洞法籙宣宗能誅趙歸真而不能不受法籙。比而觀之義可見矣。此綱目書法之意也。

二年太皇太后郭氏暴崩于興慶宮郭后憲宗之元妃。穆宗之嫡出。敬宗文宗武宗之祖母。歷五朝。母儀天下。宣宗初政未有令善。乃以庶子弑其嫡母。是尚可以君天下乎。曰然則何以不書弑。曰陳弘志之逆。憲宗以暴崩於中和殿書之。今郭后亦以暴崩于興慶宮書之。其書法先後如一。則弒逆明矣。然憲宗先已屬疾。故逆黨尚可隱諱遷就其說。至於郭后則素無疾恙。一日恚欲自殞。宣宗遽加震怒。而是夕暴崩。其爲弒逆。尤更彰彰無可疑者。綱目凡以善終者皆不書其地。惟弒則書地。暴崩則書地。皆以著其實也。宣宗以庶孽奪嫡。自以爲憲宗之子。下視穆敬文武四朝。既定太廟爲九代十一室。又以諛臣之言。欲遷穆敬文武出廟。其傲慢不恭。何所不有。宜其凌蔑嫡母。親行弒逆。略不顧忌。然猶隱諱其說。文欺天下。故綱目亦以待陳弘志者待之耳。或曰。隋煬之逆。何以直書。曰。楊廣之事隱矣。隋文有疾。時與百官辭決。天下皆知其以疾終。故綱目發其弒逆。以正廣之罪也。若憲宗及郭后之事。左驗甚明。故又書暴崩。以著其欺世之罪。又以見當時臣子不敢明言其事之意。固非曲爲陳弘志光王怡而諱其大惡也。或者又曰。郭后之事。先儒胡氏既已正其弒逆之名。何待詳辯而後知之。曰。先儒雖能言其弒逆。而不言其所以弒逆。與隋埸之事皆然。是猶加入以罪而不發其罪惡之實。亦恐未必服辜。此臣所以詳考顛末。力致其辯以正夫人之罪。亦所以發明綱目書法之意也。觀者試思之宣宗先名怡

葬懿安皇后於景陵之側

綱目凡葬后皆不地。而此獨書其地者。所以著時君加怨削其合葬祔廟之儀耳。夫以嫡母之重。既裁損其奉養之禮。從而殯之。今又削其葬禮。此與季孫意如絕昭公兆域何異。所爲若此。尚可以爲人上而臨天下乎。特筆書之。甚其惡也

庚午

四年，夏四月，貶馬植爲常州刺史宰相而與中人交通。貶之誠是也。然貶止宰相而中人無預。毋乃頗乎。此綱目所以止書貶馬植而不及元贄者也

壬申

六年，三月，詔大將軍鄭光賜莊免稅役，尋罷之

甲戌　丙子

唐興至是凡十六君。豈無元舅。未有賜莊免其稅役者。宣宗崇奉妾母。恩禮備至。其如嫡母何哉。雖曰罷之。亦譏之也

十二月。復禁私度僧尼

凡天下之事。不顧理之是非。惟欲反前人之所爲。則亦未有不復其初者。如宣宗復禁私度僧尼之類是也。據事直書而理自明

八年。正月朔。日食。罷元會

日食正旦。此天下大變也。自興慶宮之禍。至是七年矣。天道一變。故特以是警告之。又七年而咸通改元。裘甫唱亂。自是盜賊横行。唐室遂滅。孰謂果無天道乎。即綱目之所書。驗大中之終始。識者可以觀矣

十年。詔議遷穆宗已下出太廟

昔魯人逆祀。春秋議之。然猶未至於遷出廟也。今唐主自以爲憲宗之子。方且下視穆敬文武。而諫臣如李景遜者。又從而逢其惡。故雖議終

戊寅

不決。而綱目亦必直書以貶之也。夫唐主歷事四朝。親爲之臣。今乃欲出其廟主。則其肆行不道爲可知矣。況郭后區區深宮一婦人。復何所憚。宜其親行弒逆而不顧也。噫

十二年。夏四月。嶺南軍亂。詔以李承勛爲節度使討平之○五月。湖南軍亂。逐觀察使韓琮○六月。江西軍亂。逐觀察使鄭憲○蠻寇安南○秋七月。宣州軍亂。逐觀察使鄭薰○河南北淮南大水

大中之治。當時謂之小太宗。此歷朝之所未有者。抑不知宣宗特區區小數。以察爲明。此小人之所喜而君子之所不取者。況其大節既虧。小何足數。故凡逆氣乘之。禍亂溢出。故是年四月書嶺南軍亂。五

月書湖南軍亂。六月書江西軍亂。七月書宣州軍亂。而又河南北淮南大水。迭書于冊。用見天人之變交應於時。至明年遂疽發於背而東首環泣矣。未幾大盜四起。唐遂以亡。然則餘慶餘殃之報夫豈僭差。而或者猶以賢君目之。過矣

己卯

十三年。秋。八月。李玄伯等伏誅

有生必有死。雖聖人不能易也。若使長生可求。則聖人已先求之矣。唐人酷信方士之說而禍敗相踵。向使不妄服食。未必遽殞其生。將以延之。適以趣之。而乃覆車相尋。悟不知悟。豈不深可惜哉。綱目於趙歸真李玄伯等伏誅。皆書于冊。不以其微而不錄。其亦深歎唐人也夫。其亦深戒後人也夫

庚辰

懿宗皇帝咸通元年。春。正月。浙東賊裘甫作亂

嗚呼。唐室自此亡矣。裘甫作亂。自徃年萌孽。至是始書于冊。甫雖破滅。而龐勛芝巢之徒。接踵而起。唐遂不支。儻以懿僖昏淫相繼爲亡唐之主。則裘甫之亂。實起於大中末年。是時懿僖失德未形。禍已若此。然則逆氣所鍾。妖孽乘之。尚復何説之有哉。識者自可察之

夏五月。禁州縣稅外科率

自德宗好聚斂。於是進奉羨餘之弊。接踵而興。後嗣繼之。日增月益。掊斂椎剝。民不聊生。其極至於盜賊蜂起。國遂以亡。綱目至是始書禁稅外科率。則前此漁蠹之害。出於常賦之外者。從可知矣。事有因褒而見貶者。此類是也

冬十月。追復李德裕官爵。贈左僕射

德裕輔相武宗。有振起威令之功。固非他相比也。然竄逐海表。以沒其身。至是追復官爵。加以褒贈。是亦公論之不容泯者。書以予之宜矣

癸未

四年，二月，親帝歷拜十六陵 宗廟之祭，國典具存。而徧拜諸陵，此何禮也。懿宗庸鄙若此，禮官亦無有能正之者。直筆書之，其失自見。凡祭祀常事，合禮則不書

甲申

五年，三月，彗星出 是時寇盜縱橫，民愁苦。彗星之出，天戒昭昭，而反以爲瑞，宜示中外，其誣天罔人若此。綱目書之，亦所以見當時不知警懼之意也。雖欲不亡，何可得哉

乙酉

六年，春正月，始以懿安皇后配饗憲宗 懿安之事，舉朝無一敢言者，獨王皞正色爭之，至是復伸前議，僅得備祀，故綱目特書其始，以志之，亦所以著弑逆者之罪也

資治通鑑綱目發明卷第五十

庚寅

資治通鑑綱目發明卷第五十一

布衣臣尹起莘上進

十一年。貶康承訓爲恩州司馬敗賊將於鹿塘。進平徐泗。皆承訓之功也。朝廷方以之帥河東。而宰相又誣而貶之。亂亡之世。賞罰無章。大抵若此。比事而觀。義自見矣五月。光州民逐刺史李弱翁八年七月書懷州民逐刺史劉仁規。十年六月書陝民逐觀察使崔蕘。至是又書光州民逐刺史李弱翁。夫以部民而逐主將。此天下之惡也。然是時貪官虐吏。肆爲不道。民皆有疾視其上之心。末流必至於此。有如楊堪等欲令負冤者訴於朝廷。不得群聚擅自斥逐。所言未爲不當。殊不知當時主德方昏。必無伸雪之理。儻非作亂逐之。則有相聚爲盜而已。綱目一書冊書。所以見

民罹暴虐無所赴愬之弊君此。居人上者可不察哉

辛卯

十二年。春正月。葬文懿公主

他公主未有書其卒葬而此書之者。所以見恩數之隆也。是時盜賊徧天下而懿宗所爲若此。雖欲不亡。其可得乎

癸巳

十四年。春正月。遣使迎佛骨。夏四月。至京師。

懿宗昏荒不道。獨有崇信釋氏。乃曲盡其誠。使其移此志於祖宗基業。則安有亂亡之禍哉。綱目上書迎佛骨。四月至京師。下書七月帝崩。則人君奉佛之效彰彰明矣。可不鑒諸

九月。貶韋保衡爲賀州刺史。尋賜死

殷先哲王。自周有終。相亦有終。其後嗣王。罔克有終。相亦罔終。唐室之末。其君既荒縱失德。其臣亦皆姦貪庸鄙。罕有能全其終者。如楊收韋保衡路巖之類是也。君子即綱目之所書。

驗唐臣之顛末。則知古人之言豈欺我哉。噫

甲午

僖宗皇帝乾符元年。春正月。關東旱饑上書關東

河南大水。此書關東旱饑。又無貶詞。然徐而考之。賑卹救荒之政。漠然無有。則其克謹天戒勤恤民隱之意。果如何哉。夫衰亂之世本無足責。然亦可驗民愁盜起之因。明年大蝗蔽日。所過赤地。乃反以不食稼而稱賀。君蔽臣諛如此。尚可與之有言哉

丙申

三年。春正月。天平軍亂。詔本軍宣慰之李唐之末。軍兵

恣橫。上之人待之若驕子。卒以此亡其國。綱目書天平軍亂詔本軍宣慰之。而分注載其無得窮詰之說於下。則當時威令。從可知矣。兵禍果何時而已乎

二月。令天下鄉村各置弓刀

庚子

鼓板以備群盜

盜賊起於饑窮。皆原於姦貪肆虐之故耳。今不求其本。乃令置弓刀鼓板以備之。殆與兒戲亡異。況是時大盜橫行。震蕩飄忽。所至屠戮。又豈弓刀鼓板之所能禦。書之足以貽千古之笑也

廣明元年。二月。殺左拾遺侯昌業

遺補之官。職在言責。是時寇盜充斥。國祚危如累卵。僖宗儻能因昌業之諫。躍然悔悟。改絃易轍。用賢去佞。修飭政事。猶或庶幾。今乃怒而殺之。則亡國之證成矣。尚可得而救歟。吁

黃巢陷東都

粵自仙芝唱亂。黃巢聚衆應之。至是五六年間。日益猖熾。求之唐人制禦。自高駢遣將及劉巨容一捷之外。他未之聞。其間攻陷州郡。幾半天下。至是渡淮渡江。如入無人之境。未幾遂陷東都。汙辱宮闕。當時強藩巨鎮。不聞有勤王之師。謀臣猛將。不聞

有破賊之功。徒聞宰相稱疾不出。天子大庭垂泣。內臣唱幸蜀之計而已。夫以大盜横行如此。而唐之君臣了無一策。雖欲不亡。何可得哉。綱目一書再書。至於不勝其書。其亦爲唐人深歎也夫。其亦爲後人深戒也夫

十二月。黃巢入潼關

是年之春。以高駢爲諸道行營都統。則是朝廷付以討賊之任也。既而駢傳檄天下。威望大振。則是駢有殄賊之勢也。夫何睦婺之陷。信其僞降。必欲專有其功。遂至散遣諸道兵衆。墮賊計中。使駢尚能悔悟。勉厲奮發。猶或庶幾。今乃縱賊渡江。略無牽制邀擊之謀。迄使兩京覆沒。乘輿播越。是果誰之罪哉。綱目書以駢爲都統於前。書巢入潼關於後。則駢誤國殄民之罪。爲如何哉。他時舉族屠滅。蓋天誅之爾。非不幸也。

黃巢入長安帝走興元

綱目於玄宗書出奔蜀。於德宗書如奉天。奔梁州。盡改前史幸蜀幸奉天幸梁州之文。所以垂後王兢業保邦之戒者如此。至

僖宗避賊之行。又復變文書上走興元。言走則匹夫輕身之事。其卑賤輕佻。又益甚矣。夫貴爲天子。富有四海一旦爲盜賊所逐。竄身苟免。不翅狐兔之避鷹犬。則亦以保養姦回。淫荒不道。聚斂推剥。殘虐百姓之所致耳。書曰。予臨兆民。凜乎若朽索之馭六馬。又曰。予視天下愚夫愚婦一能勝予。觀之黄巢入長安上走興元之事而益信

鳳翔節度使鄭畋合鄰道兵討賊

賊陷兩京。天子奔走。此正臣子奮不顧身之日。鄭畋首倡大義。舉兵討賊。雖未覩成功。然其志亦可嘉矣。特書予之。所以爲臣子之勸也。下書王處存王重榮入援。其義亦然

辛丑

中和元年。鄭畋傳檄天下合兵討賊

觀鄭畋之晚節末路。未有成功。然是時天子在蜀。號令不通。天下不知有唐矣。畋一唱率而遠近響應。雖他時收復之擧。畋若無預。

而人心復回之機。實在於此故綱目大書傳檄天下合兵討賊所以深嘉而亟予之也。夫豈過哉夏四月。官軍入長安黄巢走還襲之。殺副都統程宗楚鳳翔司馬唐弘夫復據長安李晟入長安三日而人不知。是時黄巢雖退而賊勢猶熾，諸軍遽以虜掠爲事。宜其復爲賊所乘也。綱目書黄巢走還襲之言襲則見掩其不備。亦可以爲無紀律貪貨賄者之戒也五月。忠武監軍楊復光克復鄧州善有可録雖盜賊小人不棄也。唐亡於宦者而楊復光乃有討賊之功。綱目樂予人爲善。亦不以宦者之故而不録。故特書忠武監軍克復鄧州以予之殺左拾遺孟昭圖前書殺左拾遺侯昌業猶在播越之前。今既逃竄失國。亦可少知自警而復殺諫者。此正如垂絶之人而復投以酖毒。未有不丞亡者。雖然。昌業之死。猶出於僖宗之怒。而昭圖之死。乃出於令孜之手。綱目槩而書之何耶。夫人君廣開四聰。明見萬里。今乃使耳目之官。爲閹奴擅殺而不知。則亦可謂不君之甚矣。書法如此。是亦君爲元首之義也。夫豈過哉。

八月星交流如織或大如杯椀

西晉之末。五星互經天。縱横無常。未幾五胡之亂。其應甚慘。今此星交流如織。或大如杯椀。自己丑夜至丁酉始止。可謂變異之甚矣。然當時君臣未聞有恐懼修省之意。故自是而後。兵禍滋熾。宇縣分裂。生民屠戮。幾盡。歷五代八姓而後已。綱目大書于册。大戒豈不明哉。

九月高駢罷兵還府

前書高駢出屯東塘。已見其緩於勤王。有次且不進之意。然猶未遽絶之。至於自夏迄秋。既不進討。今乃罷兵還府。則是擁兵自固。坐視朝廷傾覆。其罪不可勝誅矣。此綱目所以大書而絶之也

五月。李克用破黃巢。收復長安。克用前此有叛國之罪。朝廷興兵不能誅討。既乃赦而用之。遂能破賊成功。是時諸道兵四集。而克復之功。乃在沙陀。綱目樂予人爲善。初無終絶之理。故大書破黃巢復長安以序其續。克用自此始得爲全人矣。豈不休哉

六月。左驍衛上將軍楊復光卒於河中復光一宦者而卒書其爵。蓋予其忠於王室故也

四年。李克用至汴州。朱全忠襲之。克用走還克用有破黃巢復長安之功。而全忠無故襲之。其罪大矣。然克用不自謹重。乃以輕佻取辱。幾不能免。故特書走還以賊之。亦所以分其罪也

資治通鑑綱目發明卷第五十一

甲辰

資治通鑑綱目發明卷第五十二

布衣臣尹起莘上進

李克用表乞討朱全忠。詔諭解之

前書全忠襲克用。則其曲固有在矣。至是又書克用乞討全忠。言討。則罪在全忠。言乞。則見克用不敢專兵之意。唐朝至是。盍亦分別曲直。使之各得其所可也。兩置不問。果何爲者。故綱目但書詔諭解之。以見當時臧否不分之失爾。自是而後。諸鎮交攻。無所禀畏。唐室亦末如之何也已。是果誰之咎哉

田令孜殺內常侍曹知慤

盜賊縱横。不能撲滅。藩鎮跋扈。不能制御。既失其所以爲君矣。然尚有可諉者。至於宦人擅權。專殺不顧。雖近在左右。亦莫誰何。則是被袞冕。位黼扆。特一木偶人耳。直書于冊。可愧甚矣。齎咨涕洟。果何益哉

乙巳

盜殺中書令王鐸 樂彥禎爲節將。其子何爲以盜書之。已實殺人而託言以盜。是亦盜賊而已。王鐸書爵豈予之乎。鐸身爲相臣。慢藏誨盜。故反書其官以見其有愧是職。且以重樂彥禎之罪也。然則武元衡何以亦書盜殺。曰。元衡以身徇國。固非王鐸以身徇貨之比。故元衡之書官。所以美其能盡忠之義。而王鐸之書官。所以削其節度使之職也

光啓元年。夏四月。田令孜自兼兩池權鹽使 權鹽果欲追復。則播告之。脩出於天子。必待藩方服從。然後取之。則無患矣。令令孜怙權奪而有之。遂召旅拒之爭。故特書自兼以著其專輒無君之罪。且以見貽禍播遷之由也

秋七月。殺右補闕常濬 當是之時。唐已亡矣。而未滅也。又殺諫臣以趣之。綱目一書再書。固非特爲唐設。亦所以垂後

丙午

鑑耳

冬十月。田令孜遣朱玫李昌符攻河中。李克用救之。十二月。進逼京城。帝奔鳳翔征伐自天子出。使河中果有其罪。宦者豈得攻之。故書令孜遣朱玫李昌符攻河中。以見其專輒無君。而二人爲令孜所使。則皆有罪矣。然則克用獨無貶乎。曰。投鼠忌器。克用烏得無罪。然書克用救河中。則見曲在令孜。至書進逼京城上奔鳳翔。則克用之罪始不可逭。而推原禍始。在令孜尤可誅矣。此固書法之深意。所以爲曲直之繩墨也

二年春正月。田令孜劫帝如寶雞僖宗荒遊不道。與宦者爲一。至於大權在其掌握。雖欲悔悞。亦已無及。綱目書田令孜劫帝如寶雞。令孜之罪固不可勝誅。而所以使之至此者。誰實尸之。其爲後王鑒。豈不深切著明也哉

朱玫李昌符追逼車

駕帝復走入大散關

前書田令孜、朱玫、李昌符攻河中，則是二人爲令孜所使明矣。今又書二人追逼乘輿，則是二人之亂，令孜召之也。夫僖宗不君，奔竄失國，走興元，幸成都，僅乃克復，又以令孜貽禍，奔鳳翔，如寶鷄，至是復走入大散關，言復則見其奔走不一之意。爲君至此，則四海雖廣，幾無容足之地矣。夫以尊無二上，臣妾萬國，一旦御失其道，奔迸四出，竄身苟免，其可賤可耻，莫此爲甚。人主觀之，其亦親君子，遠小人，宵衣旰食，强於政治，毋至自貽伊慼可也。詩曰：殷鑒不遠，在夏后之世。

冬，十月。

朱玫立襄王熅稱帝改元

僖宗誠爲失德，然未至如桀紂之暴也。朱玫既爲令孜所使，又反令孜而逼乘輿，遂至僭立非次，妄干位號，則其罪不可得而逃矣。此綱目所以書其立熅稱帝，以正其反逆之誅也。

丁未　己酉　庚戌

三年。秋。八月。李茂貞平隴州。李昌符伏誅。詔以

茂貞爲鳳翔節度使昌符既聽命。閹奴又反逼車駕。罪未及討。乃復擁兵焚毀行營。故前以作亂書之。至此則正其伏誅之罪也

秦彥殺高駢高駢擁兵叛命。信用妖人。自取亡滅。故盡削其官以正其罪。然不書伏誅者。秦彥不得而誅之也

昭宗皇帝龍紀元年。十二月。田令孜殺劉巨容前書令孜流端州。今已三載。尚能殺劉巨容。則是實未嘗流也。閹奴桀黠變詐。一至於此。則當時朝綱國政。從可知矣。若夫巨容養寇遺禍。死有餘罪。故雖書殺而不具其官

大順元年。夏。五月。詔削奪李克用官爵屬籍。以

張濬爲招討制置使，會諸道兵討之。書削奪李克用官爵，會兵討之，其名甚正。然考之當時，克用未見可誅之罪，則朝廷是舉，乃無名之師爾。師既無名而猶書討者，所以存朝廷之體也。若夫張濬以宰臣而爲制將，則其爲主謀之人明矣。他日僨軍而貶，又誰咎哉。

秋八月，李克用執招討副使孫揆以歸，殺之。孫揆死節，而不書其死節，克用拒命而不書其拒命，則亦以朝廷是舉出於無名，其曲在我故也。然則克用遂無罪乎？既書執招討副使，又書以歸殺之，尚何待於貶絶而後見其惡哉。

九月，朱全忠遣兵圍澤州，李克用養子存孝與戰，破之，復取潞州。養子未有書，而此書之者，所以著其他日叛父之罪耳。若夫亂源亦書于下者，又以志其傳襲之始。其立義之意精矣。

李克用遣兵拒官軍於趙城官軍潰張濬韓建遁還

書遣兵拒官軍則見不敢盡鋭之意書官軍潰則見官軍自潰之意書濬建遁還則見二人逃竄幸免之意夫以藩鎮跋扈所宜誅討亦必有詞可執而後可昭宗當削弱之時聽讒不審一舉敗衂張濬輕儇小人淺謀誤國唐祚自是益微以至滅亡綱目權其輕重書之于冊其是否得失瞭然在目皆可考而知矣

二年二月楊復恭謀反遣天威都頭李順節討之復恭走興元與楊守亮等舉兵拒命

或告復恭謀反遂以謀反書之毋乃失之不審乎復恭總宿衛兵專制朝政天子遣之監軍懟不肯行則固已不臣甚矣至是與其假子弄兵闕下又與藩臣舉兵拒命非反而何直筆書之盖亦推原其實耳夫以宦人之職在於供洒掃

癸丑

之役。今乃擅兵自恣。一至於此。則以軍權在其掌握故也。有國家者。尚鑒茲哉

楊守亮執中使冦梓州。王建遣兵救之

前書守亮拒命。此書守亮執中使。其罪不容誅。然守亮亦宦者耳。凶暴至此。盍亦反而求其初乎。噫

二年。春正月。以李茂貞為山南西道節度使。茂貞不奉詔

前書時溥不奉詔。有畏也。此書茂正不奉詔。跋扈也。何以言之。溥以節鎮為太子太師則失其權。故為有畏。茂正以招討得節則進其職。故為跋扈。然事雖不同。而其所以不臣之意則一。是以綱目亦等而書之也

李匡威為弟匡籌所逐。奔鎮州

李威瀆亂天倫。自取奔竄。故書為弟所逐。而不以弟逐其兄為文也

夏。四月。王建殺陳敬瑄

田令孜敬瑄令孜罪不容誅。王建屢請殺之而朝廷不許。令建不俟朝旨而自戮之。反乃抗表露奏。朝廷亦無如之何。故綱目書此以王建專殺爲文而不書伏誅。正以譏當時之失刑也。冬十月。

殺雷州司戶杜讓能。以李茂貞爲鳳翔兼山南西道節度使在易屯之九五屯其膏。小正吉。大正凶。伊川程頤子傳之曰。人君之尊。雖屯難之世。名位非有所損。惟施爲有所不行。德澤有所不下。是威權不在己也。威權去己而欲驟正之。求凶之道。故小正則吉。若盤庚周宣以道漸致。又非恬然不爲。若唐之僖昭也。夫僖宗固恬然不爲矣。若昭宗正犯屯膏之戒而欲驟正之。不知屯難已極。遂至于凶。是以一敗之餘。歸罪輔臣與之辭決。涕下不禁。極而至於屯之上六泣血漣如者也。夫以李茂正之跋扈。固當誅討。豈知智力不逮。遂至貽禍益烈。綱目於前書討茂正。是君屯而欲大正之也。繼書官軍逃潰殺杜遜能。又書以茂正兼鎮兩道。則其凶可知矣。昭宗謀國乖剌一至於此。唐室雖欲不亡。其可得哉。遜能之死書殺書官其亦可哀也已

乾寧元年。秋七月。鄭綮致仕

歇後鄭五作宰相。世俗指爲口實。意謂唐朝傾敗之禍。綮實爲之。今觀綮自二月命相。累辭不獲。至七月遂致仕。則其爲相僅及半載。然且自知甚審。力辭而去。則亦未可厚非者。若當時誤國之人。則孫緯崔昌遐崔昭緯韋貽範裴樞柳璨之徒是已。求其如綮之自量。殆亦未易多得。且世固有如綮之類甚衆。一旦柄用。則悻悻然自以爲人莫已若。不至於敗乃公事而不止。又何綮之敢望哉。此綱目所以方書以綮平章事於前。即書綮致仕於後。以見用綮者。昭宗之過。而審於量己者。鄭綮之明也。

二年。二月。以孔緯同平章事。張濬爲諸道租庸使

緯濬淺謀誤國。僥倖逃死。今三鎮犯闕。克用方舉兵討之。而朝廷乃復用濬緯何耶。且使二人才智可取則無前日之敗矣。即綱目之所書。比而觀之。則昭宗用人之失。不言可知。其何以成扶顛持危之功乎

楊行密遣兵救董昌

董昌僭干位號。朝廷方委錢鏐討之。而楊行密反遣兵救賊何耶。小人不知大義。一至於此。是以通鑑載行密表昌引咎願修職貢等語。綱目皆削而不錄。而直書行密遣兵救昌以罪之也

以李克用還晉陽

前書李茂正等犯闕。則見三鎮反逆之罪矣。次書李克用舉兵討三鎮。則見克用徇國之忠矣。又書克用克邠州王行瑜伏誅。則見克用討逆之績矣。至是遽乃使之還鎮何耶。夫三叛連衡。脅制天子。殺戮大臣至謀廢立。罪不容誅。四方征鎮。未聞一人有勤王之舉。獨克用

投筋而起。舉兵赴急。亦旣振揚天討。功績顯著。正宜乘機剪除。盪平凶逆。而唐朝君臣曾無遠略。反形疑忌之心。遂使河東之旆方旋。而鳳翔之勢愈熾。是皆爲謀不審之咎也。然則綱目何以不書詔克用還晋陽。曰。還鎮之舉。固唐朝之失。然是時權在克用。使其能力陳大計。進兵岐隴。掃除李茂正等。一正王室。豈不甚美。今乃亂根未絶。泯默而去。則非大臣正國之義。故綱目書之以克用自還爲文者。又所以譏其不知大義失於討賊者也

八月。李克用發兵入援

昭宗失謀。再貽播越。茂正兩犯京闕。逼逐乘輿。是時克用雖有奏請。猶未出兵。而綱目已書其發兵入援者。予其有勤王之心也。向使昭宗早從克用之言。克用早仲正國之義。又安有覆出之禍哉。

冬十月。以孫偓爲鳳翔四面行營招討使。討李茂貞

克用請討茂正。乃疑而不用。孫偓何爲者哉。乃以任

招討之職。書之于冊。失可知矣

資治通鑑綱目發明卷第五十二

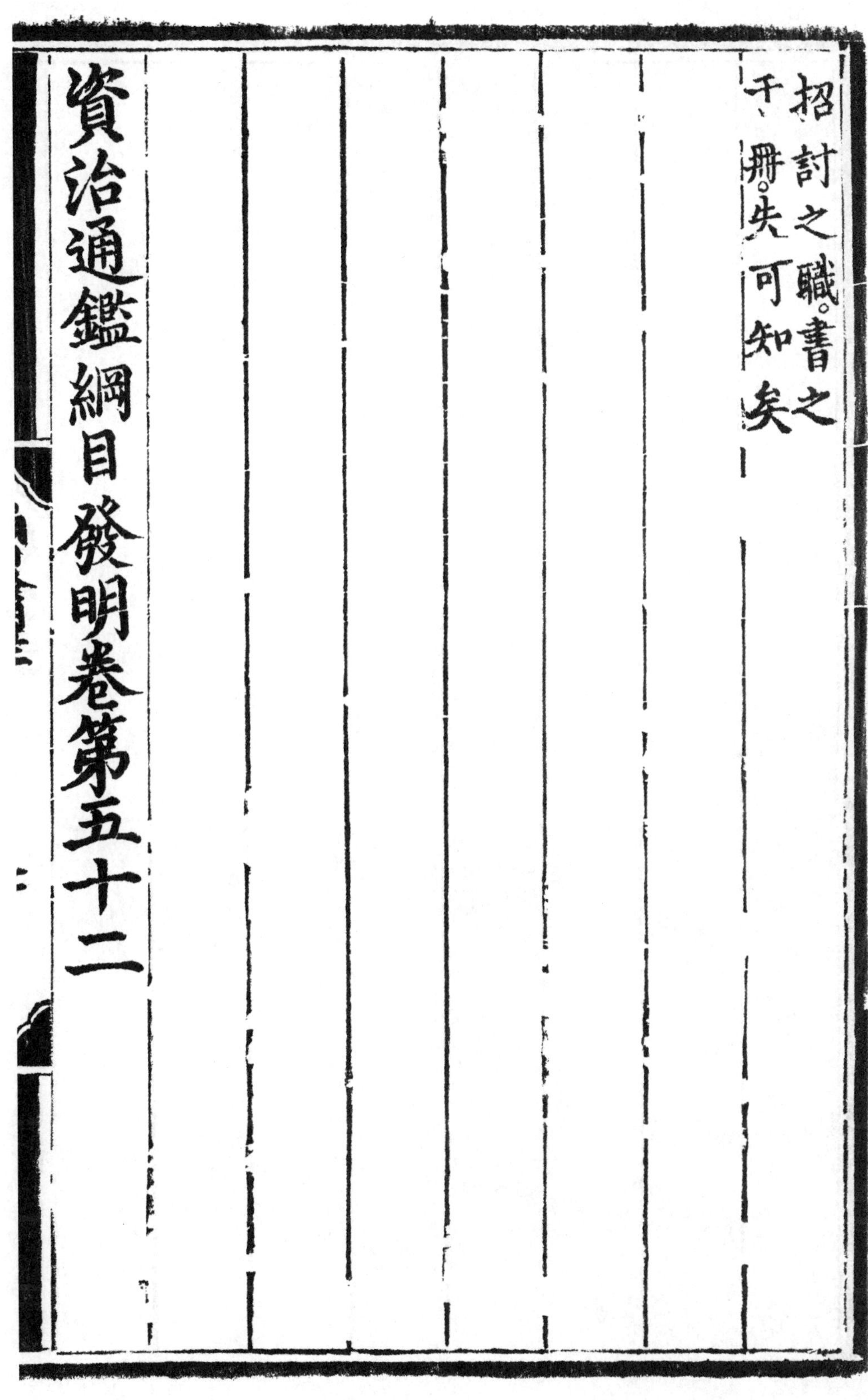

丁巳

庚申

資治通鑑綱目發明卷第五十三

布衣臣尹起莘上進

四年。秋。八月。韓建劉季述殺通王滋等十一人

韓建。藩臣也。季述。閹奴也。通王滋等。皇子也。以皇子之貴而臣僕殺之如薙犬豕。禍亂至此極矣。比而觀之。則知昭宗不用克用討賊之策。尤可恨也

三年。十一月。中尉劉季述幽帝於少陽院而立太子裕

唐自憲宗以來。爲宦官所弒者二君。所立者七君。昭宗輕佻猜急。固足取禍。然此輩視置君如弈棋。已非一日。是時昭宗手殺黃門侍女數人。至於日加辰巳。宮門不開。皆憲敬兩朝之所無者。萬一羣

閹舉行陳弘志劉克明故事。則將若何。惟二人不免於前。故季述等猶有所畏於後。遂用傳授之說。行其幽廢之謀。綱目特揭中尉書之。所以見宦人之禍一至於此。而唐朝公卿百執。亦無一人敢與之抗者。豈不深可歎哉

辛酉

天復元年。春正月朔。神策指揮使孫昭德等討劉季述等伏誅。帝復于位。黜太子裕爲德王

季述之逆。公卿在位。既不能爲有無。至於討賊反正。又復出於北司。州是君存君亡。視若秦越。亦將焉用彼相哉。觀之綱目所書。則可見矣

冬十月。朱全忠舉兵發大梁

全忠是時已有移國之勢。然崔胤遲召之欲誅宦官。故綱目亦止書其舉兵發大梁。而不書其向闕之罪也

十一

壬戌

月。韓全誨等刼帝如鳳翔。朱全忠取華州

田令孜刼上如寶鷄。韓全誨刼帝如鳳翔。其書法先後如一。然僖宗失之昏孱。昭宗失之輕躁。爲失不同。同歸于亂。要皆出於宦人亂國之禍。誡後王之龜鑑也

二年。三月。汴兵圍晉陽

克用自前攻邢洺救滄州之後。遂不復見。雖以少陽之變。亦不能舉兵赴難。至是遂困於汴。不克復振。他時大盜移國。拱手熟視。蓋已兆於此矣。直書于策。蓋亦歎惜之也

朱全忠圍鳳翔

去年十一月。書韓全誨刼帝如鳳翔。至是已歷三時。宦官挾岐兵以刼天子。崔昌遐召汴軍以逼乘輿。厥罪惟鈞。人主寄命其間。朝不謀夕。四海亦不聞有勤王之師。蓋以羣閹濁亂。衆所怨嫉。故雖朱温兇暴。反以奉迎車駕爲詞。天討亦不得而加之。此綱目所以止書全忠圍鳳翔者。

亦此意也。然天子既在圍中。則全忠之罪。又自不言可知矣

起復韋貽範同平章事貽範。姦邪小人。昭宗深惡之而不能去之。又不得不相之者。制在官人也。是時汴兵圍逼乘輿。李茂貞韓全誨欲與之角。而所用之人乃如此。則是不戰自屈矣。於貽範乎何誅

朱全忠遣使奉表迎車駕汴兵圍鳳翔已四閱月。乃始表迎車駕何哉。是時鳳翔已困。全忠知其可取。故假是以欺當時耳。然則綱目何以書之。曰。綱目前書圍鳳翔。既以見其圍逼之罪。故此書迎車駕。以著其欺偽之詞也。不然。來春還闕。何不書全忠奉車駕還京師乎

癸亥

三年。春。正月。平盧節度使王師範發兵討朱全忠。克兗州全忠圍逼天子。綱目書之無貶詞。蓋以茂貞與宦者亦有劫遷之罪。由是兩不直之。

至王師範入援。始書發兵討全忠。則賊温之惡著矣。此曲直之繩墨也

李茂貞殺韓全誨等。帝幸朱全忠營。遂發鳳翔。復以崔胤爲司空同平章事

全誨劫辱天子。擢髮不足以盡其罪。然茂貞初與之合以召汴兵之逼。及事窮勢極。乃始請而誅之。故綱目特以茂貞殺之爲文。而非謂閹奴無可誅之罪。此固書法之意也

車駕至長安。大誅宦官。以崔胤判六軍十二衛事

嘗觀易之噬嗑。初九。屨校滅趾。無咎。聖人發其義於繫辭以小懲大誡爲小人之福。至於上九。何校滅耳。凶。聖人復發其義以爲惡積而不可掩。罪大而不可解。是以何校而滅沒其耳爲凶之極。有唐宦官之禍。不幸類是。蓋自明皇肅代以來。其爲蠹日增月益。方其始焉。城狐社鼠憑附人主以爲姦。儻有英明之君。蚤正而預治之。則屨

校滅趾。猶可爲也。夫何積習不已。至於鬭闢動搖。宇宙在其掌握。弑君立君。易若反手。罪盈惡積。釁重丘山。蓋至於僖昭之世。如癰疽之潰決。江河之漲溢。勢甚滔天。莫可制禦。不至於屠戮勦滅掃迹絶影而不止。此正所謂惡積而不可掩。罪大而不可解者。尚何説之有哉。或曰。宦官之惡誠極矣。然韓全誨有罪而書殺。其餘無罪而書誅。何哉。曰。全誨書殺。前固已論之矣。其餘書誅。雖若無罪。然禍本亂根。實在於此。安得不加之有罪之詞。是以東漢行之於前。而綱目以悉誅宦官爲文。李唐行之於後。而綱目以大誅宦官爲説。蓋謂之悉。則靡有孑遺。而謂之大。則廣行剪滅。是皆事窮勢極。不可復加之意也。然則後人欲鑒閹宦之禍者。盍亦謹於其微而毋至於何校滅耳之地。則庶矣

賜朱全忠號回天再造竭忠守正功臣

名者。實之衰也。周公誅三監。平淮夷。復安王室。厥功大矣。未聞有賜號立名之事。至王莽乃有安漢

公宰衡之稱。後世豈以是予莽而謂周公爲歎哉。朱温巢賊之黨。兇暴桀逆。罪不容誅。而乃加以回天再造竭忠守正之名。殆與侯景自稱宇宙大將軍。相去無幾。大書于册。事可知矣。未幾荐行弑逆。篡滅唐室。尚可謂之回天再造竭忠守正者乎

天祐元年。春正月。梁王全忠殺崔胤。以崔遠柳璨同平章事

崔昌遐挾賊以爲重。至於不赴召命。凌蔑天子。自謂泰山可倚。豈知復有今日。

綱目書全忠殺昌遐。以崔遠柳璨同平章事。則大臣生殺除拜。皆在全忠掌握。其威靈氣燄。已不復有唐室矣。然昌遐爲司空平章之日。綱目已書於帝幸全忠營之下。至於爲司徒兼侍中之日。又書於全忠進爵梁王之下。皆以見其憑附賊臣之實。至是反死於憑附者之手。則昌遐比之匪人。適足自殞其軀而已。然昌遐有罪而

綱目止書曰殺者。全忠專殺。不得爲誅也。昌遐實爲宰臣而不書其官者。已實有罪。不得爲大臣也。權其輕重。寓諸筆削。則姦臣逆賊之罪。與夫唐室滅亡之跡。隱然俱見於書法之間矣。吁

梁王全忠河中。表請遷都。帝發長安。二月。至陝。

書表請遷都。本無貶詞。然上書全忠也河中。則見其親將大兵。脅遷天子。明矣。下書上發長安。二月至陝。則見天子不敢違。有即日就道之意矣。夫遷都大事。必臣主合謀。龜筮協吉。卜日而行。今全忠也兵近畿。迫脅乘輿。乃以遷都爲說。殆與董卓逼遷長安無異。綱目書之。詞不迫切而意已獨至。唐室至是。其亦末如之何也已。哀哉

王建遣兵迎車駕

王建之兵實未嘗得進。而以迎車駕書之者。予其勤王之意也。然天子在難。建不能躬走奔問官守。以致其赴援之力。則爲義有所未盡。故止書遣兵。以見其若急而實緩。此又輕重之權衡也

梁王全忠赴洛陽　書全忠殺崔昌遐。相崔遠柳璨。則朝廷在其掌握。書全忠表請遷都。上發長安。則天子在其掌握。書全忠判六軍諸衛。則兵權在其掌握。至是又書全忠赴洛陽。言赴。則見其飄忽震蕩如水之赴壑。莫之能遏。此固特筆表其篡勢之急者也。不然。何以不書曰詣曰朝而書曰赴哉

遣間使以密詔告難于四方　嗚呼。昭宗至是無可言者矣。然書遣間使告難于四方。則見其倒垂之急。猶有望於救解之意。而遠近諸鎮。漠然未聞有一人惻然哀憫。奔赴君父之厄者。則是全忠兇威虐燄。足以脅制天下。而忠臣義士。亦且束手無策。莫之救也。主危如此。彼王建楊行密李克用諸人。奉頭鼠竄。各自封殖。其亦可愧也已。其亦可誅也已。人主觀此。可不兢兢業業也哉

六月。李茂貞。王建。李繼徽。合兵討朱全忠。全忠拒之河

中三鎮合兵不能損全忠之毫毛然綱目亦予其討者所以勸徇義之人且以正逆賊之罪也

秋八月全忠弒帝於椒殿太子祝即位弒逆之賊罪不容誅然陰爲其事而陽避其名如全忠驚哭投地之類是也夫以主謀者李振圖事者元暉揮刃者史太而歸惡乃在全忠君其手自爲之者求其實也不然亂臣賊子接跡於世皆可以文欺天下矣

昭宣帝天祐一年凡人君即位必書元此春秋之法也亦古先帝王之法也後世以來則有改號之事故人君繼統踰年亦必改元歷代莫之廢也昭宗既終嗣君踐祚今已逾年乃止以先君舊號紀歲月考之唐史蓋自昭宗去年四月乙巳大赦改元天祐至八月壬寅昭宗遇弒太子即位因仍不改用見賊溫無道恣行狠愎盡廢故典舉朝畏甚亦無有敢告之者也綱目凡改元次年則不書其號而此獨舉之者

所以表嗣君之始耳。世變愈下。賊亂恣行。一至於此。可畏也哉

二月。朱全忠殺德王裕等九人

全忠兇暴。無復人理。然綱目亦不爲之廢法。故凡用兵等事。皆舉其爵。至於見討則削之。殺諸王則削之。弒太后則削之。甚至於弒逆則又并其姓氏俱削之。皆所以行天討。正王法。以誅其弒逆之罪。豈以其無足誅責之故。而遂廢討賊之法哉

河東押牙蓋寓卒

蓋寓一押牙而書卒書爵者。寓有忠於克用之謀。其志不忘本朝故也。彼有身爲大臣而名爵俱削者。視此盡亦少愧哉

六月。殺裴樞。獨孤損。崔遠。陸扆。王溥等三十餘人

彗出西北。是殆陰方殺氣之應歟。其長竟天。是殆兵禍徧及之兆歟。彼賊臣志在驅除異己。乃借是以屠戮。誣天罔人甚矣。綱目書殺樞等於彗出之下。則其矯誣濫殺。固自可見。然此

徒諂附逆賊。斷喪唐室。自謂得其所依。一旦禍出不圖。駢首受戮。投尸濁河。遺誚千古。故綱目於樞等之死累數而不書其官。所以深貶之也。其不書全忠殺者。則以樞等自取殺戮。故反恕全忠以甚樞等之罪也。嗚呼。唐之亡也。無智愚賢不肖皆知之。樞等名爲搢紳。不幸而處危亂之朝。當賊徒弑逆劫遷之際。力能誅則誅之。不能誅則死之。又否則削跡去之。可也。矢身賊手。去就不明。生死皆辱。雖微彗出之變。詎能自免。書法若此。後之貪榮躁進之士。盍亦以是少警哉

徵前禮部員外郎司空圖

詣闕尋放還山

一字之褒。寵踰華袞之贈。片言之貶。辱過市朝之撻。此豈非范甯之序穀梁春秋乎。唐前日祿山之亂。兩京既復。綱目先書追贈死節之士。繼書制陷賊官六等定罪。今朱溫之亂。先書殺裴樞等三十餘人。繼書召前禮部員外郎司空圖尋放還山。夫以陷賊而比死節。裴樞等大臣累數不

書官而比司空圖之書前官其善惡堯桀也。其得失天淵也。其榮辱則華袞之贈市朝之撻也。士君子行已出處。審於命義。固非有所爲而爲之。然而筆削之嚴。則不可以不分臧否。此綱目所以比書于策。勸懲斯世。庶幾人道有立。不爲夷狄禽獸之歸。其有補於世教也多矣。故曰麟筆絶而後綱目作

改昭宗謚號

改謚之事。倡其議者蘇楷。和其說者張廷範。然舉朝亦無有一人能正之者。夫書于冊。舉皆罪也

以梁王全忠爲相國封魏王加九錫。全忠不受

凡前代篡奪之人。綱目書其自爲相國自加九錫復辭不受者。所以見其矯僞欺世之罪。至於賊溫之事。則書以全忠爲相國封魏王加九錫。若真出於唐朝之命者。何哉。全忠急於篡奪。肆其暴怒。唐朝恐懼。亟行封爵。故綱目變文。不以自爲自加書之耳。若夫全忠不受。亦不書其辭者。言辭則猶有委曲之意。而直書不受。則直暴桀怒峻

卻之而已。此書法所以異於前代也。嗚呼。亂臣賊子。至
於簒奪極矣。孰知於簒奪之中。又有已甚焉者。其視晉
宋齊梁爲愈下矣。世
變至此。可歎也哉

十二月。朱全忠弑太后何氏。殺蔣玄暉。柳璨張廷範

春秋書宋督弑其君與夷
及其大夫孔父。則以孔父
能爲有無。故書字書及。所以予之也。綱目書太子劭弑
其君義隆。及其左衛率徐淑。僕射徐湛之。尚書江湛。則
以淑等忠於其主。故書官書及。亦以予之也。朱溫兇暴
肆逆。一以無道行之。此固盜賊之靡。然上書弑后而下
書殺元暉等。不以及書者。盖以三人實爲禍首黨附逆
賊。圖滅唐祚。故綱目書殺以正其迷國之罪。不得與孔
父徐淑徐湛之江湛爲比也。然元暉等既有其罪而不
書誅者。則以賊溫不得而誅之耳。權其輕重而爲之書
法。此綱目之所
以爲綱目也歟

罷謁郊廟

郊廟常禮何害於簒竊。而
全忠猶怒而罷之。特書于

冊。餘可知矣。吁

丙寅

三年。羅紹威殺其牙軍八千家 惡不積不足以滅身。魏之牙軍。世濟其惡。故一旦禍發。嬰孺無遺。此天理昭昭之報不可誣者。然紹威亦太慘矣。故書殺八千家以甚之也

資治通鑑綱目發明卷第五十三

丁卯

資治通鑑綱目發明卷第五十四

布衣臣尹起莘上進

四年是歲唐亡梁晉岐淮南西川凡五國吳越湖南荆南福建嶺南凡五鎮春正月。淮南牙將張顥徐温作亂楊偓驕侈不道。張顥徐温泣諫不從。遂至帥兵誅其嬖倖。然而綱目但以作亂書之者。臣子事君。有隕無貳。亦所以爲脅君者之戒也三月。唐遣使奉冊寶如梁

自曹馬以來。移國者多矣。未有書遣使奉冊如唐之詳且悉者。何也。張文蔚楊涉薛貽矩之徒。爲唐大臣。手持璽綬。勸進逆賊。曾不知耻。書法如此。所以著唐臣之罪耳。然則唐帝亦有責乎。當是之時。大權已去。何責之有。故止書曰唐而不曰唐帝。則文蔚等賣國之罪。不容於天地之間矣夏。

四月。盧龍節度使劉仁恭爲其子守光所囚

書仁恭爲子所囚而不書守光囚其父者。仁恭貪暴不臣之罪不可勝誅。守光因其危而乘之。初非其子能囚之也。仁恭自囚耳。若守光悖逆之惡。亦固在其中矣

梁王全忠更名晃。稱皇帝。奉唐帝爲濟陰王

賊温無道。大非前代之比。然書法甚恕。略不見其簒奪之跡。此皆專罪唐人挈國與賊之意。然則張文蔚等。可勝誅哉

淮南西川移檄。興復唐室

唐有天下垂三百年。是時征鎮散在四方者。莫不俛首事賊。獨淮南西川。猶能以興復爲詞。故綱目亦書而予之。且以著人心正理未盡泯滅之意云爾。夫豈果以興復之事望之哉

梁禮部尚書蘇循致仕

循故唐臣也。而以梁書。何哉。賣國求利。昔臣逆賊。是周逆賊之臣也。以梁書之。其罪

戊辰

自見。而不免勒令致仕者。則亦使後之臣子。安於義命。毋非覬以徼利耳。然則鴟梟小人。徒負不義之名者。果何益哉

九月。蜀王王建稱帝

前書淮南西川移檄興復唐室。其名甚正。然繼書淮南擊楚而不聞有討賊之舉。又書王建稱帝而不聞有興唐之謀。則吳蜀竊義之名。曉然自見。特比之甘心臣賊者差勝耳。要未得爲義舉也。

晉岐淮南稱唐天祐五年梁開平二年蜀高祖王建武成元年 是歲西川稱蜀凡五國五鎮

晉兵馬使李克寧謀作亂。晉王殺之

言殺不言誅者。存叔姪之分也。而曰謀作亂。則克寧之罪自著矣

淮南張顥徐溫弒其節度使楊渥。溫復攻顥殺之

節度使未有書弒而此書之者。顥溫固渥之臣也。顥有弒逆之罪而溫殺之不

得爲討者。已亦預弒之人耳。明年書温自領并州刺史。則温篡奪之跡。始彰彰乎不可掩。此則書法之意也

晉王伐梁軍于柏鄉大破之

前此梁晉交攻屢矣。至是始稱伐者。或解圍。或救援。非直與梁對壘故耳。今焉正其名義。則明晉之爲唐復讎。而著梁之有罪也。然則何以不書討。曰。討。大矣。晉非純乎義者。特假之而行耳。權其輕重。書之以伐。且著其破梁之功。則亦足少伸大義於天下而使三綱之理。未盡泯也。嗚呼微矣

晉王推劉守光爲尚父。梁亦以爲采訪使

守光因父殺兄。晉王前日助之。已爲非義。今又從而尊之。何哉。然守光自因其父。乃使他人尊已爲尚父。固其狂愚無足道者。怒而欲伐。晉王可謂審於知義矣。喝爲推尊。晉之諸臣。何不思之甚乎。揭書晉王。是亦制命在君之義也

梁主避暑于河南尹張宗奭第

君臣

壬申

爲譴。禮典有經。朱温假避暑之行。瀆亂男女。向使張繼作得行其誅。則其反也固不俟友珪之變矣。然温本故盜賊。初無足責。書之姑以著其遺臭云爾

春正月。晉師及鎮定之兵伐幽州。二月。梁主救之。大敗走還

劉守光囚父殺兄。僭竊大號。今又進寇易定。然晉人舉兵。乃僅以伐書何哉。始焉助之。次焉推尊之。終焉又遣使賀之。晉人之失亦既多矣。大義不明。不足以盡誅討之實。故綱目予之而不盡予者。良有以也。若夫朱温黨惡。固自均爲逆賊。大敗走還。蓋亦天誅之也。何足道哉

滄州人殺劉繼威

劉繼威爲張萬進所殺。而以滄州人書之者。明繼威淫虐。州人皆欲殺之云爾

六月。梁郢王友珪弑其主晃而自立

朱温篡唐。其兇暴悖逆。世

癸酉

所未有至其末年。禍亦不小。且温既能以臣弑君。故友珪亦能以子弑父。其屠戮之慘。殆與禄山無異。此皆天理昭昭之報也。況其淫汙雜揉。又禄山之所無者乎。據事書之。理自見矣

梁楊師厚入朝

友珪弑逆已五閱月。師厚據大鎮。擁强兵。不能仗義致討。乃反委身朝賊。故特筆書之。以著其黨惡之罪也

二月。梁均王友貞起兵討賊友珪伏誅。友貞立於大梁。更名瑱。友謙復歸梁

歷代討賊者多矣。未有書法如此明者。蓋以均王正名仗義。詞旨暴白。故特筆予之。豈以朱温之故而廢討逆之法哉

六月。蜀以道士杜光庭爲諫議大夫

既曰道士而乃任以諫議。則亦名實自相戾矣。蜀之用人如此。於光庭乎何誅

春正月。劉仁恭劉守光伏誅守光死有餘辜。若仁恭既爲其子所囚。併書伏誅何哉。仁恭本幽州偏校。攻其主帥。奔敗僅免。藉河東之力。遂得盧龍。既而乘輿播越。克用召兵入援。傲然拒之。呑噬鄰境。至謂旌節自有。驕侈貪暴。罪盈惡積。此固王法所必誅者。豈以其見囚於子而遂末減其罪乎。書法如此。初非過也

春二月。梁分天雄爲兩鎮。夏四月。魏人降晉。六月。晉王入魏魏博安於逆亂。其來已久。梁人分之。雖曰失策。然亦不爲無自而遽叛降于晉。綱目於此。既不書其軍亂。又不書其叛梁。止以降晉書之。盖以梁人爲簒弑之國。晉人仗興復之名。故其書法如此。然後知綱目誅亂臣討賊子之意。雖易世一日也。嗚呼。嚴矣

丙子

契丹稱帝改元春秋之義。四夷雖大皆稱曰子。後世以來。夷狄則有單于可汗贊普之號。綱目皆從其俗而書之。今契丹乃始僭號。與中國並列。然綱目雖書其稱帝改元以志其始。而不以契丹主書之者。不使夷狄得從中國之例也。然而不書曰僭號者。外之而不內。以示中國不臣妾之也。嗚呼。立法如此。豈有首下足上之失。棄內事外之弊哉

丁丑

春二月。晉新州裨將盧文進殺其防禦使李存矩。亡奔契丹以部將殺其主帥而不書作亂。以中國亡奔夷狄而不書叛降。則亦以李存矩淫虐不道。召亂至此。是亦正其本之意也。

戊寅

八月。晉王大舉伐梁自朱氏篡唐。至是星周一紀。天道亦一變矣。晉王方謀舉

兵而綱目即以大舉伐梁書之。誅亂臣。討賊子。汲汲然惟恐或後。蓋以大盜未除。環四海之内無有能正之者。晉王父子。雖不純乎義。要之名曰爲唐。其復讎之意。固可暴白於天下。故綱目大書于册。亦足見討賊有人。大義未遂終泯者也。然前史之修。旣以朱氏繼唐。故於晉王伐梁之事。往往以入寇書之。夫誅亂臣討賊子。大義所在。反謂之入寇可乎。此君子所以爲懼。綱目所由作也。噫。必有君子者出。而後綱目之義大明於天下矣

蜀以宦者歐陽晃爲將軍唐以宦者亡國。殷鑒未遠而蜀人又踵其覆轍。蜀固不足道也。揭而書之。亦所以示戒云爾

資治通鑑綱目發明卷第五十四

庚辰

資治通鑑綱目發明卷第五十五

布衣臣尹起莘上進

皆岐稱唐天祐十七年梁貞元六年　是歲梁晉岐蜀漢吳凡六國吳越湖南荊南。福建凡四鎮

六月。蜀殺其華陽尉張士喬

蜀殺諫者。此亦將亡之證也。故書

晉以蘇循爲節度副使

循故唐之鴟梟。晉王乃悅其諛而用之。獨不念其賣國於盜乎。直筆書之。失自見矣

義武節度使王處直爲其假子都所囚

王都囚其養父。綱目乃歸曲於王處直。何哉。張文禮有弑主之罪。晉王仗義討之。處直乃陰爲文禮之地。又欲引虜爲寇以撓其謀。遂召幽囚之辱。故綱目書其爲假子所囚而不言假子囚其養父也。若夫王都囚父之罪。

國自不言可知。晉王不能執而戮之。豈不惜哉

壬午

冬十一月。唐特進河東監軍使張承業卒

承業之賢。先儒固已論之矣。綱目於其卒也書爵書官。既足以著其美。然承業在晉。已非一日。而綱目必繫之唐者。表其始終爲唐。不失臣節。用見承業固唐之臣也。夫以一宦者而能盡節若此。乃有名爲搢紳如蔣元暉柳璨張文蔚楊涉之徒。賣國從賊者。豈非狗彘之不若哉。承業卒六月而亞子稱帝。良有以也。悲夫

癸未

是歲梁亡晉稱唐同光元年 五國四鎮

夏四月。晉王存勗稱皇帝于魏州。國號唐

晉王父子忠於唐室。初志甚善。于時讎賊尚在。乃遽自稱尊。其視朱温劉守光。相去無幾。向使亞子能掃滅朱氏。復立唐後。則綱目必因其以天祐紀年。繼續唐統而不絕之矣。惟其利而自

畀。故雖自謂紹唐。君子亦豈敢以沙陀之種而比之漢昭烈晉元帝。使得紹李氏之正統哉。故書存勗稱帝國號唐、待以列國而别異之。此固公天下之法也。夫豈私於漢晉而薄於後唐哉

八月。梁取唐澤州。裴約死之 前書李繼韜叛降于梁。已正繼韜叛國之罪。次書其將裴約據澤州不下。已予裴約不屈之節。至是書梁取唐澤州裴約死之。是予其死節之實。其旨明矣。夫繼韜叛君事讎。裴約審於大義守死不屈。觀其所以泣諭其衆之語。可謂詞旨甚白。故綱目書而予之。亦所以爲知義守節者之勸也

梁將康延孝奔唐 書奔不書取義已見於前矣。一將之降。本乏人道。然唐之滅梁。梁之見滅。決於是矣。故書

唐主救鄆州。梁師敗績。王彥章死之 梁篡弒之國。初無足取。然彥章武人。能死於所事。其視當時擇利叛主者則有間矣。故綱目亦書而予之也

唐主入大梁。梁主瑱自殺。唐遂滅梁。亞子是時巳屢失策。勢且岌岌。曾不如初年之英明。然朱氏惡周必復。天理不容。是以唐人取之。如拾芥耳。故夫書唐主殺鄆州。則見其非大舉伐梁之意。書唐主入大梁。則見梁人略無守禦之意。書梁主瑱自殺。則見瑱孤立無與之意。書唐遂滅梁。則見其遂事滅國謀非素定之意。然則梁之亡也。梁自亡耳。固非唐人能滅之也

敬翔李振趙巖張漢傑等伏誅。夷其族。敬翔始終爲梁。已先縊死。李振爲唐鴟梟。又降于敵。趙巖張漢傑梁之姦臣。國亡不死。綱目不復分別。槩以伏誅書之者。蓋以傾覆唐祚。敬翔實爲之謀主。且朱温兇暴殘忍。翔振安爲之臣。傳虎以翼。雖其晚節末路。向背不同。要之均事逆賊。均爲篡國之人。此綱目所以等而書之。又何別異之有哉

唐毀梁宗廟。追廢朱温朱友

貞爲庶人

三代旣遠。聖王不作。兩漢以還。篡竊相踵。逆亂之徒。橫行於天下。忠臣義士。飲恨而莫伸。蓋自曹馬以降。未有一人能遂討賊之志者。朱氏滅唐。獨李克用父子。極力致討。卒而酬其志。眞可謂千古之遇矣。向使滅梁之後。宣明大義。舉行殘戮汙瀦之典。剖棺焚屍。告之昭哀之廟。以謝祖宗在天之靈。則朱温弑二君一后。滅唐三百年社稷之罪。亦可少快臣民之憤。而後世逆亂之徒。亦或知所戒矣。夫何莊宗雖有是志。竟移於姦佞者之言而止。故綱目於此書唐毀梁宗廟。追廢朱温等爲庶人。而不及其他。蓋亦予之而有不盡焉者。然後知予其所已行。則惜其所未行者矣。豈不深可歎哉。

彗星見

三皇邁德。七曜順軌。蓋聖賢在位。則日星爲之明潤。烏有帝王建功立業之始。而天變已形於上者哉。是時唐方滅梁。使其果足以任代天子民之職。則無是矣。書彗星見而不聞有恐懼修省之實。未幾蜀亡。而唐亦不免。海內愈亂。不可

赦止。人主觀此。可不克謹天戒也哉

唐朱友謙溫韜入朝 前書華原賊溫韜發唐諸陵。此書溫韜入朝則唐之失刑爲可知矣。然則明年遣使按視果何益哉

甲申

唐復以宦官爲內諸司使及諸道監軍 唐室亡於宦者。此莊宗之所知也。滅梁未幾。卽尋覆轍。故綱目書其復以宦官爲諸司使及監軍以罪之。且以見亡國之由也

唐遣客省使李嚴如蜀 不直曰遣使如蜀而必曰遣客省使如蜀者。一以著宦人之禍。一以著亡蜀之因耳。若夫李嚴能言蜀主之失而不能知唐主之失。則亦可謂明於知彼而暗於知己者矣。吁

唐貸民錢 前書以王正言爲租庸使。猶未見其掊剋之失。至是書貸民錢。則誅求侵刻之患作矣。雖欲不亡。不可得也

五月唐以伶人陳俊儲德源爲

乙酉

刺史賢者仕於伶官。古亦有之。未聞用伶人爲刺史者也。揭而書之。所以志唐主亡國之本

唐主及后如河南尹張全義第朱溫避暑于全義之家。溫故盜賊。無足深責。今唐主又挾其后偕往何哉。淫縱相尋。世變日下。書之姑以著亂亡之跡耳。五季臣主。亦何所譏

九月蜀主與太后太妃遊青城山少康以一旅而興夏。成湯以七十里而興商。蜀雖蕞爾。諸葛武侯嘗用之矣。觸之者碎。犯之者衄。地非加廣也。兵非加衆也。亦以用之得其道耳。自王建之歿。王衍繼立。首尾八載。觀綱目之所書。無非亡國之事。故書以宦者爲將軍。則近習進矣。書殺華陽尉張士喬。則諫臣戮矣。書北鄙遺兵侵岐。則輕佻黷武矣。書宴群臣於宣華苑。宴近臣於怡神亭。則沈湎無度矣。書以宦者王承休爲指揮使節度使。則管軍非其人矣。書遣使如唐。罷北邊兵。則弛備以啟敵矣。至是上

書遊青城山。下書唐兵伐蜀。繼書蜀主東遊。則蜀之亡滅無可言者。夫以一蜀之微。本無足述。然綱目屢書于册。蓋欲後人知其覆亡之故。殷鑒若此。必憂勤圖治。必兢業保邦。必畏天命之難諶。必知人心之難保。則庶幾克紹丕基。永終天禄。其爲後王戒。豈不深切著明也哉

十一月。唐師滅蜀。蜀主王衍降

王衍亦嘗遣兵逆戰。皆不復書。而直書唐師滅蜀者。見其滅亡之易也。滅者亡國之善詞。必其臣主同力。死于社稷。乃足稱是。今蜀既無人守禦。已不可謂之同力。而又繼書王衍出降。則亦不得謂之死于社稷矣。此固書法之意也。於王衍乎何譏

蜀王宗弼王承休伏誅

此二人者。誤蜀者也。故雖崇韜挾私殺之。亦書伏誅以正其罪

閏月。唐詔罷折納紐配法

黄放白催之弊。其來久矣。此書詔罷折納紐配法。其文甚美。然竟不能有所施行。故於分注備載其實。而

丙戌

於綱目大書以著其虛文也

唐遣宦者馬彥珪使蜀軍 一宦者至微。遣之入蜀。特稱使以書之。殆若將隆指衘專命然者。所以著其殺招討。陷冢嗣。亂蜀軍。亡唐室之端也

唐魏王繼岌殺郭崇韜 崇韜之死。傳敎者彥珪。謀殺者從襲。奮擲者李環。而歸惡繼岌何哉。繼岌身爲都帥。初無朝命。曲徇宦人之說。輕殺大將。略無遲難之意。其專輒擅殺之罪。尚誰咎哉。至於崇韜以將相大臣盡削其官者。則以其沒于貨寶。輕犯近習。自貽禍敗。不足以勝大臣之任耳。書法如此。蓋亦交貶之也

唐復以故蜀樂工嚴旭爲蓬州刺史 王衍以荒縱亡國。凡其嬖倖之流。皆當戮于境上以謝蜀人。而唐主反襲其覆轍。自古以亂繼亂。未有若是之甚者。故雖方許蓬州之請。而綱目已書其爲刺史以惡之也。夫以樂工領郡。非亂世則無此舉。況又出於亡蜀之伎乎。

唐李紹琛反於蜀魏王繼岌使工部尚書任圜討之之康延孝爲梁將逃奔于唐。不書其叛者。梁爲簒弒之國。故延孝得以末減其罪耳。至於委身事唐。改賜姓名。受其寵爵。萬一事變之來。固當守死無貳。庶幾少雪前恥。今乃隨時擇利。輕於向背。則是反覆不義之人矣。直書曰反。正其罪也

唐討鄴兵刼李嗣源入鄴都歐陽公脩作五代史。於莊宗本紀書李嗣源反。自以爲得春秋之法。今綱目於嗣源之事。待之甚恕。是時倡亂者張破敗。既不書其主名。止書討鄴兵刼嗣源入鄴。言兵。則罪均於衆而嗣源之責爲輕。言刼。則非嗣源本意而出於衆兵之所刼持。又不以軍亂爲文。而繼書嗣源奔相州于下。則見其棄衆獨奔之意。皆所以推原本心以恕待之耳。嗣源亦何以得此於綱目哉。夫以莊宗失道。寵信伶官。殺戮無辜。軍民怨叛。嗣源胡人。目不知書。非有簒國之心。

爭帝之意。偶爲亂兵所刼。旣趣魏縣。衆不滿百。又欲束身詣闕。復爲李紹榮隔絕。迫於逃死。進退維谷。旣而衆軍歸之。如蛾赴火。然後入洛入汴之行。始不可遏。以理言之。固可責以不能死節之義。若槩以反逆誅之。彼亦有詞於我矣。綱目誅亂臣討賊子凜乎不恕。而乃書法如此。是豈私於嗣源者哉。春秋誅心之法。推見至隱。亦以嗣源本心甚明。初無他意耳。趙穿弑君而歸獄趙盾者。誅其心也。嗣源得國而綱目恕之者。原其情也。一輕一重之閒而綱目之情見矣。春秋之法明矣。尚何疑於歐陽氏之說哉

唐豫借河南夏秋稅

莊宗亂亡之事非一而貪吝之禍尤深。旣以朘削失軍心。又以掊斂失民心。夫平時正稅。尚欲掯以予民。忍復先期而取強以豫借名之乎。況是時人心已離。雖盡出內帑。痛自攺厲。尚恐不及。矧又以貪吝趣之哉。直筆書之。亂益甚矣

唐殺故蜀主王衍。夷其族

王衍已降矣。不書蜀

降人而書故蜀主者。不予唐人殺之也。然則衍無罪乎。衍荒淫失國則有之矣。唐旣受其降。又安得率然無故殺之哉。彼自其先世據有土宇。唐旣奪而有之。又嘗賜以裂土之詔。今乃反夷其族。則夫背信食言曲不在彼。是以書法如此

唐主如關東。李嗣源入大梁。唐主乃還

天下之患。莫大於人心之離。離則不可復合。書曰。一人三失怨豈在明不見是圖。方是時也。軍心民心。魚潰鳥散。如冰之泮。渙然而解。不可收拾。雖有良平之智。賁育之勇。韓白之才。亦末如之何矣。故綱目於此。書唐主如關東則見其兵衆盡離之意。書李嗣源入大梁則見其國都已失之意。書唐主乃還。則見其趑趄猶豫徘徊不得已之意。所以著人心之失已非一日。無可言者。故其書法如此。夫尊居人上。寵綏四方。雨露之所沾濡。膏澤之所浸潤。必使膠固而不可解。愛之如父母。仰之如日月。烏有遣兵而兵叛。遣將而將叛。遣左右而左右叛。遣

大臣而大臣叛。遂至彷徨四顧。栖然無歸。欲爲獨夫而不可得者哉。後王鑒此。其亦思羣心之難保。必固結於平日。毋至一離而不可復合。如同光之主乎

夏四月。唐伶人郭從謙弑其主存勗。李嗣源入洛陽

凡傷生之事非一。皆足以亡其軀。失道之事非一。皆足以亡其國。故衛以好鶴亡。梁以好土功亡。吳以好戰亡。凡偏有所好。未有不亡其國者。況於驕侈淫欲。馳騁弋獵。宦官女寵。無一之不備者哉。莊宗自滅梁以來。凡書于冊者。略無一善可紀。如用亡國之臣。恍姦諛之輩。任宦者。貸民錢。毀城池。采民女。造樓觀。殺勳臣。恣遊獵。靡一弗具。至於酷好優伶。尤其素習。甚至優名李天下。躬自爲之。甘蹈下流而不耻。於是寵信其徒。撓亂國政。淪於滅亡。不自知悟。故綱目於其弑也。不書指揮使郭從謙。而必揭伶人郭從謙書之。所以著禍敗之因。實在於此。欲使後人知優伶之禍。若是其慘。毋徒以爲

僅資戲咲而遂忽之。其爲後鑒。豈不明哉

唐監國嗣源殺劉后及諸王 劉后致莊宗滅亡。固無可言。諸王何辜。亦倂及之哉。然后爲主母。嗣源乃其故臣。法當書弒而書殺者。劉氏有亡國之罪。不得爲國母也。諸王之死。監國初不之知而歸罪監國者。旣聞而傷之。乃不能正專殺者之罪故也。合而書之。自有深意。觀者不可不察

唐監國嗣源殺李紹榮 紹榮有罪旣削其爵。宜正其誅。乃以殺書。何哉。嗣源自有秉亂取國之恥。故不得爲天討也。下書殺孔謙亦然

唐李紹眞等復姓名 自克用好養假子而後賜姓名者接踵。其混亂族類多矣。正而復之。亦其宜也。故書

唐初令百官轉對 百官轉對。亦清朝令典而實始於此。然則唐主豈可以目不知書忽之哉。特書曰初。蓋予之也

秋七月。唐安重誨殺殿直馬

延安重誨之不終。蓋已見之於此矣。故書之以正其專殺無君之罪

契丹阿保機死夷狄之酋卒則書死。阿保機前已稱帝改元。至此亦書死者正其夷狄之名。不得齒於中國公侯之列。自是而後。例皆倣此

契丹盧龍節度使盧文進奔唐文進何以不書叛。背夷向華。理之正也。況文進本中國之人。又與夷狄種落不同。故其書法如此

資治通鑑綱目發明卷第五十五

丁亥

資治通鑑綱目發明卷第五十六

布衣臣尹起莘上進

後唐天成二年凡四國三鎮

春正月唐孟知祥殺李嚴嚴之行也其母謂其前啓滅蜀之禍再往必死既而果然夫以嚴之樂禍而又自請監西蜀軍其死宜矣此綱目所以削去其官然而不書誅者不予知祥之專殺也

唐免三司逋負二百萬緡蠲免逋負此儉德之效也然逋在三司民何預焉雖不及民而三司將何所取必取之於民矣故免三司所以免民也書以美之宜哉

唐以周玄豹爲光祿卿致仕相者言人禍福莫難於驗既驗則其術精矣此夫人所必問也然趙鳳之有言足破其的明宗又能從之故綱目特書以著其美

己丑

年有年之書未易得也。而明宗兩見于策。孰謂五季而能有此。得非存心仁厚戢兵保民之效乎。一書再書。幸之甚矣

春二月。唐王晏球克定州。王都伏誅。獲禿餒送大梁斬之王都篡父反君而奚契丹皆舉兵助之。夷狄本無足責。然天道不容。故傷隱禽於前。禿餒斬於後。而都亦不免誅夷。綱目正名定罪。一書再書。皆所以爲賊亂之戒也。

三月。唐主殺其子從璨有子不教而使之驕縱。則其責在上而不在下。況戲登御榻。即致之死。他時諸子相繼屠滅。兆於此矣。故書唐主殺其子以惡之

五月。唐遣使如兩川蜀本唐境。而書遣使如兩川若敵國然者。所以著蜀強大之漸耳。未幾連兵拒命。其端已兆於此。夫豈一朝一夕之

庚寅

故

哉

春。二月。唐董璋築寨劍門。與孟知祥上表拒命。

詔慰諭之

唐明宗有戢兵恤民之意。故雖藩臣拒命。亦且下詔慰諭。則其餘從可知矣。彼董璋孟知祥皆有據蜀之志。然先書璋築寨劍門。次書與知祥上表拒命者。分首從也。夫唐君方欲集安靖和平之福。而二人乃無故稱亂。兵連禍結。是豈天誅所能赦哉

董璋陷閬州。唐將姚洪死之

閬州之陷。節度李仁矩見殺不書。乃書偏裨何哉。仁矩受安重誨私屬。審調董璋。遂至增飾奏語。構兵益戍。稔成兩川之禍。死自其分。至於姚洪以武人而知大義。不顧私恩。罵賊而死。則其忠義尤爲可嘉。特書唐將。予以死節。固其宜也。不然。綱目去取甚精。夫豈厚於洪而薄於仁矩哉

辛卯

二月。石敬瑭引兵遁歸。兩川兵追之。陷利州。書前遣重誨督軍。未有成功。然繼書召重誨還。則非避難而逃者。若夫石敬瑭書引兵遁歸。則有不職之罪爲可誅矣。此是否之斷也。

唐殺其太子太師致仕安重誨。重誨專愎不爲無罪。然明宗始焉不聽其去。而終焉又誣而族之。故書殺書爵書致仕。明其既已謝事而猶不得其死也。嗚呼。仕於亂世。其禍如此。士君子可不相時而動乎。

癸巳

閩地震。王延鈞既以弒逆得國。遂至僭舉大號。固已爲神人之所不容。況又驕淫不道。必無令終之理。是時宇縣分裂。各治其國。特書閩地震者。明他國無預。閩地獨震也。未幾兵亂繼作。遂至不得其死。天之告戒。果可忽哉。夫以一區區蕞爾之境。而天戒猶且若此。況奄有四海者乎。

唐主加尊號。

賜內外將士優給有功則賞此御軍之常法也至於征行戍守或暴露久役則加以給賜亦有之矣若夫優游坐食無故給予而又謂之優給則其優厚可知是豈有邦之令典哉唐明宗寬厚有餘而威斷不足上書賜諸軍優給既出於無名至是又以加尊號爲詞復賜內外將士優給何哉五代之際兵驕民困在中世爲尤甚投降賣國朝唐暮晉實原於此明宗不踰旬月再行賚予亦復何益綱目一書再書所以著習亂之由志覆亡之本爲後世戒可爲長太息者此也

唐閔帝從厚應順元年四月以後唐主從珂清泰元年
蜀主孟知祥明德元年○是歲蜀建國凡五國三鎮

唐以潞王從珂爲河東節度使石敬瑭爲成德節度使從珂舉兵鳳翔唐遣兵討之官軍降潰

按五代史書從珂反。而綱目止書舉兵何哉。是時朱馮用事。擅易藩鎮。以至召亂。其曲亦有所分。故書舉兵以正朱馮誤國之罪爾。然從珂雖不書反。而唐則書遣兵討之。言討。則從珂有可討之罪矣。又書官軍降潰。言官軍。則明從珂之爲賊矣。此互文見意之法也。夫豈曲爲之隱諱者哉。

唐潞王從珂執西京留守王思同殺之

從珂雖不殺思同。思同因從珂而死。故以從珂執殺書之。若夫不去其官者。美思同之不失職也。美在思同。則惡在從珂矣。

唐主出奔。夏四月。石敬瑭入朝。遇於衛州。殺其從騎

書唐主出奔而不言其所往。則是逃竄奔迸茫無所之也。石敬瑭國之懿親。據大鎮。擁強兵。聞難入朝。幸而相遇。正當恊力扶持。庶幾或有可濟之理。既不能然。乃反殺其從騎。是猶奪餓者之食而引繩以縋絕之耳。直書于策。然則非特從珂反。敬瑭亦反矣。

悖亂一至于此。可勝歎哉。可勝誅哉

唐孟漢瓊詣潞王從珂降。從珂誅之

此亦可謂之殺降矣乎。曰。非也。漢瓊既誤其主。及復奔走迎降。覬取賣國之利。此正王法所不容者。書之曰誅。當其罪矣

唐主從珂弒鄂王從厚于衛州。磁州刺史宋令詢死之

甚哉五代亂亡之禍。至是極矣。當從珂反叛之初。勢甚微弱。然始則書官軍降潰。次則書諸將皆降。故從珂得以從容入洛。易若反手。凡百官六軍之衆。奉迎不暇。既而書廢其主爲鄂王。又書弒鄂王于衛州。惟意所欲。曾無齟齬。豈非亂亡之禍至是已極故歟。然綱目於此。不以強弱成敗而廢君臣之義。故書弒書廢主以正從珂之罪也。若夫宋令詢者。歐陽五代史雖不著於死節之列。然已於廢帝從珂本紀清泰元年弒鄂王之下書爲詢死之矣。此互文見義之意也。夫令詢是時。特一磁州刺史而已。官

乙未

非將相。任非腹心。親非肺腑。乃能君弑死於其難。故君子亦以死節予之。故夫死在微者。則責在貴者。死在遠者則責在近者。死在疏者。則責在親者。此固書法言外之意也。然則當時輔相大臣如馮道劉句李愚輩迎降勸進。惟恐不及者。其視令詢可不愧死亡地哉。噫

唐賜將士緡錢有差

孟子論弑君之禍。以為後義先利不奪不饜。五代自明宗得國。賂其將士。由是賣國之禍。遂習熟而不可解。今潞王又從而附益之。綱目書賜將士緡錢有差。所以著禍亂相尋之本。在於知利不知義也。孟子之言。豈欺我哉

閩主璘立其父婢陳氏為后

己之婢且不可立。況父婢乎。閩以蕞爾國。王璘行之於前。王昶行之於後。天理既泯。俱受弑殺之禍。綱目備而書之。不以微故不録。亦以垂世鑒也。

唐詔開言路

衰亂之世。苟有一善可録。亦不容泯。故前書蠲逋租。此書開言路也

唐詔

竊盜不計贓并縱火彊盜並行極法縱火彊盜。處以極法可也。

竊盜不計贓。此與隋文詔盜一文以上皆死何異。故書之以著其失

唐清泰三年十一月以後晉高祖石敬瑭天福元年○是歲唐亡晉興凡五國三鎮

五月。唐以石敬瑭爲天平軍節度使。敬瑭拒命。唐發兵討之從珂以反叛得國。敬瑭與有力焉。既以河東與之。又之復無故徙命。故綱目不書其反。然謂之拒命。則敬瑭之罪固自不可逃免。況又書討以正其名乎

秋七月。唐殺石敬瑭子弟四人此何以不書誅。敬瑭固有罪矣。而唐主亦自弑逆之人也。況又失信召禍者乎。是以書法如此

九月。契丹德光將兵救石敬瑭。唐兵大敗。契丹圍

之唐主自將次懷州

貴華賤夷。春秋之大義也。自三代既衰。夷狄恣行。莫之能禦。由漢以來。其強且大者。如冒頓之控弦四十萬騎。頡利之陵跨中原。吐蕃之陷沒河隴。盛則盛矣。至於稱號。不過從其本俗。未有與中國並稱而無別者。五代之時。中國分裂。契丹強大。於是始僭滛名。至是其酋舉兵南向。儻以列國之法處之。則當書契丹主可也。況敬瑭稱臣而父事之。滅唐立晉。天下無歒。固非冒頓頡利吐蕃之比。綱目乃斥而名之。毋乃不可乎。嗚呼。此正春秋貴華賤夷之法也。夫德光雖盛。不過夷狄之雄強者耳。中國禮樂文明之地。不幸瓜分壞裂。莫能一統。若使酋虜亦例以國主稱之。則是中國胥爲夷矣。綱目於此懼之甚。謹之甚。故斥書其名以正其別爾。不然。唐曰唐主。晉曰晉主。契丹曰契丹主。混然若一。其可乎哉。此君子所爲懼。綱目所由作也。噫。

契丹立石敬瑭爲晉皇帝。敬瑭割幽

薊等十六州以賂之

契丹舉號。蓋夷狄耳。狄契丹則狄敬瑭矣。敬瑭君父契丹。苟焉無恥。是亦夷狄而已。割地與虜。書曰賂之。則是中國夷狄皆沒於利也。他日舉族淪陷死於沙漠。尚誰咎哉

唐將楊光遠殺招討使張敬達降于契丹

張敬達盡忠而死。何以不書死之。蓋書光遠殺敬達。已足以見光遠之罪。雖不書死之。而敬達之不可殺明矣。況敬達書爵。自是以見其不失職守之意。而死節亦固在其中矣

契丹以晉主南下。破唐兵于團柏。唐主還河陽。趙德鈞降契丹

以者不以者也。敬瑭爲契丹所立。亦既書于冊矣。至是又書契丹以之南下。則是聽命夷狄。進退皆出於契丹耳。敬瑭冒利無恥。不足道也。中國不競而使夷狄主之。是則可哀也已。故特筆以志之

晉主至河

陽。節度使萇從簡迎降

自河東拒命。唐人習於迎降而不恥。故楊光遠降于前趙德鈞降于後。至是又書萇從簡迎降。則唐主詐與守哉從簡既降。猶以節度使書之者。所以著其據有藩鎮力足拒敵而不拒耳。非予其降而書其爵也

初唐安邊節度使盧文進奔吳

是時唐已滅矣。而猶係之唐者。明其恥事夷狄所立之君耳。既不事之。則文進固唐之臣也。書爵所以予盧。不書叛所以惡晉

資治通鑑綱目發明卷第五十六

丁酉

資治通鑑綱目發明卷第五十七

布衣臣尹起莘上進

晉天福二年南唐烈祖徐誥昪元元年○是歲吳亡
晉蜀漢閩南唐代吳凡五國吳越湖南荊南凡三鎮

晉葬故唐主于徽陵南

前已書廢爲庶人。今又書故唐主者。不予其廢也。而晉又自詔以王禮葬之。則亦不知所據矣

晉義成節度使符彥饒舉兵反指揮使盧順密討平之

方書范延光反。繼書張從賓反。未幾又書符彥饒反。是何反者之多且易也。援降賁國。以利誘人。得既以此。失亦以此。晉之所以不即亡者。亦幸焉耳。備書于策。其爲後戒豈不明哉

契丹改號遼

春秋吳楚之君。書其卒不書其葬者。所以避其號也。契丹是時改國號遼。蓋欲與中國等

耳。然綱目雖紀其改號之始。繼是亦止以契丹書之。正以存其本種之名。不使得與中國並也。其旨嚴矣

戊戌

九月。范延光復降于晉。晉以爲天平節度使降則書降。何復之有。言復則見其反覆叛亂。既叛復降耳。從而爵之。晉之無政。抑可知矣。交聚之也。冬十月。

契丹加晉主尊號晉於契丹則書上尊號。契丹於晉則書加尊號。中國屈於夷狄。足上首下。至是極矣。綱目書此。蓋亦有不得已焉者。可哀也哉

己亥

唐主徐誥復姓李氏。更名昪徐誥復姓李氏更名昪。按分注昪祖吳王恪。又欲祖鄭王元懿。若恪則太宗之子。若懿則高祖之子也。考之通鑑。唐主又以歷十九帝三百年。疑十世太少。既而有司告以三十年爲世。遂從其說。蓋以恪至峴五世。又五世至其父榮。故也。至於五代史世家。則謂昪

庚子

自言唐憲宗子建王恪生超超生志志生榮昪乃自以爲建王恪四世孫遂追尊四代祖恪超志榮爲帝立廟其説甚明然參以唐史吳王恪子琨生褘褘生峴爲宰相固有後裔若建王恪則薨而無嗣不知歐陽氏何據云爾又與通鑑不合後世將孰從而信之夫以昪之祖唐世系既遠無所考據此固慕名失實之弊是以綱目但書其復姓而不書其繼唐者正以是也而通鑑又以昪而比漢昭烈則其相去益遠茲故因而及之以告後之折衷者

晉西京留守楊光遠殺太子太師范延光

石晉得國不以道故左支右吾之不暇大者反小者叛夷狄制其外彊藩制其内晉皆無如之何如桑維翰鎮彰德王廷嗣鎮義武皆非獲已又書楊光遠殺范延光在延光固死有餘責然光遠豈得擅殺之哉古人行一不義而得

辛丑　癸卯

天下有所不爲。正爲是耳。綱目一書再書。識者亦可觀矣

六月。晉成德節度使安重榮執契丹使者。上表請伐契丹 春秋之法詞繁而不殺者。其中必有美惡存焉。安重榮執虜使者。輕舉妄動。其事甚悖。然其志則是。其理則正。故綱目詳而書之。文無貶詞。正爲是也。嗚呼。其旨微矣

閩王曦殺其校書郎陳光逸 五季之際。天地閉賢人隱之時也。君子不幸而處斯世。則儉德避難。括囊無咎可矣。既食其祿。則不可不忠於所事。如張式潘承祐陳光逸之徒。或削其爵。或殺其身。綱目不以其微而不録。亦所以存君臣之義而已。夫豈樂予之哉

晉執契丹回圖使喬榮旣而歸之 一回圖使。特販易之人耳。而必書之者。所以志夷晉交惡之始

也

冬。十月。晉主立其叔母馮氏爲后。衛公子頑通乎君母。於是爲狄所滅。石晉之亂。妻其叔母。三綱旣絕。能無夷狄之禍乎。直筆書之，其惡甚矣

十二月。晉楊光遠誘契丹入寇。綱目凡列國交侵則不書寇。今晉爲契丹所立。又從而父之。是與之爲一矣。乃書入寇何哉。此所以正夷夏之分。存中國之體也。楊光遠叛唐降晉。今又背晉從虜。書之曰誘。可勝誅哉

甲辰

晉開運元年○是歲凡六國三鎭閩亡

二月。晉詔劉知遠擊契丹。知遠屯樂平不進。知遠是時已有無晉之心矣。猶書不進。所以志其始也

晉遣使分道括率民財。去年書遣使括民穀。繼書旱水蝗饑。今此上書籍鄉兵。下書分道括率民

財。言分道則所在均及。言括率則根刷靡遺。晉政若此。雖微虜寇。其能久乎

閏月。晉李守貞殺楊光遠

光遠反唐反晉。死有餘辜。然不正其誅者。晉人聽子劫父。殺之不得其正。故也

乙巳

契丹陷晉祁州。刺史沈斌死之

沈斌爲晉守臣。城陷而死。固其分也。然其曉諭趙延壽之語。可謂明於君臣之大義夷夏之正理者。死得其所。宜乎書以予之也

丙午

冬十月。晉遣杜威將兵伐契丹

是時中國殘弊。自守且不足。乃反爲虜所致何哉。書遣杜威將兵伐契丹。則晉人自速其禍不可救矣。哀哉

十一月。契丹大舉入寇。十二月。晉將王清戰死。杜威等以兵降。

契丹遣兵入大梁。執晉主重貴以歸。殺桑維翰。

因景延廣甚矣夷狄之不可與共功也。姑以唐事觀之。高祖借突厥之兵。肅宗資回紇之助。皆不旋踵而罹其患。又況石晉得國於契丹者乎。夫借助夷狄。奪人社稷。帝有中國。苟如是而無遺禍。則醜類眞可與爲一矣。傳祚未幾。即爲所滅。蓋其受禍之淺深。視其得力之輕重。始是終是。毫釐不差。故夫晉氏之滅。不惟謀國之乖剌。蓋亦天意借是垂戒後人。使萬世之下。知夷狄之不可與共功。欲其戒之謹之。毋至自貽伊慼耳。綱目特書屢書。不一書而足。蓋至於書契丹入大梁。則無可言者矣。若夫王淸書戰死者。見其以偏裨力戰而死也。杜威書以兵降者。見其舉大軍之衆不戰而降虜也。桑維翰忠而見殺。然不書其官者。推原禍始事虜之謀。實出於維翰也。後之欲用夷狄者。可不鑒哉。

資治通鑑綱目發明卷第五十七

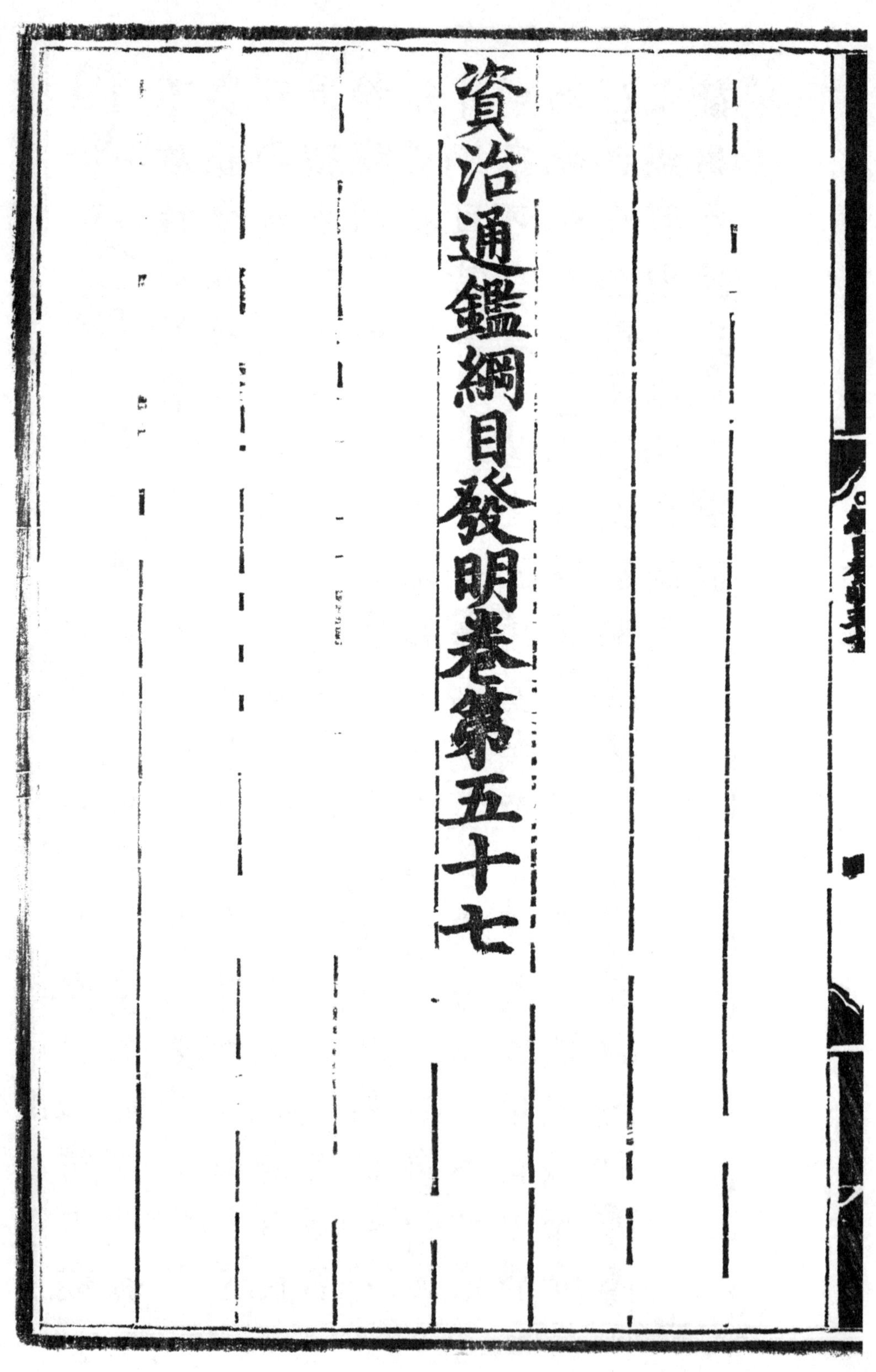

丁未

資治通鑑綱目發明卷第五十八

布衣臣尹起莘上進

二月漢高祖劉知遠立仍稱晉天福十二年六月改號漢○是歲晉亡

春正月。契丹德光入大梁。殺張彥澤。景延廣自殺。綱目於契丹之事屢書於冊。而於德光書名。則僅四見而已。曩爲救敬瑭則書之者。所以志其禍之始也。今爲入大梁則書之者。所以志其禍之終也。至於發大梁則書之。殺胡林則書之。者。又所以志其不能盜有中國。歸而遂死之本末也。夫以胡虜之酋。貽禍至此。皆由中國不能自立。故綱目謹而志之。於以正華夷之分。嚴內外之防。不以其淫名越號。盜竊土宇。遂從而進之中國之列。此則德光書名之意也。此則綱目不得已之意也。噫。

契丹以李崧

爲樞密使。馮道爲太傅。晉諸藩鎮皆降

嗚呼。五代迎降之弊至此極矣。始焉莊宗滅梁則降之。次焉明宗入汴則降之。又次焉潞王拒命則降之。敬瑭南下則降之。亦以極矣。猶號曰中國之人也。今焉德光以胡虜之酋。乘晉人之失策。盜入京邑。四方藩鎮而有人焉。則必按兵勿動。謹固封守。要結鄰援。仗義討虜。上以救君父之急。下以止殺掠之禍。縱使未有成功。亦足少伸大義。胡虜雖強。豈能遽即加害。而乃不是之思。甘心稽首。上表稱臣。爭先恐後。則是舉天下之大。無有一人少知義者。豈不深可痛哉。故綱目於此以晉諸藩鎮皆降書之。繫之晉。則見其反君臣虜。謂之皆。則見無一之能自立。是豈非迎拜投降之弊慣見習熟至是極歟。哀哉

故晉主重貴發大梁

前已書契丹封晉主爲負義侯。而此不書者。不予夷狄之封中國也。

晉劉知遠遣使奉表於

契丹既書藩鎮皆降矣。至是始書知遠奉表者。所以見河東之強。力足拒虜而不之拒。坐視晉朝傾覆而不之顧。所以深罪之也。故晉已亡矣。而猶繫之晉者。所以表其爲晉臣而不救晉也。其曰奉表而不曰稱臣者。猶爲中國諱之也

荊南節度使高從誨遣使入貢於契丹又遣使詣河東勸進既書入貢契丹。又書勸進河東。此固高無賴之故智也。然契丹外狄而從誨反書入貢。又可以見華夷之倒置矣。悲夫

二月契丹行朝賀禮中國行朝賀禮多矣。未有書于册者。此固中國之常禮也。至於契丹行之。是蓋夷狄之變矣。故謹而志之

晉劉知遠稱帝於晉陽書知遠稱帝何以無貶詞。夷狄亂華。中原無主。知遠雖有遷延不救晉室之罪。然晉主荒淫。姦臣用事。不至於太壞極弊而不止。今爲虜據京邑。四方征鎮。皆已臣

服。幸有河東自立。足以少延中國之正氣。故綱目書之無貶詞。而以分注載胡氏之言于下。是亦予之之意也。是亦不得已之意也。

契丹耶律德光死於殺胡林

君子所最謹者華戎之辨。然春秋夷而進於中國則中國之。何哉。曰。春秋之所謂夷者。吳楚徐越之君耳。若夫曰戎曰狄曰赤狄白狄之類。春秋初未嘗進之也。耶律德光之禍。綱目戒之深矣。書其救立晉帝。書其上尊號。書其入大梁。書其行朝賀禮。書其行入閤禮。是夷狄之純乎中國矣。然於其國。則止書契丹。於其名。則止書德光。至其斃也。書姓書名書死。純以夷狄處之。毋乃自相矛盾乎。曰。此綱目之所以爲綱目。非君子莫能修之也。夫德光雖強。不過夷狄之首耳。不幸世道衰微。宇縣分裂。德光乘隙肆雲。毒流中土。若使之齒諸中國。則華戎倒置。冠屨失所。故君子斥而外之。名而狄之耳。或曰。劉石苻姚亦夷狄也。何以書國書主書卒乎。曰。劉石苻姚。離其本俗。乘時崛起。

盜有疆宇。擒氈毳而襲冠帶。據中土而稱帝王。故綱目不得已而例以僭國處之。非若德光率腥羶之衆。自沙漠而南向。憑陵諸夏。屠宰生靈之比。烏可以此方比哉。通鑑及五代史於德光皆書卒。綱目凡夷狄書死而於德光尤謹。所以扶天理。立人極。別人類於禽獸。異衣冠於左衽。其垂世教也大矣。有天下國家者。觀此其亦強於致治。克謹明德。毋使穹廬辮髮之俗。階猾夏之禍。其亦庶乎其可也

晉主知遠入洛陽。遣使殺李從益從益爲蕭翰所劫。綱目書之甚明。而知遠必殺之而後慊。亦可謂忮克之甚矣。比事觀之。其失自見

晉主知遠入大梁。諸鎮多降。始改國號曰漢知遠未入大梁以前。皆書其名。自入大梁以後。始書國主。此亦循名責實之意也

契丹兀欲幽其祖母於木葉山於分注則稱述律太后。於綱目則止

戊申

書乞欲幽其祖母。此蓋不予夷狄僭稱中國母后之號耳。貴華賤夷。正名定分。其嚴矣哉

漢制盜賊毋問贓多少皆死

漢祖入關約法三章。唐祖起義約法十二條。沙陀始入大梁而立法如此。其能久乎。揭而書之。失自見矣

南漢主晟殺其弟八人

晟不足道也。書殺其弟八人。則其餘兇虐。抑又不言可知也

漢乾祐元年二月隱帝承祐立○是歲凡四國三鎮

三月漢史弘肇以母喪起復加兼侍中

不曰漢起復弘肇而曰弘肇以母喪起復。則亡哀貪榮之罪有所歸矣。書法如此。正其惡也

唐遣兵救李守貞次于海州

書唐救李守正。蜀援鳳翔。亦予之乎。曰。非也。守正鳳翔既書反。則援之者為不義矣。比事觀之。其義始見。

八月。漢郭威以白文珂爲西京留守 郭威易置留尹之事。歐陽公修論之當矣。然綱目但書以文珂爲留守。自足以見郭威專輒無君之罪。而王守恩之見逐則不書者。蓋守恩自有貪鄙之罪。宜於見逐故也

九月。漢加郭威侍中。威請加恩將相藩鎮從之 恩賞之頒。人主大柄也。而以郭威請加言之。則亦不待舉兵而知其自帝矣

漢乾祐三年○是歲凡四國三鎮漢亡

閏月。漢大風 太白晝見。連年日食。既無修德應天之實。至是大風示戒。猶不知警。不踰歲而君臣俱殞。漢祚遂滅。綱目詳而書之。所以示人主兢業恐懼之端爲後世戒耳。於漢乎何誅

八月。故晉太后李氏卒于契丹 石晉既滅

久矣。然綱目猶惓惓不已。故前書契丹還故晉主重貴于建州。此書故晉太后李氏卒于契丹。皆以因事起義使後人思之。爲立國不義夷狄共功者之戒耳。其旨深哉

漢主承祐殺其樞密使楊邠侍衛指揮使史弘肇三司使王章。遣使殺郭威不克。威舉兵反。遂殺其主承祐

漢主一旦無故屠其大臣。故邠弘肇章皆書殺而不去其官。則曲在漢主明矣。郭威遇禍舉兵而不免書反者。威有令將之心因亂而爲已利也。漢主書殺而不書弑者。已實有罪故也。權其輕重而折衷之。茲綱目之所以爲綱目也歟

漢以王峻爲樞密使。王殷爲侍衛都指揮使

二人皆郭威之黨也。故書之以見大權之所歸

辛亥

周太祖郭威廣順元年
是歲周代漢北漢建國

春正月。漢湘陰公故將鞏廷美等舉兵徐州

廷美可謂知義矣。書故將所以見其不忘舊君。書舉兵所以見其不肯事讎。是皆予之之詞。是以他日城陷見殺。遂以死節書之也。然廷美之死。歐陽氏雖甚嘉之。又疑其死狀不明。夫既堅守不下。死而後已。尚何疑之有哉。至胡氏又以贇既見殺。廷美復何所爲之說。則是人臣以存亡易節。有所爲而爲之。豈所以爲訓耶。然則欲知廷美之事者。要當以綱目爲的

周主威弑漢湘陰公贇於宋州。漢劉崇稱帝於晉陽

於漢主承祐則書殺。於湘陰公贇則書弑。承祐既已帝漢。贇則未成乎君。何其輕重之失倫耶。夫隱帝信用羣小。屠戮大臣。趙材之竄死於亂兵。故綱目但以殺書之。至於湘陰之事。威既與羣朝議之。又奉太后之命。遣相將奉迎。則固欲

戴之爲君而爲漢社稷宗祧之主矣。威爲漢之臣子而戕其社稷宗祧之主。則其罪有所歸矣。書法如此。夫豈過哉。若夫劉崇稱帝即書于下者。又以見崇有紹續本國之意。故亦書而及之也

二月。周主以其養子榮爲鎮寧節度使 古人於族類尤重而後世亂之。此綱目所以必書養其子者。亦是别生分類之意也

周主毀漢宮寶器 亂極生治。此天地盈虚之數也。五代之亂極矣。周主始得國而罷貢獻珍異。毀漢宮寶器。又詔百官上封事。此皆亂極生治之意也。故綱目比而書之。亦所以爲斯世幸爾

北漢遣使如契丹乞師 北漢復辭。其名近正。然以中國求援夷狄。則是變而失正矣。乞者卑屈請求之意。未幾又受其册命。至於會兵伐周。然終無益於事。亦可以爲借助非類者之戒也

契丹北漢會兵伐周。攻晉州 契丹

狄也。不書寇而書伐。固有北漢存焉。北漢主兵而以契丹加其上者。彼固自屈於契丹也。狄漢會伐而不殊狄與漢者。漢既與之共功。則不得而殊之也。書法如此。其嚴矣哉

資治通鑑綱目發明卷第五十八

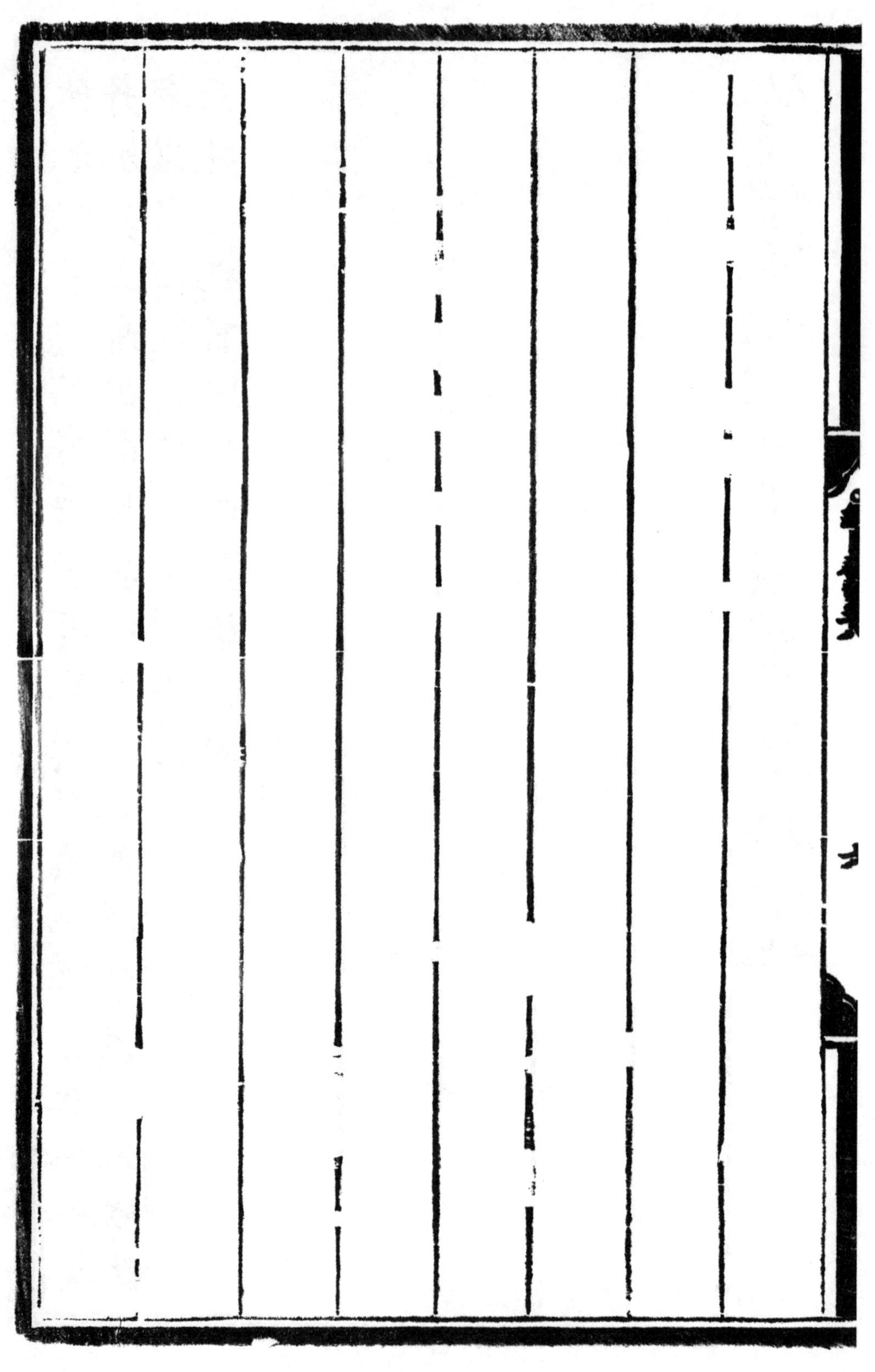

壬子

資治通鑑綱目發明卷第五十九

布衣臣尹起莘上進

周廣順二年○是歲周南漢蜀唐北漢凡五國吳越湖南荊南凡三鎮

周泰寧節度使慕容彥超反。周發兵討之。唐人救之不克彥超書反。周書討。而唐人書救。所以見唐助逆之罪也

六月。朔。周主如曲阜謁孔子祠拜其墓周主起自行伍。尚能言孔子爲百世帝王之師。於是展敬行禮。而左右諫止。乃有孔子陪臣之說。可謂謬之甚矣。此謁祠拜墓。綱目所以特書而美周主也

蜀大水壞其太廟太廟必在高明之地。而大水壞之。滅亡之證著矣。故特書之

契丹幽州

癸丑

節度使蕭海眞請降于周不果幽州請降于周既不果從何必書之所以致其嗟惜之意也

周罷戸部營田務除租牛課人主苟有愛民之心則必有愛民之政矧如五代亂離之極尤頼撫養之仁周太祖既立訴訟法又定稅牛皮法又罷營田務除租牛課此亦可謂有恤民之心者綱目詳而書之皆所以致其予之之意耳詩曰民亦勞止汔可小康

甲寅

周顯德元年世宗睿武孝文皇帝榮立

北漢主以契丹兵擊周周昭義節度使李筠逆戰敗績北漢之兵自以有詞可執然書擊不書伐者一以伐人之褒一以用夷狄戕中國也

三月周主自將與漢戰于高

平漢兵敗績周將樊愛能何徽等伏誅五代之際將驕卒惰久矣高平之戰雖平時未嘗進諫如馮道者亦且力沮其行則餘人不言可知兵鋒始交樊愛能何徽等即引兵先遁右軍遂潰向非世宗親犯矢石我太祖皇帝身在士卒則勝敗固未可知幸而大捷叛將復還釋此不誅則是棄主與敵之人可以僥倖漏網者也一言之決大呼稱善按法行辟軍政始行世宗兵威之振實肇乎此宜乎綱目於愛能等特以伏誅書之也

周太師中書令瀛王馮道卒綱目凡名臣之卒則書官書爵今馮道書法如此殆與房杜姚宋無異亦予之乎曰道之失節先儒固已交譏之矣何待贅及然而書官之意則以譏當時人君寵遇尊奬者耳若曰浮沉取容迎降賣國販易人主如斯人者固當廢斥貶責不使之得預縉紳之列可也今乃顯榮終始之極其殊遇至於如此故反書其太師中

乙卯

書令瀛王以譏之也。不然。豈有一人臣之身事四姓十君。尚可得齒於人乎。噫。

周立后符氏

聞諸侯一娶九女矣。未聞以天子自居而立人之婦以母天下者也。故書立后符氏而不書立符氏為后。明其婦而不女以譏之也。

冬十月。周賜羽林大將孟漢卿死

周世宗誠英主。然用刑失之太重。有如漢卿。罪果當誅則誅之可也。罪不當誅而賜其死。以懲衆。毋乃不可乎。此所以書賜死而復書其爵也。

周簡閱諸軍募壯士以補宿衛

前乎此。盖嘗聞賜諸軍優給。賜將士緡錢矣。未聞有所謂簡閱諸軍者。而周主能行之。士卒精強。征伐四克。然則謂驕軍難於制御。可不可乎。書以予之宜矣。

六月。周主親録囚於內苑

英明之君。其設施政事。必有可觀。世宗嗣統。至是才二載書簡閲諸軍罷諸道巡檢使臣給漕運斗耗制舉令録法詔極言得失及是親録囚徒至明年又立二稅限是皆良法美意而世宗能行之雖欲不治奚可得哉此綱目所以比書而予之也

周顯德二年

二月周主命我 太祖將兵襲唐滁州克之擒其將皇甫暉姚鳳

帝王之興其趨爲氣象自與常人不同是時周世宗舉兵南伐而我 太祖皇帝實任先鋒之寄滁州之戰皇甫暉乞容成列我 太祖笑而許之其度量已異乎常人遠矣至於 宣祖傳呼城門而 太祖以王事不敢開賓儀籍滁州物不以應命而 太祖由是重儀趙普全活疑獄而 太祖益奇趙普凡若此類是皆帝王大度之事非惟同時將帥無之雖當代之君亦豈能有此宜乎與建大業高出前古殊非近代所能企及此綱目所以於 太祖克滁之日備述于下則我 太

祖盛德大業蓋有由矣。
帝王自有真詎不信然五月。唐敗福州兵於南臺
江唐方困於周師而乃挐兵閩越。據事直書亦足以見其繆也十一月。周殺唐使
者司空孫晟孫晟能盡忠所事。故特書官書使者以美之。明其不失將命之職也。然美在使
者。則譏在主人矣周召華山隱士陳摶詣闕。尋遣還山
摶非僞隱沽譽爲仕宦捷徑者。故特以華山隱士書之
周顯德四年唐壽州監軍周廷構以城降周。唐節度
使劉仁贍死之。周以壽州爲忠正軍。徙治下蔡
書監軍以城降。則見仁贍未嘗降也。仁贍實以病終。而直書死之者。所以著其不屈之節也周主之

父光祿卿致仕柴守禮犯法周主不問 父有天下傳歸於子。子有天下尊歸於父。此理之正也。然父有天下或無子之可傳。子有天下或難於尊其父。豈非禮之變乎。夫堯授天下於舜。舜固有瞽瞍存焉。然舜不敢尊其父而君之者。天下者堯之天下。舜不得以私其父也。舜雖不敢以私其父。而孝養之禮則有加焉。父其父而不敢君其父。此舜之所以爲大孝也。桃應嘗問孟子瞽瞍殺人則如之何。豈知舜之爲子。固不使瞽瞍有殺人之惡。此正虞書所謂烝烝乂不格姦者。舜處之有道也。如使舜爲天子。瞽瞍至於殺人。則舜固不足爲舜矣。柴世宗繼郭氏之周。而其父至以小忿殺人。則世宗所以處之者未盡其道爾。守禮之悖。未如瞽瞍之頑。瞽瞍猶不殺人而守禮顧乃殺人。豈非世宗事父之孝有愧於舜乎。誠使世宗爲父築宮。處之嚴密之地。盡其父事之禮則守禮居移養移。寧不自知愛重。又焉有殺人之事哉。是

戊午

時郭氏既亡。世宗尊臨九五。固可少行其志。豈有身爲天子而其父與凡臣等。且置之別都。狎伍羣小。未嘗一至京闕。則是世宗不父其父而天性之道亡矣。又胡怪其有殺人之事哉。故綱目於此不書元舅而特書周主之父者。不予周人舅之也。書爵書姓名者。惡周主之臣其父也。又書犯法周主不問者。譏其父已殺人而猶置之不問。不能迎致京師而奉養之。使之得其所也。書法若此。周主雖欲曲辭其責。尚可得哉。吁

契丹北漢會兵寇周潞州。不克而還

綱目不殊契丹於北漢。前固已論之矣。然始焉書伐。繼書擊。至是遂書寇者。合異類以殘中國。此固春秋所不予者也。疲民以逞。蹢躅不已。果何爲哉

周顯德五年 **秋。八月。唐太子弘冀殺其叔父晉王景**

遂。唐有國王而太子殺其叔父。直書于册。不惟弘冀有惡逆之罪。而唐主遂爲具位。亦且累上矣

己未

周顯德六年六月恭帝崇訓立○是歲凡五國三鎮

四月。周主自將伐契丹。

五月。取莫瀛易置雄霸州。遂趣幽州。有疾而還

周世宗可謂英武之君矣。伐北漢。伐南唐。皆身履行陣。俱有成功。至是薄伐獫狁。取關南如反掌。使天意果厭犬戎。則幽燕之地可以坐復。惜乎未遂而遽止。此固夷夏之大機也。綱目於此。書周主自將取瀛莫等州。旣致其喜之之意。書遂趣幽州有疾而還。又致其惜之之意。然則綱目之情。蓋可見矣

唐泉州遣使入貢于周。不受

周世宗可謂知大義者矣。南唐未服。則躬行討伐。旣服。則務存大體。故綱目前書餽之鹽。還之俘。至是又書泉州入貢不受。泉州唐之藩方也。世宗之弘規大度若此。是豈區區淺

度狹量者所可同日語

哉。特書大書皆予之也

資治通鑑綱目發明卷第五十九

資治通鑑綱目發明序

先正朱文公先生修通鑑綱目。觀其自序有曰。歲周於上而天道明。統正於下而人道定。大綱槩舉而監戒昭。萬目畢張而幾微著。則知先正致力是書者。其有補於世教。甚不淺也。又曰。是則凡爲致知格物之學者。亦將慨然有感於斯。又曰。因述其指意條例列於篇端。以俟後之君子。則知先正注意是書。其有望於後人發揮而講明之者。亦甚不淺也。且夫先正書法。有正例。有變例。正例。則始終興廢災祥沿革及號令征伐殺生除拜之類。義固可見。若其變例。則善可爲法惡可爲戒者。皆特筆書之。如張良在秦而書曰韓人。陶潛在宋而書曰晉處士。揚雄在漢而書曰莽大夫。呂后在一統之時而以分注紀其年。武氏改號光宅而止書中宗嗣聖之類。是皆變文見意者也。至於其間。微詞奥義。又有不可得而備舉。如陶侃以藩鎮入擊賊而必書溫嶠以陶侃討峻。褚淵以舊臣爲司空而必書於齊王道成稱帝之下。唐宇文士及邪佞之臣也。而卒書其爵。五代馮道失節之人也而卒具其官。凡若此類。殆未易察。黨徒習其句讀而不究其指歸。則先正書法之義隱矣。此固鄙生所以妄意發明。有不容自已者。況是書之作。其大經大法。如尊君父而討亂賊。崇正統而抑僭僞。褒名節而黜佞邪貴中國而賤夷狄莫不有繫於三綱五常之大真所謂爲天地立心爲生民立極爲先聖繼絶學爲後世開太平者也昔孟軻氏以孔子作春秋與抑洪水膺戎狄放龍蛇驅虎豹者異事而同功竊謂綱目之作其有補於世教殆亦有得於春秋之旨皆所以遏人欲於横流存天理於既泯是烏可不講究而發揚之哉今茲所述止欲發明書法指意使之顯著而

已其間亦有先儒已嘗議論者則不復述或雖已有議論而指意不同者則自以己意附見又有雖當發明而先後義例相類如一者亦不重舉求其大要不過如是雖未能貫通奧旨然於其大義亦或略見萬分之一世之君子儻因譬言而不徒以史學視之亦足以無負於先正之志矣管見之愚如此幸毋誚其僭謹序